中国共产党
党史工作年鉴

（2002）

中国共产党党史工作年鉴编纂委员会　编

中共党史出版社

图书在版编目(CIP)数据

中国共产党党史工作年鉴.2002/《中国共产党党史工作年鉴》编纂委员会编.—北京:中共党史出版社,2006.9

ISBN 7-80199-479-5

Ⅰ.中… Ⅱ.中… Ⅲ.中国共产党—党史—年鉴—2002
Ⅳ.D23-54

中国版本图书馆 CIP 数据核字(2006)第 072383 号

书　　名:中国共产党党史工作年鉴(2002)

编　　者:中国共产党党史工作年鉴编纂委员会
责任编辑:姚建萍
出版发行:中共党史出版社
社　　址:北京市海淀区芙蓉里南街 6 号院 1 号楼
邮　　编:100080
经　　销:新华书店
印　　刷:北京密兴印刷厂
开　　本:大 16
字　　数:474 千字
印　　张:23.25　插页 6
印　　数:1-2000 册
版　　次:2006 年 9 月第 1 版
印　　次:2006 年 9 月第 1 次印刷

ISBN 7-80199-479-5

定　　价:110.00 元

此书如有印制质量问题,请与中共党史出版社发行部联系
电话:82517249,82517244

2002 年 12 月 25 日，中央领导同志接见全国党史研究室主任会议代表。

2002年12月25日,曾庆红同志在全国党史研究室主任会议上讲话。

2002年10月21日至23日，党的民族工作历史经验研讨会在昆明市召开。

2002年9月，中共中央党史研究室主任孙英应俄罗斯科学院远东研究所的邀请，率中国中共党史学会代表团访问俄罗斯，中央党史研究室与远东研究所签订进一步加强科研合作与交流协议。

2002年全国党史干部培训班结业式上，中共中央党史研究室主任孙英等为学员颁发结业证。

2002 年，中国中共党史学会会长龚育之为全国党史干部培训班学员讲课。

2002 年，全国党史干部培训班学员参观中国人民抗日战争纪念馆。

编辑说明

一、《中国共产党党史工作年鉴》(2002)介绍2002年全国党史工作的基本情况，所收材料截至2002年年底。

二、本年鉴分八部分：综述、特载、专文、大事记、党史机构、工作成果、工作经验交流、党史研究论文资料目录索引。

三、“综述”概要介绍一年来全国中共党史工作基本情况，包括：一年来党史研究的新发展、新成果，党史工作的重大事件，中央和各地党史机构工作经验等内容。

四、“特载”主要刊载党和国家领导人有关中共党史和党史工作的重要讲话和文章。

五、“专文”刊载中央和各地分管党史工作的主要领导人关于党史和党史工作的重要讲话和文章。

六、“大事记”记载本年度中共党史工作的大事，以日期为序。

七、“党史机构”介绍中央和地方党史机构的概况。中央党史机构主要介绍中共中央党史研究室、中国中共党史学会、中共党史人物研究会的情况。地方党史机构主要介绍省一级党史机构的情况。

八、“工作成果”介绍中央和各地党史机构一年来在党史工作中所取得的重要成果，如：专著、资料图书、画册、专题电视片、电视剧及举办的党史活动等。

九、“工作经验交流”刊载本年度各地党史机构在中共党史工作方面的做法、体会及经验。

十、“党史研究论文资料目录索引”刊载本年度全国各级报刊杂志上的有关中共党史的论文、资料目录。

十一、本年鉴在编辑、出版过程中，得到全国各级党史机构等许多单位和个人的帮助和支持，谨此表示谢意。

十二、本年鉴每年出版一本，力求全面反映当年全国中共党史工作的基本情况，为各级党史工作者提供有关党史工作方面比较全面、系统、准确、翔实的信息资料。由于编者水平有限，缺点和错误在所难免，欢迎读者和各界专家指正。对本年鉴的批评和建议请寄中共中央党史研究室《中国共产党党史工作年鉴》编辑部(地址：北京8799信箱；邮编：100080；电话：010—82615286；传真：010—82615281)。

目 录

大 事 记

党 史 机 构

工　作　成　果

工作经验交流

党史研究论文资料目录索引

综 述

2002年的中共党史工作

2002年的中共党史工作，在江泽民同志"七一"重要讲话和十五届六中全会精神的指引下，在迎接党的十六大胜利召开的形势下，紧跟时代步伐，与时俱进，不断创新，在党史资料征集、党史研究、宣传教育和资政育人等方面都取得了新的成就。

一、党史资料征编

2002年，中共中央党史研究室和各省(区、市)及新疆生产建设兵团党史研究室在党史资料征编方面都取得了可喜的成果。

(一)中共中央党史研究室在征集资料方面取得的成果：

1.《走进新世纪——从党的十五大到十六大》。这一选题是在2001年6月的全国党史研究室主任会议上确定的，决定举全国党史部门之力，编纂一本反映十五大以来各地主要成就的专题图书，向十六大献礼，并将书名定为《走进新世纪——从党的十五大到十六大》。在中央党史研究室室务委员会领导下，编纂工作于2001年11月正式启动。为高质量地按时完成编纂工作，编委会又于2002年2月28日至3月12日分别在沈阳、西安、贵阳、杭州召开北方、西北、西南、东南地区编辑工作座谈会，检查交流各地编写任务的落实情况和工作进度，商定各省(区、市)及新疆生产建设兵团专题材料的篇目及写作重点，并就全书的编写体例、篇幅安排、写作要求等问题交换了意见。全部书稿于2002年10月中旬修改定稿。本书由反映31个省、自治区、直辖市和新疆生产建设兵团基本情况的综合性文章各一篇组成。每篇内容包括地方发展情况、专题介绍以及十五大以来经济和社会发展情况统计表。发展情况部分，围绕建设有中国特色社会主义的大目标，全面反映五年来根据中央的重大决策和指示，各省(区、市)及新疆生产建设兵团所做的主要工作及取得的主要成就，力求做到大事不漏，重点突出。专题介绍部分，是从经济、文化、科技、教育、党的建设等方面，选取最具本地特色的若干专题予以记述。该书以叙述历史为主，要求史实准确，数据可靠，评论和判断实事求是，是全国党史部门向十六大献礼的重要成果之一。

2.《中国共产党新时期历史大事记》(增订本)。该书为中共中央宣传部、国家新闻出版总署确定的向党的十六大献礼重点图书，是在对《中国共产党新时期历史大事记(1978.12—1998.10)》进行修订和增补基础上形成的。新增了1998年10月党的十五届五中全会闭幕至2002年5月底的内容约7万余字，反映了近三年多来我们党和国家工作的进展。

3.《共产国际、联共(布)与中国革命档案资料丛书》(1927—1931)第7—12卷。该书由中央党史研究室第一研究部编译出版,其中第7卷至10卷是俄罗斯科学院远东所、俄罗斯现代史文献保管与研究中心和德国柏林自由大学东亚研究会合作编辑的大型系列文件《联共(布)、共产国际与中国》第三卷的中译本,第11卷、12卷是除第7卷至10卷以外散见在中文图书报刊中的部分有关文献资料,包括过去已经由外文译成中文的文献资料;其中部分专题由于缺乏原始资料,选用了一些重要的资料性文章。

4.《谭震林纪念文集》。该书由中央党史研究室科研管理部、中共湖南省委党史研究室、中共株洲市委共同编辑,约40余万字,收集了有关谭震林同志生平和思想的图片、文选、回忆录和传记资料等,真实记录了谭震林同志的光辉业绩和革命精神。

(二)各省党史研究室在征集资料方面取得的成果:

各地在编纂《走进新世纪——从党的十五大到十六大》本地卷的同时还推出了一批与《走进新世纪——从党的十五大到十六大》相类似的作品。例如:(1)上海组织编纂了《阔步迈进新世纪(1997—2002)》。该书从2001年11月开始组织全市党史工作部门,以委局和区县为单位,在市委领导下,以党史研究室为基本力量,以翔实、准确的历史资料为基础,记述了上海五年来取得的主要成就和积累的经验,为深入了解和研究上海跨世纪发展轨迹提供了珍贵史料。(2)中共浙江省委党史研究室组织编写了《走进新世纪——中共浙江省第十次代表大会以来》一书,并由中共党史出版社出版。该书主要有发展概况、大事纪要、统计图表等内容,展现了自中共浙江省第十次代表大会以来浙江全省经济社会发展的巨大成就。(3)中共青海省委党史研究室创意策划并协调有关部门共同编纂了《走进新世纪的青海——从党的十五大到十六大》一书,由青海人民出版社出版发行。这是青海党史工作者向党的十六大献上的一部重要党史书籍。内容由党和国家领导人视察青海纪事、经济社会发展概况、专题介绍、典型资料、统计资料和图片资料等部分组成。文字部分约30万字,展示发展成就的彩色图片800余幅。全书着力突出青海特点,点面结合,图文并茂,全方位、多视角、客观真实地反映了五年来青海经济社会发展的进程。(4)中共安徽省委党史研究室编纂了《走进新世纪的安徽》一书。该书从多个侧面介绍了党的十五大以来,安徽人民在省委、省政府领导下,全面贯彻党在社会主义初级阶段的基本路线、基本纲领,按照全面建设中国特色社会主义的经济、政治和文化的总体要求,坚持"两手抓、两手都要硬",抓住机遇、迎接挑战,团结拼搏,开拓进取,取得的经济社会发展、精神文明建设和党的建设的新成就。

各省征集的资料主要有:

人物资料类:中共北京市委党史研究室编纂的《彭真在北京》和《中共北京党史人物传》(第七卷);山西省史志研究院编纂的《彭真年谱》;中共福建省委党史研究室编纂的《范式人传》;中共湖北省委党史研究室编纂的《李先念建国初期文稿选集》;湖南省委党史研究室编纂的《二十世纪湖南人物》、《罗亦农诞辰一百周年纪念集》、《罗荣桓元帅人生之路》;中共陕西省委党史研究室编纂的《杜斌丞》、《方仲如》等。

文献资料类:中共北京市委党史研究室编纂的《北京市重要文献选编》(1952年卷、1953年卷);中共天津市委党史研究室编纂的《中共天津市历次代表大会文献选编》;山西省史志研究院编纂的《当代山西重要会议》(上、下卷);中共吉林省委党史研究室编纂的《中共吉林省历次代表大会实录》、《城市接管与社会改造》、《吉林省抗美援朝运动》;中共黑龙江省委党史研究室编纂的《中共黑龙江省组织史资料》(第三卷);中共山东省委党史研究室编纂的《中共山东英烈大典》;中共广西壮族自治区委党史研究室编纂的《中国共产党广西(省)壮族自治区历次代表会议、代表大会简介》等。

回忆录类:中共吉林省委党史研究室编纂的《王云坤话吉林》。

其他资料:中共云南省委党史研究室编纂的《云南省革命老区》;中共西藏自治区委党史研究室编纂的《全国支援西藏》;中共陕西省委党史研究室编纂的《陕西党史工作20年成果汇编》等。

各省在征集资料方面取得的代表性成果有:

1. 河北省委党史研究室编纂的《中国共产党河北历史大辞典》。全书150万字、近4000个辞目,收编辞条的时限为1919年至1999年。主要内容分为:组织机构;重要会议;重大事件;典章制度;战斗战役;重大惨案;党报党刊;区域、遗址、革命纪念地;名词术语;人物及附录共11部分。该书史料准确、内容丰富,将史料性、知识性、通俗性、可读性融为一体,具有较高的史料价值和收藏价值。

2. 中共安徽省委党史研究室具体组织编纂的大型工具书《安徽之最》。该书是上下结合、部门协作的产物,经过全省17个市和省直各有关单位认真撰写、筛选、核实材料,最后汇集成书。全书近100万字,共收录条目1600余条,图片近300幅,比较系统地介绍了建国以后、特别是改革开放以来安徽省社会主义现代化建设的辉煌成就,记述了全省人民在各条战线上创造出的“之最”和“第一”,是一部具有重要史料价值的工具书,一部具有显著特色的省情教材,一部向国内外介绍安徽、宣传安徽的权威著作。

3. 红岩革命纪念馆自2001年下半年以来,在中共中央党史研究室和中共中央文献研究室以及重庆市有关部门的大力支持下,南下、北上、西进、东去,组织力量对目前健在的原南方局、八路军驻重庆办事处和《新华日报》馆的老同志进行摄像采访和文物征集工作,收获颇丰。先后采访了120余位老同志,150余人次,整理采访记录120余份、近10万字;拍摄DV录像带195盒,拍摄胶卷55个、共计1980余张;征集到字画16幅,收集各类图书、期刊、画册、照片、录音磁带等资料共计400余件等等。红岩纪念馆还于2002年1月31日举行了采访和文物征集工作成果汇报的新闻发布暨成果展示会。通过此次征集,极大地丰富了该馆革命文物的收藏和展览。

为了进一步加强资料征编工作,2002年7月23日至25日,中央党史研究室在江苏省南京市召开了八省市党史资料征编工作座谈会。北京、山东、江苏、安徽、浙江、河南、湖北、湖南等省市党史研究室(办)的负责同志参加了会议。此次会议就实现党史资料征编重点向社会主义建设和改革开放时期转移进行了专题研讨,并制定了工作规划。另外,河北省委党史研究室于10月16日在石家庄市召开了各市委党史研究室主任会议,贯彻落实冀办字[2002]41号文件即中共河北省委党史研究室《关于征集革命文物和有关史料的意见》的通知精神。会议对各市、县尽快搞好宣传发动,制定工作措施,着手展开革命文物征集工作提出了具体要求和意见。

二、党　史　研　究

2002年的党史研究在坚持马克思主义方法论的前提下,借鉴我国传统的治史方法和国内外现代史学的先进方法,运用跨学科的综合分析、比较研究等方法,借助现代科学手段,推动党史研究上了一个新的台阶。

(一)中共中央党史研究室的研究成果主要有:

1.《中国共产党历史》(第一卷)。由中共党史出版社出版的《中国共产党历史》(第一卷)是继《中国共产党简史》后,中央党史研究室推出的又一力作。该书是在1991年出版的《中国共产党历史》(上卷)的基础上修订而成。修订工作于1996年启动,在马克思列宁主义、毛泽东思想、邓小平理论指导下,汇集室内外专家学者,历时六年完成,凝聚了广大党史工作者的智慧和心血。这次修订主要有以下几方面:第一,对结构进行了调整。在原上卷设的章、节两级标题基础上,新设第三级标题;还增加了一章和若干节,对有的章、节标题做了修改。第二,在内容上作了许多重要的修改和增补。第三,在史实考订、文字表述、注释的规范等方面也做了大量工作。经过修订,字数由原来的56万增加到74万,由一卷本变成了上下两卷本。该书被中共中央宣传部和国家新闻出版总署确定为迎接党的十六大的重点图书,并于10月18日在人民大会堂举行了出版座谈会。

2.《党的第三代领导集体与跨世纪的中国》。该书由中共中央党史研究室第三研究部编写,是中共中央宣传部、国家新闻出版总署确定的向党的十六大献礼重点图书。全书分十章,回顾了13年不平凡的发展历程,总结了党在跨世纪征程中积累的宝贵经验,对于21世纪中叶实现中国的现代化,在建设有中国特色社会主义道路上实现中华民族的伟大复兴,完成历史和时代赋予我们党的庄严使命,具有十分重要的现实意义。

3.《中国改革开放史》。这是中共中央党史研究室第三研究部推出的对新时期历史研究的又一成果。该书根据党的十六大精神,以邓小平理论和"三个代表"重要思想为指导,比较完整、系统地记述了20多年来,党带领全国各族人民解放思想,实事求是,开辟中国特色社会主义建设新道路,开创改革开放和社会主义现代化建设新局面,与时俱进,不断开拓创新,经受住各种困难和风险考验,把中国特色社会主义事业胜利推向前进的波澜壮阔的奋斗历程,并总结了党在这一伟大进程中所积累的宝贵经验。

(二)各地党史部门的研究成果：

1. 各地党史部门在党史正本的编写上继续推进。例如,(1)中共浙江省委党史研究室编写完成了《中共浙江党史》第一卷,省委书记张德江为该书作序。这是第一部全面、系统反映从1921年至1949年党领导浙江人民进行革命斗争的党史著作。全书忠实记载了浙江党组织创建、发展、壮大的历程,初步总结了浙江党组织领导人民夺取新民主主义革命胜利的经验教训,再现了浙江共产党人矢志不渝、不怕牺牲的崇高品德。全书包括序言、绪论、正文(5编19章)、后记,共50余万字,另附珍贵照片100多张、图表10多幅。(2)中共江西省委党史研究室推出了《中共江西地方史》第一卷,该书共48万字,由江西人民出版社出版。该书的出版,进一步满足了广大党员干部特别是领导干部、教学和研究人员学习研究中共党史尤其江西地方党史的需要,对于深入学习和贯彻江泽民“三个代表”重要思想,科学地总结党的历史经验,加强党的建设和社会主义精神文明建设,发挥党史资政育人、以史鉴今作用,具有重要意义。(3)由中共新疆维吾尔自治区委党史研究室组织编写的大型历史纪实作品《当代新疆风云》一书,由新疆人民出版社出版发行。该书选择新疆和平解放50多年中有重大影响的60余起事件,采用纪实的手法,在生动的笔触中真实地再现了党领导新疆各族人民进行革命、生产、建设、改革并取得巨大成就的光辉历程。(4)中共杭州市委党史研究室历时四年多,编写出版了《中共杭州党史》(第一卷)。该书记述了中共杭州地方组织在新民主主义革命时期的斗争历程,是杭州党史征集研究工作的重大成果,也是开展党史和革命传统教育的好教材。此外,在2002年推出的正本还有:《天津党史》、《内蒙古自治区社会主义建设史》、《新疆生产建设兵团农一师简史》等。

2. 在抓好党史正本编写的同时,各地各项研究工作也有序展开,其中有代表性的有:

(1)中共上海市委党史研究室、上海市党史征委会和市教育党委联合编纂了《红浪》一书,以翔实的历史资料记述了1947年发生的五二〇运动。上海市委党史研究室还与现代上海研究中心、市经委、市郊区党委协作研究,推出了《上海工业结构调整》和《上海城乡一体化建设》两本书。这是《上海现代化研究丛书》中最先出版的两本。它们从不同的视角,对上海的改革开放和现代化建设的实践经验进行了系统的思考和总结。

(2)中共湖南省委党史研究室组织编纂了向党的十六大献礼图书《中国共产党新时期“三个代表”湖南画卷》。该书以江泽民同志“七一”讲话和“5·31”讲话为指针,将党史研究和思想宣传有机结合起来,一方面用“三个代表”重要思想审视新时期湖南党组织的历史,以全新的方法和视角展示新时期特别是十三届四中全会以来湖南党组织和共产党人实践“三个代表”的动人事迹、精神风貌和辉煌业绩;另一方面以用新时期湖南党史鲜活的资料诠释和宣讲“三个代表”重要思想,通过历史的还原,使抽象理论获得生动可感的形式,发挥党史资政育人的作用。全书分“光辉足迹”、“公仆风采”、“时代先锋”、“面向新世纪”四部分。该书选题重大、题材丰富典型,立意高远、构思新颖,内涵丰富、大气磅礴,图文并茂、生动形象,是一部将学习、宣传和实践“三个代表”重要思想引向深入,内容新颖别致的党史佳作。

(3)中共西藏自治区委党史研究室和自治区人民政府办公厅共同编纂了《全国支援西藏》一书。该书是西藏自治区党委确定的重点党史课题，是国家新闻出版总署向党的十六大献礼图书之一。书中以翔实的材料，丰富的内容，反映了全国支援西藏所带来的巨大变化，用一个个事例和一组组实实在在的数据反映了50年来全国各族人民、各兄弟省市对西藏各行各业，各地、市、县的支援，这些客观的事实有力地驳斥了达赖分裂主义集团的歪曲和攻击，揭穿了西方反华势力和分裂主义分子所散布的种种谎言，为反对分裂，维护祖国统一提供了强大的智力支持。

此外还有：中共黑龙江省委党史研究室编纂的《创新劳动价值论》；中共广西壮族自治区委党史研究室编纂的《以德治国——历史的超越与现实的选择》、《"三个代表"在广西的实践》；中共重庆市委党史研究室编纂的《重庆直辖五周年》；中共南京市委党史工作办公室和南京市委办公厅、市政府办公厅、市档案局组织共同编纂的社会主义时期历史专题集《风雨同舟——南京探索前进三十年》和与市档案局合作编纂的《南京抗美援朝运动》等等。

三、党史宣传教育

"推动党史成果转化工作，向广大党员干部进行党史、革命史的宣传教育的职能"，是2002年经中共中央批准的中央党史研究室职能配置方案中新增加的一项职能，为了适应这一需要，中央党史研究室成立了宣传教育办公室。各地的党史宣传教育也围绕党的中心工作，通过拍摄党史题材的电视片、举办展览、举办知识竞赛、建设党史宣传网站(页)等方式取得了党史宣传教育的丰硕成果。

(一)通过制作电视片进行党史宣传教育。

1. 中央党史研究室参与拍摄的有理论文献片《走进新时代》和电视专题片《彭真》。《走进新时代》由中央党史研究室与中央宣传部等单位联合拍摄，生动反映了全党和全国人民高举邓小平理论伟大旗帜，跨入新世纪，开创改革开放新局面，全面贯彻"三个代表"重要思想的光辉历程，产生了良好的社会影响。《彭真》由中央党史研究室与中央电视台和北京市委联合拍摄。

2. 各地拍摄的有影响的电视片有：(1)中共上海市委党史研究室和上海电视台联合摄制的电视片《抓住机遇，加快发展——上海现代化进程中的历史跨越》，该片反映了建国50多年来，上海人民在中国共产党领导下，对社会主义现代化所进行的探索、实践及实现的历史性跨越；同时展示了上海所取得的令世人瞩目的历史性成就。(2)由中共江苏省委党史工作办公室、中国军事科学院政治部宣传部、江苏省新四军研究会和江苏省电视总台联合摄制，南京电影制片厂承拍的八集文献电视片《驰骋苏北——献给黄克诚大将诞辰

100周年》。(3)由中共云南省委党史研究室拍摄的电视专题片《周保中将军》在第九届全国少数民族题材电视“骏马奖”评选中荣获三等奖。在众多影视部门选送的片子中,《周保中将军》是惟一一部由党史部门选送的片子。(4)中共贵州省委党史研究室与贵州电视台联合摄制的“七一”特别节目——《红旗的记忆》。这部专题片共七集,主要反映的是贵州多年来党史研究中宣传较少、鲜为人知的内容,使广大观众更多地了解了贵州人民与中国共产党、中国工农红军和中国革命的深深情缘。

此外,各地拍摄的电视片还有:中共天津市委党史研究室拍摄的《延安情怀》;山西省史志研究院拍摄的三集电视文献片《彭真与山西》;中共上海市委党史研究室拍摄的《中共二大》、《罗亦农》;中共湖南省委党史研究室拍摄的《黄兴》;海南省史志工作办公室拍摄的《解放海南》;中共广西壮族自治区委党史研究室拍摄的《邕城丰碑》、《光辉足迹》、《民族魂——刘永福》;中共云南省委党史研究室拍摄的电视专题片《丹心碧血》、电视《为着那份执著的忠诚》;中共陕西省委党史研究室拍摄的《渭华起义》等等。

(二)通过举办展览进行党史宣传教育。2002年,全国各级党史部门举办了众多的展览。其中“血染的丰碑——上饶集中营爱国主义教育全国巡回展”应该说是规模较大的一次,此次展览由中共江西省委宣传部、中共上饶市委市人民政府策划,由中共中央党史研究室、国家民政部、共青团中央、国家文物局、北京新四军暨华中抗日根据地研究会、中共江西省委宣传部、中共上饶市委和市人民政府联合主办,中共上饶市委宣传部、上饶市文化局、江西银隆影视文化传播有限公司承办,上饶市精神文明办公室、中共上饶市委党史研究室、上饶市民政局、上饶集中营革命烈士陵园协办。整个展览共分:序、上饶集中营的由来、民族脊梁、黑狱红旗、笔端起风雷、海外赤子、巾帼英豪、炼狱苦斗、茅家岭暴动、赤石暴动、碧血忠魂、回到党的怀抱、变革中的红土地——今日上饶等十二大部分,采用文物图片、文字说明和实物陈列相结合的方式布展。12月1日下午在中国革命博物馆隆重举行首展仪式。展览还将分赴全国大中城市进行历时两年的巡回展出。

中共广东省委党史研究室为了迎接中国共产党第十六次全国代表大会的胜利召开,协同广州市文化局、南方都市报、广东省档案馆、毛泽东同志主办农民运动讲习所旧址纪念馆等单位,在广东农讲所旧址联合举办了《回顾光辉历程 迎接“十六大”》图片展览。此次展览共展出400多件图片和实物,其中1927年的中国共产党党证和1933年的中国共产党党证等,均为第一次与广大观众见面。该展览生动地反映了中国共产党从一大至十五大所走过的光辉历程;反映了我党从小到大、从弱到强、团结和领导全国各族人民前赴后继、艰苦奋斗、建立新中国、确立社会主义制度、开辟建设有中国特色社会主义道路、在振兴中华发展史上的伟大业绩。有助于参观者进一步加深对马列主义、毛泽东思想、邓小平理论和“三个代表”重要思想的理解,进一步坚定信念,更加紧密地团结在以江泽民同志为核心的党中央周围,振奋精神,开拓进取,为广东率先基本实现社会主义现代化而努力奋斗。

中共新疆维吾尔自治区委党史研究室为庆祝中国共产党建党81周年和迎接党的十六大胜利召开，主办了“边疆人民跟党走”书法美术展览。该展览由“党的事业传万代”、“党的思想指方向”、“党的光辉照边疆”和“我们新疆好地方”四部分组成。共展览书法美术作品100余幅。通过书画展览的形式，宣传了党的历史，弘扬了党的优良传统和作风，充分表达了边疆人民跟党走的坚定信念。观众从书法家们摘录的毛泽东、邓小平、江泽民等的语录名句中既感受到书法的美感，又领略到他们的宽广胸怀。画家们用画笔赞美了祖国壮美的山河、朴实善良的人民和多姿多彩的民族风情。邀请自治区部分著名书画家创作以党的三代领导人的重要讲话和历史名训为主要内容的丹青墨宝，寓教于书画艺术的赏析之中，使党的工作与书画艺术相结合，这本身就是一次有益的探索与尝试；是毛泽东同志“文艺为无产阶级政治服务、为人民大众服务”的具体体现；是党史服务于大局、服务于现实的一种方法和形式。

（三）通过组织知识竞赛进行党史宣传教育。举办党史知识竞赛是党史宣传教育中与广大干部群众直接进行互动的一种形式，也是为群众所喜爱的形式。2002年各地党史部门积极利用这一有效形式进行党史宣传教育。例如，中共北京市委党史研究室在2002年共举行了以“回首2001”、“飘扬的旗帜”、“火红的旗帜”、“辉煌的岁月”、“百花争艳”为主题的五次知识竞赛。中共贵州省委党史研究室于5月至9月举办了“迎接十六大，再创新辉煌”党史知识有奖竞赛活动。取得了满意的效果。另外，中共吉林省委党史研究室还与省委宣传部联合主办，由中国网络通信集团吉林省通信公司协办的“庆七一、迎十六大”党史知识竞赛。中共云南省委党史研究室等八单位于5月联合主办了“庆七一、迎十六大——中国共产党党史党建知识竞赛”等。

（四）利用互联网进行党史宣传教育。

在新的一年里，中共安徽省委党史研究室开通了《党史纵览》杂志网页（网页网址为：www. cndszl. 126. com）。中共福建省委党史研究室开通了《福建党史月刊》网站（网址：www. fjdsw. com）。该网站开辟有“关于本刊”、“总目录”、“投稿指南”、“订阅导航”、“精品回放”等栏目。“红色档案”鹤壁党史网站在河南省党史系统首家正式开通。网站共设五个栏目：理论天地、党史动态、人物轶事、专题文库、图书推介（网址为：www. hebi. jow. cn/dang shi ban/dang shi ban. him）。

由《北京党史》编辑部编辑、点通数据有限公司制作的《北京党史》二十年全文检索数据光盘公开出版发行。该光盘收录有自1982年创刊至2001年底共131期刊物的全部文字资料、图片及原版式，文字数量1000万字左右。这是北京市党史工作中的一项数字化成果。

10月28日，中共上海市委党史研究室主任冯小敏做客上海东方网，在60分钟时间里，就学习党史、加强党建等内容回答了26个问题，为网友上了一堂生动的“互动式”党课。这是市委党史研究室在新形势下运用现代化传媒手段积极参与党史、党建宣传的有益尝试。由上海市委党史研究室主管的"上海市现代上海研究中心"于10月21日召开成立大会,中心网站也同时开通。

除了以上几种宣传手段外,党史部门还继续通过广播、作报告和举行研讨会、座谈会的形式进行宣传教育。例如,辽宁省党史系统爱国主义报告团在省市县共作报告56场,听众达5万余人。中共湖北省委党史研究室在楚天广播电台举办"枫林漫步"栏目(系列28集),每天早晨7:40—7:50简介部分鄂籍中央委员,持续28天。而对通过报刊进行宣传教育的形式也受到社会认可,中共河南省委党史研究室主办的《党史博览》杂志不仅荣获"全国优秀党史期刊"、"全国党史工作先进单位"、"河南省一级期刊"、"河南省二十佳期刊"称号,而且中国期刊协会还将《党史博览》杂志列为"全国百家期刊阅览室"赠刊单位。而《上海党史与党建》杂志则经国家新闻出版总署评审,入选"中国期刊方阵"。

各级党史部门在坚持已有宣传形式的同时,还积极探索其他有效宣传形式,例如山西省史志研究院创新党史宣传形式,举办了《大地之子——纪念彭真同志诞辰100周年朗诵音乐会》。而中共重庆市委党史研究室则指导重庆市红岩英烈史料研究会于7月10日至12日举办了"红岩精神"培训班。全市20余所参与"红岩精神教育基地"共建活动的中小学校的负责同志和班主任代表参加了培训班的学习。参加者普遍认为,通过这次学习,对于完整、准确、全面地理解和掌握红岩精神,用红岩精神教育广大青少年,提升和促进学生的素质教育,有着重要的现实意义。

四、干 部 培 训

为了适应新形势对党史工作提出的新要求,全国各级党史部门纷纷举办培训班,提高党史工作者的业务素质。

中共中央党史研究室根据中央领导同志的指示和2001年全国党史研究室主任会议精神,于2002年8月26日至9月13日,在北京举办了首期全国党史干部培训班,来自各地党史部门的114名处以上干部和业务骨干参加了党史业务培训。

在培训班开班前,中央党史研究室主任孙英,副主任石仲泉、王伟华、谷安林,室务委员黄修荣、章百家、黄小同以及中国中共党史学会常务副会长陈威等亲切会见了培训班学员代表。孙英主任在会见各省领队时,代表中央党史研究室向来自全国各地,特别是边远地区的学员表示热烈的欢迎。他指出,新世纪、新阶段,为全面贯彻"三个代表"重要思想,搞好新时期党史工作,当前最重要的是大力提高我们党史干部队伍的素质。这也是我们举办这期培训班的目的。孙英主任希望参加学习的同志们要珍惜这次学习机会。

在开班式上,中央党史研究室副主任谷安林作了动员讲话。他在讲话中通报了自去年全国党史研究室主任会议以来,中央党史研究室的主要工作情况,随后谈了举办这次培训班的意义、培训内容和做法。同时,对参加培训的同志提出了要求。

在学习期间，学员们接受了比较系统、全面的党史业务培训。主要讲授的课程有十一讲：(1)“三个代表”重要思想与中共党史研究；(2)我国经济体制改革现状；(3)党史研究的几个问题；(4)关于中共党史学和中共党史学基础理论研究；(5)民主革命时期中共党史研究现状、难点及走向；(6)社会主义前期中共党史研究现状、难点及走向；(7)社会主义新时期党史研究的现状、难点及走向；(8)关于中共党史资料征集的若干问题；(9)关于加强中共党史宣传教育的若干问题；(10)中共党史人物的研究与编写；(11)当前的国际形势。这些课程分别由石仲泉(中央党史研究室副主任)、王梦奎(国务院发展研究中心主任)、龚育之(中国中共党史学会会长)、张静如(北京师范大学教授、博士生导师)、张树军(中央党史研究室第三研究部副主任)、张化(中央党史研究室第二研究部副主任)、孙大力(中央党史研究室第三研究部副主任)、陈夕(中央党史研究室资料征集办公室主任)、黄如军(中央党史研究室宣传教育办公室主任)、张培森(中央党史研究室研究员)、杨燕怡(外交部政策研究室副主任)等同志讲授。学习期间学员们还自学了《马克思列宁主义基本问题》、《毛泽东思想基本问题》、《邓小平理论基本问题》、《毛泽东、邓小平、江泽民三代领导核心论中共党史》(自编材料)、《胡乔木谈党史》等书籍、材料。在学习期间，学员们还参观考察了北京高科技园区和农业示范区。学员们一致反映，参加这次学习，机会难得，收获颇丰，升华了认识，充足了能量，鼓起了干劲。

9月13日上午，全国党史干部培训班结业式在国防大学校史馆举行。中央党史研究室主任孙英，副主任石仲泉、王伟华、谷安林，室务委员黄修荣、章百家、黄小同等出席了结业式。

结业式上，首先由培训班各小组的代表周根会(中共天津市委党史研究室主任)、李志铭(中共吉林省委党史研究室二处处长)、彭捷(中共武汉市委党史研究室副研究员)、艾新全(中共重庆市委党史研究室二处处长)、杨常锁(中共云南德宏州委党史研究室副主任)等五位同志谈了学习的收获和体会。中央党史研究室副主任谷安林为本期培训班作了总结。孙英主任作了重要讲话。

此前，由中共中央党史研究室主办、西安市委党史研究室承办的全国党史系统学习《中国共产党简史》第三期培训班于7月9日至12日在西安举行，来自全国22个省区市的251名党史工作者参加了培训。

干部培训工作得到了各地党史研究部门的普遍重视，除中央党史研究室主办的培训班外，各地也举办了一些培训班，主要有：中共湖南省委党史研究室于7月14日至21日举办的全省第四次党史干部培训班。中共山东省委党史研究室于7月16日至18日，在聊城市举办的山东省党史研究室主任会暨党史干部培训班等等。

各地除通过举办培训班来提高党史工作者的素质外，还积极开辟其他渠道。例如，中共江苏省委党史工作办公室和省委党校联合举办研究生班，统一考试，择优录取，招收全省党史系统科以上、具有相当于大学本科学历的同志学习深造，攻读党史专业知识。

中共上海市委党史研究室为加快年轻干部的培养、拓宽党史干部的视野、提高队伍的素质,以及开展对外交流,在上海市委组织部的关心、支持下,积极创造条件,安排两名年轻处级干部脱产培训五个月,在国内学习外语。今年3月,他们已分别赴英国和加拿大深造(时间为六个月)。

五、党史工作新举措

各地党史部门根据新形势新任务的要求,不断开拓工作新思路,在资政育人、服务现实、服务大局等方面积累了不少好的做法和经验。

中共河北省委党史研究室开展"老区行"大型社会调研活动,调研内容涵盖老区党的建设,老区的政治、经济、社会发展的方方面面。通过调研,力求对老区的过去和现在的状况有一个全面的了解,对老区发展的前景有所展望。一方面写出调研报告,向省委、省政府提出建议,为老区人民明天生活的更加美好贡献党史工作者的一份力量。另一方面,通过调研,进一步锻炼党史工作队伍,发扬老区人民艰苦奋斗的精神,树立党史研究室良好的社会形象,在社会实践中推动党史工作开创新局面。

中共辽宁省委党史研究室为了促进全省党史工作在新世纪再上新台阶,根据省委批准,以省委督查组名义对全省的党史工作进行督促检查。从4月17日开始至6月15日,用近两个月时间,先后督查7个市和所属的22个县(市)。以省委督查组名义对党史工作进行督查,这在辽宁省历史上是前所未有的,说明省委对党史工作的高度重视。通过督查,增强了各级党委领导好党史工作的责任感和紧迫感。通过督查,推动了部分市、县党史工作中实际问题的解决。通过督查,发现和宣传了贯彻落实全国党史研究室主任会议和全省党史工作会议精神的一些好的做法和党史队伍中的先进典型,以此推动会议精神的贯彻落实和党史队伍的自身建设。

中共南京市栖霞区委党史工作办公室为仙林大学城的开发服务,他们多次深入栖霞仙林地区调研,采访仙林农牧场领导、行政村干部和村民中的高龄长者,查阅了仙林农牧场历史档案和有关史志资料,摸清了仙林地区近现代历史文化脉络,从中获取了宝贵的史料资源。栖霞区委党史工作办公室将这些史料编印成册,提供给大学城管委会的领导成员,供开发建设参阅。在此基础上,他们拍摄制作了电视专题片《仙鹤飞起的地方——崛起的仙林大学城》,全面而又生动形象地展现仙林地区的历史、地理、人文、交通等状况,展现仙林大学启动开发的情况、建设发展实绩以及规划远景等。

中共青岛市委党史研究室和市委组织部、市经济体制改革办公室联合主办了"创新、超越、发展——领导干部每月一讲"专题讲座,活动的主题是"把握宏观经济走势,追寻现代管理理念"。每月确定一个题目,不间断地邀请国内外著名经济学家、知名企业家、中央国家机关以及深圳、上海等改革开放先进城市的有关负责同志前来讲学。活动的举办既适应了广大干部热情学习、开阔眼界、迫切求知的需求,同时也是在新形势下探索党史党建工作与党的工作大局和中心任务紧密相结合,努力为现实和基层服务,创造性地开展党史党建工作的积极尝试。

中共杭州市委党史研究室为实现工作重点转移、加大服务现实的力度,编辑出版了《大都市建设借鉴》一书。选择收录了世界知名大都市如巴黎、纽约、伦敦、东京和新加坡等以及国内的香港、上海、大连等城市的规划设计、生态环境、人文建设、交通管理、城市保护、城市经营、可持续发展和未来城市发展方向、目标等内容,为市委、市政府决策和有关部门与单位实施大都市建设提供了借鉴与参考。

中共江苏省昆山市委党史研究室和市旅游局联合编辑的昆山第一部旅游党史丛书《昆山旅游》。该书共35万字,收编旅游地图、照片、特载、综述、旅游资源、旅游规划、旅游节庆活动、旅游文化、旅游商品开发、旅游服务、旅游管理、旅游宣传、组织机构、旅游创优、大事记、领导及名人题词、文献资料等,翔实记述反映了昆山旅游业发展的全部历史。同时,根据昆山旅游特色,广征博采散见于报刊书籍中的有关散文游记、地方掌故、名人轶事、民俗风情、名优特产等资料荟萃于书中,增加了该书的知识性、可读性,既增进了人们对昆山旅游发展历史的认识和了解,又为旅游业的持续发展提供了史实依据和启示,既有利于领导决策,又有利于存史、资政、育人,为创建文化特色市服务。该书的编辑出版,受到有关部门领导的肯定。

六、各级领导对党史工作的重视

领导重视是做好党史工作的保证。2002年,不仅中央领导通过作批示和写信的方式对党史工作进行指导,退休老同志也热情关注党史事业,地方各级党委更是通过多种渠道促进党史工作的健康发展。

(一)中央领导同志对党史工作的指导:

1. 中央领导在中央党史研究室报送的《中央党史研究室2001—2005年工作规划》上批示指出:“同意修改后的工作规划,请按照中央的要求,严把政治关,多出精品,努力完成好五年规划的各项任务。”中央对五年规划的批准不仅明确了中央党史研究室的工作思路,而且对各地制定和修改本部门的工作规划有参考价值,对各地党史工作的开展也有指导意义。

2. 中央政治局候补委员、中央书记处书记曾庆红同志在审阅中央党史研究室室务委员会呈送的《中央党史研究室2001年工作总结和2002年工作安排》后,于3月8日亲笔致信中央党史研究室,对中央党史研究室2001年所取得的成绩表示祝贺,对2002年的党史工作提出希望和要求。信的原文如下:

“中央党史研究室:

2001年，你们认真贯彻中央的要求，以纪念建党80周年为契机，全面开创了党史正本修订、党史研究和宣传教育等各项工作的新局面，向你们取得的显著成绩表示衷心祝贺！

2002年，是我们党和国家历史上具有重大意义的一年，希望按照‘三个代表’的要求，解放思想，实事求是，与时俱进，开拓创新，进一步做好党史各项工作，以优异成绩迎接党的十六大胜利召开。”

（二）老同志的关注：

2002年5月，全国政协原副主席洪学智同志在视察安徽期间，于7日上午约见了安徽省委党史研究室主任聂皖辉等，就党史工作的重要性等问题发表了重要意见。在谈到党史工作的重要性时，洪老说：写历史很重要。我们要对历史负责，对我们的后代负责。要写出真正的、经得起检验的历史书。可以说，这项工作是光荣的，艰巨的，是值得自豪的。在谈到如何搞好党史工作时，洪老强调：一、要坚持实事求是的原则；二、要有全局观念；三、要搞好协作。洪老强调指出：党史工作是一项很重要的工作，在这方面花一点钱是值得的，财政再困难也不在乎这几个钱。

（三）部分省委、市委对党史工作的举措：

1. 中共山东省委常委会议决定，省委书记吴官正主持省委全面工作，并分管党史研究等方面工作。由省委主要领导亲自抓党史研究工作，这在山东省自党史机构成立以来尚属首次，充分体现了省委对党史工作的重视。

2. 2002年七八月间，中共上海市委副书记罗世谦在市委党史研究室主任冯小敏等的陪同下，利用双休日，先后六次到上海部分革命纪念地旧址和纪念馆开展调研，强调要切实做好党史宣传教育工作。

3. 中共陕西省委高度重视党史工作，通过全程监控，加强对党史工作的领导。新年伊始，省委即要求省委党史研究室所有党史工作的行文要报省委办公厅备案，重要工作要及时报告。同时，也要求省委办公厅及时向分管书记呈阅党史研究室上报的文件，并定期报告党史工作。

总之，2002年的党史工作在各级领导的重视下，在党史工作者的努力下，取得了可喜的成绩。但是面对新情况新问题给党史工作提出的新要求，我们要进一步解放思想，与时俱进，大胆开拓，勇于创新，以与时俱进的思想观念，奋发有为的精神状态，团结和谐的干事氛围，务实高效的工作作风，再创党史工作新的辉煌。

特载

在纪念谭震林同志诞辰一百周年座谈会上的讲话

（2002 年 4 月 15 日）

胡　锦　涛

同志们：

在谭震林同志诞辰 100 周年之际，我们相聚一堂，缅怀他的革命历史，追思他的卓越功勋，学习他的优秀品质，这对于大力弘扬老一辈无产阶级革命家的崇高精神，坚定不移地推进建设有中国特色社会主义伟大事业，是很有意义的。

谭震林同志是中国共产党的优秀党员、久经考验的共产主义战士、杰出的无产阶级革命家。他 1925 年参加革命，1926 年加入中国共产党。他是毛泽东同志开辟“井冈山道路”的坚定拥护者和忠诚实践者，是皖南、苏南、淮南等抗日根据地的创建者和领导人之一，是党领导的人民军队的重要指挥员，是抗日战争和解放战争许多重大战役战斗的组织者和指挥者，为推翻“三座大山”、创建新中国进行了长期的斗争。新中国成立后，谭震林同志长期担任党和国家的重要领导职务。他为探索中国社会主义发展道路付出了艰辛努力，为新中国农林水利事业的发展进行了不懈奋斗，为 20 世纪 60 年代初中国国民经济的恢复和发展倾注了大量心血，为推动新时期真理标准的讨论发挥了重要作用。

谭震林同志在半个多世纪的革命岁月中，为中国人民革命武装力量的发展和壮大，为中国人民革命事业的胜利，为社会主义革命和社会主义建设事业的发展，为伟大祖国的繁荣富强，作出了重大的贡献。

我们缅怀谭震林同志，要学习他对共产主义的坚定信念和对党的事业的无限忠诚。谭震林同志经历了长期革命斗争的严峻考验。无论是领导开展艰苦卓绝的南方三年游击战争，还是统领大军与敌进行战略决战；无论是在革命的高潮时期，还是在党的事业遭受挫折的时候；无论是身居高位，还是身处逆境，他都始终坚信马克思列宁主义、毛泽东思想的真理，坚信共产主义事业必定胜利，始终保持着旺盛的斗志和革命的乐观主义精神。即使在“文化大革命”中受到林彪、“四人帮”的残酷迫害时，他也多次说过：“一定要相信党，相信历史；党是伟大的，历史是公正的！”他的所作所为，表现了一个无产阶级革命家坚定而崇高的信仰。

我们缅怀谭震林同志，要学习他善于学习、勇于开拓、苦干实干的优秀品质。谭震林同志 12 岁当学徒，原有文化水平不高，但他在担负繁重的领导工作中，仍能以惊人的毅力刻苦学习文化知识，学习马克思列宁主义、毛泽东思想，始终保持与时俱进、追求真理的满腔热忱。他坚持用马克思主义的立场、观点、方法，研究和解决中国革命、建设实践中的重大问题；坚持一切从实际出发，在实践中深化认识、摸索规律、增强才干、开拓前进。他富于创新精神，能够创造性地开展工作，善于打开工作局面，出色完成任务。1927 年冬，他作为井冈山革命根据地的第一个县级红色政权的主要领导人，为革命根据地的政权建设摸索了重要经验。1932 年，他任福建军区司令员，为中央红军输送了大量兵员。1940 年夏，他主持江苏东路地区党政军工作，使当地抗战局面焕然一新。1949 年 4 月，在渡江战役中，他指挥的部队首先突破国民党军队的长江防线。杭州解放后，他担任浙江省的主要领导，为新解放区经济的恢复发展和人民生活的改善作出了重要贡献。

我们缅怀谭震林同志，要学习他敢于坚持真理、勇于修正错误的高风亮节。谭震林同志襟怀坦荡，肝胆照人，勇于批评和自我批评，始终把人民的利益放在第一位，从不计较个人得失。20 世纪五六十年代，他分管农村工作时，为制定我国农业的长远规划，发展农林、农机和水利建设，进行了卓有成效的工作。他从不居功自傲，总是把全部成就归功于党和人民。相反，对自己在农业指导方面存在的缺点和失误却毫不隐讳，多次主动检讨，勇敢承担责任。他说："我们共产党人对于自己所犯错误的态度历来是明确的：公开承认，坚决改正。"在十年内乱期间，面对林彪、"四人帮"的倒行逆施，他疾恶如仇，刚正不阿，进行了针锋相对的斗争，充分显示了一个共产党人坚持原则、无私无畏的铮铮铁骨。

我们缅怀谭震林同志，要学习他谦虚诚恳，艰苦奋斗，密切联系群众的优良作风。谭震林同志是工人出身的革命家，他始终保持共产党人的革命本色，关心群众的疾苦，善于听取群众意见，始终与人民群众同呼吸共命运。谭震林同志一生担任过党、政、军许多重要领导职务，他严于律己，艰苦朴素，清正廉洁，从不以权谋私。他对不正之风深恶痛绝，坚决抵制。他对同志既严格要求，又热情关心；他用人不分亲疏，看德量才，一切以事业和工作为重。

同志们，我们纪念谭震林同志，是为了追思先辈，激励今人，以励来者。从新世纪开始，我国进入了全面建设小康社会、加快推进社会主义现代化的新的发展阶段，我们的任务伟大而艰巨。让我们高举邓小平理论伟大旗帜，以江泽民同志"三个代表"重要思想为指导，与时俱进、开拓创新，把老一辈无产阶级革命家开创的、一代又一代共产党人为之奋斗的社会主义事业不断推向前进，为把我国建设成为富强、民主、文明的社会主义现代化国家，为实现中华民族的伟大复兴而努力奋斗！

在纪念中国共产主义青年团成立八十周年大会上的讲话

（2002年5月15日）

江　泽　民

共青团员们，青年朋友们，同志们：

青年是祖国的未来，是民族的希望。在任何一个时代中，青年都是社会上最富有朝气、最富有创造性、最富有生命力的群体。党和人民对全国各族青年寄予殷切期望，希望你们在改革开放和社会主义现代化建设的伟大实践中，以自己的青春活力和满腔热血，为祖国和人民建立杰出的功绩！

今天，我们在这里隆重集会，纪念中国共产主义青年团成立80周年。这是全国亿万团员青年的盛大节日。此时此刻，我们这些为祖国和人民奋斗了几十年的老共产党员和老共青团员们，也同你们一样，感到非常高兴。我代表党中央、国务院，向全国各族团员青年和各级共青团组织、团干部致以热烈的祝贺和诚挚的问候！

80年前，在中国革命汹涌澎湃的伟大洪流中，在中国共产党的直接关怀和领导下，中国共产主义青年团宣告成立。这是20世纪中国革命史和青年运动史上的一件人事，也是中国人民革命不断深入和中国青年运动蓬勃发展的必然结果。

20世纪初，由于帝国主义的侵略欺凌和封建专制政府的腐败无能，中国大地风雨如磐，中华民族灾难深重。成千上万的热血青年为救亡图存、振兴中华而奔走呼号，积极探索救国救民的真理和道路。

伟大的五四运动，标志着中国人民的反抗斗争达到了一个新的起点，也标志着中国青年成为中国人民反帝反封建斗争的急先锋。五四运动之后，在马克思列宁主义同中国工人运动的结合中，中国共产党诞生了。1922年，中国共产主义青年团的前身中国社会主义青年团成立。从此，团组织团结和带领一代又一代青年，沿着党指引的正确方向，开始了波澜壮阔的奋斗征程。

在新民主主义革命时期，满怀革命理想的共青团员和革命青年，在党领导的争取民族独立和人民解放的伟大斗争中冲锋陷阵，抛洒热血，英勇奋斗，为中国革命的胜利建立了卓越的功勋。新中国的成立，为中国青年和中国青年运动开辟了广阔的新天地，广大团员青年响应党的号召，提出把青春奉献给祖国的响亮口号，在建设社会主义的伟大实践中忘我劳动，艰苦创业，竭诚奉献，为保卫和建设新中国建立了卓越的功勋。党的十一届三中全会以后，我们党实行改革开放和现代化建设的新政策，广大团员青年积极投身改革和建设的实践，以实现祖国的繁荣富强为己任，发出团结起来、振兴中华的时代强音，在各条战线上团结奋斗，勤勉工作，开拓进取，为建设有中国特色社会主义伟大事业建立了卓越的功勋。

80年来，在中国共产党的领导下，一代又一代青年站在时代的前列，不屈不挠地奋斗，历尽艰辛地求索，创造了令世人赞叹的业绩，涌现了一大批可歌可泣的先进模范人物和先进模范群体。如临危不惧、舍身炸碉堡的全国战斗英雄董存瑞，面对敌人的铡刀坚贞不屈、视死如归的刘胡兰，把有限的生命投入到无限的为人民服务之中的伟大的共产主义战士雷锋，身残志坚、在逆境之中拼搏进取的女青年张海迪，在与滔滔洪水殊死搏斗中英勇牺牲的新时期英雄战士李向群，扎根基层、拼搏奉献的当代青年榜样秦文贵等。在我国青年运动的长期发展中，这样的先进人物数不胜数，他们是我国有志青年的典型代表，他们身上闪烁着中华民族伟大奋斗精神的光彩。一切为中国革命、建设、改革作出贡献的青年，他们的奋斗精神和光荣业绩将永远铭记在人民共和国的史册上。

80年来，中国共青团始终围绕党在各个历史时期的中心任务，团结和带领广大团员青年在革命、建设、改革的广阔舞台上为祖国和人民积极贡献力量；始终按照党的要求培养和教育青年，使一代又一代青年在人民群众奋斗的洪流中锻炼成长；始终把最广大青年紧密团结在党的周围，使我们不断发展的事业有了强大的有生力量。历史充分证明，中国共青团不愧为党的忠实助手和后备军，不愧为党联系青年的牢固桥梁和纽带。

五四运动以来的中国青年运动史，是中国社会伟大变革的历史篇章中一部绚丽的青春史诗，是中华民族伟大复兴的交响乐中一部雄浑的青春乐章。这是中国青年可以引以为自豪的光荣历史，也是鞭策中国青年在新世纪再创佳绩的巨大动力。

中国青年运动80年的生动实践告诉我们，一切有理想有抱负的中国青年，只有在中国共产党的领导下，同人民紧密结合，为祖国奉献青春，才能大有作为。这是总结中国青年运动得出的必然结论，也是当代中国青年运动必须坚持的正确方向。

爱国主义，始终是中国青年运动的旗帜。五四运动以来，中国青年运动奏响的主旋律，就是鲜明强烈的爱国主义。中国青年在自己的探索和实践中，努力学习和继承中华民族的优良传统，努力吸取和传播人类社会的优秀文明成果，从而不断丰富和发展了爱国主义精神的内涵。这种爱国主义，坚持马克思主义科学理论的指导，融入了体现时代进步的民主精神和科学精神，使中华民族的发展有了正确的思想指引。这种爱国主义，与社会主义紧密结合，推动中华民族伟大复兴的事业走上了正确的道路。这种爱国主义，把中国的前途和命运放在世界格局中观察，把中国社会的发展与整个人类社会的进步紧紧联系在一起。有了这样的爱国主义精神，中国青年运动就有了正确的前进方向和强大的精神动力。当代中国青年，一定要高举爱国主义旗帜，沿着党指引的道路继续奋勇前进。

新中国成立以来特别是改革开放以来，中国共产党领导全国各族人民艰苦奋斗，发愤图强，我国社会主义建设取得了举世瞩目的成就。中华民族永远告别了积贫积弱的历史旧貌和任人宰割的悲惨命运，以崭新的姿态屹立在世界的东方。放眼今日之中国，到处是欣欣向荣的蓬勃景象。有着五千多年文明史的古老的中华民族，焕发出新的青春异彩。

现在，我国进入了全面建设小康社会，加快推进社会主义现代化的新的发展阶段，全国各族人民正在为实现现代化建设的第三步战略目标而努力奋斗。到本世纪中叶，基本实现现代化，把我国建设成为富强民主文明的社会主义国家，实现中华民族的伟大复兴，这是全国各族人民的奋斗目标，也是当代青年的历史使命和当代青年运动的主题。

我们正在从事的事业是十分光荣的事业，也是十分艰巨的事业。必须清醒地看到，我国现代化建设取得了伟大的成就，但我国仍然处在社会主义初级阶段，与世界先进水平相比，我国的生产力和科技教育水平还不高，经济文化发展还不平衡，要使一个12亿多人口的发展中大国摆脱不发达状态，基本实现现代化，还需要我们进行持之以恒的努力。当代中国的一切有志青年，都应该积极投身到实现中国现代化的伟大事业中来，以此为自己的神圣职责，以此为自己的人生理想，以此为自己的最大光荣。

社会主义现代化需要青年去建设，中华民族的伟大复兴需要青年去奋斗。青年一代要承担起这个历史责任，就要坚持学习科学文化与加强思想修养的统一，坚持学习书本知识与投身社会实践的统一，坚持实现自身价值与服务祖国人民的统一，坚持树立远大理想与进行艰苦奋斗的统一，努力成长为有理想、有道德、有文化、有纪律的人，成长为对党和国家、对人民有所建树的人。

希望青年们树立远大理想。青年富有理想，而真正远大的理想，必须与祖国的命运和人民的意愿紧密结合。当代青年应该具有的远大理想，就是把我国建设成为富强民主文明的社会主义现代化国家，实现中华民族伟大复兴。只有在为远大理想的奋斗中，青年的人生抱负才能真正实现。人的一生只能享受一次青春，当一个人在年轻时就把自己的人生与人民的事业紧密相连，他所创造的就是永恒的青春。一个人在青年时代就应树立远大志向，并且要为实现这个志向而顽强努力，不论遇到什么困难和挫折，都不改初衷，矢志不渝。

希望青年们坚持发奋学习。当今时代，信息交流日益广泛，知识更新大大加快。形势逼人自强、催人奋进。青年要跟上时代和社会前进的步伐，就必须学习学习再学习，打下坚实的知识功底。学习应该是全面的广泛的，既要认真学习掌握与做好本职工作紧密相关的知识，又要努力学习理论知识、文化知识、科学知识、社会知识、历史知识等等，特别要善于学习各种新知识，以求知识的常新。知识只有付之实践，才能焕发出无穷的威力。青年要善于创新，善于实践，善于把所学的知识运用到改造客观世界和主观世界的活动中去，在实践中继续求得真知，增长才干。

希望青年们注重锤炼品德。优良品德的养成对人的一生至关重要。青年时期可塑性大，是人生的起步阶段，是品德养成的关键时期。青年要树立正确的世界观、人生观、价值观，树立正确的名利观，努力培养良好的品德，提高自身素质，完善人格品质，做有益于祖国和人民的人。青年应该成为引领社会风气之先的力量，尤其要在推动我国先进生产力和先进文化的发展中发挥积极作用，从自己做起，努力做中华民族传统美德的传承者，做体现时代进步要求的新道德规范的实践者，做新型人际关系和良好社会风尚的倡导者。

希望青年们不断开拓视野。当今世界发展很快，变化很大。青年要承担起建设现代化的历史使命，为人类社会进步作出贡献，必须了解世界发展变化的大势。要把目光投向世界、投向未来，而不能闭目塞听、坐井观天。只有全面了解中国和世界发展的历史、现状和趋势，才能更好地把握现在和未来。只有用人类创造的一切文明成果努力充实自己，才能具备与世界上任何一个民族的青年相媲美的素质。海纳百川，所以成其大。21世纪的中国青年，应以放眼全球的宽广视野，以赶超先进的雄心壮志，以中华民族自尊自强的豪迈气概，昂首阔步地走向世界。

希望青年们勇于进取创新。创新是推动人类历史前进的必然要求。长江后浪推前浪，世上新人换旧人。这是历史发展的规律。只有后人超过前人，一代胜过一代，事业才能发展，社会才能进步。青年最少保守思想，最具有创新的潜能。许多杰出人物都是在风华正茂的青年时代就创造出一番了不起的业绩。要实现我国经济和技术的跨越式发展，实现我国社会的全面进步，建设我国富有生机的各个方面的制度和体制，就必须努力创新。发展的希望在创新，创新的希望在青年。青年要立足岗位，锐意创新，敢于超越前人。千百万青年的创新实践，必将汇聚成推动我国先进生产力和先进文化发展的奔涌洪流。

希望青年们始终艰苦奋斗。彻底改变我国历史上遗留下来的贫穷落后的面貌，巩固和发展社会主义制度，需要几代人、十几代人甚至几十代人进行艰苦的努力。只有长期艰苦奋斗，民族复兴的伟大目标才能实现。艰苦能磨炼人，创业能造就人。青年只有顺应社会发展的潮流，把个人的前途和命运与国家、民族的前途和命运紧紧地联系在一起，并为之奋斗不息，才能创造无悔的青春和取得毕生的成功。畏惧劳苦，贪图安逸，坐享其成，最终只能虚度年华。青年要时刻铭记最广大人民的根本利益，大力发扬甘于奉献和自我牺牲的崇高精神，自觉到祖国和人民最需要的地方去，到艰苦的环境中去，经历风雨，经受锻炼，努力为祖国和人民建功立业。

中国共产党总结80年的奋斗历程和基本经验，展望新世纪的艰巨任务和光明前途，提出了“三个代表”要求，这是中国共产党的立党之本、执政之基、力量之源，也是我们党和国家一切工作的根本指针。广大青年要坚持以马克思列宁主义、毛泽东思想、邓小平理论为指导，认真学习“三个代表”要求，充分认识中国共产党是代表中国先进生产力的发展要求、中国先进文化的前进方向和中国最广大人民的根本利益的马克思主义政党，是与时俱进、开拓创新的党，坚定不移地跟党走。广大团员青年要在各行各业的本职工作中，在共青团组织开展的具有自身特点的各项活动中，努力为我国先进生产力和先进文化的发展作出自己的贡献，努力为最广大人民谋利益。

共青团是党领导的先进青年的群众组织，是党的青年工作的重要力量。当代青年是在改革开放中成长起来的一代，改革开放带来了经济的快速发展和社会的巨大进步，也引起包括青年在内的广大群众思想观念的深刻变化。在新的历史条件下，共青团要贯彻落实“三个代表”要求，坚持与时俱进，不断开创青年工作的新局面。共青团要进一步发挥好党的助手和后备军的作用，引导青年支持改革、促进发展、维护稳定。进一步发挥好党联系青年的桥梁和纽带作用，积极协助政府搞好对青年事务的管理。密切联系群众，竭诚服务青年，更好地代表和维护青年的具体利益，为青年排忧解难，做好暖人心、稳人心的工作。还要进一步加强对少先队的领导，更好地履行全团带队的光荣职责。各级团组织都要加强自身建设，不断研究新情况和解决新问题，积极探索社会主义市场经济条件下新的运行机制，改进工作方式和工作作风，密切同团员青年的联系，努力扩大团组织的覆盖面，增强团组织的吸引力、凝聚力和战斗力，把最广大青年紧密团结在党的周围。各级团干部都要按照党的要求，刻苦学习、勤奋工作、勇于创造、自觉奉献，努力做党放心、青年满意的干部。共青团员是青年中的先进分子，要在广大青年中发挥模范带头作用，做到无愧于共青团员的光荣称号。

中国共产党与中国共青团有着特殊的政治关系。共青团的事业是党的事业的重要组成部分，青年工作是党的群众工作的重要内容。发挥好共青团的作用，对于做好党的青年工作尤为重要。各级党组织要加强对共青团工作的领导，支持共青团依照法律和自己的章程创造性地开展工作。要坚持党建带团建，把团的建设纳入党的建设总体规划之中。要热情关心团员和团干部，帮助和引导他们茁壮成长。

马克思主义的政党只有赢得青年，才能赢得未来。中国共产党从诞生之日起，就同广大青年紧密联系。党的事业离不开青年，青年的成长更离不开党。我们党要赢得青年，就必须用先进的理论引导青年，用光辉的事业凝聚青年，用良好的作风吸引青年。各级党委和政府都要从党和国家事业兴旺发达的战略高度，认真实施科教兴国战略，加强对青少年的教育培养，相信和重视青年，关心和爱护青年，推动大批青年人才不断脱颖而出。各级领导干部要学会用新观念、新视角去看待青年，善于发现青年人才，大力培养青年人才，千方百计为青年人才成长创造条件、提供舞台，引导和帮助他们在工作实践中经受磨炼，增长才干和胆识。要放手使用青年人才，识其之长，用其所长，使他们各显其能、竞展才华。要真心爱护青年人才，采取更加有效的政策措施，为他们的学习、工作和生活创造良好条件。

青年兴则国家兴，青年强则国家强。青年的茁壮成长决定着我们民族和国家的未来。当代中国青年是值得信赖、大有希望的一代。青年有自己的优点和长处，也有他们的弱点和不足，这与青年社会阅历不丰富、经受的人生锻炼不多有关。由于青年人正在成长，更需要引导、鼓励和支持。首先要看到青年的优点，满腔热情地支持他们发挥自己的长处，鼓励他们在学习和实践中丰富自己、完善自己。同时要客观地看待青年身上存在的不足和缺点，加强教育和引导。青年的成长与他们生活的社会环境密切相关，社会对青年的成长具有极大的作用。为了青年一代的健康成长，必须在全社会形成爱护青年、关心青年、支持青年的良好氛围。各地各部门都要认真研究在改革开放条件下成长起来新一代青年的特点，把握新的历史条件下做好青年工作的规律。要尊重青年的思想和性格特点，尊重青年个性的健康发挥，促进青年思想和身心的健康发展。全社会都来关心青年，祖国的年轻一代不断健康成长，我们的民族和国家就能永葆前进的生机和活力。

全国的共青团员、青年朋友们：实现中华民族的伟大复兴，需要你们去奋斗。希望你们珍惜大好年华，牢记党和人民的厚望，矢志奋斗，不懈进取，在建设有中国特色社会主义事业的伟大征程中谱写出更加壮美的青春之歌！向着祖国更加美好的明天，前进！

在纪念罗亦农同志诞辰一百周年座谈会上的讲话

（2002年5月17日）

胡　锦　涛

同志们：

今天，我们怀着崇敬的心情，在这里举行座谈会，纪念罗亦农同志诞辰100周年，缅怀这位为民族独立和人民解放事业作出杰出贡献的革命先驱。

罗亦农同志是中国共产党早期的重要领导人之一，是杰出的无产阶级革命家、著名的工人运动领袖。他的一生虽然短暂，但他的英名永载中国共产党和中国革命的史册。

罗亦农同志于1902年5月18日出生在湖南省湘潭县。1919年，他在五四运动和进步思想感召下，到上海求学，1920年8月参加社会主义青年团。1921年，罗亦农同志和刘少奇、任弼时等同志一起赴苏俄，进入莫斯科东方劳动者共产主义大学学习，同年冬转为中国共产党党员。在莫斯科期间，他担任中共旅莫支部书记，大力抓党的建设，为培养和向国内输送大批领导骨干，作出了杰出贡献。1925年回国后，他担任中共江浙区委书记等职，为上海等地的党组织和工人运动的发展做了大量工作。他参与组织领导的上海三次工人武装起义，在中国工人运动史上写下了光辉的一页。在1927年党的五大上，他当选为中共中央委员。会后，调任中共江西省委书记。

1927年大革命失败后，罗亦农同志先后担任中共湖北省委书记、中共中央长江局书记、中共中央组织局主任。并在党的“八七会议”和“十一月扩大会议”分别当选为中共中央临时政治局委员、政治局常委，成为党的重要领导人之一。1928年4月15日，罗亦农同志不幸被捕，21日在上海龙华英勇就义。他把满腔热血献给了中国人民革命事业，牺牲时年仅26岁。

罗亦农同志的一生，是革命的一生、战斗的一生，他给我们留下了宝贵的精神财富。罗亦农同志毕生追求真理，共产主义理想十分坚定。他坚信中国革命一定会胜利，从不灰心，从不消沉，即使在生死关头，革命的理想信念也毫不动摇，鲜明地体现了共产党人为党和人民的事业而献身的革命精神。罗亦农同志是早期共产党人中坚持实事求是、勇于创新的楷模。他大力提倡理论联系实际的优良学风，努力运用马克思主义的立场、观点、方法观察和分析中国社会、中国革命的现状，研究和解决实践中出现的各种新情况、新问题。他在党的建设、统战工作、群众工作，以及实行工农武装割据等方面，创造性地提出了许多符合实际的思想观点，为探索中国革命的正确道路作出了重要贡献。罗亦农同志始终保持着知难而进、奋力开拓的精神状态。他在革命生涯中，几次担负独当一面的工作。无论党把他派到哪里，他都能以高昂的热情和求实的态度，克服困难，忘我工作，开创新的工作局面。在大革命失败后的严重白色恐怖面前，他并没有因为早已公开共产党员的身份而退缩，始终以过人的胆识，战斗在敌人的心脏地区，表现出共产党人百折不挠、不怕牺牲的革命斗志。罗亦农同志从不计较个人得失，始终把为人民谋幸福当作自己的责任，立场坚定，爱憎分明，关心劳苦大众的疾苦，同群众共患难、心连心。他不顾体弱多病，不顾个人安危，忠心耿耿地为党工作，为革命、为人民无私地奉献出自己的一切。罗亦农同志坚定的革命信念、高尚的革命品质和大无畏的献身精神，是永远值得我们共产党人学习的。

同志们！20世纪是中华民族奋起抗争、中国发生翻天覆地变化的一个世纪。中国共产党团结和带领中国人民推翻了“三座大山”，实现了民族独立、人民解放，在中国大地确立了社会主义制度，找到了建设有中国特色社会主义的正确道路，取得了改革开放和现代化建设举世瞩目的伟大成就。随着新世纪的到来，我国已进入了全面建设小康社会、加快推进社会主义现代化的新的发展阶段。实现中华民族的伟大复兴展现出前所未有的美好前景。今天我们纪念罗亦农同志，就是要大力弘扬革命先烈的崇高精神，继往开来，与时俱进，把老一辈无产阶级革命家开创的社会主义伟大事业不断推向前进。让我们紧密团结在以江泽民同志为核心的党中央周围，高举邓小平理论伟大旗帜，认真贯彻“三个代表”重要思想，勇于开拓，不断进取，为把我国建设成为富强、民主、文明的社会主义现代化国家而努力奋斗！

在纪念彭真同志诞辰一百周年座谈会上的讲话

（2002年10月11日）

江　泽　民

同志们：

今天，我们在这里举行座谈会，纪念彭真同志诞辰100周年。彭真同志是伟大的无产阶级革命家、政治家，杰出的国务活动家，坚定的马克思主义者，我国社会主义法制的主要奠基人，党和国家的卓越领导人。他为中国人民的解放事业，为社会主义革命和建设事业，建立了不朽的功绩，深受全党全国人民的尊敬和爱戴。

彭真同志早年在太原求学期间，接受了马克思主义，于1923年加入中国共产党。从此，他矢志不移，投身党和人民的伟大事业，直至生命的最后一刻。大革命时期，彭真同志参与领导工人运动和学生运动，在山西开展国共合作工作。大革命失败后，他作为党在北方地区的主要领导人之一，在白色恐怖的严酷环境中，继续坚持斗争。1935年后，他参加北方局的领导工作，为恢复和发展北方地区党的组织，推动抗日民族统一战线的建立，开创白区工作的新局面，做了大量的重要工作。1938年后，他和聂荣臻同志领导创建晋察冀抗日根据地。1941年，他到中央工作，参加领导延安整风运动，参加七大的筹备和组织工作。抗战胜利后，他到东北担任领导工作，执行中共中央和毛泽东同志作出的战略决策，迅速打开工作局面，为建立巩固的东北根据地奠定了基础。

新中国成立后，彭真同志担任党和国家的重要领导职务，为党的建设、政权建设和经济建设，为政法工作、统战工作、民族工作、思想理论工作和科学教育文化工作，竭诚贡献了自己的智慧和力量。他长期担任北京市的主要领导工作，为首都建设作出重要贡献。彭真同志作为以毛泽东同志为核心的党的第一代领导集体的成员，在实践中努力探索建设社会主义的正确道路，提出了许多宝贵的思想。他提出，社会主义建设要不犯错误，根本的问题在于调查研究。他身体力行，经常深入工厂、农村和基层单位，直接听取意见。他一向尊重知识、尊重人才，重视发挥知识分子在社会主义建设中的作用。他坚持实事求是地处理思想文化领域里的问题，强调要在学术界、文艺界造成既有集中又有民主，既有纪律又有自由，既有统一意志又有个人心情舒畅、生动活泼的政治局面。他一贯提倡和坚持客观、全面、本质地看问题的思想方法，强调掌握马克思主义理论，是探索革命和建设规律，提高党的领导水平的关键。

“文化大革命”中，彭真同志遭受林彪、江青一伙的残酷迫害。但他在逆境中始终关心党和国家的前途命运，坚持学习马列主义、毛泽东思想，同林彪、江青一伙进行坚决的斗争。党的十一届三中全会后，在新的历史时期，彭真同志作为以邓小平同志为核心的党的第二代领导集体的重要成员，参与了党和国家一系列重大决策的制定，为拨乱反正的进行，为确立和贯彻党在社会主义初级阶段的基本路线，为推进改革开放和社会主义现代化事业，作出了重大贡献。他不顾年事已高，经常到各地考察工作，深入基层，调查研究。祖国大地留下了他不倦的身影。

彭真同志长期领导和主持民主法制建设工作，具有丰富的立法工作经验。十一届三中全会后，他主持宪法修改工作，领导制定了一系列重要法律，极大地推进了新时期我国社会主义法制建设。他长期主持全国人大常委会工作，为健全我国人民代表大会制度进行了许多开拓性的努力，并起了关键性的作用。他长期分管政法工作，为推动政法战线制度和队伍的建设，为维护国家安全和社会稳定，做了大量卓有成效的工作。他代表党和国家，参与了许多重大的外事活动。他坚持我们党和国家关于处理党与党、国与国之间关系的基本原则，为维护国家和民族的尊严和利益，增进中国人民和世界各国人民的友谊，推动世界和平与人类进步事业，作出了杰出贡献。彭真同志从领导岗位上退下来后，仍然非常关心我国改革开放和社会主义现代化建设。他坚决支持党中央的工作。他一再强调，我们要永远记住，人民群众是我们共产党的母亲；人民是国家的主人，这是事物的本质；我们共产党人的根永远在车间里，在田野上。这些感人的肺腑之言，我们应该永远铭记。

彭真同志具有坚定的共产主义信念和百折不挠、坚韧不拔的意志，对党、对人民无限忠诚。他善于运用马克思主义的立场、观点和方法，分析和解决问题，具有创造性地开拓新局面和处理复杂问题的胆略和才能。在关系党和国家前途命运的关键时刻和重大政治问题上，他坚持原则，旗帜鲜明。他始终牢记党的全心全意为人民服务的根本宗旨，保持人民公仆的本色，谦虚谨慎，艰苦朴实，严于律己。他模范地执行民主集中制原则和党的集体领导制度，坚持党的群众路线，深入群众，深入实际，作风民主。他一生追求真理，无论遇到什么困难和挫折，都保持乐观主义精神，对党的事业充满必胜的信心。彭真同志的崇高品德和光辉思想，是我们党的宝贵精神财富，值得全党同志永远学习。

建设富强民主文明的社会主义现代化国家，实现中华民族的伟大复兴，是老一辈无产阶级革命家的遗愿。今天，我们纪念彭真同志百年诞辰，就是要继承老一辈无产阶级革命家的遗志，团结一心，开拓创新，把建设有中国特色社会主义的伟大事业继续推向前进！

在首都各界纪念中华人民共和国宪法公布施行二十周年大会上的讲话

（2002 年 12 月 4 日）

胡　锦　涛

同志们，朋友们：

我国现行宪法，从 1982 年 12 月 4 日第五届全国人民代表大会第五次会议通过并公布施行以来，已经 20 年了。今天，在全国上下认真学习贯彻党的十六大精神的热潮中，我们隆重纪念宪法公布施行 20 周年，在全社会进一步树立宪法意识和宪法权威，切实保证宪法的贯彻实施，这对于推动全党和全国各族人民为全面建设小康社会，开创中国特色社会主义事业新局面而团结奋斗，具有十分重要的意义。

中华人民共和国宪法是我国的根本法，是治国安邦的总章程，是保持国家统一、民族团结、经济发展、社会进步和长治久安的法律基础，是中国共产党执政兴国、团结带领全国各族人民建设中国特色社会主义的法制保证。宪法以法律的形式确认了我国各族人民奋斗的成果，规定了国家的根本制度、根本任务和国家生活中最重要的原则，具有最大的权威性和最高的法律效力。全国各族人民、一切国家机关和武装力量、各政党和各社会团体、各企业事业组织，都必须以宪法为根本的活动准则，并负有维护宪法尊严、保证宪法实施的职责。

我国现行宪法是在 1954 年宪法的基础上，根据党的十一届三中全会确定的路线、方针、政策，总结新中国成立以来我们建设社会主义的长期实践经验，特别是汲取“文化大革命”的教训，经过全民讨论，由第五届全国人民代表大会第五次会议通过的。随着改革开放和社会主义现代化建设的不断发展，1988 年、1993 年、1999 年，七届全国人大一次会议、八届全国人大一次会议、九届全国人大二次会议又分别对宪法的个别条款和部分内容作了必要的修正，确立了邓小平理论的指导地位，明确提出坚持改革开放，规定了我国社会主义初级阶段的基本经济制度和分配制度，明确了非公有制经济的法律地位，规定了国家实行社会主义市场经济，实行依法治国、建设社会主义法治国家，中国共产党领导的多党合作和政治协商制度将长期存在和发展等内容。宪法全面体现党在社会主义初级阶段的基本路线，集中反映全国各族人民的共同意志和根本利益，认真贯彻社会主义的民主原则和法治精神，切实保障公民的自由和权利，科学规范国家权力，充分适应我国经济、政治、文化发展以及各项社会事业发展的要求，明确提出逐步实现工业、农业、国防和科学技术的现代化，把我国建设成为富强、民主、文明的社会主义国家的宏伟目标。

20年来的实践证明，我国宪法是一部符合国情的好宪法，在国家经济、政治、文化和社会生活中发挥了极其重要的作用。

——宪法保障了我国的改革开放和社会主义现代化建设。

宪法明确规定，国家的根本任务是沿着建设有中国特色社会主义的道路，集中力量进行社会主义现代化建设；国家在社会主义初级阶段坚持公有制为主体、多种所有制经济共同发展的基本经济制度，坚持按劳分配为主体、多种分配方式并存的分配制度；坚持改革开放，发展社会主义市场经济。这为我们深化改革、扩大开放、促进发展提供了坚实的法律保障。20年来，我们紧紧抓住经济建设这个中心，深化经济体制改革，扩大对外开放，解放和发展社会生产力，推动我国综合国力和人民生活不断迈上新的台阶。我们已经实现了现代化建设"三步走"战略的第一步、第二步目标，实现了人民生活总体上由温饱到小康的历史性跨越。现在，我国已经开始实施现代化建设的第三步战略部署，进入了全面建设小康社会、加快推进社会主义现代化的新的发展阶段。

——宪法促进了我国的社会主义民主建设。

宪法规定，中华人民共和国的一切权力属于人民，人民行使国家权力的机关是全国人民代表大会和地方各级人民代表大会。20年来，我们不断发展社会主义民主，实行民主选举、民主决策、民主管理和民主监督，保证人民依法管理国家事务，管理经济文化事业，管理社会事务。作为我国根本政治制度的人民代表大会制度不断完善和发展。各级人大及其常委会认真履行宪法赋予的职责，在发展社会主义民主和健全社会主义法制中发挥了重要作用。我们坚持和完善中国共产党领导的多党合作和政治协商制度，保证人民政协发挥政治协商、民主监督和参政议政的作用，巩固和发展了最广泛的爱国统一战线。我们坚持民族区域自治制度，巩固和发展平等、团结、互助的社会主义民族关系，促进了各民族的共同繁荣进步。我们进一步扩大农村、城市和企业的基层民主，保证人民群众依法直接行使民主权利，依法管理自己的事情，创造自己的幸福生活。

——宪法推动了我国的社会主义法制建设。

宪法是立法和法律实施的基础和依据。20年来，我们加快立法步伐，提高立法质量，制定了一大批法律、行政法规和地方性法规，以宪法为核心的中国特色社会主义法律体系已经初步形成，国家经济、政治、文化和社会生活的各个方面已经基本做到有法可依。各级行政机关建立健全执法机构，严格依法行政，行使权力的方式和程序进一步规范化、法制化，行政复议、行政诉讼和国家赔偿的法律制度已经建立。我们积极进行司法体制改革，促进和保障公正司法，推动各级审判机关和检察机关依法独立公正地行使审判权和检察权。以普及宪法知识为主要内容的法制宣传教育广泛开展，全社会的宪法意识和法制观念进一步增强。

——宪法促进了我国人权事业和各项社会事业的发展。宪法对公民的基本权利和义务作了全面的规定，为广大人民群众充分享有民主权利，在国家生活中发挥积极性、主动性、创造性提供了可靠的法律保障。20年来，我们根据宪法制定了一批保护公民基本权利的法律，签署了一批保护公民权利的国际公约，尊重和保护人权，建立和健全社会保障体系，动员全社会的力量扶助困难群众，推动我国人权事业取得了显著进展。我们按照宪法关于加强社会主义精神文明建设的明确规定，大力实施科教兴国战略，积极发展教育、科技、文化、卫生、体育等各项事业，深入开展思想道德建设，不断提高公民思想道德素质和科学文化素质，不断推进社会全面进步。

20年的经验告诉我们，只要认真贯彻实施宪法，坚持和完善宪法确立的各方面的制度和体制，就能保证改革开放和社会主义现代化建设不断向前发展，保证最广大人民的根本利益不断得到实现，保证国家安全和社会稳定、实现长治久安。

20年的经验还告诉我们，改革开放和社会主义现代化建设的蓬勃发展，是宪法得以充分实施和不断完善的根本原因。实践没有止境，宪法也要随着实践的发展而不断完善。要适应改革开放和社会主义现代化建设的发展要求，根据实践中取得的重要的新经验和新认识，及时依照法定程序对宪法的某些规定进行必要的修正和补充，使宪法成为反映时代要求、与时俱进的宪法。

党的十六大把发展社会主义民主政治，建设社会主义政治文明同建设社会主义物质文明、精神文明一起作为全面建设小康社会的重要目标，这是我们在建设中国特色社会主义的实践中取得的新的重大认识，也是我们继续建设中国特色社会主义事业必须完成好的重大任务。建设中国特色社会主义，必须坚持以经济建设为中心，不断解放和发展社会生产力，大力发展社会主义物质文明，同时必须大力发展社会主义政治文明和社会主义精神文明，为现代化建设提供有力的政治和法律保障，提供强大的精神动力和智力支持。我们一定要按照党的十六大的要求，发展社会主义市场经济、社会主义民主政治和社会主义先进文化，不断促进社会主义物质文明、政治文明和精神文明的协调发展，推进中华民族的伟大复兴。

发展社会主义民主政治，最根本的是要把坚持党的领导、人民当家作主和依法治国有机统一起来。党的领导是人民当家作主和依法治国的根本保证，人民当家作主是社会主义民主政治的本质要求，依法治国是党领导人民治理国家的基本方略。正确认识和处理好这三者之间的关系，才能把全党和全国各族人民的意志和力量进一步凝聚起来，意气风发、团结一致地去实现党的十六大提出的全面建设小康社会的奋斗目标，落实党的十六大对我国经济、政治、文化等各方面工作作出的部署。

在整个改革开放和社会主义现代化的进程中，我们都必须坚持依法治国的基本方略。依法治国，就是广大人民群众在党的领导下，依照宪法和法律规定，通过各种途径和形式管理国家事务，管理经济文化事业，管理社会事务，保证国家各项工作都依法进行，逐步实现社会主义民主的制度化、法律化。

实行依法治国的基本方略，是坚持和改善党的领导的必然要求，是完成党的十六大作出的各项战略部署的必然要求，是促进我国社会主义物质文明、政治文明和精神文明协调发展的必然要求，也是巩固和发展民主团结、生动活泼、安定和谐的政治局面的必然要求。实行依法治国的基本方略，首先要全面贯彻实施宪法。这是建设社会主义政治文明的一项根本任务，也是建设社会主义法治国家的一项基础性工作，要长期抓下去，坚持不懈地抓好。

全面贯彻实施宪法，必须加强宪法宣传教育，提高全体人民特别是各级领导干部和国家机关工作人员的宪法意识和法制观念。必须在全社会进一步树立宪法意识，维护宪法的权威，使宪法在全社会得到一体遵行。要在全社会广泛宣传宪法，让宪法家喻户晓、深入人心，使广大人民群众认识到宪法不仅是全体公民必须遵循的行为规范，而且也是保障公民权利的法律武器。各级各类学校尤其是各级党校和干校都要开展宪法教育。要把宪法教育作为党员干部教育的重要内容，使各级领导干部和国家机关工作人员掌握宪法的基本知识，树立忠于宪法、遵守宪法和维护宪法的自觉意识。要坚持把依法治国和以德治国结合起来，不断加强全民族的思想道德建设，促进依法治国基本方略的实施。

全面贯彻实施宪法，必须健全宪法保障制度，确保宪法的实施。20年来，我国宪法的实施状况不断改善，依照宪法和法律办事正在成为社会普遍的行为准则。但也要看到，在发展社会主义市场经济的新形势下，由于法律和体制不健全以及执法人员自身素质不完全适应等问题，有法不依、执法不严、违法不究的问题还不少，一些不同程度的违宪现象仍然存在。要抓紧研究和健全宪法监督机制，进一步明确宪法监督程序，使一切违反宪法的行为都能及时得到纠正。全国人大及其常委会，要从国家和人民的根本利益出发，在立法过程中充分保障宪法规定的公民的自由和权利；要切实担负起监督宪法实施的职责，坚决纠正违宪行为；要切实履行解释宪法的职能，对宪法实施中的问题作出必要的解释和说明，使宪法的规定更好地得到落实。地方各级人大及其常委会要切实保证宪法在本行政区域内得到遵守和执行。各级国家行政机关、审判机关和检察机关都要坚决贯彻宪法，依法行政，公正司法，不断提高执法人员的素质和执法水平。任何组织或者个人都不得有超越宪法和法律的特权。

全面贯彻实施宪法，必须坚持党的领导，党的各级组织和全体党员都要模范地遵守宪法，严格按照宪法办事。我们党是中国最广大人民根本利益的忠实代表，我们党的宗旨就是全心全意为人民服务。宪法是在党的领导下和广泛发扬民主的基础上制定的，反映了党的路线和方针政策，反映了全国各族人民的利益和意志，是党的主张和人民意志相统一的体现。党的十六大明确提出，党要坚持依法执政，各级党委和领导干部必须增强法制观念，善于把坚持党的领导、人民当家作主和依法治国统一起来，不断提高依法执政的能力。这对于加强和改善党的领导，改革和完善党的领导方式和执政方式，提高党的执政能力和执政水平，具有极其重要的意义。党的各级组织和全体党员都要模范地遵守宪法，严格按照宪法办事，自觉地在宪法和法律范围内活动，团结带领广大人民群众不断创造改革开放和社会主义现代化建设的新业绩。

同志们，朋友们！党的十六大把“三个代表”重要思想同马克思列宁主义、毛泽东思想、邓小平理论一道确立为我们党必须长期坚持的指导思想，科学总结党领导人民建设中国特色社会主义的基本经验，提出全面建设小康社会的奋斗目标，对我国新世纪新阶段的改革和发展作出了全面部署，这对我们党和国家事业的发展具有重大的现实意义和深远的历史意义。各地区、各部门都要按照中央的要求，认真学习和深入领会党的十六大精神，扎扎实实地把党的十六大精神落实到各项工作中去。

全党同志和全国各族人民，紧密团结在党中央周围，高举邓小平理论伟大旗帜，全面贯彻“三个代表”重要思想，坚持依法治国的基本方略，切实保证宪法的贯彻实施，万众一心，奋发图强，与时俱进，开拓创新，不断把中国特色社会主义事业推向前进！

专文

关于党史研究与时俱进的思考

（2002年4月27日）

中共中央党史研究室主任　孙　英

与时俱进、开拓创新，是“三个代表”重要思想对全党工作提出的整体性要求，也是党史研究应当遵循的重要原则。党史研究的对象是党的历史。党史研究如何做到与时俱进，是一个需要认真思考的重要问题。

必须坚持为现实服务

党史学具有现实性品格，服务现实是它的基本属性。党史研究如果不从现实出发，不为现实服务，就违背了自身的品格和属性，失去了存在的价值和意义，与时俱进也就无从谈起。因此，为现实服务，是党史研究实现与时俱进的根本途径。

党史研究为现实服务，可以从中国传统史学中得到借鉴。中国传统史学历来具有“经世致用”的传统。司马迁著《史记》，是为了“述往事，思来者”，“原始察终，见盛观衰”。司马光撰《资治通鉴》，是为了“监前世之盛衰，考当今之得失”。这都不是“为历史而历史”，都不是纯粹的史实考证和简单的历史过程描述，为现实服务的目的是非常明确的。

马克思主义经典作家和我国老一辈无产阶级革命家，总是从无产阶级和人民群众的根本利益及革命斗争的需要出发，强调历史学的现实性品格，提出历史学的任务。他们的历史经典之作，都是在革命运动的历史进程中，为总结历史经验、指导现实斗争而撰写的。

江泽民同志关于党史问题的论述极其丰富和深邃。他在论述党史研究的重大现实意义时指出：“作为一个马克思主义的政党，必须始终注重总结历史，善于运用辩证唯物主义和历史唯物主义的世界观、方法论，从对历史规律的不断认识和把握中找到指导我们前进的正确方向、道路与经验，不断开辟未来发展的新境界。”这就为党史研究服务现实、与时俱进指明了方向。

当前，我国已进入全面建设小康社会、加快推进社会主义现代化的新的发展阶段。在充满挑战和希望的新世纪，怎样继续以经济建设为中心，全面实施改革开放，不断提高综合国力，使人民殷实富裕；怎样加强和改进党的领导，进一步提高党的执政能力和领导水平，提高拒腐防变和抵御风险的能力，是党和国家需要解决的重大现实课题。因此，党史研究为现实服务，就要为贯彻执行党的基本路线服务，为加强和改进党的建设服务，为培育“四有”新人服务，从而在解决重大现实课题中发挥应有作用。

党史研究要为现实服务，就要把“资政育人”作为根本任务。为此，要把党史研究与党和国家的工作大局结合起来，为不断解决前进道路上的新问题提供历史借鉴；把党史研究与加强革命传统教育结合起来，帮助广大干部群众特别是青少年进一步加深对党的认识，牢固树立跟党走建设有中国特色社会主义道路的信念；把党史研究与探索世界政党兴衰成败的规律结合起来，以有益于我们党巩固执政地位、提高执政能力和领导水平。

党史研究要为现实服务，就一定要坚持研究的科学性。要在占有丰富翔实的历史资料的基础上，坚持实事求是的科学态度，尊重历史的本来面目，运用马克思主义的科学方法，剖析历史的本质，探求历史的规律，正确区分历史的主流和支流，正确总结历史的经验和教训，为解决重大现实课题提供历史的借鉴。要坚决反对历史虚无主义、历史客观主义和历史实用主义。

努力站在时代的高度

每个时代都有自己的历史高度。

站在时代的高度回望历史，充分利用社会进步提供的新的认识水平、研究能力和新条件、新方法，对历史进行再研究，是史学常新的基本原因。党史研究也是如此。而且也只有这样，党史研究才能与时俱进，保持生命的华彩和活力。

党的三代中央领导集体的核心都是站在时代高度研究党史的光辉典范。他们在不同历史时期，对党的历史上一系列重大问题进行的深刻论述，都是以时代眼光总结历史经验的经典文献，为我们研究党史树立了榜样。他们的实践表明：党史研究只有站在时代高度，才能把握时代脉搏，揭示历史与现实的内在联系，提出新思想、新理论，解决新矛盾、新问题，做到与时俱进。

党史研究要站在时代的高度，必须用具有时代特征的马克思主义的最新理论成果作指导。江泽民同志“三个代表”重要思想，是马克思主义中国化的最新成果。坚持用“三个代表”重要思想指导党史研究，就能从中国先进生产力、先进文化和最广大人民根本利益的内在要求和高度统一上，认识历史的深层本质，把握历史的时代内涵，总结出富有时代气息的历史经验。

党史研究要站在时代的高度，必须对我们所处的时代有科学的认识。要认清时代的基本特征，了解时代的发展方向，把握时代的主要矛盾，使党史研究能够顺应时代的潮流，跟上时代的步伐，体现时代的精神，使党史研究成果应时代而生，又为时代所用。

党史研究要站在时代的高度，必须具备宽广的世界眼光和深邃的历史眼光。当今世界是一个开放的世界，同时又是一个诸多矛盾和因素纵横交织的世界。我国的社会主义现代化建设和民族复兴大业，就是在这样一个内外环境中向前发展的。所以，党史研究必须要有宽广的世界眼光和深邃的历史眼光，把我们党的全部历史特别是改革开放的历史放在当时的国际背景中去考察，把我们的经验与其他党和国家的经验教训结合起来进行对比研究，把产生不同经验教训的条件、因素集合起来进行深化研究，从而更加深刻地认识复杂的历史本质和曲折的发展道路，得出我们党在全面开放中领导现代化建设和加强自身建设所需要的重要经验，进一步提高驾驭全局和处理国内外复杂事务的水平。

重在揭示历史的本质和规律

揭示本质和规律，是历史研究的内在要求，也是党史研究的重要目的。只有不断揭示本质和规律，党史研究才能为党的事业发展提供有益的借鉴和启示，才能从历史深处为现实提供前进的精神动力。否则，党史研究就会只见树木，不见森林，淹没在历史事件和历史人物的残简断篇中。因此，揭示历史的本质和规律，是党史研究实现与时俱进的关键。

我们党历来重视在研究党史中发现规律，并成功地运用规律于实践中。正因为如此，我国革命、建设和改革事业才波澜壮阔，高潮迭起，不断从胜利走向新的胜利。

我国的现代化建设和民族复兴大业，是一场深刻持久的社会变革，需要不断深化对已知规律的认识并积极探索新规律。当前，党史研究特别需要在不断深化对共产党执政规律、社会主义建设规律和人类社会发展规律的认识上下功夫，努力做出无愧于时代的重要贡献。

党史研究要不断揭示历史的本质和规律，就要深刻地进行历史的思考、理论的思考和现实的思考，并使三者有机地结合起来。毫无疑问，研究党的历史，首先要进行历史的思考，就是把历史事件、历史人物放在它发生、发展的特定历史环境中去，放到历史过程纵横交错的诸多联系中去，放到复杂多样的矛盾运动中去，切实弄清历史活动发生的原因和变化的条件，弄清偶然性中的历史必然性，实事求是地研究党的历史的各个方面、各个层次、各个重要人物和各个重大事件，准确把握历史广博、丰富、深邃的内涵。进行理论的思考，就是要用马克思主义的理论指导党史研究，对党的历史进行理性考察，并把研究结论上升到理论高度，在历史逻辑与理论逻辑的统一上认识历史。进行现实的思考，就是要密切关注现实，把现实提出的重大问题放到党史中去认识，弄清它的来龙去脉，研究它的发展变化，在历史与现实的统一上把握历史，开辟未来。

历史的思考、理论的思考和现实的思考，是一个统一的整体，相互联系，相互作用，共同推进党史研究认识的飞跃和理性的升华。只有把诸多思考统一起来，才能开掘历史更丰富的内涵，把握历史更深刻的本质和规律，得到来自历史的更多的智慧、力量和启迪。

党史研究与时俱进，必将繁荣学术，创新理论，开拓党史研究的新境界。

按照“三个代表”重要思想的要求加强全面建设　在“资政育人”中发挥重要作用

——在中共党史人物研究会第三次会员代表大会闭幕式上的讲话

（2002年6月8日）

中共党史人物研究会会长　孙　英

各位代表，同志们：

中共党史人物研究会第三次会员代表大会，经过两天多的紧张工作，审议通过了第二届理事会的工作报告，修改了章程，选举产生了第三届理事会的理事，在三届一次理事会上又选举产生了常务理事会理事、会长、副会长，通过了名誉会长，聘请了顾问，决定了秘书长和《中共党史人物传》丛书编委会主编，并进行了学术研讨活动，圆满完成了大会的各项任务。在大会闭幕之际，我代表新当选的各位理事，对全体代表给予我们的信任表示衷心的感谢。我和第三届理事会全体同志，将不辜负各位代表的信任和希望，在大家的支持和帮助下，尽心竭力，努力工作，继续推进党史人物研究会的全面建设和各项任务的完成。

十多年来，党史人物研究会在李力安同志和第二届理事会的领导下，在全体会员的共同努力下，始终坚持正确的政治方向，紧紧抓住中心工作不放松，努力加强研究会的全面建设，不断推动党史人物研究工作向前发展，在规划、编撰、出版《中共党史人物传》第二个50卷，壮大编写队伍，培养研究人才，筹措活动经费等方面做了大量工作并取得了显著成绩；在探索研究会的工作方式，推进党史人物研究会发展方面付出了巨大努力并积累了宝贵经验；在提高党史人物研究水平、繁荣党史人物研究工作等方面作出了重要贡献，为进一步做好今后的工作奠定了良好基础。在此，我代表第三届理事会向李力安同志和第二届理事会全体同志表示崇高的敬意和衷心的感谢，对长期以来积极参与并付出了辛勤劳动的全体会员和给予党史人物研究会以多方支持帮助的各省、市、自治区和有关方面，表示崇高的敬意和衷心的感谢。

当前，按照“三个代表”重要思想的要求全面推进党的建设，全面建设小康社会，加快社会主义现代化，实现中华民族的伟大复兴是全党面临的伟大任务。完成这一任务，离不开对党的历史经验的研究和借鉴，同样离不开对党的历史人物的研究和借鉴。党史人物多彩的人生历程、崇高的革命精神、优良的品质作风、丰富深刻的经验教训，是党和人民的宝贵财富和历史遗产。深入科学地研究党的历史人物，是按照“三个代表”重要思想的要求，加强和改进党的建设的需要，是激励今人，教育后人，万众一心，齐心协力地把有中国特色社会主义事业不断推向前进的需要。所以，我们每一个党史人物研究者，都肩负着崇高的政治使命和重大的社会责任。

这次会员代表大会，是在江泽民总书记5月31日在中央党校省部级干部进修班毕业典礼上发表重要讲话、党的十六大将要召开的情况下召开的，我们将根据总书记“5·31”重要讲话精神，结合这次大会提出的各项任务，在广泛听取各方面意见的基础上，研究规划党史人物研究会各方面的工作，努力开创党史人物研究工作的新局面。我们的基本思路是：高举邓小平理论伟大旗帜，全面贯彻“三个代表”重要思想的要求，以“资政育人”为根本任务，努力贯彻中央领导提出的党史工作要实现“三个服务”、“三个结合”的基本要求，即更好地为贯彻执行党的基本路线服务，为加强和改进党的建设服务，为培育“四有”新人服务；党史研究要与党和国家工作大局结合起来，与加强革命传统教育结合起来，与探索世界政党兴衰成败的规律结合起来；全面加强党史人物研究会的思想建设、业务建设和组织建设，继续做好党史人物研究和成果的转化工作，力争把党史人物研究会办成党史人物资料征集、研究、宣传和人才培养的重要基地。

一、以马列主义、毛泽东思想、邓小平理论和“三个代表”重要思想为指导，加强思想建设，确保正确的政治方向

长期以来，党史人物研究会坚持以马列主义、毛泽东思想、邓小平理论和江泽民同志“三个代表”重要思想为指导，保证了党史人物研究始终沿着正确的方向不断发展，取得了很大成绩，为社会主义精神文明建设作出了积极贡献。这是党史人物研究会成立以来的基本经验，也是今后工作必须坚持的根本原则。

加强思想建设，保证正确的工作方向，一是必须一如既往地坚持把马列主义、毛泽东思想特别是邓小平理论和“三个代表”重要思想作为指导思想，并把这一思想贯穿到研究会的全面建设和各项工作中去。各位代表和全体会员，都应当继续深入学习邓小平理论和“三个代表”重要思想，努力掌握其精神实质和理论精髓，不断提高自己运用马克思主义研究党史人物的水平。二是党史人物研究要以发挥“资政育人”作用为根本任务，正确处理政治与学术的关系，科学总结党的历史经验，正确阐述党的历史，准确评价党史人物的功过是非，坚决反对那些丑化、诋毁党的形象，歪曲、否定党的领导的错误倾向；同时进一步加强党史人物的宣传工作，使之成为社会主义精神文明建设和发展中国先进文化的重要组成部分。三是继续发扬艰苦奋斗、埋头苦干、无私奉献、团结协作的精神，再接再厉，努力把党史人物的资料征集、研究编撰和宣传工作做得更好。

二、以出人才、出精品为宗旨，加强业务建设，努力把党史人物研究工作推进到新高度

党史人物研究会的工作要取得新发展、新成就，登上新台阶、新高度，就必须努力加强自己的业务建设，围绕出人才、出精品取得显著成效。研究会成立23年来，硕果累累，成绩斐然，在出人才、出精品方面取得了重要经验，概括起来，就是牢固树立四个意识。

首先是政治意识。就是党史人物的研究和宣传要讲政治，要服从和服务于党和国家工作的大局。要有利于按照“三个代表”重要思想的要求全面推进党的建设；有利于全面建设小康社会，加快推进社会主义现代化；有利于坚持党的基本路线，在建设有中国特色社会主义道路上实现中华民族的伟大复兴。因此，我们的党史人物研究宣传都要大力弘扬共产主义、爱国主义和革命英雄主义精神，要使广大人民特别是青少年坚定跟党走有中国特色社会主义道路的信念。同时，我们要认真学习、严格遵守各种法规和政策，依法办会，按政策办事，保证各方面都不出政治问题，不发生违法乱纪行为。

其次是科学意识。就是要坚持历史唯物主义的精神，实事求是的态度，在占有大量翔实可靠历史资料基础上，客观全面地研究党史人物，尊重历史的本来面目，洞察历史的复杂本质，把握党史人物的准确定位，写出经得起历史检验的具有现实意义、时代特征和学术深度的人物名著和传记精品。

第三是转化意识。就是要主动地、积极地把我们的研究成果转化为“资政育人”的研究报告和宣教材料，特别是转化为广大青少年喜闻乐见的党史人物的图书和影视作品，贯彻江泽民总书记提出的“以科学的理论武装人，以正确的舆论引导人，以高尚的精神塑造人，以优秀的作品鼓舞人”的重要要求，把党史人物多彩的人生、崇高的精神、优良的作风和对历史的真知灼见，化为党和人民与时俱进、继往开来的伟大力量。为此，要主动贴近当代群众特别是青少年的阅读心理和欣赏趣味，充分利用现代媒体的传播特点，进行党史人物作品的创作。可以在现有传记的基础上，编写一些党史人物的通俗读本；与报纸杂志结合，开辟一些党史人物专栏；与电视台、电台合作，制作一些党史人物专题节目；与音像出版单位合作，出版一些党史人物光盘；利用已开辟的党史网站和其他网站，宣传党史人物的历史功绩和优良作风。总之，下决心、下气力做好党史人物的宣传工作，使我们的劳动成果真正起到教育人、启迪人、警示人的重要作用，发挥好作品的社会功能。

第四是艺术意识。就是要讲究党史人物传记和影视作品的艺术性，要力求富有文采，形象生动，引人入胜。司马迁的《史记》讲鸿门宴，说“范曾数目项王，举所佩玉玦以示之者三，项王默然不应”。讲荆轲刺秦王，说“荆轲逐秦王，秦王环柱而走，群臣皆愕，卒起不意，尽失其度”。人物栩栩如生，事情历历在目，语言也通晓流畅，生动活泼，故事性、可读性都很强。所以它能赢得广大读者，并经千年风雨越磨越亮，成为史学经典。当然，达到这样

的高度是很难的，但应当成为我们的努力方向。为此，要努力提高党史人物研究者的政治、文化和艺术素养，增加我们的政治、社会阅历；要加强与相关方面的合作；要继续组织一些经验交流活动和研究人员的培训工作。

三、以提高效率、保持活力为重点，加强组织建设、制度建设和管理工作，保证党史人物研究各项任务的完成

加强组织建设、制度建设和管理工作，是保证党史人物研究会正常工作和继续发展的重要方面。围绕提高研究会的工作效率和保持活力这个重点，我们认为应当做好以下四个方面的工作。

第一，加强研究会领导班子和办事机构建设，提高工作效率。领导班子要保持健全，以实施强有力的领导和保证工作的有效性。研究会的办事机构，要设置合理、分工明确、人员精干、灵活有效。

第二，加强制度建设，进一步规范研究会的工作。我们的研究工作和学术活动要更加富有成效，就必须按照科学健全的规章制度办事，就必须加强研究会的管理工作。因此，要根据工作需要对现有规章制度进行必要的修订、补充，视情制订一些新的规章制度，以制度建设为基本措施，加强研究会的管理工作。

第三，积极稳妥地吸收新会员，壮大研究队伍。党史人物研究会是一个全国性的学术性社会团体，不断吸收新会员是保持活力、提高能力、扩大影响、发挥作用的重要措施。我们要根据章程所提出的标准，积极而有计划地吸收一些单位会员和个人会员，以更好地开展研究会的工作和活动。

第四，要充分发挥全体会员的积极性，群策群力办好会务。这是非常重要的经验和一定要坚持下去的原则。党史人物研究会，是我们全体会员自己的组织，是我们全体会员钟爱的事业，只有群策群力，才能办好研究会，发展研究会。因此，要发扬会务民主，积极营造良好的学术氛围，充分调动各方面的积极性，同时希望各位代表和全体会员积极参与会务管理，一如既往地关心它的建设，爱护它的声誉，支持它的发展，为它献计献策，使我们研究会的工作更加有声有色，生机勃勃。目前，在办公经费、活动场所和出版发行等方面虽然存在一些困难，但我们相信，在理事会和全体会员的共同努力下，在社会各界的大力支持下，我们党史人物研究会一定会越办越好。

各位代表、同志们，党的十六大将在今年下半年召开，这是我们党在新世纪的第一次代表大会，也是我们党历史上一次非常重要的大会。我们要围绕迎接十六大的召开，在学习“三个代表”重要思想和总书记“5·31”重要讲话的基础上，进一步解放思想，实事求是，与时俱进，开拓创新，努力推进党史人物研究会的全面建设和各项工作，不断开创党史人物研究的新局面，为实现“资政育人”的根本任务作出更大的贡献。

与时俱进的党史新著

（2002年10月18日）

中共中央党史研究室主任　孙　英

《中国共产党历史》第一卷是在1991年出版的《中国共产党历史》上卷的基础上，经过全面修订、增编而成的。

《中国共产党历史》上卷，是在胡乔木、胡绳同志直接指导下编撰的，比较全面集中地反映了20世纪80年代的党史研究水平和当时对党史史料的掌握状况，出版后产生了重要影响。此后十多年间，情况发生了很大变化。邓小平、江泽民同志站在新的时代高度，对民主革命时期党的历史有许多新的重要论述，为我们深化党史研究提供了新的理论指导。同时，国内外发掘和整理了大量历史档案资料，为弄清历史史实提供了新的依据；党史界对很多党史问题也有了许多新的研究成果。这些都需要有一个与时俱进的新的党史著作加以反映。为此，1996年9月，中央党史研究室决定对原上卷进行全面修订。六经寒暑，《中图共产党历史》第一卷于今年9月正式出版。

《中国共产党历史》第一卷的编修工作，是在党中央、中央领导同志的亲切关怀下进行的。在编修中，我们始终坚持以马克思列宁主义、毛泽东思想、邓小平理论为指导，充分体现中共中央《关于若干历史问题的决议》和《关于建国以来党的若干历史问题的决议》的精神。江泽民同志“三个代表”重要思想提出后，特别是在庆祝中国共产党成立80周年大会上的重要讲话发表后，以“三个代表”重要思想为指针，更加科学地阐述党的历史，正确总结党的历史经验，深刻揭示历史规律，成为编修工作的根本指导思想。中央党史研究室组织参加编修的同志认真学习“三个代表”重要思想，深刻领会“七一”重要讲话精神，编修工作从此进入一个新阶段。

在“三个代表”重要思想指导下，为把我们党领导的新民主主义革命历史表述得更加准确，反映得更加深刻，提高科学性、理论性，我们在工作中注意把握以下几个方面：

一、力求全面、生动地反映党领导中国人民进行民主革命斗争的峥嵘岁月和伟大业绩，使之成为展现党的历史的恢宏画卷

《中国共产党历史》第一卷加强了对不同时期国内国际形势的阐述和分析，将重要历

史时期和重大历史事件的发生、发展置于更为广阔的历史背景之中，突出党应对复杂局面的能力和作出决策的客观历史依据；在充实党领导的政治斗争、武装斗争、土地革命和根据地建设的同时，补充、增写了党领导先进文化建设的内容，展示党始终代表中国最广大人民群众的根本利益，不断解放、发展生产力，发展先进文化的多彩画卷，重现党在民主革命时期波澜壮阔、气势磅礴的伟大历程。第一卷在注重科学性、理论性的基础上，注重可读性，力求用平实、生动的语言，把党领导新民主主义革命的历史，写成一部蕴含和体现马列主义、毛泽东思想的活生生的教科书，写成一部不仅是对广大党员干部和青少年进行传统教育的内容丰富的历史教材，而且是中高级领导干部深入学习党史、深刻总结党的历史经验的重要参考。

二、力求站在时代的高度，正确总结党在民主革命时期的历史经验，深刻揭示中国革命的发展规律

《中国共产党历史》第一卷从社会历史发展阶段的源头出发，全面考察历史发展的进程，将原上卷以辛亥革命开篇，向前延伸到1840年，增加了“鸦片战争与近代中国社会的演变”一节，对19世纪后半叶中国社会半殖民地半封建化的进程以及各阶级、阶层的反抗斗争作了概要叙述，从“两个八十年”的高度，用深远的历史视角，深刻地说明中国共产党的诞生是中国近现代社会矛盾发展和人民斗争深入的必然结果，说明中国共产党成立的历史必然性。新民主主义理论是以毛泽东为核心的党的第一代中央领导集体在长期的革命探索中，总结大革命、土地革命战争和抗日战争以来革命发展的经验教训而得出的正确的历史结论和反映社会革命客观规律的科学理论，是马克思列宁主义基本原理与中国革命实际相结合的光辉典范。《中国共产党历史》第一卷对这一理论产生的时代背景、形成过程和基本内涵，特别是贯穿其中的实事求是、群众路线和独立自主的立场观点方法，作了更加全面的概括，展示了探索中国革命道路的艰难和曲折，突出这一理论在马克思主义发展史上的历史地位，深刻阐明了正确总结实践经验、不断进行理论创新的重要性和必要性。《中国共产党历史》第一卷将原上卷的最后一节“中国人民革命胜利的基本经验和伟大意义”单列出来，作为全书的结束语，增补了论述保持党的先进性的内容，并对中国革命取得胜利的基本经验进行了全面论述，着重阐明了党领导的新民主主义革命取得胜利的历史必然性。

三、力求准确把握党史内涵，突出党的历史的本质和主流

从本质和主流上看，我们党进行民主革命28年的历史，是一部领导中国各族人民为争取民族独立、人民解放而不屈不挠地斗争直至取得最后胜利的历史，是一部把马克思列

宁主义基本原理同中国革命实际相结合，与时俱进、开拓创新的历史，也是党不断加强自身建设、不断发展壮大的历史。《中国共产党历史》第一卷着力表述了党在成立之初领导工人、农民、青年运动的情况，突出了党领导广大人民群众投入大革命洪流的历史业绩，加重了对中华苏维埃共和国临时中央政府成立及苏区人民为中国革命所做出的巨大牺牲的表述；充实了党发动和领导全国人民进行全面抗战的内容，强调了解放战争时期党领导的"第二条战线"的历史功绩，更全面地展现了广大人民群众在创造历史过程中的伟大作用。第一卷增写了土地革命战争初期中央关于建立工农民主政权的方针和毛泽东关于工农民主政权的思想，增加了延安时期毛泽东关于坚持和弘扬马列主义学风的论述，充实了党的七大和七大确立毛泽东思想为全党指导思想的内容，专门论述了毛泽东思想形成过程、科学内涵、理论体系和历史地位，使对马克思列宁主义基本原理与中国革命实际相结合而形成的伟大理论成果——毛泽东思想的阐述更加完整。全书各编还将党的建设内容单独列出节或目，增加了党加强自身建设的内容，并对不同历史时期党的建设的经验教训进行了总结，充分反映了我们党从小到大、从弱到强的光辉历程。

四、坚持实事求是，与时俱进，充分吸收和利用 20 世纪 80 年代后期以来发表的民主革命时期的新史料和新的研究成果，对原上卷的内容作了许多重要的修改，进行了充实和增补，对一些难点、热点问题和党史上的若干重大问题，作出了更为恰当的表述和评价

比如，为更加全面深刻地阐述遵义会议在党的历史上的地位，第一卷新设"遵义会议和红军长征的胜利"一章；对大革命时期陈独秀右倾机会主义错误、土地革命战争时期的三次"左"倾错误和抗战初期王明的右倾错误，根据新的史料和认识，作了实事求是的分析和新的表述；根据近几年公布的共产国际档案，对共产国际、联共(布)及其驻华代表对中国大革命的指导，包括正确的和错误的指导，作了比较充分的叙述。

根据需要，《中国共产党历史》第一卷还对原上卷的结构进行了调整，在原上卷设章、节两级标题的基础上，新增设三级标题；对原有的一些章、节标题作了修改，并增加了一章和若干节。此外，在史实考订、文字表述、注释规范等方面也做了大量工作。经过修订，字数由原上卷的 56 万字增加到 74 万字。

在听取市委党史研究室汇报时的谈话

（2002年8月12日）

中共北京市委副书记 杜德印

党史研究室成立20多年来，取得了不少成绩，征集了浩繁的资料，出了大量的成果，做了大量的宣传教育工作，组织了不少活动，对北京党的建设、对北京的发展稳定作出了贡献。党史工作是党的一项重要工作，你们通过多年的努力，填补了北京党史上的许多空白。这项工作虽然不是轰轰烈烈的，但对同志们的工作态度和成绩要有充分的肯定。市委党史研究室主任王修身同志的去世，对北京党史工作是很大的损失，但你们坚守阵地，没有耽误什么事情。

关于党史干部的建设，要从多方面考虑稳定队伍、留住人才，可以考虑业务人员评定职称，市委党史研究室是市委的直属事业单位，是研究部门，评职称有利于出成果，有利于学术交流，也有利于稳定队伍。这个问题可以和市编办研究一下。你们提到要扩大党史干部的知识面，了解当前的经济、社会情况是对的。可以安排党史研究室参加一些全市的综合性会议，以便将党史研究和现实结合。关于干部交流的问题，这个问题需要研究，干部交流有利于干部的培养，优势互补，但有些业务干部交流出去并不具有优势，反而暴露了不熟悉现实工作的弱势，交流进来的干部也不熟悉业务，所以要研究如何改进这方面的工作，要交流也是在业务相近的单位之间进行，比如社科院这样的单位。当然，短期交流是必要的。干部交流不是第一步的，关键在内部管理，要让同志们在党史工作岗位上有所发展，有成就感，才能保持人才的稳定、事业的发展，这是一个政策性的问题。现在有些政策不明朗，就带来一些具体问题，这需要逐步解决。但有一点要明确，就是干部的个人利益问题要保护。

关于加强对党史工作的领导，健全领导机构的问题。市委党史工作领导小组的事情要马上落实，现在组长、副组长已经确定了（杜德印任组长，组织部长赵家骐、宣传部长蔡赴朝任副组长），成员要尽快确定下来，定下来后，召开一次会，研究一下今后全市的党史工作。这个会你们来做筹备工作，考虑一下有些什么问题要解决，拿到会上去决定。党史工作领导小组的会，以后可以每年开一次，总结上年情况，安排年度工作，起到领导全市党史工作的作用。

关于市委党史工作领导小组的成员，应该有社科院、地方志办公室、市委研究室的同志参加，这样便于工作上的协作。同时也应该有负责经济工作（如市计委）的同志参加，因为经济建设是党的中心工作，也是党史研究的一个重要方面和内容。

关于党史机构的设置。各区县、市委各部委办，都要有搞党史工作的人，人数多少可以根据任务来定，机构的形式不强求。对全市的党史机构现状，你们认真了解一下。有些问题需要在明年事业单位的机构改革时统一解决。

关于对今后党史工作的要求。我今天来，也带了一个课题和你们商量，这就是党史工作为现实服务的问题，这是一个大题目。我们的党史工作如何按“三个代表”的要求开展，为学习、实践“三个代表”服务。怎样按“三个代表”去建设我们的党，需要各方面、包括党史工作者共同研究探讨。“三个代表”的重要思想不仅是党史工作的指导思想，也可以为我们进行党史研究找到线索。昌平有个明皇蜡像馆，我去看过，里面的人物都是帝王将相或是农民起义人物，让人感觉我们的历史就是权力更迭的历史，关于生产力发展的内容一点都看不到。而我们知道，明朝后期是我国资本主义萌芽的时期，是社会生产力发展的一个重要时期，但展览中一点都没有反映。看这个展览，我就有个想法，过去我们只有阶级斗争史，没有科学史，生产力发展史，我们的历史包袱太重。我们党在历史上常犯“左”的错误，不注意全面总结历史就是其中一方面的原因。其实，阶级斗争不是目的，阶级斗争应该是为发展生产力服务的。胡绳同志写文章说，应该从多方面研究我国的近现代历史，他想重新写《从鸦片战争到五四运动》，但心有余而力不足了。我们现在研究党史，特别是解放后的党史，重点是要研究党是如何领导发展生产力的，党是如何领导首都发展经济的。

目前，我们北京面临一个建设什么城市的问题，主要是两方面的意见，一个是要建成历史文化名城，一个是要建成国际化大都市，现在又提出生态城市的概念，强调人居环境。关于这个问题，都没有定论。这里面就有党史研究的题目，比如，从解放前的消费城市建成解放初的生产城市，再到现在的生态城市，这个过程，认识的变化，其中有什么经验和教训，走过哪些弯路，研究清楚了肯定很多人都会感兴趣。再比如，首都经济概念的提出，也经历了几次变化，从中央对北京的四项指示，确立北京政治中心、文化中心的地位。后来又讨论北京要不要成为经济中心。经济中心不提了，但确定工作仍要以经济建设为中心。后来又研究发展什么经济，除了高新技术外，还搞什么。在这些问题上，我们都可以发表文章，不是用历史简单解释现实，而是把历史的脉络说清楚。党史工作是老老实实的工作，不能采取实用主义的态度，党史研究要避免简单地只有党政方面的内容，还要研究经济建设的问题，要围绕党对经济工作的领导、对城市建设的领导，设置一些课题，开展研究。

我再提一个题目，执政方式和领导方法的问题，现在区县党组织、基层党组织的发展变化，都碰到这个问题。过去我们搞过几次机构改革，都不成功，因为每次机构改革都没有触及执政方式的变化，所以只能是机构数量上的增减。经济体制的变化，引发了领导体制、执政方式的变化。我们在实践中曾总结过一些经验，订了一些制度。你们可以从历史的角度多做一些探索，这样的研究有利于党的领导水平和执政能力的提高。我们搞党史研究不是用历史上的事情去直接地解释市委现在的领导和做法，而是引导人们理解党的决策过程，了解党在各阶段的方针、政策，增强信心。对领导干部来说，要从历史长河的角度考虑问题，解决任职期间的短期行为。

当然，党史为现实服务要有扎实的基础，党史资料的收集工作是基础，该收集的要抓紧收集，历史过程要搞清楚，在这同时注重为现实服务。你们要探索党史研究的新方法、新方式，解决一个创新的问题。默默无闻是我们提倡的工作精神，但你们也应想办法扩大知名度，要让社会承认你们的工作成果。要找到党史工作的位置，举起你们的旗帜，就会有更多的人支持你们的工作。

在纪念中共满洲省委成立75周年暨命名辽宁省中共党史教育基地会议上的讲话

（2002年10月23日）

中共辽宁省委副书记　张文岳

同志们：

今天，郭峰同志、各位老同志和我们大家在一起，纪念中共满洲省委成立75周年，同时命名全省党史教育基地。这是一次很重要、很有意义的会议。刚才，五位同志分别作了发言，郭峰同志对我们在新的历史时期如何做好党史工作、如何在全社会加强党史教育，作了语重心长、十分重要的讲话，我们要认真研究、认真贯彻。今天，不少抗联老战士以及中共满洲省委领导同志的亲属参加了大会。与此同时，韩光同志，我们党唯一健在的党的六大代表唐宏经同志分别写来贺信，借这个机会，我代表省委，向出席这次会议的郭峰同志和各位老同志，向一贯支持全省党史研究和宣传工作的老同志表示崇高的敬意和诚挚的问候！长期以来，辽宁的党史工作一直得到中央党史研究室的关心、支持和帮助，今天，黄修荣同志特意从北京赶来参加这个会议。借此机会，我代表省委，向中央党史研究室，表示衷心的感谢！

党的十六大召开在即，当前和今后一个时期，摆在全省人民面前的十分重要的任务是迎接十六大、学习十六大、贯彻十六大，党的十六大将以邓小平理论和江泽民同志“三个代表”重要思想为指导，全面总结党的十一届三中全会尤其是党的十三届四中全会以来，全党、全国在改革开放和现代化建设、在党的建设方面取得的光辉成就，将全面部署新的历史时期，全面建设小康社会、加快推进社会主义现代化建设事业，以及全面推进党的建设新的伟大工程等各项任务。党的十六大同时是一次理论创新的会议，大会将认真总结马克思主义与当代中国特别是近13年来的伟大实践相结合的丰硕成果，为全党的各项工作奠定崭新的理论基础，所以，十六大将是我们党的历史上一次十分重要的会议，按照十六大的精神做好党史工作，是我们今后的一项重要任务。

在党的十六大召开前夕，我们大家济济一堂，回顾党史上的光辉岁月，共同展望新的世纪，并就党史工作发表重要意见，这对于我们按照十六大的精神做好党史工作，非常有意义，下面，再讲三点意见。

一、全党各级干部尤其是各级领导干部要高度重视党史宣传教育工作，全社会要充分认识党史宣传教育工作的重要意义

首先，要通过党史宣传教育，使全党、全社会进一步认识我们党是伟大、光荣、正确的党，进一步认识我们党在80多年的光辉历史中所取得的巨大成就。说我们党是伟大的党，是因为我们党81年的历史证明，没有共产党就没有新中国。亿万人民只有在中国共产党的带领下，才能实现中华民族的振兴，才能实现我们国家的富强，才能实现人民生活水平的不断提高，才能使我们中华民族自立于世界民族之林。说我们党是光荣的党，是因为我们党从成立那一天起，几代共产党人艰苦奋斗，流血牺牲，打下了红色江山。进城后，党又领导全国人民取得了社会主义革命和社会主义建设的伟大成就。现在，我们必须继承老一辈的光荣革命传统，把革命事业继承下来，发展下去。说我们党是正确的党，就是因为80多年的艰难险阻，使我们党经受了考验。这当中我们党走过了曲折的道路，经历了艰难的探索，我们党在不同历史时期创立了符合中国实际的理论。民主革命时期，以毛泽东同志为代表的第一代党中央领导集体，把马克思主义和中国革命实践结合，创立了毛泽东思想，毛泽东思想成为指导中国革命胜利唯一正确的思想。进城之后，我们经历了建国初期的国民经济恢复时期，以及后来的社会主义革命和建设时期，取得了巨大成就。也经历了"大跃进"及"十年动乱"这样的错误和教训。更重要的是，在以邓小平同志为核心的第二代党中央领导集体的领导下，我们从党的十一届三中全会之后进入了新的历史时期。在新的历史时期，马克思主义、毛泽东思想与当代建设有中国特色社会主义实践相结合，创立了邓小平理论。邓小平理论是当代指引中国走向现代化道路的唯一正确的理论。十三届四中全会之后，以江泽民同志为核心的党的第三代中央领导集体，继承了马克思主义、毛泽东思想和邓小平理论，特别是江泽民同志提出的"三个代表"重要思想，是指引我们全党全国人民在新的历史时期完成新的历史任务的唯一正确的指导思想，所以，要通过党史教育，充分认识我们党是伟大的党、光荣的党、正确的党。

第二，要通过加强党史宣传教育工作，激励后代，继承党的事业。革命事业需要一代又一代继承下去。要让我们的下一代，我们的下下一代，都知道我们党的传统，都了解我们党的历史，使下一代能够继承我们党的事业，把党的事业坚持下来，发展下去。所以激励下一代是我们做好党史工作尤其是做好党史宣传工作的一件十分重要的事情。一定要认真加以落实。

第三，加强党史宣传教育工作，是完成新时期党和国家战略任务的一项十分重要的工作。新的历史时期，全党上下、全国上下首先必须坚持党的领导。无论国际形势怎么变化，也无论我们国内形势会出现什么问题，我们都必须坚持一条，这就是只有坚持党的领

导我们的事业才能不断取得胜利，才能欣欣向荣。如果放弃党的领导，就会出现不堪设想的后果。苏联解体、东欧剧变，归根结底是一条，就是放弃了党的领导。社会主义国家一旦放弃党的领导，必然亡党亡国。坚持党的领导，就要认真研究我们的党史，认真做好党史宣传教育工作。这是坚持党的领导必须做的一项重要工作。新的历史时期我们必须加强党的建设。现在党的建设任务十分繁重，一方面我们要继承老一辈的革命传统，一方面我们要发扬时代精神，以崭新的姿态，加强党的建设，加强党的建设很重要的一个方面，就是认真总结和研究80多年来党的建设方面积累的经验。这是我们党史工作部门特别是党史宣传教育部门必须做好的一件事。新的历史时期，党还面临着要不断提高执政水平的任务。我们现在执政是在开放的条件下执政，中国共产党是领导全国人民不断推进现代化事业的唯一的执政党，这两个方面需要我们党在新的历史时期必须不断提高执政水平。怎么提高执政水平？认真研究党史，总结我们党80多年来正反两方面的经验尤其是进城之后50多年的执政经验，就显得十分重要。这是我们党史部门、党史宣传教育部门应该做的工作．只有做好这项工作，才能在新的历史时期把党建设得更好，才能解决好当前存在的问题。

第四，加强党史工作、尤其是加强党史宣传教育工作，目的是要使我们进一步学习革命先辈的高尚品质。一是要学习革命先辈对党和党的事业的忠诚。在辽宁的革命史上，无论是满洲省委的领导同志，还是抗联的老战士，以及后来不同革命和建设时期的先辈们，经受了生死的考验、流血牺牲的考验、艰难险阻的考验，始终保持对党的忠诚，对党的事业的忠诚。我们现在的一些同志，就我们对党的忠诚、对党的事业的忠诚而言，和先辈们相比差距很大。这就是我们现在要加强党史教育、党史宣传的意义所在。二是，要学习革命先辈们对党的事业的热爱。无论是故去的革命前辈还是健在的革命先辈们，他们只要活着一天，就要为党的事业奋斗一天，这种孜孜不倦、执著追求的精神，值得我们现在的一些同志特别是年轻的同志努力学习和继承。三是，要学习革命先辈们坚贞不屈的品格。在我们党的历史上，在东北革命斗争历史上，在辽宁的革命斗争历史上，许多革命先辈们无论是在敌人的屠刀下，还是在枪林弹雨中，无论在饥寒交迫中，还是在进城之后的困难时期，他们都表现出了坚贞不屈的品格，真正做到了忠于人民、忠于党。我们现在的同志特别是各级领导干部，要在这方面认真向老同志学习。四是，要学习革命先辈艰苦奋斗的精神。艰苦奋斗的精神，是我们党从小到大，从胜利走向胜利的强大动力。现在我们的物质条件虽然比过去好多了，但是艰苦奋斗的作风不能丢。丢掉了艰苦奋斗的作风，现代化建设大业就难以成功实现。我们国家的底子很薄，困难很多，现在依然是发展中国家。我国人均生产力水平、人均综合国力、人均收入依然很低。尤其是我们辽宁下岗职工较多，辽西辽北等部分地区农民群众生活依然十分困难。在这种情况下、我们有什么理由不艰苦奋斗？我们有什么理由铺张浪费讲排场？艰苦奋斗的作风不能丢掉。我们现在还不富裕，即使是富起来了，我们也不能丢掉革命先辈的优良传统和作风。老一辈给我们留下的这些精神财富，千万要重视。对革命先辈的优良品德，我们要好好学习，努力继承，发扬光大。

二、当前和今后一个时期，要以新的思路、新的精神状态，加强对党史的研究

加强党史研究是我们长期的任务。新的历史时期，我们要以新的状态、新的面貌加强党史研究。加强党史研究，要做好以下四个方面工作：

第一，要以理论创新为主线，开展党史研究。我们党80年的奋斗史，实际上是一部理论创新史。在新民主主义革命时期，在建国后的社会主义革命和建设时期，以及现在的改革开放和现代化建设时期，我们党不断进行理论创新。在新民主主义革命时期，我们党创立了新民主主义革命理论，创立了毛泽东思想。毛泽东思想的创立史，就是我们党的革命史。这段历史一直延续到建国初期国民经济三年恢复时期，以及其后的社会主义改造、社会主义革命和建设时期，也就是“文革”前的17年。进入改革开放和现代化建设的新的历史时期，我们党更是以理论创新为主线，带领全国人民，实现了社会主义现代化建设的第一步、第二步战略目标，形成了建设有中国特色社会主义理论，即邓小平理论和“三个代表”重要思想。这个理论的形成史就是我们党在这个时期的奋斗史。

第二，党史研究要以事实为依据。无论研究抗联史、满洲省委史，还是党史，都要以事实为依据。比如说，在满洲省委的历史中，就有很多重要问题需要研究。其中涉及到朝鲜共产主义者在满洲省委领导下所作的贡献，包括他们在满洲省委的地位以及所起的作用问题，以及朝鲜同志在抗联中的作用，研究这些问题就要以事实为依据。我们既要肯定朝鲜同志在那个时期所作的贡献，但是也不能像现在有些人主张的那样，把朝鲜同志的作用夸大到不可思议的地步。类似这样的问题都要以事实为依据来研究。我们现在对事实的掌握、对史料的掌握还不够。今后必须在这方面多做基础性的工作。

第三，要加强调查研究。现在调查研究已经到了非加强不可的地步了。一是许多重要史料再不抢救，就再也挖掘不出来了。二是许多老同志年事已高，他们脑子中有很多活资料，如果加强调查研究，能够发现新的历史事实，再不抓紧那就很难了。例如抗联的几个支队的斗争经历中，许多年份的情况我们就不知道，不知道他们究竟打过哪些仗，尤其是收编过来的一些部队，不是他们没有打过仗，而是我们现在调查研究不够。所以，一定要把加强调查研究作为一项十分紧迫的工作抓好。

第四，要紧紧依靠老同志开展党史研究和宣传教育工作。要为老同志开展研究创造必要的条件。老同志们是我们党的宝贵财富，尤其是在党史研究方面、在党史宣传教育方面是我们党的宝贵财富，因此，我们必须依靠老同志。

三、加强党史教育基地的建设

今天我们命名了15个党史教育基地，这项命名本身也是一种建设。但仅此还不够。今后我们还要进一步加强党史教育基地的建设。

第一，要充分利用现有的党史教育基地，广泛开展党史宣传教育。开展这方面工作，要有重点对象。第一个重点对象是各级干部尤其是中青年干部。中青年干部都必须到党史教育基地参观学习。这要像进党校一样作为一项硬任务落实下去。第二个重点对象就是学生，大、中、小学生都应该到这些党史教育基地去参观学习。要通过生动的讲解，让孩子们听得进去，达到入耳、入脑、入心的目的。开展党史宣传教育还要有重点内容。对辽宁来讲，党史宣传教育的重点内容，一是满洲省委史。这段历史虽然只有八年多，但需要认真宣传、认真研究。二是抗联史。抗联在东北，尤其是在辽宁活动的这一段历史，是我们党领导的抗日武装艰苦卓绝斗争的历史。杨靖宇、赵一曼等很多英雄人物都在辽宁工作、战斗过。三是辽沈战役史。辽沈战役的主战场在辽宁。辽沈战役史应该认真研究、宣传、教育。这是我们党的武装力量从弱小转到强大的转折时期。四是抗美援朝时期。志愿军是从辽宁出发的。抗美援朝史值得好好研究。五是从建国初期到社会主义改造时期辽宁老工业基地的建设史。没有当年老工业基地的建设，就没有后来我们国家的初步的工业化，老工业基地的贡献功不可没。那个时期出现过一大批英雄人物，他们在党的领导下和全省人民艰苦奋斗建设老工业基地的奋斗史，值得研究。这是我们辽宁特有的党史资源，要加强研究、加强宣传教育，充分利用。

第二，要增加投入。一是增加基地建设的投入。现在光有基地不行，还得增加投入。省本级财政要在力所能及的条件下，省点钱出来搞党史基地的建设。一要好好保护这些设施。不能再出现破坏的状况。二要适当维修。现在的财力要修得很好很困难。设施要很先进也很难。但至少得维持，使参观者能看得下去，不能太破烂不堪了。三要增加投入整理有关资料。整理有关的资料没有投入不行。四要增加投入用于开展研究。五要增加投入用于必要的调查。这五个方面都需要花点钱。但是只靠省本级财政还不够。各级财政都应该拿点钱，做到花小钱，办大事。

第三，要大力加强党史和党史工作的宣传报道。对党史的宣传现在不够，对党史工作的报道不够，对党史研究成果的报道不够，对默默无闻地从事党史研究工作，在各自岗位上取得成果的同志宣传得不够。这四个不够今后都要解决。要加强宣传力度。

第四，要组织力量，加强党史工作。加强党史宣传教育工作，加强党史基地建设，都需要人，都需要组织力量。这个力量需要从上到下形成系统，大家要组织起来、互相配合，加强协作，真正把党史工作作为一个系统工作来开展．这就需要组织力量，系统规划，做好工作。相信在新的历史时期，在省委领导下，在老同志的关心下，在在座同志的努力下，我省的党史工作会做得更好。

在全省党史研究室主任会议上的讲话

（2002年1月21日）

中共浙江省委副书记　乔传秀

春节将至，利用今天这个机会，和省委党史研究室、各市委党史研究室的同志聚会在一起，感到非常高兴。首先，我向在座的所有同志拜年，祝愿大家在新的一年里，工作顺利，身体健康，家庭平安。

今天我来参加会议，主要的意图是看望大家。同志们长年累月工作在省市党史研究室的第一线，承担着繁重、艰苦的工作任务。党史研究工作很重要，作用影响很大，但如果不深入、全面地了解我们党史研究室的工作性质和职能，就很难设身处地地理解党史工作部门的艰辛。通过在工作中所接触到的，也包括福顺同志的介绍，使我对省委党史研究室的工作和全省党史研究工作开展情况有了更多的了解和理解。同志们所从事的工作很重要，但在人们的眼中又很清苦。据我了解，在座的同志不少是多年如一日，辛勤地、默默无闻地工作在党史工作的岗位上。多年来，大家为党史研究工作付出了辛勤劳动，兢兢业业地对待党史工作的每一项任务，认真履行着党史部门的重要职责。党史研究部门的同志，从领导到一般工作人员，应该说相当多的同志具有多方面的才能和才华，也适应其他部门包括在人们视野中一些比较重要的部门的工作职责和任务，但仍然按照组织的要求，奉献在党史研究的岗位上，而且心态平静、精神振奋地工作，严格要求自己，不断努力进取，在新的起点上力争取得新的更大的成绩。我认为，这些都是非常难能可贵的。

党组织安排我们每一个同志在不同的领导岗位和工作岗位上工作，承担着不同的职责和任务。尤其像党史研究室这样一种工作性质的部门，不是任何人都能够愉快胜任的。那些在其他工作岗位上工作的同志，能够无条件服从组织安排，高高兴兴地到党史部门工作，无论是担任领导还是从事一般工作，我认为都是体现了一种精神境界，体现了一种思想觉悟。因此，我是带着这种真挚的理解，利用这次机会来看望大家，感谢大家。

按照省委的分工，由我联系党史部门的工作，对我来说有许多的东西需要学习，更有许多的情况需要熟悉。我对党史部门的工作还刚刚开始接触。福顺同志和几位主任曾对全省党史工作情况作过介绍，对所送的材料也进行了认真的学习，但这仅仅是初步的。要参加这个会议，并就党史工作和同志们交换意见，我认为最重要的基础，还是要对这项工作有更深入的了解和熟悉，这样，才可能更有针对性。

这次会议的工作报告，我粗粗看了一下，觉得份量还比较重，涉及的内容丰富详细，总结工作全面深刻，辩证客观，对新一年工作任务的部署，体现了解放思想、实事求是的思想路线，贯彻了省委的有关指示精神，体现了我们浙江省党史工作的特点、特征，以及我们浙江省党史工作在新的一年里所面临的工作重点、难点和着力点。如果大家能把这个报告学习好、领会好，更重要的是结合我们各个市的实际情况，突出重点，把握关键，能够在落实上真正下功夫，一定会取得实实在在的效果，在新的一年里，我们全省的党史工作一定会在原有的基础之上开创新的局面，为我们浙江省的经济建设、党的建设、精神文明建设和民主法制建设作出更多的贡献。下面我就有关的几个问题和同志们交换一下意见和看法，仅供大家参考。

一、我省党史工作成绩很大，同志们做了大量工作，值得充分肯定

我省党史工作机构自上世纪 80 年代初建立以来，做了大量工作，取得了很大成绩。省委党史研究室的同志已经通过不同形式向我作了详实的介绍，给我留下了非常深刻的印象。

去年，全省党史部门围绕纪念建党 80 周年，深入贯彻江泽民总书记“七一”讲话和“三个代表”重要思想，党史研究、宣传的领域和内容进一步拓展。党史研究部门的地位和作用同时也得到了充分的展示，党史工作队伍的政治业务素质也进一步得到了锻炼。全省各地以纪念活动为契机，召开各种座谈会、报告会、学术讨论会，举办党史知识竞赛，出版党史书籍，拍摄党史电视片，发表党史纪念文章等，内容广泛，形式多样。这些活动热情讴歌了党的光辉历史和丰功伟绩，深入宣传了党的历史经验和优良传统，有力地弘扬了共产党好、社会主义好、改革开放好的主旋律，在干部群众中引起强烈反响，收到了很好的社会效果。这些年来，党史工作之所以能做出上下公认的突出贡献，能够引起良好的社会反响，能够得到方方面面的好评，我们浙江省的党史工作之所以能取得比较好的成绩，我认为主要有三方面的原因：

1. 省委和各级党委高度重视党史工作，对党史工作的性质、地位、作用认识比较高，对党史部门这支工作队伍比较理解和信任，这是很关键的一点。省委书记、省长身体力行，高度重视党史工作。省委书记张德江同志亲自到省委党史研究室调研，听取汇报，看望大家。这充分体现了省委党史研究室在省委的应有的位置，更体现了省委书记对党史研究工作的高度重视、亲切关怀和充分理解。省委柴松岳同志利用多种形式支持党史工作，我们党史研究室的革命历史纪念馆之所以能够立项并争取到一定的资金，这与省政府、省长的大力支持是分不开的。

2. 全省党史工作者付出了艰辛的努力。我省党史工作队伍是一支政治业务素质过得硬、敬业精神强、淡泊名利、乐于奉献的队伍。多年来，同志们为浙江省党史研究事业的

发展付出了很大的努力，做了大量艰苦细致的工作，有的同志甚至作出了非常突出的贡献，这一点是最难能可贵的。如果没有各级党史部门领导班子和党史工作者的团结拼搏、无私奉献，我省党史工作不可能取得这样的成绩。

3. 与老同志对党史工作的大力支持是分不开的。有的老同志几十年如一日支持党史工作，有的是从其他领导部门调到党史部门，有的是一直默默无闻奉献在党史工作岗位上。无论是哪一个层次，这些老同志对党史工作都有特别深的感情，对党史工作特别热爱，对党史工作在新形势下如何开展特别关心和关注。他们虽然不在第一线了，仍然以多种形式在关心着我们的党史事业，给予了充分的理解和支持。这也是全省党史工作能够取得这样的成绩所不可否认的重要因素。

总之，我们省的党史工作成绩很大，经验很多，值得充分肯定，更值得我们在新的形势下继续保持和发扬光大，使我们全省的党史工作不断地开拓新的领域和新的局面。

二、党史工作非常重要，广大党史工作者要进一步增强做好党史工作的政治责任感和历史使命感

党史工作是党的建设的重要组成部分，在推进党的建设新的伟大工程中具有不可替代的重要作用。我们党在领导人民进行革命、建设和改革的80年历史中，一面改造客观世界，一面也在改造着我们自身的主观世界。无论是在夺取政权的过程中，还是在建设有中国特色社会主义的过程中，党都非常注意自身建设，坚持以党的建设的伟大工程去保证改造中国、建设中国这个伟大社会工程的实现。80年来，我们党在自身建设方面积累了极其丰富的经验。这些经验，包括了思想建设、理论建设、路线方针建设、政策和策略建设、组织建设、作风建设以及制度建设等方方面面。党史工作的一项重要任务，就是要把党的建设的这些丰富经验研究好、总结好、阐述好，用党在长期奋斗过程中形成的理论联系实际、密切联系群众、批评与自我批评的三大作风，用艰苦奋斗、谦虚谨慎、不怕牺牲、无私奉献的优良传统和作风教育广大党员和干部，保持党的队伍的先进性和纯洁性，为在新的历史条件下进一步加强党的建设服务，推进党的建设新的伟大工程。从这个意义上说，党史工作做好了，对于加强党的建设，对于不断深化对共产党执政规律、社会主义建设规律和人类社会发展规律的认识，把建设有中国特色社会主义的伟大事业不断推向前进，具有十分重要的意义。

党史工作是社会主义精神文明建设的一项重要内容，在加强全民道德建设中发挥着重要的作用。中国共产党的历史是一部可歌可泣的历史，是无数革命先烈和志士仁人为着民族解放、国家富强、人民幸福而前赴后继、不懈斗争的历史。这样一部历史，是向全体人民进行革命传统教育、爱国主义教育和思想道德教育的最生动、最丰富、最刻骨铭心的教材。在我们党的历史上，一大批具有崇高革命理想和高尚品格风范，为民族解放、国家

富强、人民幸福作出突出贡献的革命先烈和英雄模范人物，是国家的骄傲，社会的典范，民族的旗帜。大力宣传他们的先进事迹，弘扬他们的伟大精神，让各类英雄模范人物成为全社会尊敬、学习的榜样，教育和引导人们树立正确的世界观、人生观和价值观，是社会主义精神文明建设的重要内容，也是党史工作的内在要求。因此，在当前全党全社会大力加强社会主义精神文明建设的新形势下，党史工作的作用和地位显得越来越重要。

党史工作在培养和造就合格的社会主义事业接班人的伟大工程中有着不可替代的作用。深刻了解中国共产党的历史，是培养和造就合格的社会主义事业接班人的必要条件。江泽民同志在“七一”重要讲话中强调，要重视学习历史，学习中国近现代史特别是中共党史。这对现在担任各个领导岗位的中青年干部显得尤为重要。中青年干部尤其是青年干部有许多长处和优势，知识层次比较高，接受新事物比较快，思维反映比较敏捷，思想比较开阔，这些基本的优势和特长应当给予肯定。但同时也应当看到，相当一部分的年轻干部没有经过艰苦环境的磨练，系统的党的知识、党性教育这一课尤为匮乏。有的年轻干部虽然在大学里、在党校、在各种培训班也学了，但要像老一辈那样受到严格的党内生活的磨练和教育，还是显得明显不足。年轻干部能不能在重要关头、关键时刻，尤其是在一些重大政治事件面前经受住考验，还需要实践去检验。因此，把我们党的历史总结好、研究好，用我们党的光辉历史，用我们可歌可泣的革命史来教育党员干部，提炼领导干部的党性观念，非常重要。我认为，现在对党史的研究、总结和宣传，不是多了，而是少了。无论时代怎样发展变化，我们对党员领导干部的党史教育任何时候都不能淡化，任何时候都不能忽视，任何情况下都必须坚定不移、持之以恒地进行，从而，使我们的党员领导干部对我们党的历史能够非常了解和熟悉。要教育、鼓励、鞭策党员干部任何时候任何情况下都始终坚定地跟共产党走，始终牢记党的宗旨，全心全意为人民服务，始终坚定不移地走有中国特色社会主义道路，矢志不渝地用马列主义、毛泽东思想、邓小平理论、江泽民同志“三个代表”的重要思想来武装头脑，用党员领导干部应有的品质、境界、作风来规范自己的行为。所以，从这个角度上讲，党史工作在新形势下负有更为重要的政治责任和使命。如果我们共产党的干部不了解党史、不了解我们党在发展过程中正反两方面的经验教训，不能吸取有益的经验，不能继承我们党的优良传统和作风，我们的事业就很难向前推进，我们的一部分人也不可能成为如小平同志讲的接革命事业班的接班人。总之，年轻干部如果对党的历史不了解，何谈为党的事业奋斗，何谈为党和人民的事业奉献一切。

三、正确把握新时期党史工作的指导思想，充分发挥好党史工作“资政育人”的重要作用

江泽民总书记在给中央党史研究室的信中提出，党史工作要充分发挥“资政育人”的作用。胡锦涛同志也指出，党史工作要“做好以史鉴今、以史育人的工作”。在去年全国党

史研究室主任会议上，曾庆红同志代表党中央进一步提出，要把“资政育人”作为党史工作的根本任务。我们要深刻理解和领会江泽民总书记和中央其他领导同志的指示精神，正确把握新时期党史工作的指导思想，充分发挥党史工作“资政育人”的作用。

要深化对党的建设历史经验的研究，为新形势下进一步加强党的建设服务。当前国际形势错综复杂，政治多极化，经济全球化，科技发展突飞猛进，这三大趋势不可逆转，正在深刻地改变着当今世界。我们国内经过20多年的改革开放，已经进入全面建设小康社会、加快推进社会主义现代化建设的新的发展阶段。在多年来持续稳定健康发展的基础上，去年，我国的经济和社会发展又取得一系列举世瞩目的成就。进入新的世纪，特别是加入世贸组织后，我国的发展既面临着难得的机遇，也面临着严峻的挑战和考验。加入世贸组织，我们既打开了门户，也打开了窗户。国外大量的资本和技术涌进来，对外开放扩大了新的领域，这对我们的发展非常有利，同时也对我们党能否在纷繁复杂的环境下进一步提高驾驭复杂局面的能力提出了严峻的考验。加入世贸组织，我们融入了世界经济全球化的大潮，要求我们要按照国际规则进行经济的运作，我们的领导干部能不能使自己的政治素质、知识水平、专业技术适应客观环境的要求，这无疑给各级领导干部提出了新的更高的要求。加入世贸组织以后，随着对外开放程度的提高，我们的党员干部将要经受更加严峻的市场经济和改革开放的考验。在严峻的考验面前，我们要始终保持清醒头脑，保持共产党员应有的浩然正气，做到拒腐蚀永不沾，立党为公，执政为民，恪尽责守，洁身自好，这些考验将会更加严峻。在新的形势下，我们能不能按照江总书记“七一”重要讲话精神，继续坚持解放思想、实事求是的思想路线，坚持与时俱进、开拓进取革命品格，办好我们中国的事情，履行好工作职责，立足丁本职岗位，做好我们本地区本单位的各项工作，真正把每一项工作都能够摆在全党全国全省的大局中间来思考、来研究、来把握，这些都是对我们提出的新任务、新要求。

我们党史部门如何发挥“资政育人”的作用和功能，值得我们研究和探讨。“资政育人”就是要认真总结党领导革命、建设的成功经验和失败教训，为进一步推进改革开放和社会主义现代化建设事业服务。社会主义建设的成功经验很多，我们要认真总结，要把这些成功经验继续运用到我们建设有中国特色社会主义的事业中去。同时，我们还要总结社会主义建设中的教训，并把这些教训作为我们很好的借鉴，举一反三，引以为戒。避免重蹈过去的弯路，使我们社会主义建设和改革开放保持一个更加健康的态势，使我们改革与建设的成果更为突出，使我们的老百姓获得的利益更多。这同样需要党史部门继续发挥“资政育人”的作用。

我们还要大力开展党史宣传教育工作，为社会主义精神文明建设服务。社会主义精神文明建设的根本任务是培养“四有”新人。党史工作部门要紧紧围绕这个目标，运用大量的党史和革命史料，通过各种形式各种渠道来宣传党的光辉历史和丰功伟绩，开展爱国主义、集体主义、社会主义教育和革命传统教育，开展艰苦奋斗、艰苦创业精神教育和社会主义思想道德教育。通过宣传党史，开展教育，使广大党员、干部和群众更加深刻地认识“没有共产党，就没有新中国”，“没有共产党的领导，就没有中国的现代化”的道理，提高他们对党的认识和坚定他们走建设有中国特色社会主义道路的信心和决心。要用党的历史教育人、启迪人、警示人，激发广大干部群众的爱国热情，振奋民族精神，提高思想境界，增强道德修养，从而使党史工作更好地为推进社会主义精神文明建设和培养“四有”新人服务。

四、加强自身建设，不断提高政治素质和业务素质，培养造就一支政治强、业务精、作风正的党史工作队伍

新的形势对党史工作者的素质提出了新的更高的要求。党史干部要努力加强自身建设，不断提高思想政治素质和业务素质。

坚持学习马列主义、毛泽东思想，特别是邓小平理论以及江泽民同志“七一”讲话和“三个代表”重要思想，不断提高自己的思想政治素质。邓小平理论是当代中国的马列主义，是将马克思主义基本原理同当代中国实际和时代特征相结合的产物，是指引中国人民走向繁荣富强的伟大旗帜。江泽民同志的“七一”重要讲话是对党的光辉历史、伟大业绩及基本经验的概括和总结，本身就是一部高度浓缩的党史，是一篇马克思主义的经典文献，是党史工作理论和实践的科学指南。江泽民同志关于“三个代表”的重要思想，是根据我们党的性质、根本宗旨和历史任务提出来的，是对我们党80年实践经验的科学总结，是用马克思主义观察当今世界和当代中国的最新理论成果，是我们在新世纪经受新考验、赢得新胜利的强大思想武器，也是做好党史工作的根本指针。同志们对总书记“七一”重要讲话和“三个代表”的重要思想已经进行了较长时间的认真学习，领会、理解也比较深刻。对江总书记“七一”重要讲话和“三个代表”重要思想的学习是一项长期的任务，也是一个永恒的课题。我们应该在原有学习的基础上，继续加强学习，不断深化对江总书记“七一”重要讲话和“三个代表”重要思想的理解。我们只有更加深刻地理解和掌握“三个代表”重要思想的科学内涵，才能更好地履行好自身职责，进一步增强做好党史工作的政治责任感和历史使命感，产生新的鞭策力和推动力，也才能使我们对做好新时期的党史工作有一个更加鲜明的指导思想，帮助我们在开展新时期党史工作过程中不断地拓展新领域、丰富新内容。

党史工作是一项政治性、政策性很强的工作。“党史工作无小事”，从事党史工作一定要讲政治。每一个党史工作者都要以邓小平理论和江泽民同志“七一”讲话和“三个代表”重要思想为指导，坚持正确的政治立场、政治方向和政治观点，严守政治纪律，增强政治敏锐性和政治鉴别力。要始终坚持用马克思主义的立场、观点和方法科学地阐述党的历史，正确地总结历史经验。要把讲政治贯穿于党史工作的各个方面，牢记自己的政治责任和

社会责任，在宣传上要坚持内外有别，不允许各行其是，搞自由主义。

加强党史理论和党史业务学习，不断提高自己的业务素质。党史工作不仅是一项政治性很强的工作，同时也是一项科学性和理论性很强的工作。党史工作者要做好党史工作，光凭满腔热情是不够的，还必须有较高的思想理论水平和党史业务素养。因此，党史工作者在认真学习马列主义、毛泽东思想、邓小平理论和江泽民同志“三个代表”重要思想的同时，还要加强对党史理论和党史业务的学习，加强对社会主义市场经济知识、现代科技知识、现代管理知识和法律法规知识的学习，坚持以丰富的党史知识和各种现代知识充实自己、丰富自己、提高自己。要拓宽思路，勇于创新，紧跟时代发展的进步潮流，与时俱进。要认真研究新课题，形成新认识，开辟新境界，使党史工作充满生机和活力。

发扬爱岗敬业精神，专心致力于党史工作。党史工作是重要的、光荣的，同时又是一项清苦、辛苦、艰苦的工作。从事党史工作需要有一种无私奉献的精神。广大党史工作者要甘于清苦，不怕辛苦，坚定理想信念，牢记党的宗旨，正确认识和对待物质与精神、个人与社会、奉献与索取、名利与道义等关系，坚持把党和人民的利益摆在第一位，把事业的需要摆在第一位。要耐得住寂寞，顶得住诱惑，克服浮躁情绪和急功近利思想，树立起严谨、求实、科学的治史精神和脚踏实地的工作作风，恪守职责、潜心修史。要淡泊名利、不慕虚荣，发扬勤勉敬业、埋头苦干的优良作风，以强烈的革命事业心和工作责任心，专心致力于党史工作。

各级党委要高度重视党史工作，切实加强对党史工作的领导。党委要有专人分管党史工作，定期听取党史部门的汇报，深入了解党史工作情况，认真研究解决党史工作中存在的问题。要进一步重视和加强党史部门领导班子建设，并根据各地实际，配备好必要的工作人员，将胡锦涛同志提出的“健全机构，稳定队伍，提高素质，充实力量”的指示落到实处，使党史部门的机构设置更好地适应新形势和新任务的需要。要充分发挥党史部门的作用，组织他们参与党的中心工作，注意听取党史部门对全局工作的意见和建议。要热情关心党史工作者的学习、工作和生活，帮助他们排忧解难，用事业留人、用感情留人、也用适当的待遇留人，充分调动广大党史工作者的积极性。

在全省党史工作会议上的讲话

（2002年1月9日）

中共山东省委副书记　陈建国

同志们：

这次全省党史工作会议的主要任务是，以江总书记“七一”重要讲话和党的十五届六中全会精神为指导，总结两年来全省党史工作，部署今后一个时期的任务。刚才，省党史研究室表彰了全省党史工作先进单位和先进个人。我代表省委向受表彰的单位和个人表示热烈祝贺，向默默奉献在党史工作岗位上的同志们致以亲切问候！

刚刚过去的2001年，是新世纪的第一年，也是“十五”计划的开局之年。在这一年里，全省各级党史部门以“三个代表”重要思想为指导，适应新形势和新任务，围绕全党工作大局，开拓进取，扎实工作，取得了可喜的成绩。特别是围绕纪念建党80周年，广泛开展党史宣传教育活动，取得了一批质量比较高的研究成果，较好地发挥了党史资政育人的作用，为我省经济社会发展和党的建设作出了贡献，省委对同志们的工作是满意的。希望大家再接再厉，在新的一年里取得更大成绩。关于今后的工作，我讲几点意见。

一、进一步提高对新形势下做好党史工作重要意义的认识

21世纪是一个充满希望和挑战的世纪。世界政治多极化、经济全球化趋势日益发展，科技进步日新月异，加入WTO使我国在更大范围和更深程度上参与国际市场竞争。随着我国社会主义市场经济体制的逐步建立，社会经济成分、组织形式、物质利益和就业方式更加多样化，社会主义现代化建设面临着许多新的情况和问题。能否抓住机遇、加快发展，能否在错综复杂的国际斗争和日趋激烈的国际竞争中始终立于不败之地，关键在于我们的党。江总书记的“七一”重要讲话，全面阐述了“三个代表”重要思想的科学内涵和精神实质，深刻回答了新的历史条件下建设一个什么样的党和怎样建设党的根本问题。党的十五届六中全会，深刻分析了进入新世纪党所面临的形势，明确提出了加强和改进党的作风建设的指导思想、总体要求和主要任务。“七一”讲话和十五届六中全会精神，是指导新时期党的建设和各项工作的纲领性文献，为我们迎接新挑战、研究新情况、解决新问题提供了强大的思想武器，也为搞好新时期的党史工作指明了根本方向。全省各级党史部门要认真学习贯彻“七一”讲话和六中全会精神，把思想和行动统一到中央要求上来，按

照“三个代表”的要求，解放思想，实事求是，继承创新，与时俱进，努力开创我省党史工作的新局面。

江泽民同志指出：“作为一个马克思主义的政党，必须始终注意总结历史经验，善于运用辩证唯物主义和历史唯物主义的世界观、方法论，从对历史规律的不断认识和把握中，找到指导我们前进的正确方向、道路与经验，不断开辟未来发展的新境界”。在当前全党深入学习“七一”重要讲话的热潮中，结合学习党的历史，认真总结经验教训，对于广大党员干部深刻理解“三个代表”重要思想的科学内涵，自觉实践“三个代表”，指导当前工作，具有十分重要的意义。党史工作者要深刻认识研究过去是为了面向未来的道理，努力当好“三个代表”重要思想的研究员、宣传员和实践者。党的光辉历史是党的宝贵财富，只有通过认真总结经验、汲取教训，才能为党的建设提供借鉴，才能真正把我们党建设成为顺应世界发展潮流、时刻保持与时俱进品格的马克思主义政党。要运用党的历史教育广大党员干部群众，使他们更加深刻地认识“没有共产党就没有新中国”，“没有共产党的领导就没有中国的现代化”的道理，激励他们为实现党的任务而努力奋斗。近些年来，我省党员、干部队伍结构发生了很大变化，年轻党员、干部的比例明显提高。年轻干部有很多优点、长处，但他们中不少人缺乏党性、党风和党内生活的严格锻炼，对我们党的历史不很熟悉，有的同志对建国以来的历史也不太熟悉。要通过学习党的历史，让广大党员干部特别是年轻干部深刻了解我们党走过的艰难历程，熟悉党的优良传统，汲取经验和教训，坚定走建设有中国特色社会主义道路的信念，从而确保革命火炬代代相传，鲜红党旗永远飘扬。重视总结和借鉴党的历史经验，是我们党的光荣传统，也是加强党的建设，培养和教育干部的有效途径。在这方面，我们党史工作者担负着十分光荣的责任。大家要进一步提高对做好新形势下党史工作重要意义的认识，以对党、对历史高度负责的精神，扎实做好党史工作，为加强党的建设，完成党的任务贡献力量。

二、解放思想、开拓创新，把党史工作提高到一个新的水平

党史工作要取得新的成就，真正发挥资政育人的作用，必须紧跟时代的步伐，与时俱进，不断创新。

要进一步增强政治敏锐性和政治鉴别力。当前，社会上有个别人以“考证”、“研究”之名，杜撰歪曲党的历史，搞历史虚无主义，否定党的优良传统，诋毁党的领袖人物，在社会上造成极坏影响。抵制这些错误的东西，广大党史工作者责无旁贷。要用马列主义的唯物史观，坚持从实际出发，正确认识和阐述党的历史，还历史以本来面目，以经得起历史和人民检验的研究成果，捍卫真理，反对谬误。要把我们的党史研究成果运用各种媒体展示出来，广为宣传，理直气壮地、大张旗鼓地唱响共产党好、社会主义好、改革开放好的时代主旋律。在庆祝建党 80 周年的活动中，各级党史部门通过拍摄电视片、刊发文章、编写著

作、举办展览和党史知识竞赛等，开展了广泛的党史宣传教育活动，取得了很好的效果。但也要看到，与复杂的斗争形势相比，我们的党史工作还有不小的差距，广大党史工作者要进一步增强敏锐性和鉴别力，在大是大非面前坚定立场，同以江泽民同志为核心的党中央在思想上、政治上、行动上保持高度一致，使党史工作成为同各种错误思潮进行斗争的坚强阵地和强大武器。

要紧紧围绕大局开展党史工作。贴近中心，服务大局，是党中央对党史工作提出的明确要求。要把党史研究与党和国家的工作大局结合起来，与加强革命传统教育结合起来，与探索世界政党兴衰成败的规律结合起来。当前，要深入研究总结我们党80年来是如何体现"三个代表"的；研究总结我们党在历史上是如何既坚持工人阶级的先锋队性质、保持党的先进性，又根据经济社会发展的实际情况，不断增强党的阶级基础和扩大党的群众基础，不断提高党的社会影响力的；研究总结党在历史上是如何坚持贯彻民主集中制、维护党的集中统一的；研究总结党长期以来是如何结合不同历史阶段的实际，贯彻党要管党的原则和从严治党的方针，防止和克服党内消极腐败现象的；研究总结世界社会主义运动中其他政党，以及世界上一些国家和地区执政党兴衰成败的经验教训；研究总结山东各级地方党委在贯彻党的路线方针政策过程中的经验，等等。把这些重大理论和实践问题搞清楚了，就会使我们的各级领导干部加深对共产党执政规律、社会主义建设规律、人类社会发展规律的认识，更加自觉地坚持党的路线方针政策，更加努力地做好改革发展稳定的各项工作。

要在继承的基础上创新。创新是一个民族的灵魂，是一个国家兴旺发达的不竭动力，也是一个政党永葆生机的源泉。党史工作的对象是我们党把马克思主义基本原理与中国实践相结合不断创新、不断前进的历程，所以我们更应以创新的精神开展工作。要在坚持马克思主义方法论的前提下，借鉴我国传统的治史方法，借鉴国外现代史学的先进方法，运用跨学科的综合分析方法、比较研究方法，等等。要充分运用现代科学手段，使党史资料征集、考证、编纂、研究、传播更快捷、更科学、更有效，推动党史研究上水平。要积极探讨如何在经济市场化、信息网络化的条件下开展多种形式的党史宣传教育活动。要克服畏难发愁情绪，克服因循守旧、安于现状的精神状态，不断探索党史工作的新路子，增强党史工作的生机和活力。

三、加强对党史工作的领导

党史工作是党的建设的一个重要组成部分，在社会主义精神文明建设中也有着不可替代的作用。各级党委要切实加强对党史工作的领导，做到思想认识、组织领导、工作指导、保障措施"四到位"。要经常听取党史部门的工作汇报，及时了解工作情况，认真研究解决工作中存在的突出问题。党委"一把手"要把党史工作抓在手上，亲自过问；分管领导要切实负起责任，加强经常性的指导和督促检查；党委的各职能部门要积极配合，协助党史部门做好工作。对于重大课题研究和重大党史题材的宣传活动，各级党委要认真组织，加强指导和协调。要把抓好党史工作作为各级党委履行党建工作责任制的一项重要内容，加强检查和考核。要充分发挥党史部门的作用，注意听取党史部门对全局工作的意见和建议，善于发挥他们的独特优势，组织他们参与改革开放和现代化建设实践中一些重点、热点和难点问题的调查研究，参与精神文明建设特别是思想教育方面的活动。

要把党史部门作为党委的重要部门建设好。继续贯彻党中央提出的"健全机构，稳定队伍，提高素质，充实力量"的党史工作十六字方针和胡锦涛、曾庆红同志在全国党史研究室主任会议上的讲话精神，切实落实省委做出的"在这次机构改革中，保持县以上党史研究机构的相对稳定"的要求，进一步明确职能，健全机构，理顺关系。要选好配强领导班子，特别要选好"一把手"。各级党委还要注意协调党史机构与各职能部门、科研机构、高等院校、党校等单位和部门的关系，加强相互间的协作配合，形成党史工作合力。省委党史研究室要加强对市县党史部门的工作指导，特别是在一些重大课题的立项、研究和重大党史宣传活动中，进一步搞好协调，确保省委和各级党委确定的党史工作任务圆满完成。

要关心党史工作者的学习、工作和生活。近年来，党史部门的工作和生活环境有了较大改善，为凝聚队伍、开展工作创造了必要的条件。但是，相对来说党史部门比较清苦，有的工作、生活条件甚至比较艰苦。希望大家要用事业留人、用感情留人、也用适当的待遇留人。各级党委要在严格教育、严格要求、严格管理的同时，满腔热情地关心党史干部的学习、工作和生活。逐步建立一个既有利于工作，又有利于培养人才的用人机制，鼓励优秀人才脱颖而出。广大党史工作者一定要牢记自己的政治责任和社会责任，始终保持和发扬党的优良传统和作风，创造性地开展工作。要增强党性观念、服务观念和精品意识，敬业爱岗，无私奉献，全身心地投入工作，为党史事业贡献自己的聪明才智。

同志们，新时期党史工作光荣而艰巨。让我们更加紧密地团结在以江泽民同志为核心的党中央周围，高举邓小平理论伟大旗帜，以"三个代表"重要思想为指导，肩负起历史赋予我们的重任，把党史工作提高到一个新水平，以实际行动迎接党的十六大和省八次党代会召开。

大事记

2002年中共党史工作大事记

1月9日　山东全省党史工作会议在济南召开，省委副书记陈建国出席会议并讲话。会议的主题是回顾总结两年来的全省党史工作经验，表彰先进，研究部署今后一个时期的任务，以“三个代表”重要思想为指导，进一步解放思想，与时俱进，大胆创新，推进全省党史工作再上新台阶。中共山东省委党史研究室主任姚学政在会上作工作报告。先进代表作了典型发言。这次会议对全省评出的20个先进集体、16个宣传书刊发行先进单位、18名记功人员、32名先进工作者和141项党史优秀成果进行了表彰。

1月9日至16日　中共中央党史研究室副主任谷安林一行赴广州、深圳、惠州、珠海等地进行调研。在调研中，他们着重了解1992年邓小平视察南方的有关情况，先后访问了当年陪同邓小平视察的有关人员，走访了当年邓小平视察过的部分单位。此外，还了解了大亚湾经济开发区的开发和建设、革命遗址的建设和利用的情况，并对惠阳市经济发展与党组织建设、精神文明建设等方面的情况进行了考察。在调研期间，谷安林多次与地方党史部门的同志进行座谈，征求他们对加强和改进党史工作的意见和要求，并向他们通报了中央党史研究室五年规划的内容和目前工作的进展。

1月19日至28日　中共中央党史研究室副主任石仲泉在广东省进行考察。考察的主题是：江泽民同志2000年2月在广东视察工作、发表讲话时，提出关于“三个代表”重要思想的历史过程。1月21日，石仲泉在中央文献研究室邓小平研究组与广东有关单位联合举办的理论研讨会上作了题为《从“南方谈话”到“七一讲话”：社会主义理论形态的伟大创新》的发言。在考察中，石仲泉参观访问了江泽民当年视察过的深圳市龙岗区布吉镇南岭村、深圳市高新科技园区、中兴通讯公司等单位，采访了当年参加接待并为江泽民服务的深圳市委接待办的同志。石仲泉还在珠海采访了珠海原市委书记梁广大，详细了解1992年春天邓小平在珠海发表讲话及活动的情景。

1月21日　浙江全省党史研究室主任会议在杭州召开。会议总结交流过去一年的工作，研究部署了新年度任务，中共浙江省委副书记乔传秀出席会议并讲话。省委党史研究室主任董福顺在会上作了题为《振奋精神，扎实工作，努力开创我省党史工作的新局面》的工作报告。报告要求，全省党史工作要以马列主义、毛泽东思想、邓小平理论和党的十五届五中全会、六中全会精神为指导，深入贯彻落实江泽民同志“七一”重要讲话和全国党史研究室主任会议精神，按照“三个代表”的要求，围绕全党工作大局和省委中心工作，继续以编写地方党史为重点，以实现研究中心从民主革命时期向社会主义时期转移为目标，在深入研究的同时，搞好宣传教育，加大“资政育人”力度，突出中心，确保重点，实事求是，开拓进取，坚持党史工作为党的建设、政权建设和现代化建设服务，以实实在在的成果，迎接党的十六大和省第十一次党代会的召开。全省 11 个市委党史研究室主任和省委党史研究室各处室负责人在会上发了言。

1 月 24 日　首都各界在京举行座谈会，隆重纪念江泽民主席《为促进祖国统一大业的完成而继续奋斗》重要讲话发表七周年，胡锦涛出席，钱其琛作重要讲话。

2 月 28 日至 3 月 12 日　中共中央党史研究室先后在沈阳、西安、贵阳、杭州召开北方、西北、西南、东南地区《走进新世纪——从十五大到十六大》一书的编辑工作座谈会。参加会议的有各省、自治区、直辖市委党史研究室(办)和新疆生产建设兵团委员会党史研究室、杭州市委党史研究室的领导同志和承担编辑工作的负责同志。座谈会由中央党史研究室科研管理部副主任彭咏梅、第三研究部副主任孙大力主持。会议的主题是:交流各地编写任务的落实情况和进度，商定各省(区、市)专题材料的篇目和写作重点，并就全书的编写体例、内容编排、篇幅及主要成就统计表的格式等问题交换意见。通过座谈和研讨，会议就各地撰写的篇幅、专题材料的选取、结构安排和写作手法等方面达成共识。

3 月 1 日　中共中央党史研究室副主任石仲泉应中共南京市委宣传部邀请，在南京市召开的“纪念邓小平南方谈话发表 10 周年理论研讨会”上作学术报告，并于会后看望中共江苏省委党史工作办公室和南京市委党史研究室的同志，对南京市委党史研究室荣获全市机关十佳局级单位表示祝贺。3 月 2 日、3 日、4 日、5 日、6 日，石仲泉分别到扬州大学、扬州市委、淮安市委、南京市委直属机关、江苏省委召开的理论工作会议上作报告。

3 月 1 日至 2 日　中共中央党史研究室主任孙英、副主任王伟华、谷安林及中共党史出版社总编辑肖淮苏等在山东省委党史研究室主任姚学政、副主任蓝恭先陪同下，对山东省威海、烟台进行调研考察。孙英在考察时，首先对山东省的党史工作尤其是庆祝建党 80 周年期间所取得的成绩作了充分肯定，并对前几年在威海举办的全国党史干部培训过程中给予的工作支持表示感谢。1 日上午，孙英一行考察了威海经济技术开发区。威海市委书记孙守璞，副书记、市长崔曰臣，副书记连承敏，常委、秘书长邓向阳分别看望了孙英一行，并向孙英汇报了几年来威海的改革、发展变化情况。下午，孙英一行到荣成全国党史干部培训中心、荣成西霞口村进行了实地考察。2 日，孙英一行到达烟台，在市委副书记谢和军陪同下考察了龙口市南山集团和烟台市经济技术开发区。考察时，孙英对南山集团由一个几十户的小村，发展到目前年总产值 60 多亿元的集团公司表示赞赏。在烟台经济技术开发区，孙英听取了烟台市委常委、经济技术开发区管委会主任王秀巨的工作汇报后，很有兴趣的提出了有关目前国际形势对开发区发展的影响等问题，王秀巨均热情的作了回答。晚上，烟台市委副书记王书坚，市委常委、秘书长郝德军向孙英一行汇报了烟台的工作情况。

3 月 8 日　中共中央政治局候补委员、中央书记处书记曾庆红在审阅中央党史研究室室务委员会呈送的《中央党史研究室 2001 年工作总结和 2002 年工作安排》后，亲笔致信中央党史研究室，对中央党史研究室2001年所取得的成绩表示祝贺，对2002年的党史工作提出希望和要求。信的全文如下：

“中央党史研究室：

2001年，你们认真贯彻中央的要求，以纪念建党80周年为契机，全面开创了党史正本修订、党史研究和宣传教育等各项工作的新局面，向你们取得的显著成绩表示衷心祝贺！

2002年，是我们党和国家历史上具有重大意义的一年，希望按照‘三个代表’的要求，解放思想，实事求是，与时俱进，开拓创新，进一步做好党史各项工作，以优异成绩迎接党的十六大胜利召开。”

3月9日至23日　中共中央党史研究室副主任石仲泉率《中国共产党历史》(第二卷)修改组一行四人赴宁夏、甘肃进行社会主义时期党史问题的调研考察。石仲泉先后与银川、盐池、石嘴山、固原、平凉、天水、临夏、金昌、白银、刘家峡等10多个市县的负责同志进行座谈或召开座谈会。石仲泉一行实地考察了宁夏的治沙工程、退耕还林工程、扬黄灌溉工程以及甘肃的金川公司、白银公司、银光公司、刘家峡水利枢纽工程等“一五”计划时期以来建成的国有大中型企业；并深入到有“苦甲天下”之称的固原农村了解特困户的生活状况。石仲泉还到中共宁夏回族自治区委党史研究室、甘肃省委党史研究室以及所到地、市、县的12个基层党史工作部门，听取他们的工作汇报，了解他们的工作条件和生活状况，并代表中央党史研究室对各地党史部门在极端艰苦的条件下坚持不懈地努力工作的精神表示敬意，对这些地区从事党史工作的同志们克服各种困难取得的大量成果表示热烈祝贺。他勉励大家继续发扬艰苦奋斗的优良作风，以饱满的精神状态努力创造更大的成就，不断开辟党史工作的新局面。宁夏回族自治区委党史研究室主任张万葆、甘肃省委党史研究室主任王在鹏等分别陪同调研考察。

3月10日至11日　安徽省党史工作座谈会在合肥召开。安徽各市委党史研究室负责人，灵璧县、巢湖市居巢区党史办负责人，省委党史研究室各处室负责人参加了座谈会。省委常委、秘书长王明方出席会议并讲话。王明方在讲话中指出，在去年全省认真学习江总书记“七一”讲话和积极开展纪念建党80周年的一系列活动中，党史工作开展得很活跃，更富有成效，出了一批重要的党史研究成果，开展了一系列宣传教育活动，充分发挥了党史资政育人的作用，对于增强全省广大党员和广大人民群众特别是青少年的党的观念，起到了积极的促进作用，在推动“加快发展、富民强省”的伟大事业中作出了积极贡献。王明方强调，在正在进行的机构改革中，各市要继续贯彻省委办公厅皖办发[1999]11号文件精神，党史研究工作机构不能削弱。会上，省委党史研究室主任聂皖辉通报了省委党史研究室2002年工作安排。省委党史研究室副主任陈信琼就《省委党史研究室2001—2005年工作规划》形成的过程、目的和依据，以及《规划》的主要内容作了说明。各市、县、区委党史研究室(办公室)负责人在会上汇报交流了本室的工作以及开展党史工作的经验、遇到的问题、对策和建议。

3月13日 重庆市召开了区县(市)党史研究室主任座谈会。中共重庆市委党史研究室副主任陈全在会上回顾了2001年全市党史工作的主要情况,提出了今后一段时期的工作思路,对全市党史工作提出了几点要求:一是党史工作必须注重历史与现实的结合,围绕中心、服务大局,以有为求有位;二是切实按照中央领导同志的指示和全国党史工作会议的要求,将工作重点转移到社会主义时期,特别是改革开放时期上来;三是党史工作要在遵循基本规律的同时,勇于创新,不断改进工作方法;四是在史料征编的基础上,进一步做好研究和宣传教育工作;五是要精心组织力量,完成上级党史部门下达的党史工作任务;六是要切实加强自身建设,努力培养造就一支事业心强、有史德史才的高素质党史工作队伍。重庆市委宣传部副部长、市委党史研究室主任张鸣作了总结讲话。他首先转达了市委领导对全市党史工作者的亲切问候,充分肯定了党史工作取得的成绩。他要求全市党史工作者继续努力,多出成绩,从四个方面进一步搞好党史工作:第一,要坚持正确的指导思想,保证正确的发展方向。第二,要坚持为党的工作大局服务,保证有所作为。第三,要坚持征研与宣教并重,保证全面发展。第四,坚持加强自身建设,保证党史工作的基本条件。会上,合川市、江津市、沙坪坝区、垫江县和忠县党史部门的负责同志交流了工作经验。

3月19日 中共甘肃省委党史研究室在兰州召开党史工作座谈会。全省14个地、州、市委党史研究室(办)的负责同志参加了会议。中央党史研究室副主任石仲泉到会并讲话。石仲泉代表中央党史研究室,向在甘肃这个比较艰苦的地方长期从事党史工作的同志表示慰问,对大家发扬艰苦奋斗精神和所取得的成绩,给予了充分的肯定并表示敬意。会议根据中央党史研究室的工作安排和甘肃省2002年工作要点精神,在总结去年工作的同时,重点分析了新形势下党史工作面临的艰巨任务,讨论研究了今年党史工作的任务和完成任务的措施。与会代表一致认为,要搞好新形势下的党史工作,必须按照中央领导同志:"健全机构、稳定队伍、充实力量、提高素质"的方针,振奋精神、与时俱进、努力开创党史工作的新局面。同时,大家还就党史部门机构改革中的一些实际困难如干部老化、人员安置、经费困难等具体问题,提出了许多很好的意见和建议。

3月21日 中共江苏省委党史工作办公室主任会议在南京召开。会议向全省党史部门提出:各级党史部门要以与时俱进的思想观念,奋发有为的精神状态,团结和谐的干事氛围,务实高效的工作作风,再创我省党史工作新的辉煌。出席这次会议的有江苏省党史部门主要负责同志、党史专家学者共80余人。省委党史工作办公室主任黄玉生在讲话中提出,江苏省党史部门要以"三个代表"重要思想为指导,全面推进新世纪江苏党史工作。会议回顾了在刚刚过去的一年里,江苏实施党史工作第一个五年规划(2001—2005)的主要成绩。会议就党史工作如何在"迎接十六大、宣传十六大、贯彻十六大"中发挥应有作用以及江苏党史工作的思路和目标等问题,开展了热烈的讨论并形成了共识。大家认为，在新形势、新任务面前，一定要以"三个代表"重要思想为指导，把握好政治方向；一定要保持奋发有为的精神状态；充分发挥党史存史、资政、育人的功能；要实施人才战略，建设高素质党史人才队伍；要切实转变作风，发挥真抓实干的精神。只有这样才能不辜负省委对全省党史工作部门的期望，才能保持江苏党史工作在全国同行中的领先地位。

3月27日至29日 由上海、安徽、福建、江西、浙江、山东、江苏等六省一市党史研究室(工作办公室)组成的华东地区党史报刊评审委员会在杭州举行了第三次评审会议。这次会议由中共浙江省委党史研究室承办，华东地区六省一市党史研究室(工作办公室)的有关领导和党史报刊负责同志共15人参加了评审会议。会议由中共浙江省委党史研究室主任董福顺主持。会议认为，在加强社会主义精神文明建设的新时期，党史报刊充分发挥着"以史鉴今、资政育人"的作用。它是显示党史工作部门形象的一个重要窗口和发挥党史工作部门功能的一个重要阵地，又是开拓党史部门的社会效益和经济效益的有效途径。因此，党史工作部门一方面要从全局的高度，重视党史报刊社会宣传的功能，同时，也要因地制宜为办好党史报刊创造必要的条件。从事党史报刊工作的同志，要进一步解放思想，与时俱进，大胆探索，勇于创新，使党史报刊成为开门办党史的一个重要渠道。通过加强党史报刊的宣传力度，努力把党史工作的名声做响，影响做大，实力做强。与会同志还联系华东地区党史工作的实际，对在新形势、新目标、新任务下党史宣传部门如何大显身手，如何提高办刊水平等进行了交流。会议在审阅各参评党史报刊自荐材料的基础上，对照标准，认真评议，充分协商，共评选出2001年华东地区党史报刊10个优秀栏目及38篇优秀文章(优秀编辑)，后者分获一、二、三等奖。

4月2日 《人民日报》报道，薄一波关于老一辈无产阶级革命家回忆文章的汇编本《领袖元帅战友》一书，近日由人民出版社出版。全书收回忆文章36篇，分为三辑。第一辑分别记述了作者与毛泽东、刘少奇、周恩来、朱德、任弼时、陈云等党的主要领导人的来往，以及对一些重大问题的思考和看法；第二、第三辑分别记述了作者与共和国的几位元帅以及同时代部分战友的交往。全书从一个侧面生动地反映了党的历史。

4月4日至7日 中共中央党校、中国中共党史学会、中国现代史学会、中共福建省委党校、福建省中共党史学会联合主办的"中共党史研究的新进展"学术研讨会在福州举行。与会者讨论了党的十一届三中全会以来20多年党史研究的发展状况，对深化党史研究的有关问题提出了新见解。与会者认为，20多年来的研究表明，中共党史是一门独立的学科，而不应只被看做一门政治理论课。建立相应的史学理论体系，形成一整套系统的、有自己特点的中共党史学的理论和方法，是今后党史研究的重大课题。

4月15日 中共中央党史研究室、农业部、国家林业局在人民大会堂联合召开纪念谭震林同志诞辰100周年座谈会。中共中央政治局常委、国家副主席胡锦涛出席并发表重要讲话。中央和国家机关、军队的有关部门负责同志、老同志代表、谭震林同志亲属、生前友好、家乡代表和有关人士约170人出席了座谈会。

4月17日　中国中共党史学会召开在京常务理事会议，听取学会秘书长黄小同关于学会2001年工作情况汇报及2002年工作要点的介绍，并进行讨论。会长龚育之，常务副会长李传华、陈威，副会长石仲泉、杨胜群、何理、张静如及在京常务理事共18人出席了会议。

4月25日　600余位老战士在中国人民军事博物馆聚集一堂，纪念“五一反扫荡”60周年。

同日　福建全省党史工作会议在福州召开。会议传达贯彻了全国党史研究室主任会议精神，总结了经验，研究部署了新世纪初全省的党史工作。中共福建省委副书记卢展工到会并讲话。省委党史研究室主任林玉涵作了题为《认清形势，把握大局，努力做好新世纪初的党史工作》的工作报告。报告强调了要完成好新制定的经省委批准的《中共福建省委党史研究室2002—2005年工作规划》。会议还表彰了全省党史系统的16个先进集体和38名先进工作者。

4月27日　《人民日报》发表中共中央党史研究室主任孙英的署名文章《关于党史研究与时俱进的思考》。

5月9日　新华社报道：中共中央文献研究室编辑的《毛泽东文艺论集》，近日由中央文献出版社出版发行。5月15日，中央文献研究室、全国作协、全国文联联合召开《毛泽东文艺论集》出版座谈会。

5月14日　由共青团中央、中共中央党史研究室、国家档案局主办的网上“焦裕禄纪念馆”正式开通。这个纪念馆利用互联网技术，再现了县委书记的好榜样——焦裕禄的光辉一生。“焦裕禄网站”是网上爱国主义教育基地“民族魂”网站的系列网站。

5月15日　纪念中国共产主义青年团成立80周年大会在人民大会堂隆重举行。大会由中共中央政治局常委、国家副主席胡锦涛主持，中共中央总书记、国家主席、中央军委主席江泽民在大会上发表重要讲话。共青团中央书记处第一书记周强，群众团体代表、全国总工会副主席、书记处第一书记张俊九，团员青年代表、上海宝钢集团公司宝钢股份公司团支部书记王雯在大会上发言。纪念大会开始前，江泽民、李鹏、朱镕基、李瑞环、胡锦涛、尉健行、李岚清等会见了先进青年典型、先进团员、基层先进团组织代表。中央党政军群有关部门和北京市负责同志，先进青年以及各界青年代表5000多人出席了纪念大会。

5月17日　中共中央组织部、中共中央党史研究室、中共上海市委、中共湖南省委在人民大会堂举行纪念罗亦农同志诞辰100周年座谈会。中共中央政治局常委、全国人大常委会委员长李鹏，中共中央政治局常委、国家副主席胡锦涛出席并发表讲话。座谈会由中共中央政治局候补委员、书记处书记、中央组织部部长曾庆红主持。宋平、邹家华、李贵鲜和马文瑞、李锡铭等出席了座谈会。中共中央组织部副部长黄晴宜、中共中央党史研究室主任孙英、中共上海市委副书记罗世谦、中共湖南省委书记杨正午先后在座谈会上发言，表达了对罗亦农同志的深切怀念和敬仰之情。

5月20日 为纪念《在延安文艺座谈会上的讲话》发表60周年，大型京剧交响乐《杨门女将》在京首演。同日，大型展览《毛泽东与文艺》在京开幕。李鹏、江泽民于22日、26日先后观看了展览。22日，纪念毛泽东《在延安文艺座谈会上的讲话》发表60周年群众歌咏大会在京举行。

5月22日 西藏和平解放纪念碑揭幕仪式在拉萨隆重举行。江泽民题写碑名。

5月28日至30日 中共中央党史研究室副主任谷安林一行四人在秦皇岛市进行了工作调研，并对党史宣传教育工作提出重要意见。谷安林一行先后参观了中铁集团山海关桥梁厂王尽美革命活动旧址、昌黎五峰山李大钊革命活动旧址等爱国主义教育基地，认真听取了中共秦皇岛市委党史研究室的工作汇报，并与市委组织部、宣传部、教育工委、企业工委，部分高校、企业有关人员进行了座谈。谷安林强调，在改革开放和社会主义现代化建设的新形势下，党史的宣传教育更为重要，我们要紧密联系实际，有针对性地宣传党为民族独立、人民解放、国家富强而奋斗的光辉历程，宣传无数共产党人为共产主义而献身的光辉形象，宣传老一辈无产阶级革命家的人格、风范，特别是宣传改革开放以来我国各族人民取得的巨大成就和翻天覆地的变化，使党史宣传教育工作在加强和改进党的建设中发挥更大的作用。他强调，各级党组织应当重视对党员、干部进行党史教育，这方面的内容应进入党员教育、干部培训工作。谷安林在谈到党史宣传教育工作必须与时俱进、注重实效时指出，党史的宣传教育工作必须努力站在时代的高度，更好地为现实服务。江泽民同志“三个代表”重要思想是马克思主义中国化的最新理论成果，坚持用“三个代表”重要思想指导党史宣传教育工作，才能够把握历史的时代内涵，突出其现实意义。各基层党组织要根据不同层次的需求选择适合各种教育对象的党史读本、党史音像资料、党史实物展览等，把中国共产党领导人民进行革命、建设、改革的历史活生生的展现在广大干部群众的面前，使大家能够深入浅出地了解和熟悉党的历史。

6月3日至15日 中共中央党史研究室主任孙英一行在重庆、四川进行参观、考察。在中共重庆市委党史研究室主任张鸣，副主任陈全、罗心福等陪同下，孙英对重庆市党史工作进行了调研考察。参观了中共中央南方局历史展览、聂荣臻元帅纪念馆、陈独秀晚年故居，考察了重庆党史干部教育培训小泉基地，与市委党史研究室全体人员进行了座谈，听取了江津市委党史研究室工作汇报。近几年来，重庆市委党史研究室积极挖掘具有当地特色的党史教育资源，在宣扬红岩精神方面做了富有成效的工作。他们在去年推出的《红岩魂》形象展演成功的基础上，今年又与有关单位合作，推出了《时代先锋——共产党人实践“三个代表”纪实报告剧》，反映中共中央南方局历史的大型展览也已开展，这些宣传项目不但社会反映好，而且获得了良好的经济效益。《时代先锋——共产党人实践“三个代表”纪实报告剧》已获中宣部批准，晋京演出。江津市委党史研究室以聂荣臻元帅纪念馆和陈独秀晚年故居为重要资源，积极开展当地党史工作。他们于1997年成立了重庆聂荣臻研究会，创办了会刊，并与其他元帅的故乡合办《帅乡潮》杂志，还主持编写了《聂荣臻文物》、《陈独秀在江津》、《帅乡之歌》等史料图书，成为重庆市委党史工作系统的先进单位。孙英肯定了重庆及江津市委党史研究室近几年的工作，认为他们方向正确，思路清晰，工作到位，成绩显著，特别是在突出地方特色、转化研究成果、创造党史教育品牌方面取得了重要经验，并对进一步搞好地方党史工作发表了意见。6月11日至14日，孙英一行在四川省委党史研究室主任卢耸岗、副主任张继禄等陪同下进行了党史工作考察。听取了四川省委党史研究室和乐山、绵阳市委党史研究室工作汇报，参观了位于绵阳的中科院第九研究院和长虹电视机厂，巡视了绵阳市委党史研究室。通过对重庆、四川的党史工作考察，孙英认为，可以考虑以中央党史研究室与地方党史部门合作的方式，加强对地方党史工作的指导，推动全国党史工作的发展，丰富、深化中央党史研究室的研究。例如，可选择若干典型地区和城市，上下党史部门共同收集资料，跟踪发展，深入研究，取得成效。可选择一些优势单位，共同研究重大党史课题。如与重庆市委党史研究室合作研究中共中央南方局的历史，与东北三省合作研究抗日联军史、东北沦陷史等。也可选择有条件的单位，共同研究党史宣传教育工作，探讨新的历史条件下党史宣传教育的方法途径。

6月5日至9日 中共党史人物研究会第三次会员代表大会在重庆市渝州宾馆举行，来自全国各地的代表共88人出席了会议。会议认为，中共党史人物研究及研究会工作的基本要求应有三点：一是必须坚持把马列主义、毛泽东思想、邓小平理论和“三个代表”重要思想作为指导思想，以发挥“资政育人”作用为根本任务，继续发扬艰苦奋斗、埋头苦干、无私奉献、团结协作的精神；二是必须牢固树立政治意识、科学意识、转化意识和艺术意识，不断提高运用马克思主义研究党史人物的水平，努力写出经得起历史检验的具有现实意义、时代特征、学术深度和生动感人的人物名著和传记精品，把党史人物的多彩人生、崇高精神、优良作风和来自历史深处的经验教训化为党和人民继往开来的精神力量；三是以提高效率、保持活力为重点，加强研究会的组织建设、制度建设和管理工作，保证党史人物研究各项任务的完成。会议修改了中共党史人物研究会章程，选举产生了第三届理事会的理事和常务理事、会长和副会长，聘请了名誉会长和顾问，决定了秘书长和《中共党史人物传》大型丛书编委会主编。在换届选举中，中共中央党史研究室主任孙英当选为理事，并在三届一次会议上当选为会长。

6月6日 中共中央党史研究室第三研究部和政党政治研究中心联合召开“世界政党兴衰与中国共产党的建设”专家座谈会。中联部高级研究员俞邃、中央党校教授姜跃、中国人民大学教授周淑真等应邀出席。中央党史研究室副主任谷安林在讲话中指出：胡锦涛同志在2001年全国党史研究室主任会议上提出党史工作要注意搞好“三个结合”，其中一个结合就是要把党史研究与探索世界政党兴衰成败的规律结合起来。曾庆红同志在讲话中也强调了这一点。为了贯彻中央领导同志的讲话要求，由孙英主任主持制订的中央党史研究室五年规划中，明确了这方面的工作任务。室里经过反复酝酿，成立了政党政治研究中心。

6月17日至18日　中国延安精神研究会在京召开“延安精神进校园进课堂”座谈会。

6月17日至20日　中南地区第五届党史宣传协作会议在湖北省宜昌市召开。

6月23日　福建省委、省政府在长汀隆重举行福建省苏维埃政府成立70周年纪念大会。中共福建省委副书记黄瑞霖在会上宣读了省委书记宋德福的书面讲话。宋德福在讲话中说，福建省苏维埃政府的成立，是毛泽东政权建设理论在福建的一次成功实践，使福建的革命运动进入了一个新的发展阶段，在中国革命史上写下了光辉的一页。苏区的革命精神，是我们克服困难、胜利前进的巨大动力和宝贵财富。他指出，纪念省苏维埃政府成立70周年，就是要坚持解放思想、实事求是的思想路线，与时俱进，开拓创新，不断加强和改进党的建设，始终保持共产党人的蓬勃朝气、昂扬锐气、浩然正气，团结和带领人民不断前进。中共中央政治局委员、北京市委书记贾庆林，全国政协副主席、中共中央统战部部长王兆国，原中共中央政治局委员、空军司令员张廷发，全国政协原副主席杨成武，中共中央统战部原副部长童小鹏和老红军邓六金为纪念大会发来贺信、贺电。中共中央党史研究室、福建省委党史研究室和龙岩市委党史研究室也向纪念大会发了祝贺信。纪念大会后，与会代表和长汀群众来到省苏维埃政府旧址，出席“福建省苏维埃政府历史陈列馆”和“共和国闽籍将军陈列馆”开馆仪式，瞻仰了瞿秋白烈士纪念碑，出席了“共青团福建省委旧址”复原重建开馆仪式。

6月27日至28日　中共上海市委党史研究室召开全市党史系统工作会议。会议的主题是学习和贯彻江泽民总书记的“5·31”讲话精神，以优异成绩向党的十六大献礼。上海市委党史研究室主任冯小敏指出：《阔步迈进新世纪》一书之所以产生集束效应，其成功经验是“服务大局，抓住契机，协作攻关，注重宣传”。这些经验今后要发扬光大。他要求下半年的党史宣传工作要做到：(1)宣传好“三个代表”的重要思想和实践；(2)宣传好上海改革开放、现代化建设和党的建设的巨大成就；(3)宣传好解放思想、与时俱进的历史经验和启示；(4)抓好面上的普及宣传。会议对《阔步迈进新世纪》一书的编撰工作进行了总结，并研究了下半年加强党史宣传，迎接党的十六大召开以及党史大事记当年征编等工作。各区县、大口的党史部门负责同志围绕会议主题开展了热烈的讨论。大家纷纷表示，会后要认真研究和部署，切实做好下半年的党史工作，以优异成绩迎接党的十六大召开。

7月7日　首都各界纪念七七事变65周年，中国人民抗日战争纪念馆举行了《七七事变图集》首发式和《华侨与抗日战争》展览开幕式。

7月9日至12日　全国党史干部学习《中国共产党简史》第三期培训班在西安举办，来自全国各地的251名学员参加了本期培训班。陈威、章百家、孙大力、张树军、张化等为学员们作了学习辅导。

7月11日　《李先念建国初期文稿选集》一书由中央文献出版社出版，中共湖北省委举行了该书首发式暨座谈会。

7月12日　据《人民日报》报道，张静如中共党史党建优秀论文奖励基金日前在北京师范大学设立，奖励对象为全国党史、党建研究人员，每两年评选一次。北师大法律与政治研究所教授张静如是著名的党史专家、全国哲学社会科学规划评审组成员。

7月14日至21日　中共中央党史研究室副主任石仲泉赴长沙为湖南省第四次党史干部培训班讲课，出席全省市、州委党史研究室主任座谈会，随后在湘西革命老区进行调研考察。7月15日上午，石仲泉在党史干部培训班上，作了题为《中国共产党与"三个代表"重要思想》的报告。下午，石仲泉出席全省市、州委党史研究室主任座谈会。7月18日下午，石仲泉一行到湘西进行考察，了解土地革命战争时期红二、六军团创立湘鄂西革命根据地和进行长征的一些史实。沿途先后听取了常德市、张家界市、吉首市、怀化市、邵阳市等地党史研究室主任的汇报，实地看了一些地县党史部门的办公条件，对在基层党史部门工作的同志表示了亲切的问候。途经贵州省铜仁地区时，听取了中共铜仁地委副书记、地委党史研究室主任及玉屏县委、松桃县委党史研究室主任的工作汇报，看望了地委党史研究室的同志。石仲泉对湘、黔这些地区的党史工作在市、地委的关怀和领导下取得的成绩表示满意，对党史工作的成果给予了肯定。19日上午，石仲泉一行在铜仁参观了周逸群纪念馆；下午，途经芷江县，参观了中国人民抗日战争胜利受降纪念馆。20日，到达通道县(旧城)，参观中央红军长征决定"转兵"的通道会议纪念馆。在纪念馆陈列物中，存有中央党史研究室第一研究部给当地政府关于通道会议会址问题的答复。石仲泉与通道县委党史研究室主任和纪念馆馆长探讨了关于通道会议会址的考证等问题。据通道县委党史研究室主任考证，通道会议开会地点应在离旧县城十公里远的侗族寨子芙蓉村附近的一座半山腰的庵堂里。石仲泉一行随即驱车来到芙蓉村进行了实地考察。

7月15日　《毛泽东邓小平江泽民论工人阶级和工会工作》出版座谈会在京举行，尉健行发表讲话。

同日　中共湖南省委党史研究室在长沙召开全省市、州委党史研究室主任座谈会。省委党史研究室主任胡锦昌，副主任陈峰、陈清林，巡视员何柞林，以及全省14个市州委党史研究室的负责人和省委党史研究室各处室负责人参加了会议。中央党史研究室副主任石仲泉莅临会议指导。胡锦昌在会上总结了去年9月全省党史工作会议以来的工作情况，并就下半年的工作做了部署。岳阳、怀化、长沙、邵阳等市委党史研究室在会上介绍了贯彻全省党史工作会议精神及今年上半年的工作情况，汇报了下半年的工作打算。石仲泉听取了市州党史部门同志的发言，并就做好地方党史工作发表了意见。与会全体同志出席了全省第四期党史干部培训班的开学典礼，并听取了石仲泉所作《中国共产党与"三个代表"重要思想》的专题报告。

7月16日至26日　中共中央党史研究室副主任王伟华率中国中共党史学会代表团一行八人赴俄罗斯考察。代表团成员有吉林省委党史研究室主任王立章，湖北省委党史研究室主任王性初，江苏省委党史工作办公室副主任崔广怀、副研究员张衡、常浩如，中央党史研究室文明办主任宣玉江。代表团访问了俄罗斯科学院远东研究所，与对方签订关于翻译、出版《联共（布）、共产国际与中国》系列文件集第四卷合同书，及《合作交流协议》执行备忘录。双方就今后扩大合作交流进行了磋商。代表团还访问了俄罗斯国家现代历史档案馆，参观了十月革命的发祥地、列宁故居，并瞻仰了列宁遗容。

7月18日 《人民日报》发表中共中央党史研究室副主任谷安林的署名文章《以史鉴今，资政育人——关于新时期加强党史学习教育的对话》。

7月23日至25日 中共中央党史研究室在南京召开八省市党史资料征编工作座谈会。北京、山东、江苏、安徽、浙江、河南、湖北、湖南等省市党史研究室（办公室）的负责同志参加了会议。中央党史研究室副主任谷安林到会并讲话。他介绍了去年7月以来，中央党史研究室贯彻落实中央领导同志的重要指示，坚持以“三个代表”重要思想为根本指针，以资政育人为根本任务，全面开展党史工作，为贯彻执行党的基本路线服务，为加强和改进党的建设服务，为培育“四有”新人服务，努力开创党史工作新局面的情况。强调当前党史工作者要认真学好江泽民同志“5·31”重要讲话，提高认识，统一思想，扎实工作，以优异成绩迎接党的十六大召开。他说，党史工作的基本内容，包括征编、研究、教育、宣传。党史资料征编工作是开展党史研究的基础，也是开展党史教育、宣传工作的资源。随着党史研究的重点转移到社会主义建设和改革开放新时期，党史资料征编工作从总体上讲也要转移。近年来，中央和地方党史工作部门在党史资料征编方面做了大量的工作，取得了很好的成绩，积累了一些经验。召开这次会议就是为了交流和总结改革开放以来党史资料征编工作的成果、经验和遇到的新情况新问题，讨论在新形势下如何开展党史资料征编工作，以努力开创党史工作的新局面。中央党史研究室党史资料征集办公室主任陈夕介绍了中央党史研究室党史资料征集工作的设想和计划。北京、山东、江苏、安徽、浙江、河南、湖北、湖南等八省市党史研究室（办公室）的负责同志分别介绍了改革开放以来，特别是近年来本省市党史资料征编工作的成果、经验以及体会和建议等。与会同志认为，近年来，各级党史部门在党史资料征编方面取得了很大的成绩，编纂民主革命时期党史资料丛书40余部、120多卷；征集、出版了一批社会主义时期和改革开放新时期的党史资料；编纂了大量的党史人物传记和资料。同时，与会同志普遍感到，目前党史资料征集工作远远不能满足党史研究、教育、宣传工作的需要，随着党史研究的重点转向社会主义建设和改革开放新时期，党史资料征集工作如何适应这种变化，需要进一步探索。与会同志希望中央党史研究室在制定征编计划时最好将一些带有地方特色、在全国有较大影响的专题纳入到征编总体规划中，加强对社会主义建设和改革开放新时期党史资料征编工作的指导和专业人员的培训，发挥党史系统的整体合力，上下联动，有计划、有重点地把党史资料征编工作推向一个新阶段。

7月26日至31日 中共中央党史研究室副主任谷安林一行三人先后到浙江的湖州、杭州、舟山等地区进行党史调研，分别在湖州市、德清县、杭州市、萧山区召开座谈会，了解基层党史工作，尤其是社会主义建设时期党史征编工作和宣传教育工作的情况。谷安林在听取了上述单位的工作汇报后，对他们近几年的党史工作成绩、特别是他们在实践中创造的一些好经验给予了充分肯定，对今后如何进一步做好党史工作发表了意见。

7月23日至26日　西北城市、新疆生产建设兵团党史工作协作会第五次会议在新疆兵团农二师（库尔勒市）召开。协作会成员单位新疆生产建设兵团、乌鲁木齐、西安、银川、兰州、西宁、乌海、吴忠、石嘴山、固原、宝鸡、渭南、天水、平凉、克拉玛依、巴州、石河子和新疆兵团农一师、农二师、农五师、农六师、农八师等，以及特邀单位河南郑州、云南昆明、安徽合肥、广西南宁、山西吕梁、河津等党史研究室和博物馆的代表60余人参加了会议。新疆兵团党委党史研究室主任刘和鸣主持会议。上届会议主办城市银川市委党史研究室主任黄晓宁代表协作会联络组作了第四次会议以来的工作报告。西北各省会城市、新疆生产建设兵团党史研究室及地市县党史工作代表在大会上作了工作交流发言。这次大会还以“西部大开发与党史研究”为主题征集论文，大会秘书处收到各省市经过严格筛选的论文17篇，评出一等奖6篇、二等奖5篇、优秀奖6篇。会议经过协商，确定第六次会议于2003年适当时间召开，由陕西宝鸡市委党史研究室承办。

7月29日至31日　云南省党史工作会议在昆明召开，来自云南省16个地州、128个县的会议代表及省级有关部门共180多人参加会议。中共云南省委常委、省委组织部部长秦光荣到会作了题为《深入学习“三个代表”重要思想　努力开创党史工作的新局面》的讲话，就在当前的形势下，党史工作怎样与时俱进，努力开创新局面的问题提出了意见。会议根据云南省第七次党代会提出的战略目标，结合云南省党史工作五年规划，对今后一段时间的党史工作做出了具体安排。会议召开之际，正值云南省委党史研究室建室20周年，会议期间同时举办云南省党史系统“我爱党史事业”的演讲比赛，来自云南全省各地的19名选手用自己的真情实感抒发了对党史事业的热爱之情。

7月31日　共青团中央和中国社会科学院主办的互联网上“八一南昌起义纪念馆”正式开通。

8月3日至15日　“东北抗日联军史”编纂工作会议在长春市召开。中共中央党史研究室主任孙英、秘书长兼科研管理部主任黄小同等出席。孙英等会后对吉林、黑龙江两省党史工作进行了调研，分别听取有关地市领导和党史部门的工作汇报，并看望了党史工作者。

8月4日至20日　中共中央党史研究室副主任石仲泉就有关“三线建设”历史问题赴湖北省考察。期间，于12日、13日出席“联共(布)、共产国际与中国革命关系”研讨会，并作总结发言。

8月5日　《东北抗日联军史》编纂工作会议在吉林省长春市召开。中共中央党史研究主任孙英，辽宁省委副书记张文岳、黑龙江省委副书记刘东辉、吉林省原省级老领导李亚泉出席会议，吉林省委副书记王国发主持会议。会议传达了中央领导同志对进一步做好《东北抗日联军史》、《东北沦陷史》研究编纂工作的重要批示，回顾了多年来该项工作的编纂情况，并对进一步做好《东北抗日联军史》、《东北沦陷史》、《中共满洲省委史》"三史"的工作提出了意见。会议听取了吉林省委党史研究室主任王立章代表《东北抗日联军史》编纂工作办公室所作的关于研究编纂工作情况的汇报。东北三省省委领导同志相继作了发言，对编纂工作办公室拟定的工作方案表示赞同。会议认为，20多年来，在中央党史研究室的具体指导和东北三省省委的领导下，广大史学工作者共同努力，东北抗联史、东北沦陷史编研工作取得丰硕成果。先后编著和出版了《东北抗日联军斗争史》和揭露、批判日本帝国主义对我国东北侵略罪行的专著30余部，创办《东北沦陷史研究》杂志，并积累了大量历史资料，培养了一批专门人才。会议决定，要认真贯彻落实中央领导同志的重要批示精神，深入开展东北"三史"编研工作。第一，要进一步健全机构，理顺工作关系。会议决定成立以孙英为主任，三省省委副书记为副主任的《东北抗日联军史》编纂委员会。编纂委员会下设编纂领导小组，组长由王国发担任。副组长由张文岳、刘东辉担任。编纂办公室设在吉林省委党史研究室。第二，要确定目标，明确任务。2005年力争完成《东北抗日联军史》，2007年完成《中共满洲省委史》，2010年完成《东北沦陷史》。第三，扩大学术交流，开展宣传教育。要巩固和拓展已有的学术交流渠道，发展新的学术交流领域。加强国际间的学术交流。要利用抗联史、沦陷史和中共满洲省委史的丰富内容，采取各种形式对广大干部群众、特别是青少年进行爱国主义教育。会议还决定，为便于研究，将把过去三省收集的历史资料编目，以便于交流和利用，并加大对"三史"编研工作的经费投入。孙英同志作了题为《加强协作，合力攻关——努力推进东北"三史"研究编纂工作》的总结性讲话。中央党史研究室和辽、吉、黑三省党史研究室的负责同志及有关专家、学者出席了会议。

8月6日至15日　中共中央党史研究室主任孙英对吉林、黑龙江两省的党史工作进行了调研。主题是调查2001年7月全国党史研究室主任会议的贯彻情况，研究十六大以后全国党史工作座谈会有关问题。中央党史研究室室务委员、副秘书长兼科研管理部主任黄小同等随行。8月6日至9日，孙英一行对吉林省委党史研究室工作情况以及长春市、吉林市、延边州的党史工作进行调研；10日至15日，对黑龙江省以及哈尔滨、牡丹江、大庆和齐齐哈尔市党史工作进行调研。调研过程中，分别听取了两省七市（州）委党史工作领导同志的汇报，视察了大多数单位的办公环境并看望了党史工作人员。调研中，孙英一行还考察了长春一汽汽车集团、哈尔滨飞机制造公司、大庆石油管理局、大庆市高新技术开发区、齐齐哈尔的北满特钢厂和第一重型机械厂等厂矿企业，就国有大中型企业的历史、解困、发展等问题与企业主要领导交换了意见。在哈尔滨期间，还参观了中共满洲省委旧址和日本侵略军"731部队"罪行展览馆。

8月26日至9月13日　中共中央党史研究室组织的为期20天的全国党史干部培训班在国防大学第一招待所举办。来自全国省地县三级党史部门的114名学员参加了这期培训。龚育之、石仲泉、王梦奎、张静如、张树军、张化、孙大力、陈夕、黄如军、张培森等分别授课。孙英、王伟华、谷安林等在开班仪式上会见全体学员并合影留念。谷安林作了动员和总结,孙英在结业式上讲话。

8月27日 新华社报道:由中共中央文献研究室编辑的《江泽民论有中国特色社会主义》(专题摘编)一书,近日已由中央文献出版社出版,在全国发行。

8月27日至29日 中共浙江省委党史研究室在江山市召开全省市委党史研究室主任座谈会。会议的主题是,以江泽民同志"三个代表"重要思想和"5·31"讲话精神为指导,深入贯彻去年全国党史研究室主任会议和浙江省第十一次党代会精神,围绕党史工作重点转移,以与时俱进的精神和观念,分析形势,理清思路,明确重点,探讨举措。省委党史研究室主任董福顺在会议结束时作了总结讲话。会议传达了中央党史研究室主任孙英在听取浙江党史工作汇报后的讲话和中央党史研究室副主任谷安林在浙江调研期间的讲话精神。会议认为,(1)在全省范围内实行党史工作重点转移条件已经成熟。同时,实现重点转移是形势的需要和时代的召唤。(2)重点转移后党史工作任务将更加繁重,在众多任务中要明确重点,抓住关键。首先,启动党史二卷的编写,是党史研究重点转移到社会主义时期的重大标志,必须抓紧进行;其次,要继续深化对民主革命时期党史的研究,尤其要做好成果转化工作,为"育人"服务;再次,要强化"资政"意识,加强对"三个规律"的研究,使党史工作更好地为建设有中国特色的社会主义和巩固党的执政地位、维护国家的长治久安服务。(3)党史工作要开创新局面,必须与时俱进,开拓创新。既要实现思想观念上的转变和创新、工作领域的拓展和党史研究的深化,又要善于引进新方法、新手段,开辟新途径。(4)面对繁重任务和众多困难,要立足实际,既强调拼搏精神,又坚持科学态度,通过实干、巧干,去开创党史工作新局面。

9月10日 中央军委在人民大会堂举行座谈会,纪念忠诚的共产主义战士,坚定的马克思主义者,老一辈无产阶级革命家,中国工农红军和八路军高级指挥员、卓越的政治工作领导者关向应同志诞辰100周年。中央政治局委员、书记处书记、中央军委副主席张万年出席座谈会并发表讲话。

9月14日 首都举行纪念彭雪枫诞辰95周年大会。

9月17日至26日 应俄罗斯科学院远东研究所的邀请,中共中央党史研究室主任孙英率中央党史研究室代表团赴俄罗斯进行学术交流和考察访问。代表团成员有山西省史志研究院院长梁志祥,山东省委党史研究室主任姚学政,中央党史研究室室务委员、第一研究部主任黄修荣,第二研究部主任郑谦,党史资料征集办公室主任陈夕等。代表团先后在莫斯科、圣彼得堡、伏尔加格勒等地进行了学术交流和访问考察,与俄罗斯科学院远东研究所续签了科研合作与交流的协议,拓展了双方科研合作的新领域,进一步加强了双方的科研合作和交流。9月17日,代表团同远东研究所的齐赫文斯基院士、阿斯拉诺夫副所长等30多位专家学者进行了座谈,围绕共同感兴趣的抗日战争时期苏联对中国的援助、20世纪50年代苏联援华156项工程、20世纪中苏论战、中苏(俄)关系等问题进行了交流。远东研究所学者还向代表团介绍了尚未编入《共产国际、联共(布)与中国革命档案资料丛书》的与中国共产党有关的档案资料的情况。9月24日,代表团邀请远东研究所卡尔图诺娃教授进行座谈,围绕中国大革命的失败等问题交换了意见。卡尔图诺娃教授还向代表团介绍了俄国内目前的状况及苏共党史的研究情况。代表团还访问了俄联邦档案局、俄国家现代史档案馆和俄社会政治历史档案馆等有关档案管理部门,对俄档案资料保存利用情况作了进一步了解,达成了合作意向,拓宽了联系渠道。代表团分别与俄罗斯有关学者及中国驻俄大使馆的同志进行了座谈,对有关学术问题进行了交流,对俄罗斯的社会政治经济状况交换了看法。

9月20日　纪念杰出的无产阶级革命家、军事家,党和军队的卓越领导人黄克诚诞辰100周年座谈会在人民大会堂举行。中共中央政治局委员、书记处书记、中央军委副主席张万年出席座谈会并发表讲话。此前,由中共江苏省委党史工作办公室、淮安市委、江苏省新四军研究会以及江苏省老区发展促进会联合主办的"纪念黄克诚同志诞辰100周年暨两淮战役胜利57周年大会"于9月12日上午在古城淮安隆重举行。经中央军委批准,《黄克诚军事文选》近日由解放军出版社出版发行。由总参谋部组织编辑的《黄克诚军事文选》共收录黄克诚在各个时期关于军事方面的文电、讲话、报告、书信等148件。

9月22日　纪念中日邦交正常化30周年友好交流大会在人民大会堂举行。国家主席江泽民在大会上就中日关系发表重要讲话。大会由北京市市长刘琪主持,由日本前首相桥本龙太郎,国土交通大臣扇千景,保守党党首野田毅,执政党三党干事长山崎拓、冬柴铁三、二阶俊博和60多位国会议员率领的来自日本47个都道府县1.3万多名日本各界人士出席大会。9月28日晚,中日友好协会和中国人民对外友好协会在人民大会堂共同举办庆祝中日邦交正常化30周年大型招待会。国家副主席胡锦涛出席招待会,并在招待会开始前会见了应邀出席招待会的日本前首相桥本龙太郎、村山富市、前副首相后藤田正晴以及日中友好七团体负责人。

9月23日至10月8日　中共中央党史研究室副主任石仲泉应广州军区邀请去给军区领导和直属机关的负责干部、广东省军区党委中心学习组扩大会议作学习《江泽民论有中国特色社会主义》(专题摘编)辅导报告后,赴广东、江西赣南对民主革命和社会主义时期的若干党史问题进行调研考察。其间,对江西赣州市八个县、市进行了历史考察,对土地革命时期的农村土改与新中国成立后的农村土改进行比较研究,并对建国后的农村发展状况进行了调查。

9月27日　新华社报道:《中国共产党历史》(第一卷)出版。《中国共产党历史》(第一卷)记述的是1921年至1949年中国共产党领导中国新民主主义革命的历史。它是中共中央党史研究室在1991年出版的《中国共产党历史》(上卷)的基础上修订而成的。原《中国共产党历史》(上卷)总体上反映的是20世纪80年代掌握的党史史料状况和学术研究水平。十多年来，一方面，在邓小平、江泽民同志的著作和讲话中，对民主革命时期的党史有许多新的重要论述；另一方面，随着国内外大量历史档案资料的公布，党史界对很多问题有了新的认识并产生了许多新的研究成果。这些都需要有一个与时俱进的新本给予反映。《中国共产党历史》(第一卷)根据江泽民在庆祝中国共产党成立80周年大会上的重要讲话精神，站在新世纪的历史高度，实事求是、与时俱进，对原上卷的内容进行了充实和增补，对党史上的若干重大问题，作出更为恰当的表述和科学的评价。《中国共产党历史》(第一卷)约74万字，由中共党史出版社出版。

9月28日　纪念“左联五烈士”之一柔石诞辰100周年大会在浙江宁海县举行。

10月11日　中共中央在人民大会堂举行纪念彭真同志诞辰100周年座谈会，中共中央总书记、国家主席、中央军委主席江泽民发表重要讲话。中共中央政治局常委、全国人大常委会委员长李鹏主持座谈会。中共中央政治局常委、国家副主席胡锦涛，中共中央政治局常委、书记处书记尉健行出席座谈会。中央和国家机关、军队等有关部门负责人，老同志代表，彭真同志的亲属及生前友好出席了座谈会。10月9日，中央党史研究室与中共北京市委联合举办的“纪念彭真诞辰100周年展览”开幕仪式在中国革命博物馆举行。开幕式由中央党史研究室主任孙英主持，中共中央政治局委员、北京市委书记贾庆林出席开幕式并讲话。10月17日，新华社报道，为纪念彭真诞辰100周年，《彭真年谱》(上卷)近日由中央文献出版社出版。这本年谱以翔实的历史文献和档案资料为依据，并吸收多年来的研究成果，客观真实地记述了1902年至1949年新中国成立这段时间彭真的生平、思想和主要实践活动，从一个侧面反映了中国共产党为中华民族的独立和解放、为新中国的诞生而艰苦奋斗的光荣历史。《彭真年谱》(1902—1997)全书分为上中下三卷，中卷和下卷正在编撰。

同日　中华全国总工会在中国职工之家召开《中国工会运动史料全书》出版座谈会，中共中央政治局常委、中央书记处书记、中华全国总工会主席尉健行出席座谈会，并为该书作了题为《继承光荣传统，创造新的辉煌》的总序。该书是1994年开始编纂的一部全面、系统地反映中国工人阶级和工会运动历史的大型资料全书，共62卷、1.5亿多字。它以客观、翔实、权威的历史资料，展现了自19世纪40年代中国工人阶级产生，到1993年中国工会十二大召开这一个半世纪的历史进程中，中国工人阶级及工会运动的光辉历程和伟大贡献。倪志福任《全书》总编审委员会名誉主任。它的编辑出版，对于总结、汲取中国工运历史的丰富经验和深刻教训，继承、发扬中国共产党领导的工会运动的革命精神和优良传统，以史为鉴，以史育人，探索适应社会主义市场经济要求的工会工作新路子，充分发挥我国工人阶级及工会组织在全面推进建设有中国特色社会主义伟大事业中的积极作用，具有重要的意义。倪志福及中共中央宣传部、中共中央企业工委、中共中央党校、中共中央文献研究室、中共中央党史研究室、国家新闻出版总署、中央档案馆和全国总工会的领导及有关方面的专家学者等共100多人出席了座谈会。

10月18日 《中国共产党历史》(第一卷)出版座谈会在人民大会堂举行。中共中央政治局委员、全国人大常委会副委员长姜春云,全国人大常委会副委员长曹志,全国政协副主席赵南起,中央有关部门负责人,部分党史、国史和军史专家出席座谈会。中央宣传部副部长雒树刚、中央组织部部务委员欧阳淞、中央文献研究室常务副主任金冲及、中央党校副校长李君如、中国社会科学院副院长朱佳木、中国人民解放军军事科学院军史部副部长肖裕声、中国中共党史学会会长龚育之在会上先后发言。他们对《中国共产党历史》(第一卷)的出版给予充分肯定和高度评价。中央党史研究室主任孙英主持会议并讲话。孙英指出:《中国共产党历史》(第一卷)是在1991年出版的《中国共产党历史》(上卷)基础上修订而成的,修订工作始终得到党中央、中央领导的亲切关心和指导。《中国共产党历史》(第一卷)全书共74万字,分上下两册。该书已被中央宣传部和国家新闻出版总署定为迎接党的十六大的重点图书。10月17日《人民日报》发表由中央党史研究室组织编写的纪实文章《盛世修史资政育人——〈中国共产党历史〉第一卷编修纪实》。

10月21日至23日 党的民族工作历史经验研讨会在昆明市召开。来自中共中央党史研究室、国家民族事务委员会、中共中央党校、中央档案馆和全国各省、自治区、直辖市党史研究室的领导、专家学者以及云南省委统战部、有关新闻单位的约70余人出席了会议。在会议开幕式上,中共云南省委副书记丹增代表云南省委致词,中央党史研究室副主任谷安林就召开此次会议的目的意义发表了讲话。云南省政协原副主席陈盛年、省委副秘书长罗杰出席了开幕式。会议由中央党史研究室室务委员、副秘书长、科研管理部主任黄小同主持。在研讨会上,大家听取了云南省委党史研究室主任王元辅《关于党在云南民族工作的历程》、民族出版社总编(国家民委民族理论研究中心原副主任)王铁志《关于总结党的民族工作历史经验需要注意的若干理论和实践问题》、新疆维吾尔自治区委党史研究室副主任陈国裕《关于反对民族分裂主义,打击东突厥暴力恐怖势力的斗争》、中央党校民族宗教理论研究室主任龚学增《关于中国共产党与中国的民族宗教问题》、西藏自治区委党史研究室副主任徐跃《稳定社会局势,反对分裂,维护祖国统一》的专题发言;对《中国共产党民族工作的历史发展》丛书编写工作进行了小结;对如何搞好《党的民族工作历史经验》专题研究进行了比较深入的讨论。通过学习和研讨,与会人员对党的民族宗教工作的重要性,对党的民族工作理论和实践有了进一步的了解,对今后如何开展党的民族工作历史经验研究,发挥党史资政育人的作用也有了更进一步的认识;同时对即将开展的党的民族工作历史资料征集、专题研究工作的指导思想也更加明确了,为下一步的工作打了一个很好的基础。

10月22日至11月3日 中共中央党史研究室副主任谷安林一行四人在云南、贵州进行调研活动。谷安林先后与云南省委副书记杨崇汇、贵州省委副书记黄瑶就党史工作交换了意见。谷安林一行在云南考察了昆明市、德宏州的党史工作,与基层党史工作者进行了座谈。在贵州的调研中,谷安林先后听取了贵州省委党史研究室、贵阳市委党史研究室的工作汇报，并参观了地下党贵州省工委旧址暨中共贵州省工委斗争纪实陈列馆、息烽集中营革命历史纪念馆、遵义会议会址、红军总政治部旧址、遵义红军烈士陵园、王若飞故居等。谷安林指出，贵州是革命老区，许多革命遗址和众多的革命纪念地，是党史宣传教育的重要资源，为党史宣传教育提供了有利的条件，党史部门要充分利用好这些优势资源，搞好党史宣传教育工作。如遵义会议纪念馆是全国著名的革命纪念地之一，影响很大，还要继续发掘史料、充实馆藏，做好管理工作。总之，党史部门要把党史宣传教育工作作为党史工作的重要组成部分努力抓好、抓出实效。

11月21日　中国中共党史学会、中共中央党史研究室科研部、中共党史研究杂志社联合召开“学习、研究、宣传十六大精神座谈会”。中共党史学会会长龚育之、常务副会长李传华、副会长石仲泉、秘书长黄小同等以及30余名专家学者出席了座谈会。

11月26日　中央军委举行纪念罗荣桓同志诞辰100周年座谈会，中共中央政治局常委、国家主席、中央军委主席江泽民在座谈会上发表重要讲话。江泽民说，罗荣桓同志军政兼优，既是优秀的政治工作领导者，又是优秀的军事指挥员。他身经百战，智勇双全，功勋卓著。他十分注重学习毛泽东同志的军事理论，并在作战指挥中灵活运用，形成了独具特色的指挥艺术，为丰富毛泽东军事思想作出了贡献。

同日　中共中央党史研究室副主任谷安林等赴辽宁调研。

12月1日　中共中央党史研究室与国家民政部、共青团中央、国家文物局、北京新四军暨华中抗日根据地研究会、中共江西省委宣传部、中共上饶市委和市人民政府联合主办的“血染的丰碑——上饶集中营革命斗争事迹爱国主义教育全国巡回展”在北京革命博物馆举行了首展仪式。60多年前，国民党顽固派制造了震惊中外的皖南事变，并在江西上饶建立法西斯集中营，囚禁了包括军长叶挺在内的新四军排以上军官760多人。整个展览共分：序、上饶集中营的由来、民族脊梁、黑狱红旗、笔端起风雷、海外赤子、巾帼英豪、炼狱苦斗、茅家岭暴动、赤石暴动、碧血忠魂、回到党的怀抱、变革中的红土地——今日上饶等十二大部分，全面展现了叶挺将军和其他新四军将领、广大爱国志士在狱中威武不屈的革命斗争事迹。展览还将分赴全国大中城市进行历时两年的巡回展出。

12月5日　中国文联和文化部在京联合举行座谈会，纪念优秀的马克思主义文艺战士、中国新文化运动的先驱者之一和文艺界卓越领导人阳翰笙诞辰100周年。全国人大常委会委员长李鹏出席座谈会并讲话。首都文学艺术界知名人士和阳翰笙的亲属共300余人参加了座谈会。

12月9日　《人民日报》报道，由共青团中央、中共中央党史研究室、国家档案局主办，团中央信息办、国家档案局办公室和中青网共同承办的网上《罗荣桓纪念馆》开通，该馆设有罗荣桓生平简介、大事年表、著作文章、图片档案、回忆怀念、研究论著等11个栏目，通过丰富翔实的资料、珍贵的历史照片和精彩的影视资料，生动地再现了罗荣桓元帅一生的光辉业绩、革命思想和高尚品质，成为对青少年进行爱国主义教育的又一个网上基地。

12月25日至27日 全国党史研究室主任会议在京召开。这次会议是党中央正式赋予中央党史研究室作为主管党史业务的工作部门，负有指导地方党史工作的职能后，经中央批准，党史部门召开的第一次全国性会议。25日，中共中央政治局常委、书记处书记曾庆红，中共中央政治局常委、中纪委书记吴官正，中共中央政治局委员、书记处书记贺国强，中共中央政治局候补委员、书记处书记王刚等接见了会议代表并与代表合影留念。曾庆红代表中央作重要讲话。中央党史研究室主任孙英作《深入学习贯彻党的十六大精神更好地肩负起资政育人的光荣使命》的报告。孙英指出，深入学习贯彻党的十六大精神，是全国各级党史部门当前和今后一个时期的首要政治任务。各级党史部门和党史工作者，要在十六大精神指引下，自觉地用“三个代表”重要思想指导党史工作，开拓进取，奋发有为，努力开创党史工作新局面。孙英提出，要围绕十六大报告提出的重大理论和实践问题，确定一批重点研究课题。要重点研究中央三代领导核心把马克思主义同中国的实际和时代特征相结合，不断进行理论创新的历史过程及取得的理论成果；重点研究党建设中国特色社会主义的基本理论、基本路线、基本纲领和十六大总结的基本经验的形成和发展；重点研究我们党改进领导方式和执政方式的历史经验；重点研究我们党对中国特色社会主义的认识历程；重点研究中国共产党人的崇高理想、革命精神和高尚品格为中华民族精神增添的新内容。孙英还就如何在学习宣传十六大精神中发挥党史部门的重要作用、进一步深化党史研究、把党史宣传教育工作提高到新水平、进一步健全机构和完善制度、造就政治强业务精作风好的党史工作队伍等问题作了部署。

党史机构

中共中央党史研究室

中央党史研究室是党中央直属事业单位，是中国共产党党史研究部门，也是中央主管党史业务的工作部门。

中央党史研究室的主要职责是：

1. 研究中国共产党历史，总结党的历史经验，为党的建设和中央决策提供历史借鉴，充分发挥党史资政育人的作用，为改革开放和社会主义现代化建设的大局服务；撰写中共党史专著，编辑出版重要党史书刊，对党史上的重要人物进行综合研究。

2. 征集、整理、编纂中央及地方的重要党史资料，收集整理重要口述历史资料、重要党史人物回忆录，搜集、整理和研究国内外有关中共党史的信息资料。

3. 推动党史成果的转化，向广大党员干部群众进行党史、革命史的宣传教育；协助中央有关部门审读拟公开发表或出版的涉及党史重大题材及党和国家重要领导人工作和生活情况的图书、文章等；协助审查已批准立项的重大革命历史题材的影视作品和理论文献电视作品；协助审查中央有关单位和地方涉及党史、革命史及革命英烈的展览、纪念馆陈列等。

4. 协助中央有关部门审核已故党和国家领导人的诞辰纪念活动方案并承办、协办相关活动；协助中央有关部门对建立革命纪念设施的报告提出意见。

5. 完成党中央交办的党史方面及其他方面的工作，为党中央解决有关党史方面的问题提供资料和意见。

6. 向有关部门和地方党史工作机构传达中央关于党史工作的指示，加强对各省、自治区、直辖市党史工作部门的业务指导；组织、协调党史资料征集和党史专题研究工作；组织党史工作的经验交流；负责全国党史系统干部培训工作；与国内外有关团体进行学术交流。

7. 指导中国中共党史学会的工作。

根据上述职责，中央党史研究室下设：

1. 办公厅：负责全室日常工作的综合协调；掌握工作动态，提供有关信息；承担文秘、综合调研、机要、档案、人事、保卫、外事管理、老干部、计算机与信息网络管理、财务、行政、管理、后勤服务等工作；完成领导交办的其他工作。

2. 科研管理部：协助室领导对全室党史研究编写工作进行规划、协调、管理、检查，组织职称评定及国内外学术交流；联系、协调、指导地方党史工作机构的业务工作；负责全国党史系统干部培训工作；组织有关人员协助审读拟公开发表或出版的涉及党史重大题材、重要人物的图书、文章;协助审核已故党和国家领导人的诞辰纪念活动方案并组织相关活动;管理图书资料信息工作,收集、整理国内外中共党史的研究动态及资料;负责中国中共党史学会办公室的工作。

3. 第一研究部:主要负责新民主主义革命时期中共党史的研究和编写工作。开展新民主主义革命时期与中共党史关系密切的专门史、断代史以及重要党史人物的研究;协同有关部门征集、整理、编纂新民主主义革命时期的重要党史资料,收集、整理、评析国内外研究新民主主义革命时期中共党史的信息资料;协助审读、审看拟公开发表或出版的涉及新民主主义革命时期党史重大题材、重要人物的图书、文章和展览、纪念馆陈列及影视作品。

4. 第二研究部:主要负责新中国成立到党的十一届三中全会前(1949—1978 年)中共党史的研究和编写工作。开展这一时期中共党史系列性专题及重要党史人物的研究工作;协同有关部门征集、整理、编纂这一时期的重要党史资料,收集、整理、评析国内外研究这一时期中共党史的信息资料;协助审读拟公开发表或出版的涉及这一时期党史重大题材、重要人物的图书、文章和展览、纪念馆陈列及影视作品。

5. 第三研究部:主要负责社会主义新时期(1978 年至今)中共党史的研究和编写工作。对毛泽东思想、邓小平理论及江泽民有关重要论述进行综合研究;协同有关部门征集、整理、编纂社会主义新时期的重要党史资料,收集、整理、评析国内外研究社会主义新时期中共党史的信息资料;协助审读拟公开发表或出版的涉及社会主义新时期党史重大题材、重要人物的图书、文章和展览、纪念馆陈列及影视作品。

6. 机关党委:负责机关及所属单位党的思想、组织、作风建设和纪律检查工作;组织开展机关精神文明建设活动;领导机关工、青、妇等群众组织的工作。

直属室务委员会领导的单位:

1. 党史宣传教育办公室:负责组织党史、革命史的宣传教育及本室研究成果的转化工作;组织有关人员协助审看涉及党史重大题材、重要人物的展览、纪念馆陈列,组织审查重大革命历史题材的影视作品;协助审核有关建立革命纪念设施的报告。

2. 党史资料征集办公室:承担中央及地方重要党史资料的征集、整理、编纂、协调工作,收集整理重要口述历史资料和重要党史人物回忆录;编辑出版《中共党史资料》。

3. 政党政治研究中心:对世界主要政党兴衰历史规律进行研究。

4.《中共党史研究》杂志社:编辑出版《中共党史研究》。

截至 2002 年 12 月 31 日,中央党史研究室事业编制为 162 名。

中央党史研究室所属单位:中共党史出版社,事业编制 35 名,实行企业化管理。

通讯地址:北京市 8799 信箱

邮　　编:100080

联系电话:(010)82615300(值班室)

中共中央党史研究室主任、副主任名单

（2002.1—2002.12）

主　任　孙　英（2002.1—2002.12）

副主任　石仲泉（2002.1—2002.12）

王伟华（2002.1—2002.12）

谷安林（2002.1—2002.12）

中国中共党史学会

中国中共党史学会成立于1980年7月。1983年11月、1989年4月、1994年11月、1999年11月先后召开第二、三、四、五届会员代表大会。业务主管单位为中共中央党史研究室,接受民政部民间组织管理局的监督管理。

中国中共党史学会是中共党史、中国革命史学界专家、学者和教学、研究人员自愿组成的全国性学术性团体。英文译名为:Chinese Society of History of Communist Party of China(缩写:CSHCPC)。

中国中共党史学会的宗旨是:以马克思列宁主义、毛泽东思想、邓小平理论和"三个代表"重要思想为指导,坚持中国共产党在社会主义初级阶段的基本路线和基本纲领,遵守国家宪法和法规;发扬解放思想,实事求是,理论联系实际的学风,贯彻百花齐放、百家争鸣的方针;尊重科学,勇于探索,积极开展中共党史、中国革命史研究、宣传和教学工作,推进本学科建设。

中国中共党史学会的业务范围:开展对中国共产党历史、中国革命和建设与改革历史、中共党史重要人物及中共党史学基础理论的研究;从史论结合上研究毛泽东思想、邓小平理论和"三个代表"重要思想;收集、整理和编纂中共党史文献及史料;开展学术信息交流,组织各种类型的专业学术研讨活动和党史研究成果的评奖与表彰;运用多种方式开展中共党史、中国革命史的宣传工作;开展中共党史、中国革命史和毛泽东思想、邓小平理论、"三个代表"重要思想教学工作的研究与经验交流;举办各种专题讲座或学习班,帮助会员进行专业进修;促进本会与各单位会员之间的联系合作,交流学会工作经验;编辑出版本专业的报刊、学术论著和普及读物,组织制作影视作品;开展同国外及香港、澳门、台湾地区有关研究机构和学者的学术交流与合作。

中国中共党史学会会员含单位会员和个人会员两种。目前,学会共有单位会员45个,尚未发展个人会员。

学会下设毛泽东思想邓小平理论研究专业委员会、共产国际与中国革命关系研究专业委员会、国共关系研究专业委员会、党校系统党史教学与研究专业委员会、学科建设专业委员会、中共党史期刊专业委员会、中国工人历史与现状研究分会等分支机构。

学会1989—1995年主办会刊《中共党史通讯》(半月刊)。1997年改刊为《百年潮》。

联 系 人:李　颖　王继凯

通讯地址:北京8799信箱党史学会办公室

邮政编码:100080
联系电话:(010)82615246　82615234

中国中共党史学会历届会长、副会长、秘书长名单

(1980.7—2002.12)

会　长　冯文彬(1980.7—1989.4)
胡　绳(1989.4—1999.11)
龚育之(1999.11—2002.12)

副会长　曾　三(1980.7—1983.11)
李　新(1980.7—1989.4)
廖盖隆(常务,1980.7—1989.4)
胡　华(常务,1980.7—1987.12)
马齐彬(1980.7—1994.11)
王　实(1980.7—1989.4)
董　谦(1980.7—1989.4)
何　沁(1989.4—1994.11)
姜思毅(1989.4—1999.11)
马石江(1989.4—1994.11)
逄先知(1989.4—1999.11)
沙健孙(常务,1989.4—1994.11;1994.11—1999.11)
王明哲(1989.4—1994.11)
龚育之(常务,1994.11—1999.11)
李传华(常务,1994.11—2002.12)
李文海(1994.11—1999.11)
梁 柱(1994.11—1999.11)
沈正乐(1994.11—1999.11)
石仲泉(1994.11—2002.12)
有　林(1994.11—1999.11)
郑　惠(1994.11—1999.11)
陈　威(常务,1999.11—2002.12)
杨胜群(1999.11—2002.12)
何　理(1999.11—2002.12)

张静如(1999.11—2002.12)

秘书长 肖效钦(1980.7—1983.11)

王　淇(1983.11—1989.4)

王朝美(1989.4—1999.11)

黄小同(1999.11—2002.12)

中共党史人物研究会

中共党史人物研究会是一个学术性的社会团体，现有会员2000多人。

中共党史人物研究会的主要任务是：研究、宣传中国共产党历史上的重要人物，编写、出版《中共党史人物传》和相关作品，举办有关活动，发挥资政育人作用，为执行党的基本路线服务，为加强和改进党的建设服务，为培育"四有"新人服务。

1979年12月，中共党史人物研究会在广州召开第一次代表大会，选举全国政协副主席何长工为会长。1991年9月，在西安召开第二次代表大会，推举邓力群为名誉会长，选举原中央顾问委员会秘书长李力安为会长。

2002年6月5日至8日，中共党史人物研究会在重庆召开第三次会员代表大会，就如何以"三个代表"重要思想为指导、进一步搞好党史人物研究工作进行研讨，并进行换届选举。中共党史人物研究会第二任会长李力安、中共中央党史研究室主任孙英以及中共重庆市委贺国强、邢元敏等有关领导出席会议。会议修改了中共党史人物研究会章程，选举产生了第三届理事会的理事和常务理事、会长和副会长，聘请了名誉会长和顾问，决定了秘书长和《中共党史人物传》编委会主编等人选。在换届选举中，中共中央党史研究室主任孙英当选为第三任会长。

会议认为，中共党史人物研究会今后的工作思路应该是：高举邓小平理论伟大旗帜，全面贯彻"三个代表"重要思想的要求，以"资政育人"为根本任务，努力贯彻中央领导提出的党史工作要实现"三个服务"、"三个结合"的基本要求，全面加强党史人物研究会的思想建设、业务建设和组织建设，继续做好党史人物研究和成果转化工作，力争把党史人物研究会办成党史人物资料征集、研究、宣传和人才培养的重要基地。

孙英在当选会长后发表了题为《按"三个代表"重要思想的要求加强全面建设，在"资政育人"中发挥重要作用》的讲话。他指出：中共党史人物研究及研究会的工作，必须坚持马列主义、毛泽东思想、邓小平理论和"三个代表"重要思想，以发挥"资政育人"作用为根本任务，加强思想建设，发扬艰苦奋斗、埋头苦干、无私奉献、团结协作的精神，确保正确的政治方向；必须牢固树立政治意识、科学意识、转化意识和艺术意识，不断提高运用马克思主义研究党史人物的水平，努力写出经得起历史检验的具有现实意义、时代特征、学术深度和生动感人的人物名著和传记精品，把党史人物的多彩人生、崇高精神、优良作风和来自历史深处的经验教训化为党和人民继往开来的精神力量；必须以提高效率、保持活力为重点，加强研究会的组织建设、制度建设和管理工作，保证党史人物研究各项任务的完成。

中共党史人物研究会顾问名单

宋　平　刘华清　肖　克　马文瑞　杨成武　段君毅　赵南起　李葆华　穆　青
吴　仪　邵华泽　刘纪元　徐光春　徐文伯　舒惠国　陈　虹　林开钦　王重农
李　岩　王　淇

中共党史人物研究会会长名单

名誉会长	邓力群	原中央党史工作领导小组副组长
	李力安	原中央顾问委员会秘书长
会　　长	孙　英	中共中央党史研究室主任
副 会 长	刘云山	中共中央宣传部副部长
	热　地	中共西藏自治区委副书记、西藏自治区人大主任
	黄晴宜	全国妇联副主席
	桂晓风	国家新闻出版总署副署长
	朱佳木	中国社会科学院副院长
	魏久明	中共中央党史研究室原秘书长
	尚　文	中共辽宁省委原常委、省纪检委书记
	赵培义	湖南省人大常委会原副主任
	陈志凌	中国人民警官大学教授
	黄修荣	中共中央党史研究室第一研究部主任

中共党史人物研究会常务理事名单

（按姓氏笔画排列）

李志平	常务理事	中国地震局地球物理研究所党委书记
王　良	常务理事	原国务院物价局司长
吴家林	常务理事	中共北京市委党史研究室教授
吴殿尧	常务理事	中共中央文献研究室研究员
杨瑞广	常务理事	中共中央文献研究室研究处处长

张维民　常务理事　中共河北省委党史研究室副主任
郑建英　常务理事　中共中央文献研究室编审
阎景堂　常务理事　中国人民解放军军事博物馆研究员
梁志祥　常务理事　山西省史志研究院院长

中共党史人物研究会秘书长名单

秘 书 长　李志平
副秘书长　赵永旭　赵勇民

《中共党史人物传》编委会名单

主　编　陈志凌（兼）　黄修荣（兼）
副主编　杨瑞广　吴殿尧　郑建英　姜华宣　蒋建农　翟作君
编　委　王健英　王道成　巨文辉　冯树成　吕芳文　刘勉玉　李良明　李志平
杨瑞广　吴殿尧　宋　霖　宋毅军　陈志凌　陈弘君　张广立　张国良
郑建英　郑洪泉　赵勇民　姜廷玉　姜华宣　贺　扬　贺晓聚　高三山
康玉田　黄修荣　梁星亮　蒋建农　温厚文　雷　厉　翟作君　戴知贤
吴家林

中共北京市委党史研究室

中共北京市委党史研究室的任务是：1. 征集北京地方党史资料；2. 研究北京地方党史；3. 宣传北京地方党史；4. 规划和指导全市有关单位对北京地方党史的研究；5. 承担中央党史研究室和有关单位下达的有关北京党史的编纂任务；6. 承担兄弟省市党史研究部门的协作任务。

中共北京市委党史研究室下设五个处室：

1. 办公室：负责行政后勤、安全保卫、干部人事、文秘、财务等工作。

2. 征集研究一处：负责新民主主义革命时期中共北京地方史的征集、研究工作；协调、指导全市新民主主义革命时期中共北京地方史的征集、研究工作。

3. 征集研究二处：负责建国以来中共北京地方史的征集、研究工作；协调指导全市建国以来中共北京地方史的征集、研究工作和业务培训。

4.《北京党史》编辑部：负责编辑、出版、发行《北京党史》刊物。

5. 科研管理处：负责全市党史科研规划的起草、征研成果的统计、优秀成果的评选；党史资料、档案的管理；业务培训、党史宣传教育；对外联络；北京地方党史研究会的日常工作等。

中共北京市委党史研究室 2002 年人员编制 36 名。

中共北京市委党史研究室主任、副主任名单

(2002. 1—2002. 12)

主　任　谢荫明(2002. 11—2002. 12)(11 月之前空缺)

副主任　陈　煦(2002. 11—2002. 12)

黄景山(2002. 1—2002. 11)

徐　达(2002. 1—2002. 9)

通讯地址：北京市西城区车公庄大街 6 号

邮　　编：100044

联系电话：(010)68314363

中共天津市委党史研究室

中共天津市委党史研究室机构职责：

1. 组织协调全市党史工作。

2. 征集地方党史资料、编写地方党史，出版党史书刊。

3. 开展党史宣教纪念活动。

4. 负责党史研究及音像作品的审查把关。

5. 指导区县党史工作，指导党史学会工作，负责党史干部培训。

中共天津市委党史研究室下设：

1. 办公室：文秘、行政、后勤管理。

2. 科研管理处：科研管理、图书资料管理。

3. 研究一处：民主革命时期党史研究。

4. 研究二处：建国后到改革开放时期党史研究。

5. 研究三处：新时期党史研究。

6. 宣传教育处：出版书刊、党史宣教、干部培训。

中共天津市委党史研究室 2002 年人员编制 33 名。

中共天津市委党史研究室主任、副主任名单

（2002.1—2002.12）

主　任　周根会（2002.1—2002.12）

副主任　杨树堂（2002.1—2002.12）

李文芳（2002.1—2002.12）

李大勇（2002.1—2002.12）

通讯地址：天津市和平区曲阜道江夏里 8 号

邮　　编：300042

联系电话：（022）23326092（科研处）

中共河北省委党史研究室

中共河北省委党史研究室的职责是：

1. 贯彻落实中央和省委有关党史工作的方针、政策；负责制定我省工作规划和年度工作计划；指导、协调全省党史资料的征集、整理、研究和编纂及出版发行工作。

2. 承担省级地方党史资料的征集、整理、研究和编纂工作；编审出版河北地方党史、河北党史资料丛书、党史人物传记等重要党史书刊。

3. 开展党史研究，组织省内外党史学术交流。

4. 开展历史研究和党的优良传统的宣传教育工作，运用征编研成果，为两个文明建设服务。

5. 运用党史资料及编研成果为省委决策提供历史镜鉴与咨询，为省委处理历史遗留问题提供史料依据。

6. 负责全省党史系统高、中级专业技术职务评聘的有关工作。

7. 负责全省出版发行的与党史、革命史有关的书稿、影视片及全省爱国主义教育基地陈展内容、纪念碑亭、碑文的审定工作。

8. 承担河北省中共党史学会的工作。

9. 指导协调市、县党史工作队伍的建设及业务培训工作。承担中央党史研究室和省委交办的有关党史工作任务。

中共河北省委党史研究室下设：

1. 办公室：负责全机关内部的综合协调和日常管理工作。(1)负责全室的行政、后勤服务工作；(2)负责机关文秘、机要档案、保卫、人事劳资、财务管理、老干部服务等项工作；(3)主编《领导参阅》，负责编纂本室年鉴。

2. 科研管理处：负责协调、指导全省党史的科研管理工作。负责协调、指导全省党史工作的开展及党史书刊的审查、出版发行；研究制定全省党史科研工作规划，组织协调中央、省委及本室下达的科研课题，开展党史专题研究和省内外学术交流；主编《河北党史通讯》、《情况反映》；主管学会及学术委员会的日常工作；负责全省党史业务骨干的培训等项工作。

3. 编研一处：负责协调、指导全省民主革命时期党史资料的征、研、编工作。征集河北民主革命时期的党史资料；研究编写河北民主革命时期的党史；承担中央、省委及本室下达的有关民主革命时期党史的征编研任务；编审出版河北民主革命时期有关的党史书籍。

4. 编研二处：负责协调、指导全省社会主义时期(十一届三中全会以前)党史资料的征、研、编工作。征集河北社会主义时期有关方面的党史资料；研究编写河北社会主义时期有关方面的党史；承担中央、省委及本室下达的社会主义时期党史有关方面的征编研任务；编审出版河北社会主义时期有关方面的党史书籍。

5. 编研三处：负责协调、指导全省社会主义时期(十一届三中全会以后)党史资料的征、研、编工作。征集河北社会主义时期有关方面的党史资料；研究编写河北社会主义时期有关方面的党史；承担中央、省委及本室下达的有关方面的党史征编研任务；编审出版河北社会主义时期有关方面的党史书籍。负责协调、指导党史人物资料的征、研、编工作。征研河北党史人物资料；编审出版河北党史人物书籍；负责为革命老干部落实政策和解决有关问题提供依据与咨询；承担中央下达的有关重要党史人物资料的征编任务。

6 . 宣教处(资料管理处)：负责协调、指导全省党史宣传教育及资料管理工作。负责对党史重大庆典、重要人物的纪念宣传工作；河北党史馆内容的陈展；负责全省爱国主义教育基地陈展宣教内容及纪念碑亭、碑文内容的审查；负责全省与党史有关的作品及影视片的审查等工作；负责征集、整理河北党史文字、图片、书刊、碑文、影视片、磁带等资料，提供党史信息；负责省内外党史资料的交换；建立河北党史资料库和信息网络，为省内外开展党史研究提供资料，为省委领导决策和处理有关历史遗留问题提供咨询及史料依据。

中共河北省委党史研究室2002年人员编制46人。

中共河北省委党史研究室主任、副主任名单

(2002.1—2002.12)

主　任　王运芳(2002.1—2002.12)
副主任　王桂兰(2002.1—200.12)
　　　　张维民(2002.1—2002.12)
　　　　段永杰(2002.1—2002.12)
　　　　毛宇山(2002.1—2002.12)

通讯地址：河北省石家庄市维明南大街46号(省委党史研究室)
邮政编码：050051
联系电话：(0311)7904306

山西省史志研究院

山西省史志研究院机构职责：

1. 征集、整理、编纂中共山西历史资料，研究、编写地方党史。

2. 征集、整理、编纂当代山西历史资料，研究、编写当代山西地方史。

3. 组织编纂近代以来山西新方志（包括省志，地、市志，县、市、区志，重点乡、镇志，重点村志等），研究、整理山西旧方志和文献古籍。

4. 完成中央、国务院史志工作部门和省委、省政府交付的重点课题研究和其他有关任务。

5. 组织、指导省直各有关部门和各地、市、县的史志研究工作，审定重要史志书稿。

6. 充分发挥史志科研工作的优势，积极开展党史教育、革命史教育、爱国主义教育和省情教育。

7. 搜集、整理国内外研究山西史志的情报资料，组织开展学术交流活动。

8. 培训全省史志研究队伍，指导山西省中共党史学会、党史人物研究会和地方志学会、年鉴研究会等学术团体的工作。

山西省史志研究院下设：

中共党史研究所：负责征集、整理、编纂中共山西历史资料；研究、编写山西地方党史；搜集、整理国内外研究中共山西地方历史的情报资料；组织指导省直部门和地、市、县的党史研究工作；完成中央党史研究室、中央文献研究室和省委交办的有关工作任务。

1. 第一研究室：负责民主革命时期山西地方党史的研究、编写和资料征集、整理工作。

2. 第二研究室：负责社会主义时期（党的十一届三中全会以前）山西地方党史研究、编写和资料征集、整理工作。

3. 第三研究室：负责社会主义时期（党的十一届三中全会以后）山西地方党史的研究、编写和资料征集、整理工作。

当代山西研究所：负责征集、整理、编纂建国以来的山西历史资料；研究、编写当代山西史；搜集、整理国内外研究当代山西的历史资料；组织指导省直部门和地、市、县的国史研究工作；完成当代中国研究所和省委、省政府交办的有关工作任务。

1. 第一研究室：负责建国以后至党的十一届三中全会以前的山西历史的研究、编写和资料征集、整理工作。

2. 第二研究室：负责党的十一届三中全会以后的山西历史的研究、编写和资料征集、整理工作。

地方志研究所：负责组织编纂近代以来山西新方志；研究、整理山西旧方志和文献古籍；搜集、整理国内外研究山西地方志的情报资料；组织指导省直部门和地、市、县的方志研究工作；完成中国地方志指导小组和省委、省政府交办的有关工作任务。

1. 第一研究室：负责山西通志的研究和组织编纂工作。

2. 第二研究室：负责地、市志，县、市、区志，重点乡、镇、村志，以及其他专志的研究和组织编纂工作。

3. 第三研究室：负责研究、整理山西旧方志和文献古籍，编纂综合性省情书、辞书等。

院直属处室为：

1. 期刊编辑部：负责《史志研究》、《党史文汇》和《沧桑》的编辑、出版、发行工作。

2. 山西年鉴编辑部：负责《山西年鉴》的组织编撰和出版发行工作。

3. 科研组织处：负责制订和组织实施科研规划，以及业务考核、人才培训、学术交流、学会工作和对基层的业务指导。负责史志资料和图书的征集、整理、提供利用工作。

4. 办公室：负责文秘、机要、内外联系与综合协调工作；负责机关的行政、后勤、财务、总务管理服务和安全保卫等工作。

5. 人事处：负责院机关的干部、人事、劳资、专业技术职务评聘工作和老干部的管理服务工作；负责机关党委工作和纪律检查工作。

山西省史志研究院 2002 年编制 140 名，其中全额预算事业编制 110 名，自收自支事业编制 30 名。

山西省史志研究院院长、副院长名单

（2002.1—2002.12）

院　长　梁志祥（2002.1—2002.12）
副院长　张铁锁（2002.1—2002.12）
　　　　李茂盛（2002.1—2002.12）

通讯地址：山西省太原市迎泽大街 369 号省委大楼 13 层
邮政编码：030071
联系电话：（0351）4045164　4019456

中共内蒙古自治区委党史研究室

中共内蒙古自治区委党史研究室机构职责：

中共内蒙古自治区委党史研究室是内蒙古自治区主管党史业务的工作部门，承担内蒙古地区中共党史资料征集和党史问题研究，开展党史宣传教育；指导盟市、旗县党史工作；组织党史工作经验交流；组织党史业务骨干培训；承担或协助党史教育基地建设；完成中央党史研究室和内蒙古党委部署的党史征研任务。

中共内蒙古自治区委党史研究室下设：

1. 办公室：负责日常工作的综合协调和秘书、人事、行政管理等工作。

2. 征研一处：负责自治区民主革命时期党史资料征集、党史问题研究和编写工作。

3. 征研二处：负责自治区社会主义时期党史资料征集、党史问题研究和编写工作。

中共内蒙古自治区委党史研究室 2002 年编制 28 名。

中共内蒙古自治区委党史研究室主任、副主任名单

(2002. 1—2002. 12)

主　任　张　宇(2002. 1—2002. 12)

副主任　王全录(2002. 1—2002. 12)

通讯地址：内蒙古自治区呼和浩特市新城东街 75 号

邮　　编：010010

联系电话：(0471)4951540

中共辽宁省委党史研究室

中共辽宁省委党史研究室机构职责：

1. 征集、整理、编纂、出版和研究中共辽宁地方党史、党史资料及重要的党史文献。

2. 配合党的全局工作，开展党史宣传教育、组织党史活动。

3. 承担中央党史研究室下达的工作任务，完成省委交办的党史工作任务。

4. 审查有关党史内容的出版物和影视作品。

5. 指导本系统和有关单位做好党史研究工作，负责对从事党史工作人员的业务培训。

6. 指导辽宁省中共党史学会和党史人物研究会工作。

7. 开展学术交流活动和编辑出版《党史纵横》月刊。

中共辽宁省委党史研究室下设：

1. 秘书处：负责本室的文字综合、文件收发和管理；负责全室人员的人事工作，具体承办对干部职工的考核考勤和日常管理工作；负责财务和档案管理工作；负责行政、后勤、老干部、来信来访等工作；负责《党史纵横》杂志社发行部工作。

2. 征研一处：负责民主革命时期至十一届三中全会前(1921—1978)辽宁地方党史的征集研究工作。具体负责提出本时期全省党史征研工作规划和年度课题建议；负责开展有关党史资料征集和课题研究；参与反映有关党史内容的影视作品的策划、撰稿、制作及影视书刊作品的审查等工作；具体负责组织协调全省党史部门和有关单位承担和完成党史征研工作任务；负责有关党史征研工作的业务指导。

3. 征研二处：负责社会主义现代化建设新时期(1978—　)辽宁地方党史的征集研究工作。具体负责提出本时期全省党史征集研究工作规划和年度课题建议；负责开展有关党史资料征集和课题研究；参与反映有关党史内容的影视作品的策划、撰稿、制作及书刊类作品审查等工作；具体负责组织协调全省党史部门及有关单位承担和完成党史研究工作任务；负责有关党史征研工作的业务指导。

4. 宣传教育处：负责全省党史宣传教育工作。具体负责宣传教育工作规划和年度工作任务的制定、实施和落实；负责指导协调全省及有关单位开展党史宣传教育活动；指导省中共党史学会及党史人物研究会的工作；负责全省党史的科研管理和国家、省级科研课题的申报工作；负责全省党史资料中心的建设与管理；负责对市县工作的指导及对全省党史工作人员的业务培训。

5. 编辑部：负责《党史纵横》月刊的编辑工作。具体负责编辑工作规划和年度目标任务的制定和落实;负责办刊研究和对办刊人员的业务培训;负责办刊通联工作,并协助秘书处抓好刊物的征订、发行工作。

中共辽宁省委党史研究室 2002 年编制 20 人。

中共辽宁省委党史研究室主任、副主任名单

(2002.1—2002.12)

主　任　陈文清(2002.1—2002.12)

副主任　高　峰(2002.1—2002.12)

　　　　施海程(2002.1—2002.12)

通讯地址:辽宁省沈阳市和平区和平南大街 45 号

邮　　编:110006

联系电话:(024)23240271(秘书处)

中共吉林省委党史研究室

中共吉林省委党史研究室机构职责:

开展党史研究,促进社科发展。贯彻落实党史工作方针、政策,制定全省党史工作规划,对下级工作指导,编纂、出版中共地方历史等重要史书,审定、评选党史研究成果,组织学术研讨活动,参与审定设计党史内容的影视作品、展览、纪念物等。

中共吉林省委党史研究室下设:

1. 征集研究一处:负责新民主主义革命时期中共吉林历史研究和编写工作。

2. 征集研究二处：负责新中国成立到党的十一届三中全会中共吉林历史的研究编写工作。

3. 征集研究三处：负责社会主义新时期中共吉林历史研究和编写工作。

4. 科研管理处：负责全室业务综合科研工作协调，对下指导、拟计划、宣传等。

5. 资料信息处：负责全省党史资料管理提供、利用工作，征集资料等。

6. 办公室：负责日常工作的综合协调，承担文秘、档案人事、行政管理、财务、后勤工作。

中共吉林省委党史研究室2002年编制为44人。

中共吉林省委党史研究室主任、副主任名单

(2002.1—2002.12)

主　任　王立章(2002.1—2002.12)
副主任　郭红婴(2002.1—2002.12)
　　　　龚兴盛(2002.1—2002.12)

通讯地址：吉林省长春市人民大街55号
邮　　编：130055
联系电话：(0431)8929415

中共黑龙江省委党史研究室

中共黑龙江省委党史研究室机构职责：

1. 贯彻中央关于党史工作方针政策，按照中央党史研究室和省委部署，制定全省党

史工作规划，指导各市地县党史部门开展党史工作。

2. 为中央和省委解决有关党史方面的工作任务，为解决有关党史问题提供具体意见；与省委组织部门共同编写组织史资料，并领导各地市组织史编写领导小组。

3. 撰写地方党史和运用党史研究成果，资政育人，为党委和政府决策服务。

4. 审定下一级党史部门编纂、研究的主要成果和公开或内部出版的重要党史书稿。

5. 开展多种形式的党史研究宣传教育，为党的中心工作服务。

6. 培训党史干部，指导本地党史学会、党史人物研究会等群众性学术团体工作。

中共黑龙江省委党史研究室下设：

1. 办公室：负责室内工作情况综合、计划、总结、报告和文书、档案、保密等工作；负责室主任办公会议、室务会议的会务工作和决定事项的催办检查工作；负责财务、车辆安全保卫等行政管理工作；负责《党史工作简报》的编辑印发工作。

2. 资料编辑处：负责党史资料的搜集（购买、复印等）、整理和管理工作；负责查阅党史资料的接待工作，负责图书、资料、报刊的订购和管理工作；为科研工作提供必要的党史信息和学术动态。

3. 研究一处：负责征集、整理、编纂民主革命时期中共黑龙江地方史资料，编写这一时期党的地方史，重点研究民主革命时期党史专题，承担有关党史问题咨询工作。

4. 研究二处：负责征集、整理、编纂社会主义建设时期（1949.10—1978.12）中共黑龙江地方史资料，编写这一时期党的地方史，重点研究社会主义革命和建设时期党史专题，总结党的历史经验，为现实服务。

5. 指导处（《世纪桥》编辑部）：负责对全省党史工作的统一规划、组织协调、情况综合、总结报告和业务指导工作；负责对市（地）、县党史部门的工作报告、请示的处理和答复工作；安排、协调室内科研工作。检查、督促科研课题完成情况。负责向中央党史研究室请示、汇报工作，沟通与各省党史部门及有关部门的联系，掌握动态，交换信息；负责全省党史宣传教育工作。

6. 组织史编研处：负责全省中共黑龙江组织史资料的编纂、出版、发行工作；负责对市（地）县组织史资料编研工作的指导。

7. 机关党委：负责机关党的思想、组织、作风建设及群团工作；负责人事、劳资和老干部管理工作。

中共黑龙江省委党史研究室 2002 年编制 46 人。

中共黑龙江省委党史研究室主任、副主任名单

(2002.1—2002.12)

主　任　赵培兴(2002.1—2002.12)
副主任　赵俊清(2002.1—2002.12)
　　　　常好礼(2002.1—2002.12)
　　　　王凤义(2002.1—2002.12)

通讯地址:哈尔滨市南岗区花园街204号
邮　　编:150001
联系电话:(0451)53637972(办公室)　53636193(指导处)

中共上海市委党史研究室

中共上海市委党史研究室机构职责:

1. 研究党的历史,总结党的历史经验,为党的建设和市委决策提供历史借鉴,充分发挥党史资政育人的作用,为改革开放和社会主义现代化建设的大局服务;撰写中共上海党史专著,编辑出版党史报刊和重要书籍,综合研究上海党史重要人物。

2. 征集、整理、编纂上海地方的重要党史资料;收集整理重要口述历史资料、重要党史人物回忆录;搜集、整理和研究其他有关党史信息资料。

3. 推动党史成果的转化,向广大党员干部群众进行党史、革命史的宣传教育;协助市委有关部门审读拟公开发表或出版的涉及党史重大题材及重要领导人工作和生活情况的图书、文章等;协助审查已批准立项重大革命历史题材的影视作品和理论文献电视作品;

协助审查上海有关单位涉及党史、革命史及革命英烈的展览、纪念馆陈列等。

4. 协助市委有关部门审核在上海出生或在上海工作过的已故党和国家领导人及本市主要领导人的诞辰纪念活动方案，并承办、协办相关活动；协助市委有关部门对建立革命纪念设施的报告提出意见。

5. 贯彻落实中央和市委有关党史工作的方针、政策，研究制定上海党史工作的规划和计划；加强对各区县、委办党史工作部门的业务指导；组织、协调党史资料征集和党史专题研究工作；组织党史学术活动、业务培训和经验交流。

6. 完成市委交办的党史及其他方面的工作，为市委解决有关党史方面的问题提供资料和意见。

中共上海市委党史研究室下设：

1. 秘书处：负责全室日常工作的综合协调；掌握工作动态，提供有关信息；承担文秘、综合调研、机要、信访、档案、干部人事、督查、劳动工资、保卫、外事管理、老干部、计算机与网络管理、财务、行政管理、后勤服务等工作；联系、协调各区县、委办党史部门的业务指导工作；完成领导交办的其他工作。

2. 科研处（宣教处）：协助室领导对全室党史研究编写工作进行规划、协调、管理、检查，组织职称评定及国内外学术交流；承担上海地方重要党史资料的征集、整理、编纂、协调工作，收集整理重要口述历史资料和重要党史人物回忆录；搜集整理和研究国内外中共党史的研究动态及资料；组织有关人员协助审读、审看拟公开发表或出版的涉及党史重大题材及重要人物的图书、文章和展览、纪念馆陈列，组织审查重大革命历史题材的影视作品；协助审核已故党和国家领导人的诞辰纪念活动方案并组织相关活动；协助审核有关建立革命纪念设施的报告；负责组织党史、革命史的宣传教育及本室研究成果的转化、信息发布工作；管理图书、音像资料及数字化资料库工作；联系、管理特约研究员等工作；完成领导交办的其他工作。

3. 研究一处：负责新民主主义革命时期中共党史的研究和编写工作。开展新民主主义革命时期与中共党史关系密切的专门史、断代史及重要党史人物的研究，以及党成立以来自身建设的历史经验研究；协同有关部门征集、整理、编纂新民主主义革命时期的重要党史资料，收集、整理、评析国内外研究新民主主义革命时期中共党史的信息资料；协助审读、审看拟公开发表或出版的涉及新民主主义革命时期党史重大题材、重要人物的图书、文章和展览、纪念馆陈列及影视作品等工作；完成领导交办的其他工作。

4. 研究二处（新时期研究处）：负责上海解放到党的十一届三中全会前（1949—1978年）和社会主义新时期（1978年至今）中共党史的研究和编写工作，开展这两时期中共党史系列性专题及重要党史人物的研究工作；协同有关部门征集、整理、编纂这两时期的重要党史资料，收集、整理、评析国内外研究这两时期中共党史资料；协助审读、审看拟公开发表或出版的涉及这两时期党史重大题材、重要人物的图书、文章和展览、纪念馆陈列及影视作品；对世界主要政党兴衰历史规律进行研究等工作；完成领导交办的其他工作。

5. 编辑出版处：负责党史报刊的组稿、编辑、出版、发行工作；负责“党史党建在线”、“现代上海研究”网站的日常维护、管理工作；与新闻媒体的联系、报道工作；编辑出版党史相关书籍等工作；完成领导交办的其他工作。

中共上海市委党史研究室2002年编制50人。

中共上海市委党史研究室主任、副主任名单

(2002.1—2002.12)

主　任　冯小敏(2002.1—2002.12)

副主任　张文清(2002.1—2002.12)

通讯地址：上海市康平路141号

邮　　编：200030

联系电话：(021)64336117　64748686

中共江苏省委党史工作办公室

中共江苏省委党史工作办公室机构职责：

1. 承担重要党史资料的征集、整理、编纂工作，编写江苏地方党史。

2. 编辑出版重要党史书刊，开展党史宣传教育。

3. 规划、部署全省的党史工作，组织协调党史资料的征编和党史专题研究工作。

4. 指导市、县党史编纂等业务工作，开展学术活动，培训党史部门业务骨干，评定党

史部门科研成果。

5. 完成省委和中央党史部门交办的其他事项。

中共江苏省委党史工作办公室下设：

1. 秘书处：负责机关日常工作的综合协调和秘书、档案、人事、财务、技术职称评审、保卫保密、老干部、行政管理、后勤服务等工作。负责机关党群工作。

2. 征研一处：负责建国后到十一届三中全会前（社会主义时期）江苏地方党史资料的征集、整理、编纂、研究工作；编写建国后到十一届三中全会之前这一时期的江苏地方党史；组织有关方面完成这一时期党史系列专题的征编任务；负责对市、县党史部门编写十一届三中全会前地方党史的业务指导。

3. 征研二处：负责征集、整理、编纂、研究十一届三中全会以来（社会主义时期）江苏地方党史资料；组织有关方面完成改革开放时期党史资料的专题研究和编纂工作；负责新时期各条战线先进模范人物事迹的搜集、整理和编写工作；实施党史研究为现实服务、为新时期改革开放服务的有关工作；负责对市、县党史部门编写十一届三中全会后地方党史的业务指导。

4. 宣传联络处：负责民主革命时期尚未完成的党史资料的征集、整理、编纂和重要党史人物、事件的研究工作；负责党史的宣传教育工作；协助举办有关重要党史纪念活动和学术活动；承办优秀党史成果和党史工作先进集体、先进个人的评选工作。

5. 编纂出版处：负责党史期刊资料的编纂、出版发行工作；负责市、县党史送审稿的审阅和出版工作。

6. 资料信息处：征集、管理党史资料和采集图书、报刊，交流、搜集党史征研信息；指导市、县党史资料管理工作。

中共江苏省委党史工作办公室2002年编制45人。

中共江苏省委党史工作办公室主任、副主任名单

（2002.1—2002.12）

主　任　黄玉生（2002.1—2002.12）
副主任　俞胶东（2002.1—2002.12）
　　　　崔广怀（2002.1—2002.12）

通讯地址：江苏省南京市北京西路70号22幢
邮　　编：210013
联系电话：（025）83392830

中共浙江省委党史研究室

中共浙江省委党史研究室机构职责：

1. 征集、整理浙江新民主主义革命时期、社会主义时期的党史资料及浙江现代史、当代浙江史资料。

2. 进行党史研究，编写浙江地方党史、浙江革命史、浙江当代史，编辑出版重要党史书刊。

3. 组织党史理论和重要党史专题研究工作，为改革开放和社会主义现代化建设提供历史借鉴。

4. 会同有关部门运用党史资料、研究成果，对人民群众，特别是青少年进行爱国主义、社会主义、集体主义和革命传统教育。

5. 规划、组织、协调省级有关部门、大专院校、各地的党史资料征集、研究和一些重大纪念活动。

6. 完成省委交办的各项任务，以及中央党史研究室、中央文献研究室、当代中国研究所下达的征集研究任务。

7. 指导市（地）县（市、区）党史部门开展工作；指导浙江省中共党史学会和浙江省当代史学会的工作；负责浙江省毛泽东思想研究中心日常工作。

中共浙江省委党史研究室下设：

1. 办公室：负责日常工作的综合协调和文秘档案、干部人事、职称评审、行政管理、后勤服务。

2. 一处：负责新民主主义革命时期浙江的党史、革命史、现代史资料的征集研究和编写工作。

3. 二处：负责社会主义时期浙江的党史、当代史资料的征集研究和编写工作。

4. 宣传教育处：会同有关部门组织协调全省党史的宣传教育和重大纪念活动；负责《足迹》杂志的编辑、出版、发行工作；负责党史资料室的管理；负责省毛泽东思想研究中心办公室的日常工作。

5. 机关党委：负责机关的党务工作和思想政治工作。

6. 浙江革命历史纪念馆筹建办：负责浙江革命历史纪念馆的筹建工作。

中共浙江省委党史研究室 2002 年编制 24 人。

中共浙江省委党史研究室主任、副主任名单

(2002.1—2002.12)

主　任　董福顺(2002.1—2002.12)

副主任　高三山(2002.1—2002.12)

　　　　金延锋(2002.1—2002.12)

通讯地址:浙江省杭州市省府大楼1号楼

邮　　编:310025

联系电话:(0571)87053585　87057523　87053177

中共安徽省委党史研究室

中共安徽省委党史研究室的机构职责:

1. 贯彻落实中央和省委有关党史工作的方针、政策。

2. 制定我省党史工作规划和计划,指导和协调全省党史资料征集、整理、研究、编纂工作。

3. 承担省级地方党史资料的征集、整理、研究、编纂工作。

4. 编写安徽地方党史和重要党史人物传记,编辑审核重要党史书刊。

5. 开展党的历史和党的优良传统的宣传教育工作。

6. 运用党史资料为省委处理历史遗留问题提供史料依据和决策咨询。

7. 开展党史研究。

8. 组织党史学术活动。

9. 负责全省党史业务培训工作。

10. 承担中央党史研究室和省委交办的其他党史工作任务。

中共安徽省委党史研究室下设：

1. 办公室：协助室领导对有关工作进行综合、协调；研究提出我省党史工作的规划和有关政策、规定；负责机关综合文字、劳动人事、文书档案、保卫保密、机关财务和机关后勤管理等项工作。

2. 一处：负责民主革命时期党史资料的整理、研究和编纂工作，编写安徽地方党史；对地、市党史工作机构进行相应业务指导和培训。

3. 二处：负责社会主义时期党史资料的整理、研究和编纂工作，编写安徽地方党史；对地、市党史工作机构进行相应业务指导和培训。

4. 宣传处：负责党史宣传教育工作；组织开展党史理论研究和学术活动；承担和组织安徽党史人物传的编写工作；编辑出版重要党史书籍。

5. 资料处：负责党史资料的征集、整理、保管、利用工作；收集、整理和提供党史信息；进行资料交换，建设资料库和信息网络；为省委处理历史遗留问题提供有关史料依据。

6. 机关党委：负责机关思想政治工作、党务工作，指导机关工会、妇女工作。

中共安徽省委党史研究室2002年编制45人。

中共安徽省委党史研究室主任、副主任名单

(2002.1—2002.12)

主　任　聂皖辉(2002.1—2002.12)
副主任　周言久(2002.1—2002.12)
　　　　陈信琼(2002.1—2002.12)

通讯地址：合肥市长江中路57号大厦11层
邮　　编：230001
联系电话：(0551)2657183

中共福建省委党史研究室

中共福建省委党史研究室机构职责：

1. 传达、贯彻中央和省委有关党史工作的指示及部署；制定党史工作规划，指导和协调全省党史工作。

2. 完成省委交给的征集、研究、编写中共福建地方史任务；编辑、撰写党史著作，出版党史刊物。

3. 为省委解决地方党组织和重要党史人物有关历史遗留问题提供咨询和意见。

4. 完成中央党史研究室、中央文献研究室和省委交给的重要领导人传记、重要党史课题的征集、研究、编纂任务，并向中央有关部门提供重要史料。

5. 组织开展党史、革命史的宣传教育及纪念活动。

6. 承担省委授权和有关部门委托的涉及福建地方党史和重要党史人物题材的出版物和影视作品的审查任务。

7. 组织、协调全省党史系统课题研究和成果评审、管理；组织党史学术讨论和工作经验交流；开展省际间、部门间党史研究任务协作；组织党史系统干部培训等工作。

8. 领导福建省革命历史纪念馆工作。

9. 指导全省中共党史研究工作。

中共福建省委党史研究室下设：

1. 秘书处：负责机关行政管理，处理日常事务，协调各处工作；负责工作情况综合，会议组织，信息传递和秘书、机要、文电档案、信访、接待、保卫、保密工作；负责经费、资产管理和后勤服务；负责党史图书发行工作；协助领导抓机关两个文明建设。

2. 人事处(机关党委)：主管机关和下属单位工作人员考核、调配、任免、录用、奖惩、工资和人事档案管理工作；主管机关和下属单位机构编制；负责离退休干部管理和服务工作；负责机关和下属单位党务、监察和工、青、妇工作；协助领导抓机关学习和政治思想工作。

3. 研究一处：负责新民主主义革命时期和党的十一届三中全会前福建地方党史、重要党史人物传记的研究、编写；完成中央党史研究室、中央文献研究室和省委交给的这一期间的重要党史课题征研任务，为省委解决地方党组织和重要党史人物有关历史遗留问题提供咨询和意见，为中央党史部门提供重要史料；从党史角度开展对毛泽东思想和邓小平理论的研究。

4. 研究二处：负责党的十一届三中全会后的福建地方党史、重要党史人物传记的研究、编写；完成中央党史研究室、中央文献研究室和省委交给的这一期间的重要党史课题征研任务，为省委解决地方党组织和重要党史人物有关历史遗留问题提供咨询和意见，为中央党史部门提供重要史料；从党史角度开展对毛泽东思想和邓小平理论的研究。

5. 研究三处：负责开展省际间、部门间党史研究任务协作；负责本室与社科团体的联络和情况交流；负责指导省中共党史学会工作；承担省委授权和有关部门委托的涉及福建地方党史和重要人物题材的出版物和影视作品审查的任务。

6. 宣传编辑处：负责组织党史、革命史的宣传教育和纪念活动；负责编辑出版党史刊物。

7. 科研管理处：负责制定党史工作规划，组织协调全省党史系统课题研究、成果评审工作；负责组织党史学术讨论、工作经验交流及专业干部培训工作；负责组织党史系统专业技术职称的申报、评审；征集、整理、保管党史资料与图书；负责搜集、整理国内外中共党史研究的情报材料。

中共福建省委党史研究室 2002 年编制 44 人。

中共福建省委党史研究室主任、副主任名单

(2002.1—2002.12)

主　任　林玉涵(2002.1—2002.12)
副主任　郑庆荣(2002.1—2002.12)
　　　　林　强(2002.1—2002.12)
　　　　叶建中(2002.1—2002.12)

通讯地址：福建省福州市华林路 80 号省委大院内
邮　　编：350003
联系电话：(0591)7874772

中共江西省委党史研究室

中共江西省委党史研究室机构职责：

1. 贯彻执行党和国家有关党史工作的方针、政策，为省委制定党史工作规划，并负责具体实施；向下级党史工作部门部署工作任务，并督促检查其执行情况和培训干部；指导、协调同级或下级有关部门，学术团体的党史业务工作。

2. 征集整理本省的党史资料，进行地方党史研究，编辑出版地方党史和党史人物传记等书刊，为社会主义物质文明和精神文明建设服务。

3. 结合党的中心工作，配合有关部门进行党史宣传教育工作，充分发挥党史工作资政育人社会功能。

4. 完成省委及上级党史部门交办的其他事项。

中共江西省委党史研究室下设：

1. 办公室：负责内外协调、文秘、信访、财务、机构编制、人事、老干部、保密、后勤保障等工作。

2. 征集研究一处：负责新民主主义革命时期党史资料征研工作。

3. 征集研究二处：负责社会主义时期党史资料征研工作。

4. 宣传教育处：负责党史宣教，社团联络，党史科研成果考核、管理工作。

5. 资料管理处：负责党史资料收集、整理、保管及对外资料利用协作工作。

6. 编辑处：负责《党史文苑》杂志及党史书籍编辑出版工作。

7. 机关党委：负责机关党员教育、管理、支部建设、机关工、青、妇工作。

中共江西省委党史研究室 2002 年编制 41 人。

中共江西省委党史研究室主任、副主任名单

(2002.1—2002.12)

主　任　苏多寿(2002.1—2002.12)

副主任　曾宪林(2002.1—2002.12)

　　　　王瀚秋(2002.1—2002.12)

通讯地址:江西省南昌市豫章路70号
邮　　编:330006
联系电话:(0791)6242916

中共山东省委党史研究室

中共山东省委党史研究室机构职责:

1. 征集、整理、编纂山东党史资料;进行党史研究,编写出版山东地方党史及其他重要专题党史书籍;搜集利用国内外研究中共党史特别是有关山东党史的重要信息和资料。

2. 承办中央党史研究室交办的有关山东党史征集研究任务。

3. 完成省委交办的工作,为省委解决有关党史问题提供资料和意见。

4. 协调有关部门开展党史教育、革命传统教育和爱国主义教育工作,为加强党的建设和社会主义政治文明、精神文明建设服务。

5. 对各市党史工作进行业务指导,组织协调党史资料征集和研究工作;组织党史工作经验交流,培训党史业务骨干。

6. 指导山东省中共党史学会、山东省党校系统党史学会、全省高等学校革命史教学研究会和中国共产党山东省党史陈列馆的工作。

中共山东省委党史研究室下设:

1. 秘书处(与机关党委合署):负责全室日常工作的综合协调以及文秘、档案、人事、财务、行政管理、老干部服务和后勤接待等工作;机关党委负责机关党群工作。

2. 研究一处:负责新民主主义革命时期党史资料的征集、整理和研究工作;负责资料室的管理工作;编纂《中共山东年鉴》。

3. 研究二处:负责社会主义时期山东党史上重大问题的研究和地方党史编撰工作。

4. 宣教联络处:开展党史宣传教育、革命传统教育和爱国主义教育工作;编撰相关党史书籍;负责与各地党史研究机构的业务联系以及本室研究业务的综合工作;承担山东省中共党史学会的日常工作。

5. 编辑资料处：负责《山东党史》期刊的编辑、出版、发行工作；搜集、整理国内外有关山东党史的研究动态和资料；编撰党史书籍。

中共山东省委党史研究室 2002 年编制 38 人（含工勤人员 4 人）。

中共山东省委党史研究室主任、副主任名单

（2002.1—2002.12）

主　任　姚学政（2002.1—2002.12）

副主任　王永仁（2002.1—2002.10）

蓝恭先（2002.1—2002.12）

常连霆（2002.1—2002.12）

丁龙嘉（2002.10—2002.12）

魏训洲（2002.10—2002.12）

通讯地址：山东省济南市纬一路 482 号

邮　　编：250001

联系电话：(0531)2034876

中共河南省委党史研究室

中共河南省委党史研究室机构职责：

1. 贯彻中央和省委关于党史工作的指示、决定和部署，制定党史工作规划，指导和协

调全省党史工作。

2. 进行党史研究，为解决重大党史事件、主要党史人物有关问题提供咨询和意见，为省委决策服务。

3. 负责中共河南党史资料的征集、整理和编纂；负责市、县党史史稿的审查工作。

4. 负责中共河南党史、河南各革命根据地史、河南党史专题研究丛书、河南党史人物传丛书和《党史博览》等重要书刊的编辑、撰写、协调、审查和出版发行工作。

5. 组织开展党史、革命史的宣传教育，参与举办重大党史事件和重要党史人物的纪念活动。

6. 组织全省党史系统课题研究和业务骨干培训。

7. 指导河南省中共党史学会、河南省中共党史人物研究会、河南省延安精神研究会等学会和研究会的工作。

8. 承办省委和中央党史研究室交办的其他事项。

中共河南省委党史研究室下设：

1. 秘书处：负责全室综合协调工作；负责文秘、机要、档案、保密、信息、接待、会议组织、行政事务和离退休人员服务工作；负责机关人事、党务工作；负责党史图书的印刷、发行工作；负责全室党史图书资料的管理工作。

2. 第一研究处：负责新民主主义革命时期河南党史资料的征集、党史研究和编写工作；负责市、县新民主主义革命时期党史史稿、党史人物传记、专题资料的审查及党史学术研究与交流工作；指导有关党史学会和研究会的工作；负责党史宣传与科研的管理工作。

3. 第二研究处：负责社会主义时期(1949.10—1978.12)河南党史资料的征集、党史研究和编写工作；负责市、县该时期党史史稿、党史人物传记、专题资料的审查及党史学术研究与交流工作。

4. 第三研究处：负责社会主义改革开放新时期(1978.12至今)河南党史资料的征集、党史研究和编写工作；负责市、县该时期党史史稿、党史人物传记、专题资料的审查及党史学术研究与交流工作。

中共河南省委党史研究室2002年编制39人。

中共河南省委党史研究室主任、副主任名单

(2002.1—2002.12)

主　任　吉欣逢(2002.1—2002.12)

副主任　王世宣(2002.1—2002.12)

　　　　郭晓平(2002.1—2002.12)

通讯地址:河南省郑州市金水路17号
邮　　编:450003
联系电话:(0371)5902485

中共湖北省委党史研究室

中共湖北省委党史研究室机构职责:

1. 中共历史、中共湖北历史资料征集和编纂。
2. 中共历史、中共湖北历史研究宣传教育。
3. 对市、州、县进行党史工作指导。
4. 机关自身建设和发展。

中共湖北省委党史研究室下设:

1. 办公室:负责机关建设和后勤服务。
2. 研究一部:负责民主革命时期的党史工作。
3. 研究二部:负责建国至改革开放前的党史工作。
4. 宣传教育部:负责宣传教育。
5. 信息资料部:负责资料工作。
6. 组织史资料室:负责组织史资料编纂。
7. 机关党总支:负责机关党组织工作,工、青、妇工作。

中共湖北省委党史研究室2002年编制为43人。

中共湖北省委党史研究室主任、副主任名单

(2002.1—2002.12)

主　任　王性初(2002.1—2002.12)
副主任　琚运富(2002.1—2002.12)
马焰明(2002.1—2002.12)
祁　兵(2002.1—2002.12)
杨长青(2002.1—2002.12)

通讯地址:湖北省武汉市武昌区水果湖省委大院
邮　　编:430071
联系电话:(027) 87233896

中共湖南省委党史研究室

中共湖南省委党史研究室机构职责:

1. 贯彻落实中央和省委有关党史工作的方针、政策;规划和组织全省党史工作;承担省委党史工作领导小组的日常工作。

2. 征集、整理、研究中共湖南地方史资料,总结历史经验,提供历史借鉴;编写湖南地方党史书刊和影视作品。

3. 运用党史资料和党史研究成果,开展党史宣传教育。

4. 开展湘籍重要党史人物研究,编写重要党史人物传记。

5. 指导全省党史业务工作,培训党史干部队伍。

中共湖南省委党史研究室下设：

1. 办公室：担负全省、全室机关党史工作的组织协调、综合，负责机关党群、纪检、人事、文秘、党史资料和行政管理等工作。

2. 征集研究处：征集、整理、研究中共湖南地方党史资料，编写地方史、组织史和专题丛书。

3. 人物研究处：研究湖南著名党史人物的生平和思想，征集湘籍党史人物资料和编写党史人物系列丛书。

4. 宣传教育处：规划和组织全省党史宣传教育工作，组织编写、摄制党史教育方面读物及影视音像作品。

5. 科研管理处：规划管理和组织协调全省党史研究工作，开展党史学术交流活动，编辑党史刊物，培训党史队伍。

6. 联络指导处：负责全省党史联络工作的组织协调和指导，组织老同志协调党史部门审查、鉴别、核实党史资料，编辑出版老干部回忆录。

中共湖南省委党史研究室 2002 年编制为 40 人。

中共湖南省委党史研究室主任、副主任名单

(2002.1—2002.12)

主　任　胡锦昌(2002.1—2002.12)

副主任　陈　峰(2002.1—2002.12)

　　　　陈清林(2002.1—2002.12)

通讯地址：湖南省长沙市韶山路 1 号

邮　　编：410011

联系电话：(0731)2217334

中共广东省委党史研究室

中共广东省委党史研究室机构职责：

贯彻落实中央和省委有关党史工作的方针、政策，制定广东党史工作规划和计划，指导和协调全省党史资料征集、整理、研究、编纂工作；开展党的历史和党的优良传统作风的宣传教育工作；组织党史研究和学术交流活动，指导党史学会和党史人物研究会等团体活动，负责党史干部业务培训工作；承担中央党史研究室和省委交办的其他党史工作任务。

中共广东省委党史研究室下设：

1. 第一研究处：负责民主革命时期党史资料的整理、研究、编纂工作，编写同时期广东党史，并相应指导市、县有关党史业务。

2. 第二研究处：负责社会主义时期党史资料的整理、研究、编纂工作，编写同时期广东党史，并相应指导市、县有关党史业务。

3. 第三研究处：负责改革开放新时期党史资料的整理、研究、编纂工作，编写同时期广东党史，并相应指导市、县有关党史业务。

4. 编辑出版处：负责编辑出版《广东党史》、《广东党史资料》、《广东党史资料丛刊》及其他党史研究成果。

5. 宣传资料处：负责党史宣传教育工作，党史学会、党史人物研究会的日常工作，党史干部业务培训工作，党史资料管理工作。

6. 办公室：协助研究室领导综合协调有关工作，负责行政、后勤服务、党务工作，指导工、青、妇工作。

中共广东省委党史研究室2002年编制50名。

中共广东省委党史研究室主任、副主任名单

（2002.1—2002.12）

主　任　曾庆榴（2002.1—2002.10）
　　　　陈俊凤（2002.10—2002.12）
副主任　陈弘君（2002.1—2002.12）
　　　　李白云（2002.1—2002.12）
　　　　杨汉卿（2002.1—2002.12）

通讯地址:广东省广州市黄华路4号大院办公楼4—5楼
邮　　编:510053
联系电话:(020)83881906

海南省史志工作办公室

海南省史志工作办公室机构职责：

1. 贯彻执行党和国家有关党史和修志工作的方针政策法律、法规规章;依法拟定并组织实施本省党史和修志工作的政策和发展规划、计划。

2. 负责海南中共党史和海南地方志史料的征集及向中央有关部门提供海南重要史料的工作,负责海南中共党史、地方志方向的史书、著作文稿、影视作品的编辑、整理和出版发行工作。

3. 负责审定省直单位和各市县史志工作部门的研究成果、海南重大历史题材和重要历史人物的出版刊物、影视音像等作品,会同有关部门做好海南革命历史纪念馆设施、教育基地的规划和建设工作。

4. 承担全省史志学术研究成果的评审、管理工作。

5. 承办上级主管部门交办的其他工作。

海南省史志工作办公室下设：

1. 秘书处(机关单位、工会):负责会议组织、秘书事务、文电处理、信息综合、文书档案管理工作;负责纪检监察、组织人事和党群工作;负责本系统的职工教育培训工作;财务管理职能按有关规定执行。

2. 资料征集处：负责征集、整理海南中共党史和地方志资料,编写专题史料丛书,撰写重要历史人物传记;承担史志资料现代化的建设和管理工作。

3. 党史编审处：负责海南中共党史的研究,承担海南中共党史正本、专题史、专题丛书的编写工作,指导市县中共党史编纂工作。

4. 省志编审处：拟定并组织实施《海南省志》的编修工作方案，指导省直有关单位承担的分志编修工作，承担《海南省志》的编纂及出版工作。

5. 规划指导处：拟定本省党史研究和地方志编修工作规划，指导、检查、督促各市县的志书编修和地方党史编写工作，参与本省革命历史纪念设施和教育基地的规划与建设工作。

6. 科研宣教处：组织开展全省史志课题研究、协作、学术交流和成果评定工作；组织开展党史、革命史和省情的宣传教育。

海南省史志工作办公室2002年编制35名。

海南省史志工作办公室主任、副主任名单

(2002.1—2002.12)

副主任　梁振球(2002.1—200.12)(主持全面工作)
　　　　符和积(2002.1—200.12)
　　　　张有富(2002.9—2002.12)

通信地址：海南省海口市海府大道49号省委大院第一办公楼
邮　　编：570204
联系电话：(0898)65342387

中共广西壮族自治区委党史研究室

中共广西壮族自治区委党史研究室机构职责：

1. 总结广西党史经验教训，为现实服务。

2. 研究编写、出版广西党史书刊。

3. 负责各类党史资料的征集、整理和保管工作。

4. 指导广西中共党史学会工作。

中共广西壮族自治区委党史研究室下设：

1. 秘书处：负责组织、人事、工资、职称、财务、办文、机要保密、计划生育、社区、老干部管理、行政后勤、车辆管理、接待工作。

2. 征编一处：负责新民主主义革命时期的党史征研工作。

3. 征编二处：负责社会主义建设时期的党史征研工作。

中共广西壮族自治区委党史研究室2002年编制为35名。

中共广西壮族自治区委党史研究室主任、副主任名单

(2002.1—2002.12)

主　任　覃文成(2002.1—2002.12)

副主任　徐念农(2002.1—2002.12)

通讯地址：广西南宁市七星路128号

邮　　编：530022

联系电话：(0771)2807650　5899773

中共四川省委党史研究室

中共四川省委党史研究室机构职责：

1. 贯彻执行党中央关于党史工作的方针政策和省委关于党史工作的指示；研究拟定

全省党史工作的规划、实施意见，并组织实施。

2. 研究中共四川历史，总结历史经验；编写中共四川地方史，编辑出版党史书刊。

3. 坚持广泛征集重点抢救、系统整理的原则，进行征集整理编撰全省党史资料工作。

4. 推动党史成果转化，进行革命历史党史的宣传教育；做好党史专题研究工作；组织党史工作经验交流；负责全省党史系统干部培训。

5. 指导市州委党史部门的业务工作和四川省中共党史学会的工作。

6. 完成中共中央党史研究部门交办的工作和省委交办的其他工作。

中共四川省委党史研究室下设：

1. 办公室：日常工作的综合协调以及文秘、保密、档案、财务、图书资料管理、行政管理、后勤服务等工作。

2. 第一研究处：负责新民主主义革命时期中共四川历史的资料征集、专题研究、史稿编写和成果转化工作。

3. 第二研究处：负责新中国成立到十一届三中全会前中共四川历史的资料征集、专题研究、史稿编写和成果转化工作。

4. 第三研究处：负责十一届三中全会后中共四川历史的资料征集、专题研究、史稿编写和成果转化工作。

5.《四川党史》编辑部：负责《四川党史》刊物的编辑、出版和发行工作。

6. 机关党委：负责党群、纪检、人事和离退休人员的管理服务工作。

中共四川省委党史研究室2002年编制为30名。

中共四川省委党史研究室主任、副主任名单

(2002.1—2002.12)

主　任　卢耸岗(2002.1—2002.12)

副主任　张继禄(2002.1—2002.12)

　　　　彭亚新(2002.1—2002.12)

通讯地址：四川省成都市商业街16号

邮政编码：610012

联系电话：(028)86603126

中共重庆市委党史研究室

中共重庆市委党史研究室机构职责：

1. 编写中共重庆地方党史，征集整理重要党史资料，编写出版党史书刊。

2. 承担中央党史研究室和市委交办的相关任务。

3. 协调全市范围及区县（市）党史工作，组织学术交流、经验与信息沟通等活动。

4. 开展党史宣传教育工作，发挥资政育人作用。

5. 指导重庆市党史学会、重庆红岩英烈史料研究会等八个市级社团的业务工作。

中共重庆市委党史研究室下设：

1. 办公室：负责全室日常工作综合协调、人事、财务、后勤等。

2. 征集研究一处（挂南方局党史研究室牌子）：负责民主革命时期重庆地方党史征集、研究、整理和编纂；负责中共中央南方局党史征集、整理、编纂、研究等工作。

3. 征集研究二处：负责建国后中共中央西南局党史和邓小平同志在大西南的资料征编，社会主义时期尤其是改革开放后重庆地方党史工作等。

4. 科研资料管理处：负责科研资料征编管理、区县联系、社团指导等。

5. 红岩春秋（下属单位）：编辑、出版和发行《红岩春秋》杂志。

中共重庆市委党史研究室2002年编制为25名。

中共重庆市委党史研究室主任、副主任名单

（2002.1—2002.12）

主　任　张　鸣（2002.1—2002.12）

副主任　陈　全（2002.1—2002.12）

　　　　罗心福（2002.1—2002.12）

通讯地址：重庆市人民路252号市级机关综合办公大楼12层

邮　　编：400015

电　　话：（023）63899240　63897013

中共贵州省委党史研究室

中共贵州省委党史研究室机构职责：

1. 贯彻落实中央和省委有关党史工作的方针、政策，协调全省党史研究工作。

2. 承担我省地方党史资料征集、整理和编纂工作，向中央党史研究室和有关部门提供地方党史重要资料，编写地方党史和党史人物传记。编辑审校党史书刊。

3. 开展党史研究。

4. 组织党史方面重大宣传纪念活动，党史题材的文艺、影视创作史料核实工作。

5. 为省委处理有关历史遗留问题提供史料依据和建议。

6. 组织学术活动、培训业务骨干。

7. 指导贵州省党史学会工作。

8. 承担省委党史工作领导小组的具体工作。

9. 承办省委、中央党史研究室交办的其他事项。

中共贵州省委党史研究室下设：

1. 研究一处：负责贵州省新民主主义时期党史研究和编写工作。

2. 研究二处：负责贵州省社会主义时期党史研究和编写工作。

3. 科研管理处：负责党史科研管理工作，党史资料搜集和管理，编写党史工作信息，组织学术交流活动，党史学会日常工作。

4. 宣传教育处：开展党史、革命史宣教工作，编辑出版《贵州党史》刊物、书籍出版审核，党史部门干部业务培训。

5. 办公室：机关政务、文秘、档案、人事、保密、财务、离退休、综合协调、机关党组日常工作。

中共贵州省委党史研究室2002年编制为39名。

中共贵州省委党史研究室主任、副主任名单

（2002.1—2002.12）

主　任　吴廷述（2002.1—2002.12）

副主任　耿晓红（2002.1—2002.12）

　　　　刘志学（2002.1—2002.12）

通讯地址:贵州省贵阳市省委大院三号楼
邮　　编:550002
联系电话:(0851) 5892553

中共云南省委党史研究室

中共云南省委党史研究室机构职责:

1. 在省委和省委党史工作领导小组领导下,贯彻落实中央和省委有关党史工作的方针、政策、指示,规划全省党史工作。

2. 承担省级地方党史资料的征集、整理和编纂任务,编写云南地方党史和重要党史人物传记,协助有关老同志编写重要回忆资料,编辑党史书刊。

3. 开展党史研究,总结历史经验,运用党史资料和研究成果对广大党员、干部、群众和青少年进行革命传统、爱国主义、集体主义和社会主义教育,充分发挥党史资政育人的作用,为我省加强党的建设和社会主义精神文明建设服务,为改革开放服务。

4. 组织指导地、州、市党史部门和省级单位的党史业务工作,指导地、州、市党史部门的组织建设。

5. 对全省涉及地方党史全局性、政策性的重要工作进行指导和管理。负责重大党史问题史实的认定;指导重要党史事件、重要党史人物的宣传;对有关党史的重要出版物、影视作品、展览等进行史实审定;对需要保护和建设的党史遗址、纪念设施进行认定、审核;负责有关党史重大事件、重要人物纪念设施修建的规划、呈报;处理有关党史的来信来访。

6. 为省委处理有关历史遗留问题提供党史资料依据和意见。

7. 组织开展党史、革命史宣传教育工作,组织党史方面的重大纪念活动。

8. 组织开展国际间、省际间、部门间的党史学术交流活动。

9. 组织评定党史科研成果;协调全省党史系统专业技术职称评定;培训党史工作人员。

10. 指导云南中共党史学会的工作及有关社团的工作。

中共云南省委党史研究室下设：

1. 办公室：处理机关日常政务；参与党史业务工作；负责内外联系、综合协调及室主任办公会议的重大工作和重要事项的督查、督办；负责重要文件拟制、机关秘书事务、文书处理、会议组织、档案管理、接待、保卫、办公自动化、保密等工作；负责机关行政、后勤、财务和固定资产等管理工作。

2. 一处：负责新民主主义时期党史资料的征集、整理、研究和编纂工作；编写相应时期的云南地方党史和重要党史人物传记；审核相应时期重要党史书刊；为省委处理历史遗留问题提供党史资料依据；指导各地、州、市党史部门及省级单位进行相应时期的党史业务工作。

3. 二处：负责社会主义时期党史资料的征集、整理、研究和编纂工作；编写相应时期的地方党史、党史人物传记；审核相应时期重要党史书刊；为省委处理历史遗留问题提供党史资料依据；指导地、州、市党史部门及省级单位进行相应时期的党史业务工作。

4. 科研管理处：负责制定全省党史工作规划；组织党史学术交流活动；组织、协调党史系统课题研究、成果评审及全省党史系统专业技术职称的评定；负责图书资料管理；编辑党史刊物；联系云南中共党史学会及有关社团的工作；指导地、州、市及省级有关单位相应的党史业务工作。

5. 宣传教育处：负责党史、革命史的宣传教育工作；负责培训党史工作人员；承担云南地方党史重大宣传纪念活动的组织和协调；对需要保护的建设的重要党史遗址、纪念设施进行审核、认定；承担革命纪念设施修建的规划、呈报；负责党史题材文艺和影视作品创作的组织协调、史实审核工作；负责党史书籍的发行；指导地、州、市及省级单位相应的党史业务工作。

中共云南省委党史研究室 2002 年编制为 36 名。

中共云南省委党史研究室主任、副主任名单

(2002.1—2002.12)

主　任　王元辅(2002.1—2002.12)

副主任　魏先忠(2002.1—2002.10)

侯兴福(2002.1—2002.8)

钟世禄(2002.1—2002.12)

通讯地址:云南省昆明市西坝路 12 号
邮　　编:650032
联系电话:(0871)4141263

中共西藏自治区委党史研究室

中共西藏自治区委党史研究室机构职责:

负责制定全区党史、地方志工作规划、计划及其贯彻执行;负责党史、地方志资料的征集、管理;指导、协调、管理、督促全区党史、地方志工作和人员培训;组织完成专项党史研究工作和中央党史研究室下达的任务;负责组织志书编纂、审查验收、出版、发行事宜,承担部分志书编纂任务;负责党史、地方志宣传、评价工作;负责西藏自治区年鉴编辑、出版和发行工作;承办区党委、政府交办的其他事项。在保证政治方向、社会效益的前提下,实现经济效益。

中共西藏自治区委党史研究室下设:

1. 综合处:负责文电收发、管理;负责草拟综合性工作计划、总结、请示、报告、通知等文稿;负责全室文印和文件终审工作;负责会务、图书和资料管理;负责对外联络和接待工作;负责处理日常事务和后勤管理;承担领导交办的其他事项。

2. 党史研究处:制定党史研究计划、规划;承担党史研究和党史资料征集、编纂、保管工作;负责党史研究课题的实施和全区党史业务指导协调;负责有关会议筹备和文告草拟工作;负责党史研究成果转化及合作事宜,在业务上指导《西藏党史资料》办刊,负责党史宣传教育工作,编发党史工作简报;负责党史学会日常工作,开展党史理论学术活动;负责全区党史研究人员的培训;承担领导交办的其他事项。

3. 方志处:制定方志编纂计划、规划;负责全区修志工作的指导、督查、协调;负责有关会议筹备和文稿草拟工作;负责全区修志人员的培训;负责组织区志文稿编纂、审核、出版、发行;承担自治区志部分专业志的撰稿任务;在业务上指导《西藏地方志》办刊,负责修志工作宣传和合作事宜，编发地方志工作、简报；负责地方志资料整理、归档和管理工作；负责自治区年鉴编辑、出版、发行工作；负责方志学会日常工作，开展方志理论研究；承担领导交办的其他事项。

4. 刊物编辑部：负责《西藏党史资料》、《西藏地方志》期刊编辑、出版、发行工作；把好刊物文稿政治关、史实关和文字关；负责党史、地方志工作有关活动的采访报道；负责资料管理工作；承担领导交办的其他事项。

中共西藏自治区委党史研究室2002年编制为25名。

中共西藏自治区委党史研究室主任、副主任名单

(2002.1—2002.12)

主　任　车明怀(2002.1—2002.12)

副主任　唐水江(2002.1—2002.7)

　　　　徐　跃(2002.1—2002.12)

通讯地址：西藏自治区拉萨市康昂东路1号

邮　　编：850000

联系电话：(0891)6338111—8420

中共陕西省委党史研究室

中共陕西省委党史研究室机构职责：

1. 负责组织开展全省党史资料的征集、整理、保存、利用和党史人物的立传工作；编

辑出版《中共陕西历史资料丛书》、《中共陕西历史人物丛书》。

2. 负责中共陕西历史研究工作，为省委解决有关陕西党史问题提供资料和参考意见；编辑出版《中共陕西历史研究丛书》，编写《中共陕西历史》；总结党的历史经验教训，为社会主义建设服务。

3. 负责编辑陕西党史刊物，会同省委有关部门进行中共党史的宣传教育工作。

4. 负责审查县以上政府为革命历史纪念建筑物撰写的刻文；审查有关陕西党史的专论、戏剧、影视作品、报刊文章。

5. 负责完成中央党史研究室交办的党史征研专题和其他业务工作。

6. 负责对地、市、县研究工作进行协调和指导。

7. 承办省委交办的其他工作。

中共陕西省委党史研究室下设：

1. 办公室：负责文件处理、机要档案、秘书综合、行政后勤、书刊发行、人事管理、老干部管理和思想政治工作。

2. 宣传研究处：负责全省党史宣传教育、信息交流和各学会、各地市的联络工作；负责党史资料的研究工作，编辑出版《中共陕西历史研究丛书》，负责图书、资料的管理和资料编目工作；负责业务综合工作。

3. 征集研究处：负责组织开展陕西历史资料的征集、整理和研究工作；编辑出版《中共陕西历史资料丛书》。

4. 期刊部：负责《党史文存》、《陕西党史工作简讯》的编印工作。

5. 编辑室：负责全省党史研究系统编纂的各类丛书的业务指导和精编出版工作；负责组织、协调全省党史机构开展的我省党史人物资料的征集、研究、整理工作，编辑出版《中共陕西党史人物丛书》；负责与省党史人物学会的联络工作；负责审查与我省党史有关的报刊文章、专题、专论、戏剧、影视作品、石碑刻文等；负责审稿委员会的日常工作；负责《党史资料》的编印工作。

中共陕西省委党史研究室 2002 年编制为 50 名。

中共陕西省委党史研究室主任、副主任名单

（2002.1—2002.12）

主　任　吴崇信（2002.1—2002.12）

副主任　赵俊忠（2002.1—2002.12）

　　　　贾喜学（2002.1—2002.12）

通讯地址：陕西省西安市兴善寺东街57号
邮　　编：710061
联系电话：(029)85241890

中共甘肃省委党史研究室

中共甘肃省委党史研究室机构职责：

征集、整理、编纂党在甘肃的革命、建设和改革等各个时期历史资料，“以史鉴今、资政育人”，为省委解决有关历史问题提供资料和意见，对全省有关党史、重大历史事件、党史重要人物的影视片、书刊进行审核。组织全省范围的党史工作经验交流，培训党史部门的业务骨干。负责全省党史工作信息的综合、整理与交流及书刊的编辑发行，负责党史基本知识的宣传、教育和普及活动以及甘肃省中共党史学会的工作。

中共甘肃省委党史研究室下设：

1. 办公室：负责全室日常工作的综合、协调和文秘、档案、财务、资料、图书、人事工资、行政的管理和后勤服务工作。负责加强与中央、省内外党史部门的联系工作。

2. 征研处：中共甘肃党史资料的征集、整理和研究工作，编辑、出版革命、建设、改革等各个时期重要的党史专题资料丛书及简明读本。负责全省党史宣传教育工作及全省党史信息的综合、整理与交流。负责组织协调省党史学会工作。

3. 编审处：负责对中共甘肃党史重要资料的系统研究。开展对党在各个时期的经验、教训的总结及全省范围内反映甘肃党史影视片、书稿等史实的核审工作。编审省内重要党史人物的传记、回忆录。

中共甘肃省委党史研究室2002年编制为28名。

中共甘肃省委党史研究室主任、副主任名单

（2002.1—2002.12）

主　任　王在鹏（2002.1—2002.7）
　　　　陈田贵（2002.9—2002.12）（未到任）
副主任　杨瑞华（2002.1—2002.12）

通讯地址：甘肃省兰州市南昌路 1648 号
邮　　编：730030
联系电话：(0931)8834918　8416011—6219

中共宁夏回族自治区委党史研究室

中共宁夏回族自治区委党史研究室机构职责：

1. 传达、贯彻、落实党中央、中央党史研究室和自治区党委有关党史工作的方针、政策、指示，制定全区党史汇编、研究规划，并组织实施。

2. 负责宁夏地方党史资料的征集、整理、编撰、研究工作，总结历史经验，为党的中心工作服务，并提供中央党史工作机构研究利用；负责宁夏革命英烈、党史人物传记的征编及研究工作。

3. 负责《中共宁夏党史》正本的研究、设计与组织编写；组织编写《中共宁夏党史大事记》、《宁夏党史资料丛书》和编辑党史专刊。

4. 会同有关部门审查、审定全区有关宁夏地方党史的书刊、专著、专文、戏剧、影视作品；负责审定县级以上政府为革命历史纪念建筑物撰写的铭文。

5. 承办自治区党委党史工作领导小组的具体事务；为自治区党委解决有关宁夏地方党史问题提供资料和意见；承办自治区党委交办的有关党史方面的其他工作。

6. 完成中央党史研究室下达的党史征编研究项目；组织参加全国和地区性的党史理论研讨和学术交流活动。

7. 会同有关部门开展党史宣传教育工作。

8. 对地、市、县(市、区)和区直有关部门的党史工作进行组织、协调和指导；组织培训全区党史业务骨干。

9. 指导宁夏中共党史学会和宁夏中共党史人物研究会的工作。

中共宁夏回族自治区委党史研究室下设：

1. 秘书处：负责全室日常工作的综合、协调及秘书、文档、图书资料、老干部、行政管理、后勤、党务等工作；编写大事记及党史信息，联系市县。

2. 征研处：负责党史资料的征集、编纂、研究工作，汇编党史文献、人物传记资料，负责党史宣教和业务培训及党史学会、人物研究会等工作。

3. 编审处：负责专题资料汇编、资料丛书编纂，规划、组织编写《中共宁夏史》，审查、审定有关地方党史的书籍、影视作品等，编印《宁夏党史》。

中共宁夏回族自治区委党史研究室 2002 年编制为 18 名。

中共宁夏回族自治区委党史研究室主任、副主任名单

(2002.1—2002.12)

主　任　张万葆(2002.1—2002.12)

　　　　左　兵(2002.12)

副主任　邢万莹(2002.1—2002.12)

通讯地址：宁夏银川市西夏区朔方路 5 号
邮　　编：750021
联系电话：(0951)2076425　2079522　2093928

中共青海省委党史研究室

中共青海省委党史研究室机构职责：

1. 以研究青海地方党史为主，规划、征集、整理、编纂党史资料，编写地方党史、党刊。
2. 负责组织实施并完成中央党史研究室下达的党史协作课题任务。
3. 资政育人，为现实服务，为西部大开发、青海发展进言献策。

中共青海省委党史研究室下设：

1. 办公室：协调内外部关系及处理日常事务、后勤工作。
2. 编审室：完成本室下达的有关党史书籍的编纂任务。
3. 征研室：完成本室布置的全国和本省党史资料征集、研究工作。

中共青海省委党史研究室 2002 年编制为 16 名。

中共青海省委党史研究室主任、副主任名单

(2002.1—2002.12)

主　任　赵国清(2002.1—2002.12)

副主任　张世华(2002.1—2002.12)

通信地址：青海省西宁市北大街 3 号
邮　　编：810000
联系电话：(0971) 8210457

中共新疆维吾尔自治区委党史研究室

中共新疆维吾尔自治区委党史研究室机构职责：

1. 研究新疆地方党史，总结中国共产党在新疆工作的历史经验，为自治区党的建设和自治区党委决策提供历史借鉴，充分发挥党史资政育人的作用，为自治区改革开放和社会主义现代化建设的大局服务；撰写新疆地方党史专著，编辑出版重要党史书刊，对新疆党史上的重要人物进行综合研究。

2. 征集、整理、编纂新疆地方党史资料，收集整理重要口述资料，重要新疆党史人物回忆录，搜集、整理和研究国内外有关新疆党史的信息资料。

3. 推动党史成果转化，向广大党员干部群众进行党史、革命史的宣传教育；协助自治区有关部门审读拟公开发表或出版的涉及党史重大题材及自治区党政主要负责同志工作和生活情况的图书、文章等；协助审查已批准立项的反映自治区重大革命历史题材的影视作品和理论文献电视作品；协助审查自治区有关单位和地方涉及党史、革命史及革命英烈的展览、纪念馆陈列等。

4. 协助自治区有关部门审核已故自治区党政主要领导同志的纪念活动方案并承办、协办相关活动；协助自治区有关部门对建立革命纪念设施的报告提出意见。

5. 完成中央党史研究室和自治区党委交办的党史方面及其他方面的工作，为自治区党委解决新疆有关党史方面的问题提供资料和意见。

6. 向自治区有关部门和地、州、县(市)党史工作部门传达中央和自治区党委关于党史工作的指示，加强对各地、州、县(市)党史工作部门的业务指导；组织协调新疆地方党史资料征集和党史专题研究工作；组织新疆党史工作的经验交流；负责自治区党史部门干部培训工作；与区内外有关团体进行学术交流。

7. 指导自治区中共党史学会和自治区国史学会的工作。

中共新疆维吾尔自治区委党史研究室下设：

1. 当代新疆研究室：主要负责从新民主主义革命时期至党的十一届三中全会前(1919—1978)新疆地方党史的研究和编写工作，开展这一时期新疆地方党史系列性专题及重要党史人物的研究工作；协同有关部门征集、整理、编纂这一时期的新疆重要党史资料，收集、整理、评析区内外研究这一时期新疆地方党史的信息资料；协助审读、审看拟公开发表或出版的涉及这一时期新疆地方党史资料重大题材、重要人物的图书、文章和展览、纪念馆陈列及影视作品，负责自治区国史学会日常工作。

2. 新疆地方党史研究室：主要负责社会主义新时期(1978 年至今)新疆地方党史的研

究和编写工作。对毛泽东思想、邓小平理论及江泽民有关重要论述进行综合研究;协同自治区有关部门征集、整理、编纂社会主义新时期的重要新疆地方党史资料,收集、整理、评析区内外研究社会主义新时期的新疆地方党史信息资料;协助审读,审看拟公开发表或出版的涉及社会主义新时期新疆地方党史重大题材、重要人物的图书、文章和展览、纪念馆陈列及影视作品等。

3. 编辑室:负责组织党史、革命史的宣传教育及本室研究成果的转化工作;组织有关人员协助审读、审看拟公开发表或出版的涉及党史重大题材、重要人物的图书、文章和展览、纪念馆的陈列;组织审查重大革命历史题材的影视作品;协助审核已故自治区党政主要负责同志的纪念活动方案并组织相关活动;协助审核有关建立革命纪念设施的报告;负责《中共新疆党史人物》丛书和《新疆党史》期刊的编辑出版。

4. 科研管理处:协助室领导对全室党史研究编写工作进行规划、协调、管理、检查,组织职称评定及区内外学术交流;承担新疆重要党史资料的征集、整理、编纂、协调工作,收集、整理重要口述历史资料和重要人物回忆录;联系、协调、指导自治区各地、州、县(市)党史工作部门的业务工作;负责自治区党史系统干部培训工作;管理图书资料信息工作,收集、整理区内外中共党史的研究动态及资料;负责自治区中共党史学会日常工作。

5. 秘书处:负责全室日常工作的综合协调;掌握工作动态,提供有关信息;承担文秘、综合调研、机要、档案、人事、保卫、老干部、计算机与信息网络管理、财务、行政管理、后勤服务等工作,完成领导交办的其他工作。

6. 机关党委:负责全室党的思想、组织、作风建设和纪检工作;组织开展机关精神文明建设活动;领导机关工、青、妇等群众组织工作。

中共新疆维吾尔自治区委党史研究室2002年编制为32名。

中共新疆维吾尔自治区委
党史研究室主任、副主任名单

(2002.1—2002.12)

主　任　陈统渭(2002.1—2002.12)
副主任　陈国裕(2002.1—2002.12)
　　　　李京西(2002.1—2002.12)

通讯地址:新疆乌鲁木齐市健康路2号
邮　　编:830003
联系电话:(0991)2391950

中共新疆生产建设兵团委员会党史研究室

中共新疆生产建设兵团委员会党史研究室机构职责：

1. 制定和组织实施兵团史、志的工作计划。

2. 负责兵团党史、方志的研究、编纂、出版工作。

3. 指导兵团史、志的业务工作。

4. 组织兵团年鉴的编纂出版工作。

5. 承办兵团党委办公厅、兵团办公厅交办的其他事项。

中共新疆生产建设兵团委员会党史研究室(兵团地方志办公室)下设：

1. 党史处：组织和指导兵团党史资料的征集、研究、编纂和出版工作；组织党史研究的学术交流活动。

2. 方志处：组织和指导兵团志书的编纂、出版工作；组织方志的学术交流活动。

3. 年鉴处：组织《兵团年鉴》资料征集、研究、编纂和出版工作。

4. 综合处：负责机关的综合协调工作；负责会务、文秘、机要、档案、保密、财务、后勤工作。

中共新疆生产建设兵团委员会党史研究室(兵团地方志办公室)2002 年编制为 15 名，实有 8 人。

中共新疆生产建设兵团委员会
党史研究室主任、副主任名单

(2002.1—2002.12)

主　任　刘和鸣(2002.2—2002.12)

通讯地址：新疆乌鲁木齐市光明路 15 号

邮　　编：830002

联系电话：(0991) 2890101　2890689

北京市中共党史学会

北京市中共党史学会成立于 1981 年 3 月。1983 年 12 月、1988 年 10 月、1992 年 6 月、1997 年 6 月先后召开第二、三、四、五届会员代表大会。业务主管单位为北京市社会科学界联合会。

北京市中共党史学会
历届会长、副会长、秘书长名单

会　长　刘导生(1981.3—1992.6)
　　　　张静如(1992.6—2002.12)
副会长　王定坤(1981.3—1988.10)
　　　　何　东(1981.3—1992.6)
　　　　张静如(1981.3—1992.6)
　　　　萧超然(1981.3—1997.6)
　　　　郎冠英(1988.10—1997.6)
　　　　贾　观(1988.10—1997.6)
　　　　姜华宣(1992.6—2002.12)
　　　　陈明显(1992.6—2002.12)
　　　　王学勤(1997.6—2002.12)
　　　　吴家林(1997.6—2002.12)
　　　　张建国(1997.6—2002.12)
　　　　王顺生(1997.6—2002.12)
　　　　王章维(1997.6—2002.12)
　　　　关海庭(1997.6—2002.12)
秘书长　戴鹿鸣(1981.3—1983.12)
　　　　陈明显(1983.12—1992.6)
　　　　王章维(1992.6—1997.6)
　　　　杨世文(1997.6—2002.12)

联 系 人：常　颖
通讯地址：北京市西城区车公庄大街6号2号楼306室中共北京市委党史研究室
邮政编码：100044
联系电话：(010)68315384　68314363(传真)

天津市中共党史学会

天津市中共党史学会成立于1979年3月。1988年9月、1996年7月、1998年12月先后召开第二、三、四届会员代表大会。业务主管单位为中共天津市委党史研究室。

天津市中共党史学会
历届会长、副会长、秘书长名单

会　长　魏宏运(1979.3—1988.9)
程　抚(1988.9—1996.7)
杨茂昌(1996.7—1998.12)
周根会(1998.12—2002.12)

副会长　陈志远(1979.3—2002.12)
恽　修(1979.3—1996.7)
樊宪良(1988.9—1996.7)
冯怀璧(1988.9—2002.12)
黄小同(1996.7—1998.12)
罗澍伟(1996.7—2002.12)

励维志(1996.7—2002.12)
杨树堂(1998.12—2002.12)
秘书长 陈志远(1979.3—1996.7)
刘景泉(1996.7—2002.12)

联 系 人:李文芳
通讯地址:天津市和平区曲阜道江夏里8号中共天津市委党史研究室
邮政编码:300042
联系电话:(022)23325153 23111380(传真)

河北省中共党史学会

河北省中共党史学会成立于1980年11月。1987年9月、1995年1月、2000年12月先后召开第三、四、五届会员代表大会。业务主管单位为河北省社会科学界联合会。

河北省中共党史学会 历届会长、副会长、秘书长名单

会 长 扈葆献(1987.9—1995.1)
张葆文(1995.1—2000.12)
王运芳(2001.1—2002.12)
副会长 王之元(1987.9—1995.1)

丛笑难(1987.9—1995.1)
肖永庆(1987.9—1995.1)
袁振伦(1987.9—1995.1)
傅尚文(1987.9—1995.1)
朱福奎(常务,1995.1—2000.12)
王桂兰(1995.1—2002.12)
李仲华(1995.1—2000.12)
李成友(1995.1—2000.12)
程鸿飞(1995.1—2000.12)
李建强(1995.1—2000.12)
朱贵玉(1995.1—2000.12)
张振华(1995.1—2002.12)
李　铭(1995.1—2000.12)
杨秀伦(1995.1—2000.12)
范香保(1995.1—2002.12)
张维民(1995.9—2002.12)
王运芳(1996.12—2000.12)
李连珍(2001.1—2002.12)
詹福瑞(2001.1—2002.12)
马英杰(2001.1—2002.12)
赵金山(2001.1—2002.12)
李继准(2001.1—2002.12)

秘书长　李继准(1987.9—2002.12)

联 系 人:田　军
通讯地址:石家庄市维明南大街46号中共河北省委党史研究室
邮政编码:050051
联系电话:(0311)87904310　87904343(传真)

山西省中共党史学会

山西省中共党史学会成立于1983年4月。1984年3月、1996年1月先后召开第二、三届会员代表大会。业务主管单位为山西省史志研究院。

山西省中共党史学会
历届会长、副会长、秘书长名单

会　长　李志敏(1983.4—1984.3)
　　　　张玉田(1984.3—1996.1)
　　　　郑社奎(1996.1—2002.12)
副会长　张玉田(1983.4—1984.3)
　　　　李　格(1984.3—1996.1)
　　　　张国祥(1984.3—2002.12)
　　　　梁志祥(1996.1—2002.12)
　　　　师文华(1996.1—2002.12)
　　　　田酉如(1996.1—2002.12)
　　　　卢　玉(1996.1—2002.12)
　　　　景占魁(1996.1—2002.12)
　　　　杜　晓(1996.1—2002.12)
　　　　降大任(1996.1—2002.12)
　　　　任振河(1996.1—2002.12)
　　　　郑玉光(1996.1—2002.12)
　　　　周银忠(1996.1—2002.12)
　　　　韩　佑(1996.1—2002.12)
　　　　杜平贵(1996.1—2002.12)
　　　　邓茂明(1996.1—2002.12)
秘书长　卢　玉(1983.4—1996.1)
　　　　牛崇辉(1996.1—2002.12)

联 系 人:牛崇辉
通讯地址:太原市迎泽大街369号山西省史志研究院
邮政编码:030071
联系电话:(0351)4019596　4045164(传真)

内蒙古自治区中共党史学会

内蒙古自治区中共党史学会成立于1979年10月。1984年12月、1987年12月、1997年12月先后召开第二、三、四届会员代表大会。业务主管单位为中共内蒙古自治区委党史研究室。

内蒙古自治区中共党史学会
历届会长、副会长、秘书长名单

会　长　林　阳(1979.10—1984.12)
　　　　张荣森(1984.12—1987.12)
　　　　杜　光(1987.12—1997.12)
　　　　夏连仲(1997.12—2002.12)
副会长　段宝和(1979.10—1997.12)
　　　　杨祖培(1979.10—1997.12)
　　　　郝志模(1979.10—1997.12)
　　　　崔纯璞(1979.10—1997.12)
　　　　郝维民(1979.10—1987.12)

杜　光(1984.12—1987.12)
肖广文(1987.12—1997.12)
孙　进(1984.12—1987.12)
王德胜(1997.12—2002.12)
阿明布和(1997.12—2002.12)
王全录(1997.12—2002.12)
杨　耀(2002.4—2002.12)
张振玺(2002.4—2002.12)
苗　雨(2002.4—2002.12)
秘书长　崔纯璞(1979.10—1984.12)
段宝和(1984.12—1987.12)
王全录(1987.12—2002.12)

联 系 人:陈　鹏
通讯地址:呼和浩特市新城东街75号中共内蒙古自治区委党史研究室
邮政编码:010010
联系电话:(0471)4812288　4816538(传真)

辽宁省中共党史学会

辽宁省中共党史学会成立于1964年1月。“文化大革命”期间停止活动。1978年6月恢复,1979年进行了整顿。1986年9月、1992年2月、1996年4月、1999年12月先后召开第二、三、四、五届会员代表大会。业务主管单位为中共辽宁省委党史研究室。

辽宁省中共党史学会
历届会长、副会长、秘书长名单

会　长　俞未平(1964.1—1992.2)
　　　　尚　文(1992.2—1996.4)
　　　　郝怀礼(1996.4—1999.12)
　　　　陈文清(1999.12—2002.12)
副会长　柳运光(1964.1—1992.2)
　　　　马　云(1964.1—1992.2)
　　　　冯树成(1992.2—1996.4)
　　　　李清霖(1992.2—1996.4)
　　　　温永禄(1992.2—1996.4)
　　　　陈文清(1996.4—1999.12)
　　　　谭　译(1996.4—2002.12)
　　　　张海波(1999.12—2002.12)
　　　　姜晓秋(1999.12—2002.12)
秘书长　梁志久(1964.1—1986.9)
　　　　邵泽武(1986.9—1992.2)
　　　　冯树成(1992.2—1996.4)
　　　　谭　译(1996.4—1998.12)
　　　　高　峰(1998.12—2002.12)

联 系 人:张大庸
通讯地址:沈阳市皇姑区北陵大街45号辽宁省中共党史学会
邮政编码:110032
联系电话:(024)86894253　23240329(传真)

吉林省中共党史学会

吉林省中共党史学会成立于1979年3月。1983年初至1998年8月先后召开第二、三、四、五、六、七届会员代表大会。业务主管单位为吉林省社会科学界联合会。

吉林省中共党史学会
历届会长、副会长、秘书长名单

会　长　陈　炎(1979.3—1983年初)
　　　　郑德荣(1983年初—1998.8)
　　　　田克勤(1998.8—2002.12)
副会长　李卫东(1998.8—2002.12)
　　　　王志凡(1998.8—2002.12)
　　　　邱济舟(1998.8—2002.12)
　　　　宋连胜(1998.8—2002.12)
　　　　刘喜发(1998.8—2002.12)
　　　　许　兴(1998.8—2002.12)
　　　　郭红婴(2002.1—2002.12)
秘书长　李志铭(1998.8—2002.12)

联 系 人:李志铭
通讯地址:长春市人民大街55号中共吉林省委党史研究室
邮政编码:130055
联系电话:(0431)8967521　8924366(传真)

黑龙江省中共党史学会

黑龙江省中共党史学会成立于1964年。“文化大革命”期间停止活动。1978年恢复。1996年7月、2001年7月先后召开第六、七届会员代表大会。业务主管单位为中共黑龙江省委宣传部，挂靠单位为中共黑龙江省委党史研究室。

黑龙江省中共党史学会
历届会长、副会长、秘书长名单

会　长　赵培兴(1996.7—2002.12)

副会长　吴时起(1996.7—2001.7)

胡之信(1996.7—2001.7)

唐纯良(1996.7—2001.7)

曹　平(1996.7—2001.7)

张军民(2001.7—2002.12)

张德旺(2001.7—2002.12)

陈国权(2001.7—2002.12)

谷丽娟(2001.7—2002.12)

赵俊清(2001.7—2002.12)

常好礼(2001.7—2002.12)

秘书长　常好礼(1996.7—2001.7)

王　重(2001.7—2002.12)

联 系 人：王　重

通讯地址：哈尔滨市南岗区花园街204号中共黑龙江省委党史研究室

邮政编码：150001

联系电话：(0451)53644696　53637972(传真)

上海市中共党史学会

上海市中共党史学会成立于1979年。1981年12月、1985年1月、1989年5月、1993年6月、1997年8月、2002年10月先后召开第二、三、四、五、六、七届会员代表大会。业务主管单位为上海市社会科学界联合会。

上海市中共党史学会
历届会长、副会长、秘书长名单

名誉会长　冯小敏(2002.10—2002.12)
　　　　　唐培吉(2002.10—2002.12)
会　　长　陈其五(1979—1985.1)
　　　　　江　岚(1985.1—1993.6)
　　　　　唐培吉(1993.6—2002.10)
　　　　　张　云(2002.10—2002.12)
副 会 长　陆志仁(1979—1993.6)
　　　　　马晴波(1979—1993.6)
　　　　　迟　鹏(1979—1993.6)
　　　　　余　立(1979—1993.6)
　　　　　叶尚志(1979—1993.6)
　　　　　江　岚(1981.12—1985.1)
　　　　　王世根(1989.5—2002.10)
　　　　　江　怡(1989.5—1993.6)
　　　　　方开淇(1993.6—2002.10)
　　　　　吴景平(1993.6—2002.10)
　　　　　张文清(1993.6—2002.12)
　　　　　郭绪印(1993.6—1997.8)
　　　　　翟作君(1993.6—1997.8)
　　　　　朱　华(1997.8—2002.12)

朱敏彦(1997.8—2002.12)
齐卫平(1997.8—2002.12)
杨元华(1997.8—2002.12)
金光耀(2002.10—2002.12)
秘 书 长 郑灿辉(1979—1985.1)
王世根(1985.1—1989.5)
邹荣庚(1989.5—1993.6)
朱　华(1993.6—1997.8)
张　云(1997.8—2002.10)
唐莲英(2002.10—2002.12)

联 系 人:卢红青
通讯地址:上海市淮海中路622弄7号(乙)社联317室
邮政编码:200020
联系电话:(021)53066581　53061808(传真)

江苏省中共党史学会

江苏省中共党史学会成立于1980年10月。1983年12月、1989年4月、1995年9月、2000年11月先后召开第二、三、四、五届会员代表大会。业务主管单位为江苏省哲学社会科学界联合会。

江苏省中共党史学会
历届会长、副会长、秘书长名单

会　　长　管文蔚(1980.10—1995.9)
　　　　　戴为然(1995.9—2002.12)
执行会长　马洪武(1995.9—2002.12)
　　　　　黄玉生(2000.11—2002.12)
副 会 长　钱静人(1980.10—1983.12)
　　　　　刘子见(1980.10—1983.12)
　　　　　许符实(1980.10—1983.12)
　　　　　章　德(1980.10—1995.9)
　　　　　罗治夫(1980.10—1983.12)
　　　　　廖　行(1980.10—1983.12)
　　　　　徐福基(1983.12—1989.4)
　　　　　韦　宇(1983.12—1989.4)
　　　　　裴　定(1983.12—1989.4)
　　　　　张　影(1983.12—1989.4)
　　　　　张景良(1983.12—1989.4)
　　　　　瞿光枢(1983.12—1989.4)
　　　　　褚　敏(1983.12—1989.4)
　　　　　叶绪昌(1989.4—1995.9)
　　　　　叶志俊(1989.4—1995.9)
　　　　　马洪武(1989.4—1995.9)
　　　　　李孝民(1989.4—2002.12)
　　　　　魏知信(1989.4—2002.12)
　　　　　王德宝(1995.9—2002.12)
　　　　　张应生(1995.9—2002.12)
　　　　　陈鹤锦(1995.9—2002.12)
　　　　　张开明(2000.11—2002.12)
　　　　　桑学成(2000.11—2002.12)
秘 书 长　马洪武(1980.10—1995.9)
　　　　　王德宝(1995.9—1997.9)
　　　　　王　跃(1997.9—2002.12)

联 系 人:宋学文
通讯地址:江苏省南京大学政治系
邮政编码:210093
联系电话:(025)83593068　83685602(传真)

浙江省中共党史学会

浙江省中共党史学会成立于1980年6月。1984年12月、1988年12月、1992年12月、1997年12月先后召开第二、三、四、五届会员代表大会。业务主管单位为中共浙江省委党史研究室。

浙江省中共党史学会
历届会长、副会长、秘书长名单

会　长　顾春林(1984.6—1984.12)
　　　　王学启(1984.12—1997.12)
　　　　杨福茂(1997.12—2002.12)
副会长　朱之光(1980.6—1988.12)
　　　　关　磊(1980.6—1984.12)
　　　　洪　涛(1980.6—1984.12)
　　　　杨　光(1980.6—1984.12)
　　　　王学启(1980.6—1984.12)
　　　　赵文祥(1980.6—1984.12)

程德宏(1980.6—1984.12)
叶炳南(1980.6—1988.12)
罗　平(1980.6—1997.12)
耿　易(1980.6—1992.12)
姚守中(1980.6—1992.12)
杨福茂(1988.12—1997.12)
石舜瑾(1988.12—2002.12)
郑元康(1992.12—1997.12)
高三山(1997.12—2002.12)
徐义君(1997.12—2002.12)
余逊达(1997.12—2002.12)
张继昌(1997.12—2002.12)
史及伟(1997.12—2002.12)

秘书长　王学启(1980.6—1984.12)
蒋希宁(1984.12—1988.12)
赵国寿(1988.12—1992.12)
余逊达(1992.12—1997.12)
包晓峰(1997.12—2002.12)

联 系 人:包晓峰　邓金松
通讯地址:杭州市省府路省府大楼1号楼中共浙江省委党史研究室
邮政编码:310025
联系电话:(0571)87053581　87057518(传真)

安徽省中共党史学会

安徽省中共党史学会成立于1978年3月。1982年6月、1986年8月、1991年12月、1997年6月、2002年12月先后召开第二、三、四、五、六届会员代表大会。业务主管单位为中共安徽省委党史研究室。

安徽省中共党史学会
历届会长、副会长、秘书长名单

会　长　卫道行(1978.3—1986.8)
徐则浩(1986.8—1997.6)
卞国福(1997.6—2002.12)

副会长　赵文衡(1978.3—1982.6)
吴寿祺(1978.3—1997.6)
徐则浩(1978.3—1986.8)
刘孝良(1978.3—2002.12)
葛有博(1978.3—1982.6)
孙志芳(1978.3—1986.8)
潘忠亮(1978.3—1986.8)
刘　棣(1978.3—1991.12)
李健英(1982.6—1997.6)
余茂笈(1982.6—2002.12)
方明治(1986.8—1997.6)
王志铨(1986.8—1997.6)
韩旭初(1991.12—2002.12)
陈贤忠(1991.12—1996.5)
刘传增(1997.6—2002.12)
周言久(1997.6—2002.12)
刘以顺(1997.6—2002.12)
汪青松(1997.6—2002.12)

秘书长　孙其明(1978.3—1986.8)

王传厚(1986.8—1997.6)

刘　毅(1997.6—2002.12)

联 系 人:周　平
通讯地址:合肥市长江中路57号中共安徽省委党史研究室宣传教育处
邮政编码:230001
联系电话:(0551)2606691　2642761(传真)

福建省中共党史学会

福建省中共党史学会成立于1979年7月。1981年11月、1985年8月、1995年5月、2000年6月先后召开第二、三、四、五届会员代表大会。业务主管单位为福建省社会科学界联合会,挂靠单位为中共福建省委党校党史教研部。

福建省中共党史学会
历届会长、副会长、秘书长名单

会　长　朱其昌(1979.7—1981.11)

明祖凡(1981.11—1995.5)

梁奕川(1995.5—2002.12)

副会长　蓝　天(1979.7—1985.8)

林　戬(1979.7—1985.8)

连　尹(1981.11—1995.5)
刘贯康(1985.8—1995.5)
黄志仁(1985.8—1995.5)
李　思(1985.8—2000.6)
蒋伯英(1995.5—2002.12)
孔永松(1995.5—2002.12)
张晓东(1995.5—2000.6)
林　强(1995.5—2000.6)
林浣芬(2000.6—2002.12)
黄肇嵩(2000.6—2002.12)
郑传芳(2000.6—2002.12)

秘书长　连　尹(1979.7—1985.8)
刘贯康(1985.8—1995.5)
陈朝响(1995.5—2000.6)
曹敏华(2000.6—2002.12)

联 系 人:曹敏华
通讯地址:福州市柳河路61号中共福建省委党校党史教研部
邮政编码:350001
联系电话:(0591)87356311

江西省中共党史学会

江西省中共党史学会成立于1979年7月。1983年7月、1990年7月、2000年2月先后召开第二、三、四届会员代表大会。业务主管单位为江西省哲学社会科学界联合会，挂靠单位为中共江西省委党史研究室。

江西省中共党史学会
历届会长、副会长、秘书长名单

会　长　狄　生(1979.7—1990.7)
　　　　戴向青(1990.7—1995.3)
　　　　黄干周(1995.3—2000.2)
　　　　苏多寿(2000.2—2002.12)
副会长　戴向青(1979.7—1990.7)
　　　　陈　言(1979.7—1990.7)
　　　　周銮书(1979.7—2000.2)
　　　　李元勋(1979.7—2000.2)
　　　　黄干周(1979.7—1995.3;2000.2—2002.12)
　　　　郭　浩(1979.7—2000.2)
　　　　张传贤(1983.7—2000.2)
　　　　桂玉麟(2000.2—2002.12)
　　　　刘勉玉(2000.2—2002.12)
　　　　沈谦芳(2000.2—2002.12)
　　　　廖淑梅(2000.2—2002.12)
秘书长　黄干周(1979.7—1995.3)
　　　　赖仁光(1995.3—2000.2)
　　　　刘开汶(2000.2—2002.12)

联 系 人:周少玲
通讯地址:南昌市豫章路70号中共江西省委党史研究室宣传教育处
邮政编码:330006
联系电话:(0791)6242909　6242916(传真)

山东省中共党史学会

山东省中共党史学会成立于1981年11月。1983年12月、1987年5月、1992年11月、1997年12月先后召开第二、三、四、五届会员代表大会。业务主管单位为中共山东省委党史研究室。

山东省中共党史学会 历届会长、副会长、秘书长名单

会　长　高克亭(1981.11—1997.12)
　　　　林保义(1997.12—2002.12)
副会长　余　修(1981.11—1983.12)
　　　　张子明(1981.11—1987.5)
　　　　许剑波(1981.11—1987.5)
　　　　辛　玮(1981.11—1987.5)
　　　　陈芳彬(1981.11—1987.5)
　　　　崔　介(1981.11—1987.5)
　　　　徐宝庆(1981.11—1997.12)
　　　　孙敦璠(1981.11—1992.11)
　　　　王　旭(1981.11—1987.12)
　　　　郝国兴(1981.11—1987.12)
　　　　张兆涌(1981.11—1987.12)
　　　　王乃征(1983.12—1987.5)
　　　　王海天(1983.12—1992.11)
　　　　张乐岭(1983.12—2002.12)
　　　　贾蔚昌(1983.12—1997.12)
　　　　徐树绩(1983.12—1997.12)
　　　　杨维屏(1983.12—1997.12)
　　　　司兆励(1987.5—1992.11)

刘守璞(1987.5—1992.11)

朱永顺(1987.5—1997.12)

邵　阳(1987.5—1992.11)

张谦恒(1987.5—1997.12)

董本来(1987.5—1997.12)

王　洪(1992.11—2002.12)

王永仁(1992.11—1997.12)

王光先(1992.11—1997.12)

王传忠(1992.11—1997.12)

石洪印(1992.11—2002.12)

易炳炎(1992.11—2002.12)

陈　楷(1992.11—2002.12)

陈鸿儒(1992.11—1997.12)

林保义(1992.11—1997.12)

周星夫(1992.11—1997.12)

郑世文(1992.11—1997.12)

赵锦良(1992.11—1997.12)

穆　林(1991.11—1997.12)

刘忠泉(1997.12—2002.12)

刘玉功(1997.12—2002.12)

王凤胜(1997.12—2002.12)

徐炳熹(1997.12—2002.12)

张昭立(1997.12—2002.12)

林兆义(1997.12—2002.12)

苏本亮(1997.12—2002.12)

戴成贵(1997.12—2002.12)

于　刚(1997.12—2002.12)

张荣年(1997.12—2002.12)

路笃胜(1997.12—2002.12)

张顺清(1997.12—2002.12)

刘金江(1997.12—2002.12)

魏训洲(1997.12—2002.12)

孙邦信(1997.12—2002.12)

秘书长　贾蔚昌(1981.11—1987.5)
董本来(1987.5—1992.11)
王　洪(1992.11—1997.12)
魏训洲(1997.12—2002.12)

联 系 人:王志建
通讯地址:济南市纬一路482号中共山东省委党史研究室
邮政编码:250001
联系电话:(0531)82034814　86904814(传真)

河南省中共党史学会

河南省中共党史学会成立于1980年5月。1983年11月、1988年11月、1993年10月、1998年4月先后召开第二、三、四、五届会员代表大会。业务主管单位为河南省社会科学界联合会。

河南省中共党史学会
历届会长、副会长、秘书长名单

名誉会长　侯志英(1983.11—1998.4)
蔡康志(1993.10—1998.4)
会　长　蔡康志(1980.5—1993.10)
申志诚(1993.10—1998.4)
孙保定(1998.4—2002.12)

副 会 长　张玉鹏(1980.5—1993.10)
宋　岑(1980.5—1993.10)
冯炳勋(1983.11—1993.10)
王天文(1988.11—1998.4)
孙保定(1993.10—1998.4)
原致光(1993.10—1998.4)
任永全(1995.3—1998.4)
郭晓平(1998.4—2002.12)
胡文澜(1998.4—2002.12)
王桂兰(1998.4—2002.12)
贺永方(1998.4—2002.12)
许还平(1998.4—2002.12)
秘 书 长　宋　岑(1980.5—1993.10)
孙保定(1993.10—1998.4)
尹书博(1998.4—2002.12)

联 系 人:郭晓平
通讯地址:郑州市金水路 17 号中共河南省委党史研究室
邮政编码:450003
联系电话:(0371)5902393　5902485(传真)

湖北省中共党史学会

湖北省中共党史学会成立于 1979 年 1 月。1981 年 1 月、1985 年 1 月、1987 年 1 月、1991 年 5 月、1995 年 6 月、2000 年 4 月先后召开第二、三、四、五、六、七届会员代表大会。业务主管单位为中共湖北省委党史研究室。

湖北省中共党史学会
历届会长、副会长、秘书长名单

会　长　郭步云(1979.1—1995.6)
　　　　康裕震(1995.6—2000.4)
　　　　王性初(2000.4—2002.12)
副会长　丛者久(1979.1—1986)
　　　　谢经华(1979.1—1988.1)
　　　　陶　凯(1979.1—1995.6)
　　　　胡邦宁(1979.1—1985.1)
　　　　张志善(1979.1—1985.1)
　　　　李炤曾(1979.1—1985.1)
　　　　李新顺(1979.1—1985.1)
　　　　周文义(1985.1—1988.1)
　　　　魏颖三(1988.1—1995.6)
　　　　陈乃宣(1988.1—2000.4)
　　　　宋镜明(1995.6—2002.12)
　　　　王忠坤(1995.6—2000.4)
　　　　刘宏煊(1995.6—2002.12)
　　　　赵丽江(1995.6—2002.12)
　　　　曾成贵(1995.6—2002.12)
　　　　丁俊萍(2000.4—2002.12)
　　　　徐晓林(2000.4—2002.12)
　　　　马焰明(2000.4—2002.12)
　　　　方　城(2000.4—2002.12)
秘书长　陈乃宣(1979.1—1988.1)
　　　　曾宪林(1988.1—1995.6)
　　　　王忠坤(1995.6—2000.4)
　　　　方　城(2000.4—2002.12)

联 系 人:方　城　安向荣
通讯地址:武昌市武昌区水果湖中共湖北省委党史研究室
邮政编码:430071
联系电话:(027)87231565　87233896(传真)

湖南省中共党史学会

湖南省中共党史学会成立于1981年3月。1984年12月、1990年1月、1994年12月、2000年1月先后召开第二、三、四、五届会员代表大会。业务主管单位为湖南省社会科学界联合会和中共湖南省委宣传部。

湖南省中共党史学会
历届会长、副会长、秘书长名单

会　长　赵建德(1981.3—1989.12)
　　　　谭双泉(1990.1—2002.12)
副会长　谭双泉(1981.3—1989.12)
　　　　陈富华(1981.3—1994.12)
　　　　易世廉(1981.3—1994.12)
　　　　高菊村(1981.3—1994.12)
　　　　何鹄志(1985.1—2002.12)
　　　　唐振南(1985.1—2002.12)
　　　　吴家丕(1990.1—1999.12)
　　　　陈清林(1995.1—2002.12)
　　　　刘湘云(1995.1—1999.12)
　　　　宁教奎(1995.1—2002.12)
　　　　田茂德(1995.1—1999.12)
　　　　胡秀勤(1995.1—1999.12)
　　　　何一成(2000.1—2002.12)
　　　　曾长秋(2000.1—2002.12)
　　　　柳礼泉(2000.1—2002.12)
　　　　谭献民(2000.1—2002.12)
秘书长　梁瑞兰(1981.3—1989.12)
　　　　宁教奎(1990.1—1994.12)

张海蒲(1995.1—1999.12)
何一成(2000.1—2002.12)

联 系 人:谭双泉
通讯地址:长沙市湖南师范大学公共管理学院中共党史研究所办公室
邮政编码:410081
联系电话:(0731)8871763

广东中共党史学会

广东中共党史学会成立于1981年6月。1985年1月、1990年9月、1994年10月、2000年6月先后召开第二、三、四、五届会员代表大会。业务主管单位为中共广东省委党史研究室。

广东中共党史学会
历届会长、副会长、秘书长名单

会　长　郑星燕(1981.6—1990.9)
陈遐瓒(1990.9—1994.10)
曾庆榴(1994.10—2002.12)

副会长　张江明(1981.6—1985.1)
李又华(1981.6—1985.1)
张华明(1981.6—1985.1)
赖仲元(1981.6—1985.1)

林　川(1981.6—1985.1)
温焯华(1985.1—1990.9)
黄焕秋(1985.1—1990.9)
黄其江(1985.1—1990.9)
饶璜湘(1985.1—1990.9)
金应熙(1985.1—1990.9)
刘志远(1985.1—1990.9)
黄　业(1985.1—1990.9)
周鹤鸣(1985.1—1994.10)
蔡　洛(1985.1—1990.9)
陈遐瓒(1985.1—1990.9)
黄慰慈(1990.9—2000.6)
胡提春(1990.9—2000.6)
曾庆榴(1990.9—1994.10)
杨建成(1990.9—2000.6)
郑应洽(1990.9—2002.12)
郭铁铃(1990.9—2002.12)
黄振位(1994.10—2002.12)
卢　权(1994.10—2002.12)
陈弘君(2000.6—2002.12)
杨　清(2000.6—2002.12)
秦兴洪(2000.6—2002.12)
陈登贵(2000.6—2002.12)
黄永镇(2000.6—2002.12)
彭新云(2000.6—2002.12)
杨汉卿(2000.6—2002.12)

秘书长　黄慰慈(1985.1—1990.9)
黄特伟(1990.9—2000.6)
洪　平(2000.6—2002.12)

联 系 人:洪　平　张会举
通讯地址:广州市黄华路4号中共广东省委党史研究室
邮政编码:510053
联系电话:(020)83805707　83803030(传真)

海南省中共党史学会

海南省中共党史学会成立于1990年6月。1997年12月召开第二届会员代表大会。业务主管单位为海南省史志工作办公室。

海南省中共党史学会
历届会长、副会长、秘书长名单

会　长　邢诒孔(1990.6—2002.12)

副会长　王克荣(1990.6—1994.12)

朱修松(1990.6—1997.12)

邢植朝(1997.12—2002.12)

张德华(1997.12—2002.12)

唐昆宁(1997.12—2002.12)

秘书长　王克荣(1990.6—1994.12)

唐昆宁(1997.12—2002.12)

联 系 人:曹　燕

通讯地址:海口市海府路49号海南省史志工作办公室

邮政编码:570204

联系电话:(0898)65334232　65339579(传真)

广西壮族自治区中共党史学会

广西壮族自治区中共党史学会成立于1980年12月。1987年12月、1994年12月、1997年5月先后召开第二、三、四届会员代表大会。业务主管单位为中共广西壮族自治区委党史研究室。

广西壮族自治区中共党史学会
历届会长、副会长、秘书长名单

会　长　黄　耿(1980.12—1994.12)
郎敏路(1994.12—2002.12)
韦志虹(1997.5—2002.12)
副会长　谭　纪(1980.12—1994.12)
徐方治(1980.12—2002.12)
黄宜生(1980.12—1994.12)
曾傅先(1980.12—1994.12)
田炳坤(1980.12—1994.12)
刘小松(1987.12—1994.12)
梁　宁(1987.12—1994.12)
吴忠才(1994.12—2002.12)
莫正荣(1994.12—2002.12)
胡隆镁(1997.5—2002.12)
陈欣德(1997.5—2002.12)
何龙群(1998.9—2002.12)
秘书长　刘显才(1980.12—1994.12)
陈欣德(1994.12—1997.5)
庚新顺(1997.5—2002.12)

联 系 人:吕子民
通讯地址:南宁市七星路128号中共广西壮族自治区委党史研究室
邮政编码:530022
联系电话:(0771)2839255　5899774(传真)

四川省中共党史学会

四川省中共党史学会成立于1979年12月。1989年12月、1994年12月、2000年3月先后召开第四、五、六届会员代表大会。业务主管单位为中共四川省委党史研究室。

四川省中共党史学会
历届会长、副会长、秘书长名单

会　长　陈　文(1979.12—2000.3)
　　　　卢耸岗(2000.3—2002.12)
副会长　彭　塞(1979.12—1994.12)
　　　　王庭科(1985.12—2002.12)
　　　　罗宗荣(1989.3—2002.12)
　　　　章玉钧(1994.12—2000.3)
　　　　陈文书(1994.12—2002.12)
　　　　郭　伟(1994.12—2002.12)
　　　　赵庆东(1994.12—2002.12)
　　　　唐朝纪(1994.12—2002.12)

管文虎(1994.12—2002.12)
张光诚(1994.12—2000.3)
乔毅民(1994.12—2000.3)
周绍荣(1996.12—2002.12)
张　新(2000.3—2002.12)
张继禄(2000.3—2002.12)
桂大成(2000.3—2002.12)
叶耀培(2000.3—2002.12)
冯有明(2000.3—2002.12)
岳建功(2000.3—2002.12)

秘书长　乔毅民(1979.12—1994.12)
龚自德(1994.12—2002.12)

联 系 人:马善思
通讯地址:成都市商业街16号中共四川省委党史研究室
邮政编码:610012
联系电话:(028)86603142　86603126(传真)

重庆市中共党史学会

重庆市中共党史学会成立于2000年12月。业务主管单位为中共重庆市委党史研究室。

重庆市中共党史学会
历届会长、副会长、秘书长名单

会　长　钟修文(2000.12—2002.12)
副会长　周　勇(2000.12—2002.12)
　　　　陈　全(2000.12—2002.12)
　　　　贺德群(2000.12—2002.12)
　　　　吴家华(2000.12—2002.12)
　　　　冉　志(2000.12—2002.12)
　　　　张国镛(2000.12—2002.12)
秘书长　陈　全(兼,2000.12—2002.12)

联 系 人:邹为康
通讯地址:重庆市渝中区人民路 252 号中共重庆市委党史研究室
邮政编码:400015
联系电话:(023)63897084　63896492(传真)

贵州省中共党史学会

贵州省中共党史学会成立于 1983 年 7 月。业务主管单位为中共贵州省委党史研究室。

贵州省中共党史学会
历届会长、副会长、秘书长名单

会　长　叶方明(1983.7—2002.12)
副会长　石　争(1983.7—2002.12)
　　　　郭文运(1983.7—2002.12)
　　　　谢合宽(1983.7—2002.12)
　　　　黄定国(1983.7—2002.12)
　　　　王棣章(1983.7—1998.5)
秘书长　王棣章(1983.7—1998.5)

联 系 人:吕　进
通讯地址:贵阳市广顺路1号中共贵州省委党史研究室
邮政编码:550002
联系电话:(0851)5892992　5822928(传真)

云南中共党史学会

云南中共党史学会成立于1980年。业务主管单位为云南省社会科学界联合会,挂靠单位为中共云南省委党史研究室。

云南中共党史学会
历届会长、副会长、秘书长名单

会　长　李群杰(1990.7—2002.12)

副会长　尹国举(1990.7—1991.4)

丁　一(1990.7—1993.12)

石世龙(1990.7—2002.12)

唐登岷(1990.7—2002.12)

李天柱(1990.7—2002.12)

韦聚和(1990.7—2002.12)

许　琤(1990.7—2002.12)

臧野农(1990.7—2002.12)

徐仁信(1990.7—2002.12)

孙中秀(1990.7—2002.12)

曹铎光(1990.7—1995.8)

廖光大(1990.7—1991.9)

刘松柏(1991.4—1993.12)

侯兴福(1993.12—2002.12)

姜子华(1997.12—2002.12)

秘书长　廖光大(1990.7—1991.9)

刘增华(1991.9—2002.12)

联 系 人:应细飞

通讯地址:昆明市西坝路12号中共云南省委党史研究室科研管理处

邮政编码:650032

联系电话:(0871)4142588　4114975(传真)

陕西省中共党史学会

陕西省中共党史学会成立于1980年10月。1984年11月、1988年11月、1992年6月、1996年7月、2001年9月先后召开第二、三、四、五、六届会员代表大会。业务主管单位为陕西省社会科学界联合会、中共陕西省委党史研究室、中共陕西省委党校中共党史教研部。

陕西省中共党史学会
历届会长、副会长、秘书长名单

会　长　齐　心(1980.10—1984.11)
　　　　徐乃杰(1984.11—1992.6)
　　　　宋易风(1992.6—2001.9)
　　　　曹　军(2001.9—2002.12)
副会长　孙启蒙(1980.10—1984.11)
　　　　邹富祥(1980.10—1984.11)
　　　　徐世钧(1980.10—1984.11)
　　　　张　馨(1980.10—1984.11)
　　　　张　亚(1980.10—1984.11)
　　　　李振民(1980.10—1984.11)
　　　　徐乃杰(1980.10—1984.11)
　　　　徐　途(1980.10—1984.11)
　　　　丁雍年(1984.11—1996.7)
　　　　杨树桢(1984.11—1988.11)
　　　　李艳玉(1984.11—1988.11)
　　　　宋易风(1984.11—1992.6)
　　　　庞　龙(1984.11—1988.11)
　　　　陈来驹(1988.11—1992.6)
　　　　王　继(1988.11—2002.12)

李永森(1992.6—2001.9)
刘　君(1992.6—2001.9)
贺伯清(1992.6—2001.9)
王克荣(1992.6—2001.9)
王禄林(1992.6—2001.9)
赵俊忠(1996.7—2002.12)
李忠全(1996.7—2002.12)
黄志宏(1996.7—2001.9)
曹　军(1996.7—2001.9)
廖祖庆(1996.7—2002.12)
韦林珍(2001.9—2002.12)
申崇华(2001.9—2002.12)
陈答才(2001.9—2002.12)
杨学兵(2001.9—2002.12)
杨忠虎(2001.9—2002.12)
罗凤琳(2001.9—2002.12)
姚文琦(2001.9—2002.12)
梁星亮(2001.9—2002.12)
梁仲明(2001.9—2002.12)

秘书长　孙启蒙(1980.10—1984.11)
丁雍年(1984.11—1988.11;1992.6—1996.7)
宋易风(1988.11—1992.6)
罗凤琳(1996.7—2002.12)

联 系 人:罗凤琳
通讯地址:西安市小寨西路119号中共陕西省委党校中共党史教研部
邮政编码:710061
联系电话:(029)85378130　85378131

甘肃省中共党史学会

甘肃省中共党史学会成立于1983年12月。1985年8月、1991年6月、1994年12月先后召开第一、二届及第二届三次理事会议。业务主管单位为中共甘肃省委党史研究室。

甘肃省中共党史学会
历届会长、副会长、秘书长名单

会　长　燕　斌(1985.8—1991.6)
刘郁采(1991.6—1994.12)
石星光(1994.12—1999.12)
张开勋(1999.12—2000.6)
王在鹏(2001.4—2002.12)

副会长　康和厚(1985.8—1991.6)
郭维仪(1991.6—1994.12)
杨利民(1991.6—1994.12)
李少萱(1991.6—1994.12)
李敏杰(1991.6—2002.12)
魏职高(1991.6—2002.12)
杨作林(1994.12—2002.12)
刘学福(1994.12—2002.12)
翟克勇(1994.12—2002.12)
王爱珍(1994.12—2002.12)
詹　秀(1994.12—2002.12)
陈炳璋(1994.12—2002.12)
钱效琦(1994.12—2002.12)
邓　峨(1994.12—2002.12)

秘书长　郭维仪(1985.8—1991.6)
郝玉屏(1991.6—1994.12)
王培民(1994.12—1999.12)

联 系 人:牟慧芬 李 冰
通讯地址:兰州市城关区南昌路1648号中共甘肃省委党史研究室
邮政编码:730030
联系电话:(0931)8416011—9717 8834918(传真)

宁夏中共党史学会

宁夏中共党史学会成立于1989年3月。1995年7月、1999年4月先后召开第二、三届会员代表大会。业务挂靠单位为中共宁夏回族自治区委党史研究室。

宁夏中共党史学会
历届会长、副会长、秘书长名单

名誉会长 李一凡(1995.7—1999.4)
张万葆(1999.4—2002.12)
会 长 邵予奋(1995.7—2002.12)
副 会 长 吴忠礼(1995.7—2002.12)
李耀华(1995.7—2002.12)
刘秉武(1995.7—1999.4)
马翔雪(1995.7—2002.12)
孙国标(1995.7—2002.12)
宋志斌(1999.4—2002.12)
布青沪(1999.4—2002.12)
秘 书 长 邢万莹(1995.7—2002.12)

联 系 人:邢万莹
通讯地址:银川市新市区朔方路5号中共宁夏回族自治区委党史研究室
邮政编码:750021
联系电话:(0951)2079383　2076425(传真)

青海省中共党史学会

青海省中共党史学会成立于1981年5月。1981年10月、1985年12月、1987年10月、1992年1月、1995年3月、1998年1月先后召开第二、三、四、五、六、七届会员代表大会。业务主管单位为中共青海省委党史研究室。

青海省中共党史学会
历届会长、副会长、秘书长名单

会　长　史克明(1981.5—1987.10)
　　　　李俊国(1987.10—1992.1)
　　　　何家梁(1992.1—1995.3)
　　　　毛　军(1995.3—1998.1)
　　　　蒋洁敏(1998.1—2001.12)
　　　　赵国清(1998.1—2002.12)
副会长　史静波(1981.5—1985.12)
　　　　李　晏(1981.5—1987.12)
　　　　屈孟雄(1981.5—1985.12)

孙欲声(1985.12—2002.12)
张绍武(1985.12—1992.1)
严正声(1992.1—1995.3)
张嘉选(1995.3—2002.12)
张照庆(1998.1—2002.12)
冯　敏(1995.8—2001.10)
费雅君(2002.1—2002.12)
张世华(2002.1—2002.12)

秘书长　严正声(1981.5—1981.10)
童金怀(1981.10—1985.12)
张嘉选(1985.12—1995.3)
张照庆(1995.3—1998.1)
王润宇(1998.1—2001.12)
胡明安(2002.1—2002.12)

联 系 人:胡明安
通讯地址:西宁市北大街3号中共青海省委党史研究室学会办公室
邮政编码:810000
联系电话:(0971)8210459　8223260(传真)

新疆维吾尔自治区中共党史学会

新疆维吾尔自治区中共党史学会成立于1980年10月。1985年9月、1988年8月、1993年7月、1999年9月先后召开第二、三、四、五届会员代表大会。业务主管单位为新疆维吾尔自治区社会科学界联合会,挂靠单位为中共新疆维吾尔自治区委党史研究室。

新疆维吾尔自治区中共党史学会
历届会长、副会长、秘书长名单

名誉会长　富　文(1999.9—2001.12)
会　　长　韩劲草(1980.10—1985.9)
　　　　　富　文(1985.9—1999.9)
　　　　　徐玉圻(1999.9—2002.12)
副 会 长　张东月(1980.10—1985.9)
　　　　　安尼瓦尔·汗巴巴(1980.10—1985.9)
　　　　　田　野(1980.10—1985.9)
　　　　　徐玉圻(1980.10—1999.9)
　　　　　杨永言(1980.10—1985.9)
　　　　　阿吾提·托乎提(1980.10—2002.12)
　　　　　华权贵(1980.10—1988.8)
　　　　　伊布拉音·塔依尔(1980.10—1985.9)
　　　　　张永实(1985.9—1988.8)
　　　　　黄　铭(1985.9—1985.12)
　　　　　张尚信(1985.9—1988.8)
　　　　　田中圩(1988.8—1993.7)
　　　　　邢松真(1988.8—1993.7)
　　　　　谢友文(1988.8—1993.7)
　　　　　阎龙喜(1988.8—1999.9)
　　　　　陈统渭(1993.7—1999.9)
　　　　　张　维(1993.7—1999.9)
　　　　　党育林(1993.7—1999.9)
　　　　　兰其建(1993.7—2002.12)
　　　　　张玉玺(1999.9—2002.12)
　　　　　吴福环(1999.9—2002.12)
　　　　　李　爽(1999.9—2002.12)
　　　　　王诚道(1999.9—2002.12)
秘 书 长　关继廉(1980.10—1988.8)
　　　　　朱杨桂(1988.8—1993.7)
　　　　　张玉玺(1993.7—2002.12)

联 系 人:张　宁
通讯地址:乌鲁木齐市健康路2号中共新疆维吾尔自治区委党史研究室
邮政编码:830003
联系电话:(0991)2391419　2391598(传真)

附：

全国党史类刊物简介

《中共党史研究》

《中共党史研究》(双月刊)，中共中央党史研究室主办，《中共党史研究》杂志社编辑出版。主编：石仲泉，副主编：白小麦、薛钰。创刊于1988年。"以史鉴今，资政育人"是该刊的一贯宗旨；及时反映党史研究的最新成果是该刊的主要特色；通过总结党的历史经验，加强和改进党的建设是该刊的重要任务。

刊登的主要内容有：中共党史专题研究论文，毛泽东思想研究、邓小平理论研究、党史人物研究，以及党史文献资料；有关党史人物的回忆录和访谈录、问题讨论、史实考证、译文、中外政党比较研究，还有国内外中共党史研究动态、综述等。辟有探索与争鸣、学位论文选登、读史札记、联合书评、海外来鸿、来稿摘登等栏目。该刊坚持"百花齐放、百家争鸣"的方针，提倡进行同志式的平等讨论。

通讯处：北京市8799信箱《中共党史研究》杂志社
电话、传真：(010)82615330
邮政编码：100080　　联系人：彭学梅
邮发代号：82—864
E—mail：zszzs@xinhuanet.com

《中共党史资料》

《中共党史资料》(季刊)，中共中央党史研究室、中央档案馆合办。主编：陈夕，副主编：杨公之、刘荣刚。自1982年创刊以来，始终以实事求是为原则，以记录真史、信史为宗旨，以刊载新征集到的党史资料为主要内容，以刊载老干部、老同志对重大历史事件和重要历史人物的回忆为特色，着力披露中国共产党重大历史事件的来龙去脉，介绍党史风云人物的传奇经历和平凡生活，深受广大读者，尤其是老干部和党史教学、研究人员的喜爱。

《中共党史资料》辟有历史文献、回忆录、访谈录、口述历史、人物传记、专题资料、会议介绍、地方党史、海外史料、译文选登、档案译介、史实考证、信息窗等栏目。

通讯处：北京市8799信箱《中共党史资料》编辑部
联系电话：(010)82615240　82615331
邮政编码：100080　联系人：汪文庆

《百年潮》

《百年潮》(月刊)是由中共中央党史研究室主管、中国中共党史学会主办的大型文史时政类刊物。主编：杨天石，副主编：李海文、杨奎松、谢春涛、朱卫东。该刊创刊于1997年，以“信史、实学、新知、美文”为宗旨，以中国近现代史和中国党史学界的专家、学者以及亲历过共和国重大历史事件的原党和国家领导人、老一辈革命家为主要作者队伍，是反映20世纪中国政治、经济、外交、军事和文化等领域中重大事件、重要人物的最具权威性的杂志之一。

该刊设有：特稿与专访、改革风云、时政热点、台前幕后、往事回首、人物春秋、文坛风雨、文史漫笔、史事本末、首次披露、台湾文话、读书人语、民国政坛、国际纵横、海外访史等栏目，滚动刊出。

地址：北京8799信箱《百年潮》杂志发行部
邮编：100080
电话：(010)82627630　82627663
邮发代号：82—920

《党史研究资料》

《党史研究资料》(月刊),中国革命历史博物馆党史研究室编辑出版,是经中共中央宣传部批准,面向全国党史学界发行的内部刊物。创刊于 1979 年 4 月,坚持党的四项基本原则,鲜明的党性、严肃的学术性、广泛的资料性是该刊的一贯宗旨。

刊登的主要内容有:中共党史、中国现代史、中国革命史、中华民国史方面的研究文章。辟有文献与资料、专题研究、革命回忆录、译文选登、学术研究动态、史实考订等栏目。该刊是坚持贯彻“双百”方针,竭诚为各界学者提供发表该领域研究成果的阵地。

通讯处:中国革命历史博物馆《党史研究资料》发行部

电话:(010)65135638　(010)65263355—2041

邮政编码:100006

《北京党史》

《北京党史》(双月刊)由中共北京市委党史研究室主办,《北京党史》编辑部编辑出版。主编:谢荫明,副主编:陆兵、王宏。创刊于 1982 年。该刊以反映新民主主义革命时期和社会主义时期北京地方党史资料征集、研究和整理工作的成果,交流工作经验,提供有关信息,为推动党史工作,促进社会主义精神文明建设服务为宗旨。

设有:卷首语、专稿、学术论坛、热门话题、追思录、研究综述、历史人物、世纪档案、记者专访、往事回首、京华春秋、红旗谱、异域采风等栏目,滚动刊出。

地址:北京西城区车公庄大街 6 号《北京党史》发行部

电话:(010)68007470

邮编:100044

E—mail:bjds@bjdj. gov. cn

网址:http://www. bjds. bjdj. gov. cn

《天津党史》

《天津党史》(季刊)是由中共天津市委党史研究室主办的内部刊物。创刊于1989年,坚持以存史、资政、育人为办刊宗旨。主编:杨树堂,副主编:李文芳、李大勇、于建、王永立。

该刊设有:特稿、论坛、岁月回想、党的建设、研究与探索、史实考证、伟人足迹、沽上春秋、党史人物、刊海拾贝、大事记等栏目。

地址:天津市和平区曲阜道江夏里8号
邮编:300042
电话:(022)23325164
E—mail:tjdshzzh@eyou. com

《党史博采》

《党史博采》(月刊)是由中共河北省委党史研究室主办的综合性刊物。主任编委:王运芳,副主任编委:王桂兰、张维民、毛宇山。创刊于1987年,始终坚持"以史鉴今、资政育人"的办刊宗旨。

该刊设有:专稿、伟人春秋、理论纵横、历史写真、将帅传奇、往事漫忆、斑斓人生、燕赵群英、史林折枝、博采之窗、党史论坛、老区纪行、沧桑随笔、千秋评说、先辈风范、重大节日纪念日专稿等栏目,滚动刊出。

地址:河北省石家庄市和平西路265号
邮编:050071
电话:(0311)7041637

《党史文汇》

《党史文汇》(月刊)由原"中共山西省委党史研究室",现名"山西省史志研究院"主办的综合性刊物,创刊于1985年。主编:郄智,副主编:钟启元。坚持准确鲜明地宣传党的历史,形象生动地讴歌革命风流,实事求是地总结经验教训为办刊宗旨。

该刊设有:重大节日纪念日专栏、亲闻亲历、专(约)访、历史立交桥、一代风流、历史的沉思、主题史话、血肉长城、史料荟萃、信息窗、大众论语、黄土地、民族魂、党员风范、伟人风采、史实述评等栏目,滚动刊出。

地址:太原市迎泽大街369号省委大楼12层
邮编:030071
电话:(0351)4045501
邮发代号:22—40

《内蒙古党史》

《内蒙古党史》(季刊)是由中共内蒙古自治区委党史研究室主办的内部刊物。创刊于1991年。主编:王全录、特邀主编:孟宪平。该刊以存史、资政、育人为宗旨。

该刊设有:党史研究、塞原烽火、史事纵览、人物春秋、往事回首、历史回眸、文史博采、重大节日纪念日专稿、工作思考等栏目。

地址:呼和浩特市新城东街75号《内蒙古党史》编辑部
邮编:010000
电话:(0471)4813770

《党史纵横》

《党史纵横》(月刊)是由中共辽宁省委党史研究室、省委组织部、省委老干部局、中共吉林省委党史研究室联合主办的综合性刊物。主编:戈福录,副主编:王丽文、樊占国、刘一力。创刊于1982年,以存史、资政、育人、服务现实为宗旨,以思想性、知识性、教育性、史料性、学术性、高品位为特色。

设有:伟人风采、人物春秋、往事珍闻、域中轶事、内幕写真、史海集萃、怀念前贤、关东大地、学术研究、专题史料、读史札记、史考争鸣、文艺长廊、当代风流、党建新曲、改革之声、企业风采、法制建设、教育园地、军旅生涯、武警官兵、华夏精英、海外赤子、海峡两岸、国际友人、外交风云等栏目,滚动刊出。

地址:沈阳市和平区和平大街25号

邮编:110006

电话:(024)86892516

《世纪桥》

《世纪桥》(双月刊)是由中共黑龙江省委党史研究室、中国近现代史史料学会和黑龙江省中共党史学会联合主办的综合性刊物。主编:赵俊清,副主编:辛忠德、谭明、郭建军。创刊于1987年,截至2002年底已出版96期。办刊宗旨:“总结历史、说明现在、探索规律、启示未来”。

该刊设有:卷首语,党史工作,党史重大事件、节日纪念专栏,邓小平理论研究,党建研究,白山黑水,人物研究,近现代史研究,人物春秋,遗址考察,世纪回眸,改革之光,新书评介等栏目。主要刊登一些资料性、可读性强的关于现代史、党史、革命斗争史上重要人物、事件的纪实性文章。努力达到:史学工作者发表科研成果的阵地;广大干部群众的良师益友;革命传统教育的生动教材的办刊目标。

通讯地址:哈尔滨市南岗区花园街204号

邮政编码:150001

电话:(0451)3674979

国内统一刊号:CN23—1464/D。
邮发代号:14—276

《上海党史与党建》

《上海党史与党建》(月刊),原名《上海党史研究》,是由中共上海市委党史研究室主办的学术性刊物。主编:张文清,副主编:徐建刚、袁志平。创刊于1982年,以存史、资政、育人为宗旨,立足上海,面向全国,把贴近生活,服务现实,以史为鉴,融思想性学术性史料性于一体作为办刊的方向。

该刊设有:特稿、党建访谈、专稿、世纪论坛、东方论苑、党建论苑、历史回溯、域外瞭望、先驱足迹、人物春秋、大事记等栏目。

地址:上海康平路141号
邮编:200030
电话:(021)64717009
E—mail:dsdj@ccphistory. org. cn

《世纪风采》

《世纪风采》(月刊)是由中共江苏省委党史工作办公室主办的纪实性刊物。主编:崔广怀,执行主编:左文龙,副主编:陶炳才、邹嘉南、徐树雄。创刊于1994年。该刊以“以史鉴今,资政育人”为办刊宗旨。

栏目设有:世纪展望、回眸、世纪风、伟人剪影、特稿、名人春秋、东进号角,江苏风采人物、群英谱、纪实之窗、重大节日纪念征文、新世界巡礼等栏目。力求达到展世纪岁月峥嵘,现风采神州辉煌;说昨天千秋佳话,记今朝开启未来的办刊效果。

社址:南京市北京西路 70 号 22 幢
电话:(025)83393507　83393506
邮编:210013

《足迹》

《足迹》(双月刊)是由中共浙江省委党史研究室主办的内部刊物。主编:李林达,副主编:朱健。创刊于 1981 年,以存史、资政、育人为宗旨,以宣传、普及党的历史知识为己任。

设有:专稿、党史论坛、领袖与浙江、钱江儿女、历史一页、伟人风采、将帅传奇、往事悠悠、历史写真、英烈素描、史海揽胜、人物剪影、理论园地、人物专访、改革回眸、名人轶事、史迹巡礼、史海钩沉等栏目,滚动刊出。

地址:杭州市省府路 8 号省政府一号楼
邮编:310025
电话:(0571)87054658

《党史纵览》

《党史纵览》(双月刊)是由中共安徽省委党史研究室主办的综合性刊物。编委会主任:聂皖辉,副主任:周言久、陈信琼。创刊于 1980 年,以史鉴今,求实存真,宣传党的光辉历史,弘扬党的优良传统,力求达到存史、资政、育人的目的。

该刊设有:新视野、专稿、伟人风采、珍闻轶事、史苑论坛、史海钩沉、风雨同舟、红色恋情、风雨人生、隐蔽战线、大浪淘沙、往事漫忆、人物长廊、党建论坛、将帅传奇、探索与争鸣、重大节日纪念日专稿、岁月风云、先辈风范、党史工作、改革风景线、史林漫步等栏目。

地址:合肥市长江中路 57 号
邮编:230001

电话(0551)2606693
E—mail:dszlah@sina.com

《福建党史月刊》

《福建党史月刊》是由中共福建省委党史研究室主办的综合性刊物。主编:郑庆荣,副主编:翁树杰、彭山。创刊于1981年12月,发挥“以史鉴今,以史资政,以史育人”的作用,努力办出老区、侨区、特区特色,为两个文明建设服务。

该刊栏目设有:专稿、屏山论坛、重大纪念日节日征文、岁月回眸、领袖风采、前辈风采、缅怀英烈、情感传真、史实纵横、战地黄花、岁月今昔、人物春秋、烽火征程、研究争鸣、史料荟萃等栏目,滚动刊出。

地址:福州市华林路省委大院95号
邮编:350003
电话:(0591)7890442
E—mail:fjdangshi@163.com

《党史教学与研究》

《党史教学与研究》(双月刊),由中共福建省委党校和福建省中共党史学会主办,党史教学与研究编辑部出版发行。创刊于1979年,言之成理,具备新意,坚持四项基本原则是《党史教学与研究》刊发文章的准绳。向你提供学习、教学与研究中国现代史、中共党史一个必备的信息来源与重要辅助手段。

《党史教学与研究》辟有:学术论坛、中国共产党与中国现代化专题研究、民国史谭、党史学论、学术史研究、研究生论坛、综述与考证、书刊评介等栏目。

地址:福州市柳河路61号中共福建省委党校发行组
邮编:350001　联系人:朱小玉

《党史文苑》

《党史文苑》(双月刊)是由中共江西省委党史研究室主办的纪实性刊物。主编:梅宏,副主编:晏蔚青。创刊于1982年,以高扬爱国主义主旋律,以史鉴今,以史育人为宗旨。

该刊设有:伟人风采、岁月写真、高层决策、秘闻新知、将帅传奇、世纪视点、圣地采风、百态人生、政治幽默、红土英杰、外事珍闻、战地风情、军事看台、隐蔽战线、警钟长鸣等栏目。定位为大众化的通俗文史读物,坚持把“史章文弹”作为办刊特色。

地址:南昌市豫章路70号
邮编:330006
电话:(0791)6242925
邮发代号:44—89
E—mail:dswy642@sohu.com

《世纪潮汐》

《世纪潮汐》(双月刊)原名《山东党史》(双月刊)是由中共山东省委党史研究室主办的内部刊物,创刊于1987年。主编:王永仁,副主编:臧济红、王葆君、郭洪云、刘莹。以宣传党的历史和光荣传统资政育人,忠诚地为党的基本路线服务为宗旨。

该刊设有:焦点透视、改革大潮、流金岁月、将帅传奇、名人春秋、世纪写真、历史档案、史学论坛、珍闻轶事、一线风采、史迹寻踪、学术研究等栏目。

地址:济南市纬一路482号
邮编:250001
电话:(0531)6904812

《党史博览》

《党史博览》(月刊)是由中共河南省委党史研究室主办的纪实性刊物。总编辑:郭晓平,副总编辑:路海江。创刊于1986年。坚持"以史鉴今,以史育人"的办刊方针。

该刊设有:世纪回眸、一代风流、知情者说、博览之窗、沧桑随笔、画说春秋、史海钩沉、历史一页、历史沉思、旧档解密、名人档案、珍闻轶事、社会透视等栏目,滚动刊出。刊发了大量宣传中国共产党的光辉历史,讴歌老一辈无产阶级革命家、共产主义先锋战士和英雄模范人物的辉煌人生的文章。

地址:郑州市金水路河南省委
邮编:450003
电话:(0371)5902254
邮发代号:36—158
E－mail:zgdsw@371.net

《党史天地》

《党史天地》(月刊)是由中共湖北省委党史研究室主办的综合性刊物。主编:刘真武,副主编:马生勇。创刊于1992年,坚持以史为鉴,资政育人的办刊宗旨,以宣传党的历史弘扬革命传统服务于建设中国特色的社会主义为己任。

该刊设有:伟人情怀、将帅谋略、人生风雨、峥嵘岁月、同舟共济、大浪淘沙、历史写真、往事寻踪、史料荟萃、珍闻轶事、报刊文摘、信息窗口等栏目,滚动刊出。

地址:武汉市武昌水果湖省委大院内
邮编:430071
电话:(027)87232724
邮发代号:36—168

《湘潮》

《湘潮》(双月刊),原名《湖南党史》,是由中共湖南省委党史研究室主办的党史综合刊物。主编:张学军,副主编:桂新秋。该刊以再现党的历史风云为己任,以存史、资政、育人、服务现实为宗旨,以真实性可读性高品位为特色。创刊于1982年。

该刊设有:特稿、纪念专栏、毛泽东生平与研究、人物春秋、域外传真、院士风采、岁月如歌、韶乐悠悠、世纪论坛、英烈千古、楚才摭英、走进伟人、一代元勋、内幕写真、热点溯源、洞厅春潮、麓山红枫等栏目,滚动刊出。

地址:长沙市韶山路1号《湘潮》杂志社
邮编:410011
电话:(0731)2217462
邮发代号:42—163

《广东党史》

《广东党史》(双月刊)由中共广东省委党史研究室主办。主编:刘子健,副主编:卢荻、叶文益、李森祥、刘坤仪。创刊于1980年,遵循求实、存史、资政、育人的宗旨。

设有:历史回顾、烽火征程、人物述林、党的建设、南粤风云、改革大潮、党史论坛、史实考辨等栏目,以及党史系列介绍、党史知识问答、老照片的回忆、书记访谈、普通党员、在党旗下成长、港澳之声等专栏,滚动刊出。

地址:广州市黄华路4号中共广东省委党史研究室发行科
邮编:510053
电话:(020)83873716

《广西党史》

《广西党史》(双月刊)由中共广西区委党史研究室主办。编辑部主任:覃文成,副主任:徐念农。以宣传党的光辉业绩为己任,恪守"资政育人"的办刊宗旨。

设有:特稿、重大纪念日节日专刊、资政话题、专访、西部大开发、党史研究、理论研究、回忆录、明镜台、历史春秋、党史人物、珍闻轶事、情系老区等栏目,滚动刊出。坚持学习党史、研究党史、宣传党史,面向历史、服务现实的方向,以史鉴今,资政育人。

地址:南宁市七星路128号
邮编:530022
电话:(0771)2819815

《四川党史》

《四川党史》(双月刊)是由中共四川省委党史研究室、省委办公厅、省委组织部、省委老干部局联合主办的综合性刊物。编委主任:卢耸岗,总编辑:刘建中。创刊于1980年,坚持党的四项基本原则,立足四川,面向全国,使其成为"以史为鉴,以史育人"的宝贵财富。

该刊设有:卷首语、专稿、党史与党建、党史工作、学术交流、党史人物、党员风采、西部开发论、热点透视、峥嵘岁月、史海钩沉、史料荟萃、重大节日纪念日专稿、党史文苑、刊海拾贝等栏目。

地址:成都市商业街16号《四川党史》编辑部
邮编:610012
电话:(028)86603140

《红岩春秋》

《红岩春秋》(双月刊)是由中共重庆市委党史研究室主办的综合性刊物。编审:谢荣忠,副主编:何蜀。以记史、存史、以史鉴今为办刊宗旨。

该刊设有:红岩之光、人物春秋、特稿、历史传奇、峥嵘岁月、探索与争鸣、歌乐英灵、老城旧影、当代重庆人、风云家谱等栏目,滚动刊出。拥有丰富、翔实的史料资源和敏锐、成熟的史研眼光,风格独具。力求达到鉴古知今胸有风云的办刊效果。

地址:重庆市渝中区中山四路36号(市委大院内)
邮编:400015
电话:(023)63620800

《贵州党史》

《贵州党史》(双月刊)是由中共贵州省委党史研究室主办的内部资料性刊物。创刊于1983年,坚持存史、资政、育人的办刊宗旨。主编:刘志学,责任编辑:唐霞。

该刊设有:理论研究、人物春秋、述往思故、史实考辨、重大节日纪念日专稿、资政话题、热点溯源、英烈颂等栏目,滚动刊出。

地址:贵阳市广顺路1号(省委大院3号楼)
邮编:550002
电话:(0851)5892701

《西藏党史资料》

《西藏党史资料》(季刊)是由中共西藏自治区委党史工作委员会主办的内部刊物。创刊于1990年。主编:车明怀。

该刊设有:特稿、往事回首、峥嵘岁月、沧海桑田、人物访谈、重大节日纪念日专栏、追思与怀念资料信息等栏目。

地址:西藏拉萨市康昂东路1号(区党委大院内)

邮编:850000

电话:(0891)6338111—8824

《陕西党史》

《陕西党史》是由中共陕西省委党史研究室主办的综合性党史刊物。主编:贾喜学,副主编:张培林。2002年8月创刊,其宗旨是以史鉴今、资政育人,为社会主义精神文明和物质文明建设服务,为现实服务。

设有:理论园地、往事回首、人物剪影、三秦儿女、党建土地、改革潮音、西部大开发、史海撷珍、党史文萃、刊中刊、大事记、外埠掠影、黄土地、陕西大地上的共和国第一等栏目,滚动刊出。

地址:西安市小寨兴善寺东街57号《陕西党史》编辑部

邮编:710061

电话:(029)5243962　5241958

《宁夏党史》

《宁夏党史》(季刊)是由中共宁夏回族自治区委党史研究室主办的内部资料刊物。创刊于1981年,主编:张万葆,副主编:郭全忠、胡铭锡。坚持实事求是的办刊原则,充分发挥党史期刊资政育人的社会功能,围绕大局、服务现实、面向社会、走向大众。

该刊设有:理论研究、热门话题、西部大开发、领袖风范、革命英烈、缅怀情丝、党史纵横、史实考证、伟人轶事、史海拾贝、世纪档案、大事记等栏目,滚动刊出。

地址:宁夏银川市新市区朔方路5号
邮编:750021
电话:(0951)2079224

《新疆党史》

《新疆党史》(季刊)是由中共新疆维吾尔自治区委党史研究室主办的内部资料。主编:陈国裕,常务副主编:祁若雄。创刊于1991年,以存史、资政、育人为宗旨。

该刊设有:专题研究、西部大开发、台前幕后、人物春秋、亲历亲闻、交流与研讨、我与党史工作、党史成果巡礼、党史档案、读史札记、学术动态、编读往来等栏目。

地址:乌鲁木齐市东风路8号(自治区党委院内)
邮编:830003
电话:(0991)2391855

工作成果

2002年中共党史工作成果一览

中共中央党史研究室

一、2002年9月，中共中央党史研究室著《中国共产党历史》第一卷上下两册由中共党史出版社出版。《中国共产党历史》第一卷记述的是1921年至1949年中国共产党领导中国新民主主义革命的历史。它是中央党史研究室在1991年出版的《中国共产党历史》上卷的基础上修订而成的。《中国共产党历史》第一卷根据江泽民在庆祝中国共产党成立80周年大会上的重要讲话精神，站在新世纪的历史高度，实事求是、与时俱进，对原上卷的内容进行了充实和增补，对党史上的若干重大问题，作出更为恰当的表述和科学的评价。《中国共产党历史》第一卷全书约74万字。

二、2002年9月，中共中央党史研究室著《中国共产党新时期历史大事记(1978.12—2002.5)》[增订本]由中共党史出版社出版。这本书对1998年11月出版的第一版的内容做了局部修订，新增加了从1998年10月党的十五届三中全会闭幕至2002年5月底的内容约7万余字。

三、2002年12月，中共中央党史研究室第三研究部著《中国改革开放史》由辽宁人民出版社出版。该书比较完整、系统地记述了20多年来，中国共产党带领全国各族人民解放思想，实事求是，开辟中国特色社会主义建设新道路，开创改革开放和社会主义现代化建设新局面，不断与时俱进，开拓创新，经受住各种困难和风险考验，把中国特色社会主义事业胜利推向前进的奋斗历程。

四、2002年9月，中共中央党史研究室第三研究部著《党的第三代领导集体与跨世纪的中国》由中共党史出版社出版。该书记述了以江泽民为核心的中国共产党第三代领导集体，承担起领导党和国家的历史重任后，带领中国人民走过的13年的奋斗历程。

五、2002年3月，为纪念伟大的共产主义战士、无产阶级革命家谭震林诞生100周年，中共中央党史研究室科研管理部、中共湖南省委党史研究室、中共株洲市委编辑的《谭震林纪念文集》由中共党史出版社出版。

六、由中共中央党史研究室科研管理部牵头，组织编写的《中国经济特区的精神文明建设》丛书，2002年出版了以下两部：

《中国经济特区的精神文明建设》(海南卷)；

《中国经济特区的精神文明建设》(汕头卷)。

七、由中共中央宣传部、中央文献研究室、中共中央党史研究室、国家广电总局、中央电视台五单位联合摄制的十集理论文献电视片《走进新时代》,10月30日至11月7日在中央电视台一套黄金时间播出。该片共分十集,主要从思想理论、经济发展、扩大开放、科教兴国、民主法制、精神文明、外交工作、国防建设、祖国统一和党的建设等方面,大力宣传邓小平理论和"三个代表"重要思想,大力宣传改革开放以来特别是党的十三届四中全会至十六大召开期间取得的巨大成就和宝贵经验,大力宣传广大党员干部解放思想、实事求是、与时俱进、开拓创新的时代风采,鼓舞干部群众紧密团结在党中央周围,增强坚持党的基本理论、基本路线的自觉性坚定性,增强实践"三个代表"重要思想的自觉性坚定性。

该片由中国国际电视总公司制作发行VCD光盘,由中共党史出版社出版发行配图解说词2万多册,进一步扩大了宣传效果。该片荣获中央宣传部第九届精神文明建设"五个一工程"奖一等奖。

八、为纪念彭真诞辰100周年,中共中央党史研究室与中央电视台共同摄制三集电视文献纪录片《彭真》,在中央电视台播出。

九、中共中央党史研究室、中共江西省委宣传部、江西省广播电视局、江西电视台联合摄制的《军旗从这里升起》于建军节前夕在中央电视台和部分省台播出。这部讴歌老一辈无产阶级革命家创建人民军队的丰功伟绩,展示人民解放军光辉历程的文献电视片,史料翔实,视角新颖,由"军旗升起"、"星火燎原"、"党铸军魂"、"立军之本"四部分组成,中共中央政治局委员、国务委员、国防部长迟浩田为该片题写了片名。

十、2002年5月,中共中央党史研究室第一研究部编译的《共产国际、联共(布)与中国革命档案资料丛书》第7卷至12卷,由中央文献出版社出版。《共产国际、联共(布)与中国革命档案资料丛书》是一套具有很高学术价值的档案资料。它的问世,不仅可以使我们更全面地把握联共(布)和共产国际对华政策的重点、目标及其形成和变化的历史脉络,而且还可以更深入地了解联共(布)和共产国际领导人在不同历史时期对中国各军事、政治集团和重要人物的态度和策略,更具体地弄清共产国际驻华代表、苏联驻华使节及顾问在华活动情况以及他们之间的共识和分歧,从而进一步深化中共党史、中国革命史、中国近现代史、中苏关系史、国共关系史、共产国际与中国革命问题以及一些重要历史人物的研究。

十一、2002年4月15日,中共中央党史研究室、农业部、国家林业局在人民大会堂联合召开纪念谭震林同志诞辰100周年座谈会。中共中央政治局常委、国家副主席胡锦涛出席并发表重要讲话。中央和国家机关、军队的有关部门负责同志、老同志代表、谭震林同志亲属、生前友好、家乡代表和有关人士约170人出席了座谈会。

十二、2002年5月17日,中共中央组织部、中共中央党史研究室、中共上海市委、中共湖南省委在人民大会堂举行纪念罗亦农同志诞辰100周年座谈会。中共中央政治局常委、全国人大常委会委员长李鹏，中共中央政治局常委、国家副主席胡锦涛出席并发表讲话。座谈会由中共中央政治局候补委员、书记处书记、中央组织部部长曾庆红主持。宋平、邹家华、李贵鲜和马文瑞、李锡铭等出席了座谈会。中共中央组织部副部长黄晴宜、中共中央党史研究室主任孙英、中共上海市委副书记罗世谦、中共湖南省委书记杨正午先后在座谈会上发言，表达了对罗亦农同志的深切怀念和敬仰之情。

十三、7月16日至26日，中共中央党史研究室副主任王伟华率中国中共党史学会代表团一行8人赴俄罗斯考察。代表团成员有中共吉林省委党史研究室主任王立章，湖北省委党史研究室主任王性初，江苏省委党史工作办公室副主任崔广怀、副研究员张衡、常浩如，中央党史研究室文明办主任宣玉江。代表团访问了俄罗斯科学院远东研究所，与对方签订关于翻译、出版《联共(布)、共产国际与中国》系列文件集第四卷合同书，及《合作交流协议》执行备忘录。双方就今后扩大合作交流进行了磋商。代表团还访问了俄罗斯国家现代历史档案馆，参观了十月革命的发祥地、列宁故居，并瞻仰了列宁遗容。

十四、9月17日至26日，应俄罗斯科学院远东研究所的邀请，中共中央党史研究室主任孙英率中央党史研究室代表团赴俄罗斯进行学术交流和考察访问。代表团成员有山西省史志研究院院长梁志祥，山东省委党史研究室主任姚学政，中央党史研究室室务委员、第一研究部主任黄修荣，第二研究部主任郑谦，党史资料征集办公室主任陈夕等。代表团先后在莫斯科、圣彼得堡、伏尔加格勒等地进行了学术交流和访问考察，与俄罗斯科学院远东研究所续签了科研合作与交流的协议，拓展了双方科研合作的新领域，进一步加强了双方的科研合作和交流；9月17日，代表团同远东研究所的齐赫文斯基院士、阿斯拉诺夫副所长等30多位专家学者进行了座谈，围绕共同感兴趣的抗日战争时期苏联对中国的援助、20世纪50年代苏联援华156项工程、20世纪中苏论战、中苏(俄)关系等问题进行了交流。远东研究所学者还向代表团介绍了尚未编入《共产国际、联共(布)与中国革命档案资料丛书》的与中国共产党有关的档案资料的情况。9月24日，代表团邀请远东研究所卡尔图诺娃教授进行座谈，围绕中国大革命的失败等问题交换了意见。卡尔图诺娃教授还向代表团介绍了俄国内目前的状况及苏共党史的研究情况。代表团还访问了俄联邦档案局、俄国家现代史档案馆和俄社会政治历史档案馆等有关档案管理部门，对俄档案资料保存利用情况作了进一步了解，达成了合作意向，拓宽了联系渠道。代表团分别与俄罗斯有关学者及中国驻俄大使馆的同志进行了座谈，对有关学术问题进行了交流，对俄罗斯的社会政治经济状况交换了看法。

十五、10月21日至23日，中共中央党史研究室在昆明召开党的民族工作历史经验研讨会。来自中央党史研究室、国家民委、中央党校、中央档案馆和全国各省、自治区、直辖市党史研究室的领导、专家学者以及云南省委统战部、有关新闻单位的约70余人出席了会议。会议讨论了《中国共产党民族工作的历史发展》丛书的编写工作；对如何搞好《党的民族工作历史经验》专题研究进行了比较深入的讨论。

十六、12 月 1 日“血染的丰碑——上饶集中营革命斗争事迹爱国主义教育全国巡回展”在北京革命博物馆举行了首展仪式。这个展览是由中共中央党史研究室、国家民政部、共青团中央、国家文物局、北京新四军暨华中抗日根据地研究会、中共江西省委宣传部、中共上饶市委和市人民政府联合主办，中共上饶市委宣传部、上饶市文化局、江西银隆影视文化传播有限公司承办；上饶市精神文明办、中共上饶市委党史研究室、上饶市民政局、上饶集中营革命烈士陵园协办的。60 多年前，国民党顽固派制造了震惊中外的皖南事变，并在江西上饶建立法西斯集中营，囚禁了包括军长叶挺在内的新四军排以上军官 760 多人。此次展览全面展现了叶挺将军和其他新四军将领、广大爱国志士在狱中威武不屈的革命斗争事迹。整个展览共分：序、上饶集中营的由来、民族脊梁、黑狱红旗、笔端起风雷、海外赤子、巾帼英豪、炼狱苦斗、茅家岭暴动、赤石暴动、碧血忠魂、回到党的怀抱、变革中的红土地——今日上饶等十二大部分，采用文物图片、文字说明和实物陈列相结合的方式布展。展览将分赴全国大中城市进行历时两年的巡回展出。

十七、由共青团中央、中共中央党史研究室、国家档案局主办，团中央信息办、国家档案局办公室和中青网共同承办的网上《罗荣桓纪念馆》于 12 月开通，该馆设有罗荣桓生平简介、大事年表、著作文章、图片档案、回忆怀念、研究论著等十一个栏目，通过丰富翔实的资料、珍贵的历史照片和精彩的影视资料，生动地再现了罗荣桓元帅一生的光辉业绩、革命思想和高尚品质，成为对青少年进行爱国主义教育的又一个网上基地。

中共党史出版社

2002 年，中共党史出版社共出版了 133 部党史书籍：

《闪光的人生路》(2002.1)

《中共伊春组织史资料》(1994.1—1998.12)(2002.2)

《中国共产党石家庄历史》(2002.2)

《从毛泽东到邓小平》(增订新版)(2002.2)

《胜利与怀念——纪念陈赓同志诞辰 100 周年》(2002.2)

《中国共产党永康历史》(第一卷·1919—1949)(2002.2)

《中国新时期农村的变革》(浙江卷)(2002.2)

《刘英纪念文集》(2002.2)

《浙江省暨华东六省一市党史系统纪念建党八十周年学术论文会论文集》(2002.3)

《陈昌浩革命生涯》(2002.3)

《中国共产党浙江省桐乡市组织史资料》(第二卷·1994.1—1998.12)(2002.3)

《中共党史信息管理系统存储规范》(2002.3)

《中国经济特区的精神文明建设》(海南卷)(2002.3)

《中国共产党河南省洛阳市组织史资料》(第二卷)(2002.3)

《云南省革命老区》(2002.3)

《决战桂系序幕》(2002.3)

《九届人大五次会议〈政府工作报告〉学习辅导》(2002.3)

《九届人大五次会议〈政府工作报告〉学习讲话》(2002.3)

《谭震林》(画册)(2002.3)

《伊春革命斗争史》(2002.4)

《江苏党史之最》(2002.4)

《中国共产党与中国社会的变迁》(论文集)(2002.4)

《领导者道德建设论》(2002.4)

《十三军二师烈士传》(2002.4)

《江泽民国防与军队建设思想学习读本》(2002.4)

《中共运城党史人物》(第一卷)(2002.4)

《中国共产党山东省梁山县组织史资料》(第二卷·1989—2000)(2002.4)

《滦南革命史》(2002.4)

《运城革命老区》(2002.5)

《屡创奇迹的60军》(2002.5)

《从协调走向对立:美苏对华政策研究》(1945—1949)(2002.5)

《天南地北滕州人》(2002.6)

《深切怀念高克亭同志》(2002.6)

《人民利益的忠实代表焦裕禄》(2002.6)

《中国共产党浙江省嵊州市组织史资料》(第三卷)(2002.6)

《中国共产党河南省平顶山市组织史资料》(第二卷)(2002.6)

《中国共产党梁山县历史大事记》(第一卷)(2002.6)

《郑伯克回忆录》(2002.6)

《走进新世纪——中共浙江省第十次代表大会以来》(2002.6)

《中国共产党浙江省新昌县组织史资料》(第三卷·1994.1——2000.12)(2002.6)

《从五四运动到金华解放》(2002.6)

《丰碑——纪念毛泽东〈讲话〉发表60周年全国中老干部书画作品集》(2002.6)

《时代先锋——山东省先进基层党组织优秀共产党员优秀党务工作者事迹集锦》(2002.6)

《民族之光》(5卷)(2002.6)

《用火写在天空的生命》(2002.6)

《中国共产党历史》(第一卷)(平装本)(2002.6)

《中国化马克思主义的重要文献》(2002.7)
《中国经济特区的精神文明建设》(汕头卷)(2002.7)
《中国共产党阜阳地方史》(第一卷)(2002.7)
《中国共产党河南省郑州市组织史资料》(第二卷)(2002.7)
《河北省平山县田兴村抗日斗争史》(2002.7)
《闽北重大事件纪实》(1949—2000)(2002.7)
《中共山东年鉴》(2002)(2002.7)
《华东军区第三野战军简史》(2002.7)
《烈士与纪念馆研究》(第六辑)(2002.7)
《六万山烽火》(3 册)(2002.7)
《辉煌岁月》(2002.7)
《中共浙江党史》(第一卷)(2002.7)
《中共杭州党史》(第一卷)(2002.7)
《启东年鉴》(2002)(2002.7)
《中国共产党万荣县历史纪事》(第二卷)(2002.7)
《江北英烈传》(2002.8)
《"三个代表"重要思想党员干部学习读本》(2002.8)
《浙南红军的摇篮——永嘉县小源地区革命斗争史料》(2002.8)
《中共湖州党史》(第一卷)(2002.8)
《张闻天研究文集》(第四集)(2002.8)
《西江地区的农业合作化运动》(2002.8)
《燕赵火炬》(2002.8)
《中共奉化历史》(第一卷·1926—1949)(2002.8)
《日照市革命传统教育丛书》(2002.8)
《当代中国马克思主义理论的制度与发展》(2002.8)
《毛泽东初进中南海》(2002.8)
《中共河南省新乡市组织史资料》(第二卷)(2002.8)
《中共湖北省荆州市组织史资料》(第三卷)(2002.8)
《走进新时代:大型理论文献电视片配图解说词》(2002.8)
《中国共产党慈溪历史大事记》(1924—1995)(2002.9)
《百年波阳人》(2002.9)
《关向应传》(2002.9)
《淮安历史文化丛书(上函)》(2002.9)
《中共厦门地方史专题研究》(社会主义时期)(2002.9)

《济宁党史人物》(第三集)(2002.9)

《中共厦门地方历史大事记》(2002.9)

《中共衢州党史》(第一卷)(2002.9)

《邓发纪念文集》(2002.9)

《谭天度纪念文集》(2002.9)

《公务员依法行政知识读本》(2002.9)

《胶南党史人物名录》(2002.9)

《黄克诚与苏北抗日根据地》(2002.9)

《常熟年鉴》(2002)(2002.9)

《热血忠魂——淮安英烈传》(2002.9)

《解放战争时期第二条战线》(农民运动和农村武装斗争卷·上下)(2002.10)

《中国共产党新时期历史大事记》(增订本)(2002.10)

《党的第三代领导集体与跨世纪的中国》(2002.10)

《中国共产党历史》(第一卷)(精装)(2002.10)

《中国共产党历史》(第一卷)(豪华本)(2002.10)

《〈江泽民论有中国特色社会主义〉(专题摘编)学习辅导》(2002.10)

《王云坤话吉林》(2002.10)

《淮安历史文化丛书(下函)》(2002.10)

《"三个代表"青年读本》(2002.10)

《风雨同舟》(2002.10)

《南京抗美援朝运动》(2002.10)

《中共兖州年鉴》(2002)(2002.10)

《中共萧山党史》(2002.11)

《中国共产党济宁年鉴》(2001)(2002.11)

《中国共产党河南省泌阳县组织史资料》(第二卷·1987—1998)(2002.11)

《滦县革命史》(2002.11)

《中共绍兴县历史》(第一卷)(2002.11)

《一个女革命者的历史见证》(2002.11)

《中国共产党唐山历史大事记》(1966—1978)(2002.11)

《柳州革命老区今昔》(2002.11)

《中国共产党台州历史大事记》(1919—2000)(2002.11)

《为了中华之崛起——少年周恩来的学习故事》(2002.11)

《"三个代表"在广西的实践》(2002.11)

《中共曲阜年鉴》(2002)(2002.11)

《伟大的中国共产党》(全四卷)(2002.11)

《烙印与使命》(2002.12)

《中国共产党陕西省宝鸡市组织史资料》(1993—1998)(2002.12)

《烛光》(2002.12)

《江苏“三反”“五反”运动》(2002.12)

《洛阳革命老区》(2002.12)

《抗战在淮北》(第五辑)(2002.12)

《新时期唐山党的建设》(2002.12)

《济南共产党员风采录》(2002.12)

《党章学习讲话》(2002.12)

《毛泽东国际交往录》(增订本)(2002.12)

《缅怀周一峰》(2002.12)

《璀璨的文苑》(2002.12)

《新长沙之初》(2002.12)

《荆州民营经济》(2002.12)

《将军夫人传》(上下册)(2002.12)

《元帅夫人传》(上下册)(2002.12)

《中共深圳历史大事记》(1924—1978)(2002.12)

《习仲勋革命生涯》(2002.4)(与文史出版社联合出版)

中共党史人物研究会

《中共党史人物传》第84卷于2003年5月出版。传主目录:史良、赵健民、李运昌、黄欧东、文敏生、白明善、沈越、沈东平、杨道明、谢华。

《昂扬新世纪——学习实践“三个代表”重要思想文集》于2003年6月出版。全书共收录稿件135篇,约40万字。全书分四个部分:(1)学习“三个代表”重要思想的体会;(2)用“三个代表”重要思想指导工作的经验;(3)各行各业各部门实践“三个代表”重要思想的新面貌;(4)先进模范人物写真。

中共北京市委党史研究室

中共北京市委党史研究室2002年出版书籍4本，参与制作影视作品1部，举办纪念活动11项。

一、出版书籍：

1.《彭真在北京》，45万字，中央文献出版社2002年9月出版。

2.《北京市重要文献选编》(1952年卷)，49.2万字，中国档案出版社2002年6月出版。

3.《北京市重要文献选编》(1953年卷)，43.7万字，中国档案出版社2002年7月出版。

4.《中共北京党史人物传》(第七卷)，25万字，中共党史出版社2002年2月出版。

二、影视作品：

1. 协助中共中央党史研究室、中央电视台拍摄三集电视专题片《彭真》，中央电视台2002年10月播出。

三、纪念活动：

1."彭真与首都的革命和建设"座谈会，中共北京市委党史研究室、北京地方党史研究会联合主办，2002年9月。

2.《彭真在北京》纪念文集出版座谈会，中共北京市委党史研究室主办，2002年10月。

3. 组织市委党史研究室离退休老干部参观门头沟区革命遗址(两次)，中共北京市委党史研究室主办，2002年。

4. 组织原城工部部分老干部寻访河北阜平老区，《北京党史》编辑部、《北京老干部》编辑部联合主办，2002年10月。

5. 回首2001知识竞赛，北京电视台、中共北京市委党史研究室联合主办，2002年1月。

6. 飘扬的旗帜知识竞赛，北京电视台、中共北京市委党史研究室联合主办，2002年7月。

7. 火红的旗帜知识竞赛，北京电视台、中共北京市委党史研究室联合主办，2002年7月。

8. 辉煌的岁月知识竞赛，北京电视台、中共北京市委党史研究室联合主办，2002年10月。

9. 百花争艳知识竞赛，北京电视台、中共北京市委党史研究室联合主办，2002年11月。

10. 参与纪念彭真百年诞辰“站在革命和建设的最前线”展览，北京市档案馆主办，2002年9月至10月在中国革命博物馆展出。

11. 开展第二届“京郊战地行”革命传统教育活动，中共北京市委宣传部、市委党史研究室、市直机关工委联合主办，2002年5月至10月。

中共天津市委党史研究室

中共天津市委党史研究室2002年出版书籍1本，参与制作影视作品1部，举办纪念活动4项。

一、出版书籍：

《中共天津市历次代表大会文献选编》，18万字，2002年6月内部出版。

二、影视作品：

拍摄电视片《延安情怀》，天津电视台2002年10月播出。

三、纪念活动：

1. 纪念邓小平南方谈话发表10周年理论座谈会，中共天津市委宣传部、天津市委党史研究室联合主办，2002年2月。

2. 纪念延安整风60周年理论座谈会，中共天津市委党史研究室、天津市中共党史学会联合主办，2002年4月。

3. 纪念建党81周年座谈会，中共天津市委党史研究室主办，2002年6月。

4. 纪念彭真诞辰100周年座谈会，中共天津市委党史研究室、天津市中共党史学会联合主办，2002年10月。

中共河北省委党史研究室

中共河北省委党史研究室2002年出版书籍3本：

1.《河北党史资料》(第19辑)，23万字，2002年10月内部出版。

2.《共和国领导人和河北》，10万字，2002年10月内部出版。

3.《情满燕赵》,30 万字,2002 年 7 月内部出版

山西省史志研究院

山西省史志研究院 2002 年出版书籍 4 本,参与制作影视作品 1 部,举办纪念活动 3 项。

一、出版书籍:

1.《彭真年谱》(上卷),45 万字,中央文献出版社 2002 年 10 月出版。

2.《当代山西重要会议》(上下卷),87 万字,中央文献出版社 2002 年 10 月出版。

3.《跨越世纪——十五大到十六大期间的山西》,30 万字,山西人民出版社 2002 年 11 月出版。

4.《三晋丰碑》,10.6 万字,山西人民出版社 2002 年 3 月出版。

二、影视作品:

拍摄 3 集电视文献片《彭真与山西》,山西电视台 2002 年 10 月 21 日至 23 日播出。

三、纪念活动:

1. 纪念彭真同志诞辰 100 周年座谈会,中共山西省委主办,2004 年 10 月 21 日。

2. 中共太原支部旧址纪念馆落成暨彭真生平业绩陈列开展仪式,山西省史志研究院主办,2002 年 10 月 22 日。

3.《大地之子——纪念彭真同志诞辰 100 周年朗诵音乐会》,中共山西省委宣传部、山西省史志院联合主办,2002 年 10 月 12 日。

中共内蒙古自治区委党史研究室

中共内蒙古自治区委党史研究室 2002 年举办纪念活动 1 项:

西部大开发与党史工作专题研讨会,中共内蒙古自治区委党史研究室、内蒙古自治区中共党史学会、中共新疆维吾尔自治区委党史研究室联合主办,2002 年 8 月。

中共辽宁省委党史研究室

中共辽宁省委党史研究室2002年出版书籍2本，举办纪念活动3项。

一、出版书籍：

1.《走进新世纪的辽宁——从十五大到十六大》，65万字，白山出版社2002年10月出版。

2.《走进新世纪的辽宁——从十五大到十六大》宣传挂图，118幅图片，2002年10月内部出版。

二、纪念活动：

1. 纪念中共满洲省委成立75周年和赵一曼到东北开展工运工作70周年座谈会，中共辽宁省委党史研究室、辽宁省中共党史学会联合主办，2002年4月26日。

2. 展出《走进新世纪的辽宁——从十五大到十六大》宣传挂图，中共辽宁省委党史研究室主办，2002年9月。

3. 举行"命名辽宁省中共党史教育基地暨纪念中共满洲省委成立75周年座谈会"，中共辽宁省委、中共辽宁省委党史研究室联合主办，2002年10月23日。

中共吉林省委党史研究室

中共吉林省委党史研究室2002年出版书籍5本，举办纪念活动2项。

一、出版书籍：

1.《吉林省抗美援朝运动》，30万字，2002年10月内部出版。

2.《城市接管与社会改造》，30万字，2002年10月内部出版。

3.《中共吉林省历次代表大会实录》，14万字，2002年7月内部出版。

4.《王云坤话吉林》，56万字，中共党史出版社2002年10月出版。

5.《求是·创新·跨越》，40万字，吉林人民出版社2002年10月出版。

二、纪念活动：

1. 周保中诞辰百年纪念活动，中共吉林省委党史研究室主办，2002年10月11日至12日。

2."庆七一、迎十六大"党史知识竞赛，中共吉林省委宣传部、中共吉林省委党史研究室联合主办，2002年5月至6月。

中共黑龙江省委党史研究室

中共黑龙江省委党史研究室2002年出版书籍1本，举办纪念活动2项。

一、出版书籍：

《中共黑龙江省组织史资料》（第三卷），80万字，黑龙江人民出版社2002年6月出版。

二、纪念活动：

1. 全省党史宣传教育工作研讨会，中共黑龙江省委党史研究室主办，2002年8月。

2. 国际抗日历史学术研讨会，中共黑龙江省委党史研究室主办，2002年10月。

中共上海市委党史研究室

中共上海市委党史研究室2002年出版书籍5本，参与制作影视作品3部，举办纪念活动3项。

一、出版书籍：

1.《阔步迈进新世纪》，56.7万字，上海人民出版社2002年5月出版。

2.《上海工业结构调整》，28.2万字，上海人民出版社2002年10月出版。

3.《上海城乡一体化》，21.7万字，上海人民出版社2002年10月出版。

4.《历史聚焦图片系列丛书》（8卷），60万字，上海书店出版社2002年8月出版。

5.《峥嵘岁月》，40万字，上海科普出版社2002年12月出版。

二、影视作品：

1.《上海现代化进程中的历史跨越》，上海电视台2002年5月播出。

2.《中共二大》，上海电视台2002年7月播出。

3.《罗亦农》，上海电视台2002年10月播出。

三、纪念活动：

1. 加强和改进党的作风建设研讨会，中共上海市委党史研究室与上海中共党史学会联合主办，2002 年 1 月。

2. 邓小平南方谈话 10 周年座谈会，中共上海市委党史研究室与《文汇报》社联合主办，2002 年 2 月。

3. 党的最高与最低纲领关系理论研讨会，中共上海市委党史研究室与"一大"纪念馆联合主办，2002 年 6 月。

中共江苏省委党史工作办公室

中共江苏省委党史工作办公室 2002 年出版书籍 12 本，参与制作影视作品 1 部，举办纪念活动 4 项。

一、出版书籍：

1.《江苏党史之最》，23 万字，中共党史出版社 2002 年 5 月出版。

2.《老兵话当年》(第二辑)，23.7 万字，2002 年 6 月内部准印。

3.《跃马挥戈——抗战时期的黄克诚》，27.6 万字，长征出版社 2002 年 8 月出版。

4.《飞鸿雪泥——文化名人与盐城》，25 万字，江苏古籍出版社 2002 年 8 月出版。

5.《黄克诚与苏北抗日根据地》，52 万字，中共党史出版社 2002 年 9 月出版。

6.《为了中华之崛起——少年周恩来的学习故事》，23 万字，中共党史出版社 2002 年 11 月出版。

7.《光辉的历程》，13 万字，中央文献出版社 2002 年 12 月出版。

8.《抗战在淮北》，46 万字，中共党史出版社 2002 年 12 月出版。

9.《英雄保安薛爱苹》，14 万字，江苏文艺出版社 2002 年 12 月出版。

10.《老兵话当年》(第三辑)，23.7 万字，2002 年 12 月内部准印。

11.《缅怀周一峰》，34 万字，中共党史出版社 2002 年 12 月出版。

12.《江苏"三反""五反"运动》(江苏卷)，35 万字，中共党史出版社 2002 年 12 月出版。

二、影视作品：

《驰骋苏北》，中央电视台一套、江苏卫视 2002 年 10 月播出。

三、纪念活动：

1. 纪念谭震林诞辰 100 周年座谈会，中共江苏省委党史工作办公室主办，2002 年 4 月。

2. 纪念邓小平南方谈话发表 10 周年，中共江苏省委党史工作办公室主办，2002 年 9 月。

3. 瞿秋白与先进文化学术研讨会，中共江苏省委党史工作办公室主办，2002 年 9 月。

4. 纪念黄克诚诞辰 100 周年暨两淮战役胜利 57 周年大会，中共江苏省委党史工作办公室主办，2002 年 9 月。

中共浙江省委党史研究室

中共浙江省委党史研究室 2002 年出版书籍 4 本，举办纪念活动 4 项。

一、出版书籍：

1.《中共浙江党史(第一卷)》，50 万字，中共党史出版社 2002 年 10 月出版。

2.《走进新世纪——中共浙江省第十次代表大会以来》，29 万字，中共党史出版社 2002 年 6 月出版。

3.《中国新时期农村的变革》(浙江卷)，46.5 万字，中共党史出版社 2002 年 2 月出版。

4.《刘英纪念文集》，29 万字，中共党史出版社 2002 年 3 月出版。

二、纪念活动：

1. 纪念谭震林诞辰 100 周年学术讨论会，中共浙江省委党史研究室、中国新四军研究会、浙江省新四军研究会联合主办，2002 年 4 月 28 日下午。

2. 纪念刘英牺牲 60 周年活动，中共浙江省委党史研究室、中共金华市委、浙江省新四军研究会联合主办，2002 年 5 月 17 日至 18 日。

3. 纪念浙东抗日根据地创建暨浙东区党委成立 60 周年活动，中共浙江省委党史研究室、中共宁波市委、浙江省新四军研究会联合主办，2002 年 7 月 2 日至 4 日。

4. 纪念浙江省第一个地方党组织——中共杭州小组成立 80 周年活动，中共浙江省委党史研究室、中共杭州市委联合主办，2002 年 9 月下旬。

中共安徽省委党史研究室

中共安徽省委党史研究室 2002 年出版书籍 3 本，举办纪念活动 5 项。

一、出版书籍：

1.《“大跃进”运动和六十年代国民经济调整》，30 万字，安徽人民出版社 2002 年 1 月出版。

2.《安徽之最》，90 万字，中央文献出版社 2002 年 8 月出版。

3.《走进新世纪的安徽》，21 万字，合肥工业大学出版社 2002 年 10 月出版。

二、纪念活动：

1. 苏家埠战役胜利 70 周年纪念大会暨徐向前元帅铜像揭幕仪式，中共安徽省委党史研究室、安徽省新四军历史研究会等联合主办，2002 年 5 月。

2. 吕惠生诞辰 100 周年纪念会，中共安徽省委党史研究室、安徽省新四军历史研究会等联合主办，2002 年 5 月。

3.“岳西谈判”65 周年纪念会，中共安徽省委党史研究室、安徽省新四军历史研究会等联合主办，2002 年 7 月。

4. 黄岩诞辰 90 周年座谈会，中共安徽省委党史研究室、安徽省新四军历史研究会联合主办，2002 年 8 月。

5. 马长炎诞辰 90 周年座谈会，中共安徽省委党史研究室、安徽省新四军历史研究会联合主办，2002 年 11 月。

中共福建省委党史研究室

中共福建省委党史研究室 2002 年出版书籍 2 本，举办纪念活动 4 项。

一、出版书籍：

1.《汪大铭纪念文集》，30.9 万字，中央文献出版社 2002 年 6 月出版。

2.《范式人传》，24 万字，中共党史出版社 2002 年 12 月出版。

二、纪念活动：

1. 纪念谭震林同志诞辰 100 周年座谈会，中共福建省委党史研究室等联合主办，2002 年 5 月。

2. 谭震林同志诞辰100周年学术研讨会,中共福建省委党史研究室等联合主办,2002年5月。

3.《雷锋精神永恒》大型展览,中共福建省委党史研究室、福建省直团工委等联合主办,2002年4月。

4.《光辉的历程——中国共产党历史大型图片展》,中共福建省委党史研究室主办,2002年7月。

中共江西省委党史研究室

中共江西省委党史研究室2002年出版书籍2本,举办纪念活动2项。

一、出版书籍:

1.《中共江西地方史》(1919—1949),48万字,江西人民出版社2002年10月出版。

2.《中国新时期农村变革》(江西卷),39万字,中共党史出版社2002年10月出版。

二、纪念活动:

1. 安源路矿工人大罢工胜利80周年纪念活动,中共萍乡市委、市政府、中共江西省委党史研究室联合主办,2002年9月。

2. 井冈山精神与"三个代表"学术研讨会,中共江西省委党史研究室主办。

中共山东省委党史研究室

中共山东省委党史研究室2002年出版书籍9本:

1.《时代先锋》,40万字,中共党史出版社2002年6月出版。

2.《走进新世纪的山东》,35万字,齐鲁出版社2002年12月出版。

3.《中共山东英烈大典》,43万字,2002年5月内部出版。

4.《中共山东年鉴》(2002),167万字,中共党史出版社2002年6月出版。

5.《一五计划时期山东的建设与发展》,41万字,天马图书有限公司2002年12月出版。

6.《山东的“大跃进”运动》,42万字,天马图书有限公司2002年12月出版。

7.《二十世纪六十年代山东国民经济调整》,50万字,天马图书有限公司2002年12月出版。

8.《一九七五年的山东整顿》,41万字,天马图书有限公司2002年12月出版。

9.《深切怀念高克亭同志》,31万字,中共党史出版社2002年10月出版。

中共河南省委党史研究室

中共河南省委党史研究室2002年参与制作影视作品2部,举办纪念活动3项。

一、影视作品:

1.《共和国主席李先念》,中共河南省委党史研究室为中央电视台拍摄提供资料。

2.《共和国大将粟裕》,中共河南省委党史研究室为中央电视台拍摄提供资料。

三、纪念活动:

1. 纪念邓小平在鲁山讲话发表的《跃进中原的胜利形势与今后的政策策略报告》54周年座谈会,中共河南省委党史研究室与中共平顶山市委等联合主办,2002年4月。

2. 纪念刘邓大军强渡黄河千里跃进大别山55周年,中共河南省委党史研究室与濮阳市委、台前县委党史研究室等联合主办,2002年6月29日。

3. 学习刘少奇《论共产党员的修养》座谈会,中共河南省委党史研究室与中央文献研究室、河南省刘少奇思想研究会等联合主办。

中共湖北省委党史研究室

中共湖北省委党史研究室2002年出版书籍3本,举办纪念活动3项。

一、出版书籍:

1.《李先念建国初期文稿选集》,35万字,中央文献出版社2002年6月出版。

2.《郑位三百年诞辰纪念文集》,38万字,湖北人民出版社2002年8月出版。

3.《陈少敏百年诞辰纪念文集》,38万字,湖北人民出版社2002年5月出版。

二、纪念活动：

1. 联共(布)共产国际与中国革命学术研讨会，中共中央党史研究室、湖北省委党史研究室、宜昌市委联合主办，2002年8月。

2. 纪念陈少敏百年诞辰，湖北省委举办、湖北省委党史研究室鄂豫边区革命史编辑部承办，2002年10月。

3. 枫林漫步(系列28集)部分鄂籍中央委员简介，楚天广播电台每天早晨7:40播出，共28天，每集十分钟。

中共湖南省委党史研究室

中共湖南省委党史研究室2002年出版书籍8本，参与制作影视作品1部。

一、出版书籍：

1.《走进新世纪——从十五大到十六大》(湖南卷)，80万字，湖南人民出版社2002年11月出版。

2.《毛泽东的三湘情结》，40万字，中央文献出版社2002年5月出版。

3.《罗荣桓元帅人生之路》，30万字，湖南人民出版社2002年11月出版。

4.《谭震林纪念文集》，35万字，湖南人民出版社2002年出版。

5.《罗亦农诞辰百周年纪念集》，25万字，湖南人民出版社2002年出版。

6.《中国共产党新时期"三个代表"湖南画卷》，100万字，湖南人民出版社2002年10月出版。

7.《党史联络工作资料汇编》，27万字，2002年内部出版。

8.《回忆录》(第10辑)，20万字，2002年内部出版。

二、影视作品：

《黄兴》，湖南卫视、中央电视台播出。

中共广东省委党史研究室

中共广东省委党史研究室2002年出版书籍7本，举办纪念活动4项。

一、出版书籍：

1.《悼念罗天同志文集》,26万字,广东人民出版社2002年3月出版。

2.《怀念刘向东同志》,23万字,中共广东省委党史研究室,2002年9月内部出版。

3.《王立朝文集》,25万字,中共广东省委党史研究室,2002年9月内部出版。

4.《邓发纪念文集》,38万字,中共党史出版社2002年10月内部出版。

5.《翠亨红棉》,16万字,天马图书有限公司(香港)2002年11月出版。

6.《谭天度纪念文集》,41万字,中共党史出版社2002年12月出版。

7.《纪念黄作梅烈士文集》,23万字,香港荣誉出版有限公司2002年12月出版。

二、纪念活动：

1. 纪念杨殷诞辰110周年座谈会,中共广东省委党史研究室主办,2002年8月。

2. 十六大图片展,中共广东省委党史研究室参加审定、提供,2002年10月。

3. 广东党史学界学习党的"十六大"精神座谈会,中共广东省委党史研究室主办,2002年11月。

4.《走进新时代》(纪念邮册),中共广东省委党史研究室,2002年8月出版。

海南省史志工作办公室

海南省史志工作办公室2002年出版书籍3本,参与制作影视作品1部,举办纪念活动1项。

一、出版书籍：

1.《中国经济特区的精神文明建设》(海南卷),49万字,中共党史出版社2002年3月出版。

2.《海南土地改革运动资料选编》,62万字,2002年内部发行。

3.《海南农业合作化运动资料选编(1954—1957)》,68万字,2002年内部发行。

二、影视作品：

《解放海南》,海南电视台、中央电视台分别于2002年4月底5月初和2002年10月播出。

三、纪念活动：

纪念琼崖纵队成立75周年座谈会,中共海南省委办公厅、海南省委宣传部、海南省委党史研究室、海南军区政治部联合主办,2002年9月23日。

中共广西壮族自治区委党史研究室

中共广西壮族自治区委党史研究室2002年出版书籍5本,参与制作影视作品2部。

一、出版书籍:

1.《中国共产党广西(省)壮族自治区历次代表会议、代表大会简介》,86万字,广西民族出版社2002年1月出版。

2.《以德治国——历史的超越与现实的选择》,27万字,中国文联出版社2002年8月出版。

3.《求真集》,50.7万字,广西人民出版社2002年9月出版 。

4.《广西的改革开放·农业卷》,53.4万字,中央文献出版社2002年10月出版。

5.《"三个代表"在广西的实践》,40万字,中共党史出版社2002年11月出版。

二、影视作品:

1.《邕城丰碑》,广西电视台、南宁市电视台于2002年播出。

2.《民族魂——刘永福》,广西电视台、钦州市电视台于2002年播出。

中共四川省委党史研究室

中共四川省委党史研究室2002年出版书籍1本,举办纪念活动1项。

一、出版书籍:

《走进新世纪——从十五大到十六大》(四川篇),5万字,中共党史出版社2002年10月出版。

二、纪念活动:

召开四川省党史界学习贯彻十六大精神研讨会,中共四川省委党史研究室,2002年12月。

中共重庆市委党史研究室

中共重庆市委党史研究室 2002 年出版书籍 1 本。

一、出版书籍：

《重庆直辖五周年》，39.6 万字，西南师范大学出版社 2002 年 9 月出版。

中共贵州省委党史研究室

中共贵州省委党史研究室 2002 年参与制作影视作品 1 部，举办纪念活动 2 项。

一、影视作品：

《发现贵州》（7 集党史专题片），贵州电视台播出。

二、纪念活动：

1. 纪念钱壮飞烈士牺牲 67 周年座谈会，中共贵州省委党史研究室、省国家安全厅、毕节地委联合主办，2002 年 4 月。

2. “迎接十六大，再创新辉煌”党史知识竞赛，中共贵州省委党史研究室主办。

中共云南省委党史研究室

中共云南省委党史研究室 2002 年出版书籍 2 本，参与制作影视作品 3 部。

一、出版书籍：

1.《云南省革命老区》，45.8 万字，中共党史出版社 2002 年 5 月出版。

2.《如歌岁月写春秋》，20 万字，2002 年 7 月内部出版。

二、影视作品：

1. 电视专题片《周保中将军》，云南电视台 2002 年 3 月 5 日 晚 9:10 播出。

2. 电视专题片《丹心碧血》，云南电视台 2002 年 10 月 15 日 晚 9:00 播出。

3. 电视片《为着那份执著的忠诚》，云南电视台 2002 年 7 月 30 日 晚 8:30 播出。

中共西藏自治区委党史研究室

中共西藏自治区委党史研究室2002年出版书籍2本：

1.《首批进军西藏的女兵们》，50万字，西藏人民出版社2002年1月出版。

2.《全国支援西藏》，76万字，西藏人民出版社2002年10月出版。

中共陕西省委党史研究室

中共陕西省委党史研究室2002年出版书籍8本，参与制作影视作品1部，举办纪念活动2项。

一、出版书籍：

1.《陕西第一个五年计划与重点工程》，55万字，陕西人民出版社2002年3月出版。

2.《人民艺术家张寒晖》，57万字，陕西人民出版社2002年4月出版。

3.《我的党史情结》，38万字，陕西人民出版社2002年5月出版。

4.《方仲如》，56万字，陕西人民出版社2002年5月出版。

5.《习仲勋革命生涯》，45万字，中共党史出版社2002年6月出版。

6.《陕西党史工作20年成果汇编》，45万字，陕西人民出版社2002年9月出版。

7.《杜斌丞》，40万字，机械工业出版社2002年9月出版。

8.《陕西省志·中国共产党志》，165万字，陕西人民出版社2002年11月出版。

二、影视作品：

《渭华起义》，中央电视台、陕西电视台2002年6月播出。

三、纪念活动：

1. 学习贯彻十六大理论研讨会，中共陕西省委党史研究室、陕西中共党史学会联合主办，2002年12月。

2. 纪念赵伯平诞辰100周年座谈会，中共陕西省委党史研究室主办，2002年4月。

中共甘肃省委党史研究室

中共甘肃省委党史研究室2002年出版书籍1本：

《中国共产党甘肃大事记》，82万字，中央文献出版社2002年4月出版。

中共宁夏回族自治区委党史研究室

中共宁夏回族自治区委党史研究室2002年出版书籍1本：

《“三个代表”在宁夏》画册，20万字，香港大地出版印刷公司2002年10月出版。

中共青海省委党史研究室

中共青海省委党史研究室2002年出版书籍1本：

《走进新世纪的青海》，38万字，近800幅图片，青海人民出版社2002年10月出版。

中共新疆维吾尔自治区委党史研究室

中共新疆维吾尔自治区委党史研究室2002年出版书籍2本：

1.《西部开发看新疆》，15.4万字，2002年6月内部出版。

2.《当代新疆风云》，42万字，新疆人民出版社2002年10月出版。

中共新疆生产建设兵团委员会党史研究室

中共新疆生产建设兵团委员会党史研究室2002年出版书籍3本：

1.《新疆生产建设兵团农一师简史》,25万字,新疆人民出版社2002年9月出版。

2.《农一师九团组织史资料》,40万字,新疆人民出版社2002年8月出版。

3.《农九师组织史资料》,28万字,新疆大学出版社2002年12月出版。

工作经验交流

实现工作重点转移 加大服务现实力度

——杭州市认真贯彻全国党史研究室主任会议精神

中共杭州市委党史研究室

如何把党史工作的重点及时转移到社会主义时期，并加大为现实服务的力度，杭州市委党史研究室在1月底召开的全市党史研究室主任会议上共同探讨并提出2002年的工作意见和要求。

一、以资料建设为基础，以党史研究为中心，切实履行职责。市与县区(市)都要在年内把党史工作的重点转移到社会主义时期、特别是改革开放新时期上来。要以资料建设为基础，以党史研究为中心，切实履行好党交给我们的光荣职责，"种好责任田"。要发扬"与时俱进、开拓创新"的拼搏精神，认真总结社会主义时期的历史经验和教训，为党委、政府和后人提供借鉴。

二、以丰富多彩的形式和载体，搞好宣传教育工作，更好地为现实服务。为现实服务是党史工作的根本目的，也是党史工作者发挥特有优势、必须种好的"自留地"。为此，党史工作必须要走出书斋，贴近现实，做到研究党史与服务现实两手抓、两手硬。要切实把社会主义时期党史工作的研究重点放在改革开放20年新时期上来，找到"聚焦点"和"结合点"，以丰富多彩的形式和载体，搞好宣传教育工作，更好地为现实服务。要做到上下联动，必要时集中力量，协同作战。全市统一完成课题，共同推进社会主义时期的党史工作。

三、加强队伍建设，树立良好形象，是做好新形势下党史工作的重要保证。要通过理论学习、业务培训，交任务、压担子，实践锻炼、轮岗交流、有进有出等，不断完善队伍的年龄结构、知识结构，不断提高党史工作者思想政治素质和业务素质。同时，应加强市、县区(市)的联系协作。一是建立全市党史研究室主任例会制度；二是建立健全杭州地区党史系统的信息网络和档案网络体系；三是逐步建立健全全市党史研究信息员队伍，不定期刊出《杭州党史信息》。

与时俱进，努力做好新形势下的党史工作

中共江苏省委党史工作办公室

在新的一年里，我们要坚持以邓小平理论和“三个代表”重要思想为指导，深入贯彻江泽民同志“七一”重要讲话和党的十五届六中全会精神，继续坚定不移地贯彻党的基本路线和基本纲领，解放思想，坚定信心，抓住机遇，开拓创新，转变作风，真抓实干，全面做好今年的党史工作，再创新的辉煌。

一、保持奋发有为的精神状态，推动党史工作再上新台阶

在社会主义市场经济条件下，随着改革开放的不断深入，党史工作出现了从未遇到过的许多新情况、新问题。我们要保持奋发有为的精神状态，着眼于新的要求，创造性地开展工作，以新的举措深化改革，以新的思路加快发展，以新的办法推动党史工作上新台阶。

第一，要牢固树立解放思想，与时俱进的观念。当今时代，新思想、新知识层出不穷，新情况、新问题，纷至沓来，如果我们思想僵化，观念滞后，抱残守缺，墨守成规，仍然在旧模式、旧观念中兜圈子，单纯靠老办法、老经验对待新形势下的党史工作，缺乏开拓创新的勇气和突破常规的胆略，就必然会落后于时代的潮流，贻误党史事业的发展。江泽民同志“三个代表”重要思想的提出和“七一”重要讲话的发表，意味着新一轮思想解放的高潮已经到来。这不仅会大大推动理论的发展和创新，而且会大大推动机制、体制的创新，以及领导方式、工作方法的创新和发展，为新时期的改革开放和现代化建设注入巨大的动力和活力。因此，我们要保持奋发有为的精神状态，推动党史工作再上新台阶，就必须进一步解放思想，与时俱进，大胆开拓，勇于创新。开拓才有新思路，创新才有新发展。我们必须以改革的思维、创新的胆识，不断探索新形势下党史工作的特点和规律，在思想观念、方法上与时俱进，在工作方式、方法上与时俱进，在人员素质、工作作风上与时俱进，改变那些已经不合时宜的思想观念和做法，增强工作的主动性、预见性和创造性。只要我们牢固树立解放思想，与时俱进的观念，不断深化对新形势下党史工作特点和规律的认识，我们就能在新形势下继续奋发有为，夺取党史工作的新胜利。

第二，要有同心协力、团结拼搏的精神。要奋发有为，把党史工作继续推向前进，需要各种有利条件，其中最重要的一条就是人和。俗话说，天时不如地利，地利不如人和。人和具有强大的威力，而人和来自同心和团结。江苏的党史工作能有今天的好局面，就是大家同心协力、团结拼搏创造的。讲团结、求人和，才能凝聚人心，集中力量，成就伟业。我们要凝心聚力干大事，把党史工作扎扎实实地推上新台阶，就必须采用“加法”和“乘法”，

把上上下下的智慧集中起来，把方方面面的力量凝聚起来，把本部门的优势和长处整合起来，把干部群众的积极性、创造性充分发挥出来，不能采用“减法”和“除法”，造成智慧和力量的分散和浪费。要知道，团结才有战斗力。各自为阵、孤军作战，只能消耗和削弱战斗力。对领导干部来说，珍视团结、维护团结、善于团结是一种责任，是一种胸怀，也是一种领导艺术。事实告诉我们，无论哪一个部门，如果形不成同心协力、团结拼搏的战斗集体，就不可能保持奋发有为的精神状态，也就不可能把工作真正干好。我们要在党史系统营造一种同心协力谋发展、团结拼搏上台阶的良好氛围，使大家真正能够心情舒畅，奋发有为。人心齐，泰山移。只要我们团结得越紧密，团结的人越多、越广泛，党史工作就愈有生机，愈有活力，愈有希望。

第三，要戒骄戒躁，增强忧患意识。现在，全国各省市的党史工作都出现了新的发展态势，可以说是你强我胜，你追我赶，击鼓扬帆，百舸争流的局面。面对这种群雄奋起，争先进位的竞争势头，我们既要感到压力和挑战，也要看到这同时蕴育着动力和机遇。这里的关键问题就在于我们必须保持清醒的头脑，切不可骄傲自满，安于现状。我们要充分认识到面临的严峻形势，要有寝食难安的忧患意识，自觉查找工作的不足，决不能陶醉于昔日的辉煌。充分认识到潜在的危机，在强手如林、不分示弱的冲刺中，不是我们超越别人，就是别人拉下我们，自觉反骄破满，增强紧迫感和责任感，决不能盲目乐观，麻痹松劲；充分认识到面对挑战和压力，只有敢做勇者，善做智者，争做强者，才是我们唯一正确的选择，自觉破除怕苦畏难情绪，保持奋发有为的精神状态，决不能缩手缩脚，无所作为。这里再强调一下精神状态问题，一个地方的党史工作搞得怎么样，很大程度上取决于精神状态的好与坏。精神状态好，抓机遇的意识就强，抓工作的办法就多，开拓创新的本领就高，领导作风和工作作风就实。我们承认干党史工作确实有困难，但小干大困难，大干小困难，不干最困难，这是被实践反复证明了的。精神状态不滑坡，办法总比困难多。我们之所以要求在党史部门始终保持奋发有为的精神状态，道理也在于此。好的精神状态是好的思想、作风的标志和体现。“奋发”，就是要振奋精神，顽强拼搏，形成一种蓬勃朝气、昂扬锐气和浩然正气；“有为”，就是要与时俱进，开拓创新，不断取得新成绩，继续作出新贡献。我们一定要谦虚谨慎，戒骄戒躁，增强忧患意识，出新招，出高招，出实招，变挑战为机遇，化压力为动力，以更高的目标追求，更实的工作措施，奋发有为，奋勇争先，努力保持江苏党史工作在全国应有的地位，再创新的业绩。

二、实施人才战略，建设高素质党史人才队伍

培养高层次人才，加强人力资源能力建设，构筑新世纪江苏党史人才高地，对推动党史工作持续、稳定发展，具有重要的战略意义。

只有高素质的人才，才能干出高水平的工作。党史事业要发展，人才是关键。我省的党史工作，在各级党委领导和关心下，之所以能取得今天喜人的成绩，主要是得益于有一支具有高素质的党史队伍。但必须看到，党史工作转入社会主义时期以后，特别是在市场

经济条件下，社会经济成分、组织形式、就业方式、利益关系和分配方式等将更趋多元化和多样化，这使我们面临着许多不适应、不熟悉的新情况和新问题；同时，党史队伍近年来在新老交替中，原来许多熟悉党史业务的同志相继退休，虽然充实了一批新生力量，增强了生机与活力，但也面临着熟悉党史工作业务、提高工作水平的紧迫任务。面对这种情况，如果我们不及时狠抓培养党史人才的工作，忽视提升党史队伍的整体素质，我们就不能适应新的形势，就跟不上时代前进的步伐，党史工作必将陷入被动状况。江泽民同志曾深刻地指出："经济发展和社会进步，需要物质资源作基础，更需要人的知识和能力作支撑。当今世界，人才和人的能力建设，在综合国力竞争中越来越具有决定性的意义。"党史工作同样如此。我们只有不失时机地抓好人才的开发和培养，新形势下的党史工作才能迎接新的挑战，经受住新的考验，党史事业的发展才能有可靠的支撑，才能有不竭的发展后劲，才能有更加辉煌的未来。我们一定要牢固树立以人为本，发展党史事业的强烈理念。当然，从目前情况来看，要全面实施构筑党史人才高地战略，还缺少一整套完备的制度及政策措施做保证，但我们可以立足现实，从实际出发，从现在做起，从能做到的做起，在实践中积极创造条件，争取有关方面的支持。坐等不动，空喊不干，只能丧失时机，贻误事业。

一是要尊重知识，尊重人才。知识就是力量，人才就是根本。各级党史部门的领导一定要深刻懂得"人才难得"的道理，更加重视人才，善于发现和使用人才，特别是优秀人才和拔尖人才。"金无足赤，人无完人"，任何人都是优点和缺点、长处和短处的结合体。看人必须看大节、看主流、看本质，从总体上判断。对其缺点要注意，更要注重其优点和长处，否则，就不可能发现和使用人才。要有爱才之心、识才之智、容才之量、用才之艺。要按照曾庆红同志在全国党史会议上提出的"三留人"要求，以对党的事业高度负责的态度，切实抓好党史战线人才资源的开发，营造吸引人才、让人才脱颖而出的环境和良好氛围，使党史战线多出人才，用好人才，留住人才，成为优秀人才集聚的高地，真正建设一支思想强、作风硬、业务精、特别能战斗的党史队伍。

二是抓好学习和培训。学习是进步的基础，是提高党史工作者素质的根本途径。我们正处在科学技术迅猛发展、知识更新日益加快的新时代，需要学习和重新学习的东西很多，不学习就要落后，学习不好也要落后。广大党史工作者要坚持不懈地学习邓小平理论和江泽民同志"三个代表"的重要思想，并用以武装头脑、指导实践，牢固树立与党中央保持高度一致的观念。要加强对经济、法律、科技、管理、金融、文化以及 WTO 知识的学习，拓宽知识面，改善知识结构，打牢知识根底，提高知识修养和业务能力。江泽民同志在亚太经合组织人力资源建设高峰会议上，对人才资源建设提出了五点主张，其中一条就是："构筑终身教育体系，创建学习型社会。"各级党史部门要创造浓郁的学习氛围，采取鼓励学习的措施，形成保证和推动学习的机制，努力创建学习型的机关，使人才培养工作真正落到实处，持之以恒，必收实效。加强培训教育，是开发人才资源的重要措施，各级党史部门要切实把这项工作抓好。今后，对中央党史研究室每年举办的党史业务培训班，有条件的市县党史部门,都要有计划地选送人员参加。我们省委党史工办要在总结经验的基础上,努力提高办班水平,强化办班效果,坚持不懈地办好各种类型的党史专题研讨班、培训班,提高各级党史干部的业务素质和工作能力。各省辖市党史部门,也要从自己的实际情况出发,采取办班、举办研讨会等形式,抓好党史干部的业务培训,培养高素质的人才。

三是要办好党史系统研究生班。今年,省委党史工办和省委党校联合举办研究生班,统一考试,择优录取,招收全省党史系统科以上、具有相当大学本科学历的同志学习深造,攻读党史专业知识。平时在职学习,每月定期集中授课,学制三年,毕业后发给研究生文凭。这是我省党史系统培养高层次人才、构筑新世纪党史人才高地的重要举措,符合我省党史工作的实际需要,也符合广大党史工作者的愿望和要求。我们将投入足够的精力,把研究生班办好,办出成效。

三、切实转变作风,发扬真抓实干的精神

2002年是党中央提出的转变作风年、调查研究年。最近,省委、省政府又制定了《关于转变作风年、调查研究年的实施意见》。全省各级党史部门要积极响应,认真贯彻,从领导做起,从当前做起,切实转变作风,努力形成真抓实干的良好风气。

第一,要加强学习,不断提高领导水平。学习是提高领导水平,做好领导工作的重要保证。江泽民同志指出:“加强学习,对提高人的精神境界很有益处,对自觉抵制消极腐败现象也很有益处。学习搞好了,掌握的理论知识和科学文化知识多了,政治认识和精神境界提高了,讲政治、讲正气才讲得起来。”领导干部一定要勤于学习,善于思考,不学习就要落后,不学习就提高不了领导水平,做不好领导工作。各级党史部门的领导,都要把加强学习作为良好的习惯融入日常工作和生活之中,作为伴随终身的大事来抓,持之以恒,不懈努力。要加强对党的基本理论、基本路线和方针政策的学习,深刻领会并坚决贯彻执行。领导班子要带头讲学习,讲政治,讲正气,善于从政治上、大局上考虑和观察问题;要坚持领导班子议大事,抓大事,议实事,抓实事,不尚空谈,讲求实效;要坚决克服主观主义、官僚主义和形式主义,大兴调研之风,深入实际,深入群众;要牢固树立领导就是服务,领导就是吃苦在前、干事在先的观念,为基层、为群众排忧解难;要善于把广大党史工作者的积极性和创造性调动好、发挥好、引导好、保护好,增强党组织的凝聚力和战斗力;要深入研究新形势下党史工作的规律,坚持与时俱进,开拓创新,不断增强工作的主动性、预见性和创造性。

第二,顽强拼搏,坚持实干。相对其他部门来讲,党史部门是“冷部门”,党史战线是“冷线”,但是,党史部门不是休息、养老的地方,党史办不是“无事办”、“混事办”。过去有人说老干部到龄不要怕,还有政协和人大,政协人大没有位,还有党史征委会(党史征集委员会),这是一种误解。党史部门同其他部门一样,是干工作的地方,是干事业的地方。“冷”和“热”是相对的,关键是要立足于实干。实干才能有为、有位,实干才能出成果、出人才,实干才能有生机、有活力,实干才能有创新、有发展,实干才能实现党史部门和党史工作者的自身价值,树立新的形象。只要立足于实干,“冷线”部门同样可以干得热气腾腾、干出红红火火的事业,这是被实践已经证明了的。从这个意义上说,实干就是党史部门的硬道理。我们要顽强拼搏,坚持实干不动摇,在实干中抢抓新机遇,在实干中赢得新发展。各级党史部门要努力营造团结和谐干实事的环境和氛围,崇尚实干精神,培养实干作风,重视实干人才。要旗帜鲜明地支持和鼓舞那些埋头苦干、任劳任怨、政绩突出的同志,绝不能让勤勤恳恳、踏实工作而不事张扬的同志吃亏。要批评和鞭挞夸夸其谈、不干实事、无事生非的人,绝不能让不干实事的人整干实事的人。江苏是党史资源大省之一,党史工作的任务很重,也很艰巨。党史工作要有所作为,有所建树,有所创新,必须依靠广大党史工作者顽强拼搏,团结奋斗,苦干实干。成绩只能从实干中产生,威望只能从实干中树立,好的作风同样要从实干中养成。

第三,狠抓落实,雷厉风行。在今年的转变作风、调查研究年中,各级党史部门都要按照中央和省委的部署,转变作风,扎实工作,说实话、鼓实劲、办实事、求实效,不空谈、不混事、不拖拉、不推诿,树立狠抓落实、雷厉风行的良好形象。广大党史工作者都要克服“难”字当头的畏难思想,要有知难而进、迎难而上的勇气和胆识,保持良好的精神状态,树立强烈的事业心、责任感和紧迫感,充分发挥主动性、积极性和创造性,不断开拓党史工作的新局面,那种遇事畏首畏尾、缩手缩脚、拖拖拉拉、磨磨蹭蹭的心理状态和思想作风,只能使工作陷于被动,贻误党史事业的发展。各级党史部门的领导同志都要练就一套“落实之功”,在抓落实上下功夫。一个领导干部既要有科学决策的基本功,又要有狠抓落实的基本功,两者缺一不可。不抓落实,决策再好,口头上讲的再好听,也还是空话,不可能收到实效。我们看一个干部是否在抓落实上下功夫,不仅要听他说了什么,还要看他做了什么;不仅要看他干了什么,还要看他干成了什么,是否收到实效。每一项党史工作任务都必须有明确的分工和责任要求,切实解决因分工不清楚、责任不明确而造成的无人负责、无法追究的问题。要进一步建立健全领导责任制,领导班子中的一把手要切实负起全面领导责任,班子中的其他成员也要按照分工,各负其责。分工和任务明确后,就要一级带一级,一级抓一级,层层抓落实,层层加强督促检查。在督促检查中发现问题要及时协调解决,以保证工作顺利进行。在抓落实中要善于发现和总结广大党史工作者在实践中的新创造、新经验,运用典型指导面上的工作。只要我们真正做到抓落实常抓不懈,一抓到底,务求实效,就能使全省党史工作在较高的平台上继续向前推进,创造新的辉煌。

(摘自《党史工作简讯》第14期)

天津市委党史研究室调研体会

中共天津市委党史研究室

6月上旬，中共天津市委党史研究室主任周根会一行四人在赴上海出席“全国直辖市和华东地区党史协作会”后，到浙江、福建两省进一步实地考察、调研党史工作的有关情况。通过参加会议和实地考察，深受启发，现总结如下：

一、各地党史工作的基本情况

自去年全国党史研究室主任会议以来，各地党史工作部门坚持用“三个代表”重要思想指导党史工作，与时俱进，在改革发展中创造了许多好的做法和经验，值得学习借鉴。

(一)关于党史研究工作。各地在近年来的党史研究方面，形成了许多行之有效的好经验、好做法。上海今年的党史研究工作主要围绕三个重点展开：一是抓好向上海市第八次党代会和党的十六大的献礼项目；二是扎实推进“十五”重点课题研究，年内拿出一批阶段性研究成果；三是确定一批紧密服务现实的研究课题。并准备在下半年开展有关党的十六大精神的专题研讨。重庆的做法是：以深入研究、科学总结党的历史为重点，下大力气推出一批有一定质量、有重要史料价值和学术价值的党史本子。浙江的做法是：通过开展党史资料征集整理的验收和达标活动，推动党史研究工作上水平。福建十分重视党史研究，强调没有研究，就没有发言权。江西强调党史研究(特别是民主革命时期)要突出各地区的特点，认为有特点才有生命力。

(二)关于党史教育宣传工作。上海的经验是：开展党史宣传教育，要在突出重点宣传、搞好经常化宣传、发展电视宣传、加强与社会各方面协作上有新突破，力争实现良好的社会效果。北京的经验是：开展党史宣传教育要紧密配合党的中心工作，唱响“共产党好、社会主义好、改革开放好”的主旋律，为培育“四有”新人和建设有中国特色的社会主义服务。山东的经验是：做好研究成果转化工作，加大党史书刊发行力度，使更多的人学习党的历史、了解党的历史，发挥党史特有的教育人、警示人、启迪人的作用。安徽的经验是：紧紧抓住重大历史事件和重要历史人物纪念活动的契机，通过开研讨会、办展览、拍电视片、搞知识竞赛等多种形式，做好党史宣传教育工作。福建省委党史研究室近几年重点抓了两个阵地的建设：一是办好《福建党史》月刊，二是筹建福建革命历史纪念馆，用这两块阵地较好地发挥了党史的宣传教育作用。

(三)关于党史部门自身建设。福建的经验是：通过全面改善办公条件(比如兴建办公大楼、争取到较宽裕的办公经费、实现办公自动化等)，加强党史部门自身建设。江苏的经验是：

通过制定党史工作条例，进一步规范党史部门的工作和科学管理、以加强自身建设。北京的做法是：通过全面总结过去工作，重新修订和建立健全各种规章制度，以加强自身建设。

(四)关于党史队伍建设。上海的经验：一是大力推进人事制度改革，对在职人员实行聘任制，新录用人员实行招聘制；二是加大在职干部培训力度，每年定期选派干部或出国进修或挂职锻炼或脱产学习；三是大胆给中青年同志压担子，培养业务人员独立研究能力，走多出成果、快出人才的路子。山东的做法是：通过实行聘任制，逐步建立健全岗位竞争机制，促进拔尖人才脱颖而出；引进年富力强的高层次人才(硕士研究生以上)，提升业务干部整体素质，形成合理的人才梯次结构。厦门的做法是：在人员安排方面走“大业务、小行政”的发展路子，厦门市委党史研究室 9 名职工，其中 6 人搞征研，3 人搞行政。要求行政人员做到一职多能。安徽的做法是：努力争取在国家法律和政策允许的范围内，挖潜革新、节支增收，通过不断改善干部职工的工作和生活条件，拴心留人。

大家普遍感到，尽管各地情况有这样或那样的不同，但当前的形势无疑为党史事业的发展提供了广阔的空间，党史部门和党史工作者必须珍惜这一难得的历史机遇，坚持以“三个代表”重要思想为指导，与时俱进，开拓创新，不负时代和历史的重托。

二、几点启示

(一)研究党史工作思路，要在与时俱进上下功夫。通过参加会议和实地考察，感到各地都在结合自身的实际探索党史工作新的发展思路和办法，可以说劲头很足，步子很大。如果我们满足已有成绩，或者发展慢了，就会落在后面。我们必须增强紧迫感和危机感，按照市八次党代会提出的“与时俱进，力争上游，抢抓机遇，跨越发展”的基本工作要求，虚心学习借鉴外省市的先进经验，发扬室训所体现的时代精神，以一种拼搏进取、勇于创新的精神状态，努力实现党史工作全面上水平。

(二)党史研究要注意在“三个结合”上下功夫。胡锦涛同志在去年全国党史研究室主任会议上提出了党史研究的“三个结合”。如何贯彻落实胡锦涛同志讲话精神，是需要认真研究的问题。上海的做法使人很受启发。上海在党史研究的选题上，很有新意，能够把当前理论上和实际工作中的热点问题与上海党史研究有机地结合起来。比如《党在上海的领导方式和执政方式的历史发展和创新研究》、《党教育、引导、团结带领青年的历史经验》，等等。上海这种把历史与现实结合起来研究党史，发挥资政育人作用，是值得学习的。同时、党史宣传教育工作要在提高品位、注重两个效益上下功夫。使党史充分发挥代表先进文化前进方向的作用。

(三)党史队伍建设要在注重培养具有世界眼光的人才上下功夫。建设一支适应新形势的高素质的党史工作队伍，要在培养现有人员和引进优秀人才两个方面做文章。要加大干部培训工作力度，努力给业务人员创造学术交流和考察的机会。要创造条件走出去，包括出国、出境学习和进修，以开阔研究人员的视野，提高业务水平。

(摘自《天津党史工作简讯》第 5 期)

克服经费困难,积极主动做好党史工作

甘肃省榆中县委党史办公室

经费困难,是党史部门特别是县级党史部门比较突出的问题,榆中县委党史办在近几年的工作中不断开拓工作思路,在人员少、经费缺、任务重的情况下,经过一番艰难的探索和拼搏,终于走出低谷,得到社会的关注,求得生存与发展,使党史工作逐步走向领导重视、社会支持的良性循环局面。

一、主要做法

(一)积极主动地争取领导的关心、重视和支持。党史工作是党的工作的重要方面,党的工作重点转移后,县委领导的主要精力放在发展经济上。在这种情况下,党史办主动向县委领导和主管部门及时汇报中央和省、市党史工作会议精神,送阅有关部门文件、党史资料、书籍等,向领导汇报党史办的工作打算和存在问题,征求解决问题的方法。县委领导还通过题词、作序等方式给党史工作以关心和支持。如在《历史的足迹》、《榆中解放五十年》、《中国共产党榆中历史简编》等书的首发式上,县委书记和副书记都分别到会讲话,阐述党史工作的重要性,倡导各级干部要把学习政治、业务理论与学习党史结合起来,各部门要写党史、学党史、用党史,自觉地运用历史的经验来提高驾驭全局和处理各种复杂事务的本领。

在去年全县纪念中国共产党成立80周年大会上,县委书记吴继德说:"县委党史办编印的《中国共产党榆中历史简编》是全县开展"三个代表"学习教育活动的重要教材,各级党组织要把发行好这本书当作党建目标考核内容来认真抓好。"同时,每当党史书籍出版后,主管部门——县委组织部都发文通知各乡镇、各部门征订。这些讲话和文件既肯定了党史工作的地位和作用,又推动了党史书籍的发行,在全县形成了重视党史工作,关心党史工作,配合参与党史工作的良好氛围;也使党史办全体同志有了坚强的后盾,激发了同志们努力工作、多出成果的信心和力量。

(二)努力争取各部门的支持参与,走开门办史的路子。社会主义时期的党史资料征集研究工作具有范围广,现实性强,征集难度大的特点,仅靠党史部门是难以完成的。因此我们提出意见,县委分两次向有关部门和乡镇下达了撰稿任务,由党史办确定专人同各撰稿部门一起拟定提纲,确定内容及范围,进行搜集整理。有关部门积极响应县委的安排部署,及时确定人员,查资料、撰写文稿。初稿完成后,党史办分别在有关部门和单位召开座谈会,征求当事人及见证人的意见。最后由单位负责人审定签字后交付党史办进行系统编辑整理。与此同时,发动外单位擅长写作的同志撰写党史专题资料,参与校对文稿,形成了一个强大的社会合力。

(三)针对实际加强党史队伍的自身建设。党史办,是依靠地方财政拨款来征集资料、编书出版的单位,在一些人眼里可有可无,甚至被看成是额外负担。1996年机构改革中,县志办撤销,业务归党史办。第二年,业务费减至4000元,党史工作面临举步艰难的地步。这时候,有的同志说:"县上不给钱,就是不重视这项工作,既然县上不重视,我们干什么?"主张得过且过,甚至提出将业务费平均分给个人。面对这种情况,我们通过政治思想学习,围绕党史工作者应该树立怎样的人生观、价值观,党史工作如何配合党的中心工作,为社会主义市场经济服务,进而走出困境等几个问题进行深入的讨论。最后形成了比较统一的认识:第一,机构改革中,县委保留了党史办,将其归口组织部,说明县委还是认为党史工作必不可少;将县志留给党史办,说明党史办担子更重,既然保留了这个单位,就要充分发挥这个单位的职能作用。第二,每个人都有存在的价值,其价值在于对社会作出贡献。作为党史工作者,应该多出成果,教育群众,为党政领导决策提供借鉴。第三,中国共产党的历史是奋斗的历史,如果不奋斗,就没有百业兴旺的今天。党史工作也是这样,如果不去奋斗,就没有成果,就会被社会所遗弃。基于这些认识,我们在编印《组织史》续编上报本时,没有一分钱,先在复印部欠费打印,而后多方筹集付了欠款。1998年出版《历史的足迹》时财政没有拨款,但为了赶在党的十一届三中全会召开20周年之际让读者见书,我们便到100多个单位和28个乡镇预订书籍,筹集2万多元;在1999年编纂出版《榆中解放五十年》时,财政没拨一分钱,我们又到有关单位预订收款,使上述两书得以按时出版发行。在出版《中国共产党榆中历史简编》时,我们仍然采取欠款印书,售书还债的办法。

二、几点体会

(一)搞党史工作,要围绕全党工作的大局。党史办是党委的工作部门,党史工作是全党工作的组成部分。所以党史工作必须时刻围绕党的中心工作,无论是征集研究,还是宣传教育,在课题的选择确定上,必须紧贴现实。我们在征集编纂出版党史资料时,以经济建设为导向,以服务现实、资政育人为目的,特别是在《榆中解放五十年》一书的征集编纂中,我们着力突出了政治、经济、文化、卫生、教育等方面的资料,让读者了解县情,为本县各项事业的发展提供资料,并配合宣传部、团委等部门开展县情教育。在扶贫工作中,我们感到发展科技是改变农村面貌的重要措施,于是,我们采辑39篇农村科技资料,编印了《种养技术简编》,得到了农民和有关领导的赞扬。八年中,我们在搞好党史工作,及时为县委县政府提供有关资料的同时,按时完成了县委安排的其他工作。从这些工作中,我们更加熟悉和了解了党委的中心工作和发展思路,更增强了围绕中心、服务现实的意识。

(二)搞党史工作,要有市场意识。这是我们在编纂发行《榆中县革命斗争史汇要》中体会到的。这本书以档案资料原文、当事人回忆录和撰写的综述组成,有一定的保存价值,但是印了3000册,三年仅发出83本。针对这一问题,我们做了一些调查,原因是历史事件与当代读者要求距离远，文字体裁和可读性与读者要求不一致。于是，我们在组织编写《历史的足迹》一书时，把党和国家领导人在榆中、政治运动、经济建设、文化教育、历次党代会简介、历届领导人名录等方面的内容分成六个部分来编写，涉及解放以来历届县委、县人大、县政府、县政协副县级以上领导及其县委委员等。当时只印了2000册，结果一星期就销售一空。第二次又印了2000册，十多天又销售一空，第三次又印了1000册，一个月基本售完。我们总结了这个经验，在组织编写《榆中解放五十年》一书时进一步开放搞活。

（三）搞党史工作，要不断创新、拓展思路。多年来党史工作的特点是征集专题资料编辑出版。我们在继续做好资料征编工作的同时，大胆地提出编纂出版《中国共产党榆中历史简编》，时间从1920年至2001年。该书出版后引起良好的社会反响。同时，我们提出拍摄有关革命烈士张一悟的电视剧，以形象动人的党史资料教育人。这一设想得到了兰州市委党史办的赞成和支持。从2000年5月到2001年5月底，我们同兰州市委党史办、兰州电影制片厂联合完成了拍摄任务。在去年我们举办的纪念中国共产党成立80周年展览中，既有本县资料，又有全国性的资料，满足了不同层面、不同领域观众的要求，拉近了党史与读者的距离。我们还发动和指导企事业单位、乡镇写史编史，在全社会兴起读史写史的风气。这样，使党史工作从单调枯燥的模式中解放了出来，赢得了社会的关注和支持。

（四）搞党史工作，要有无私奉献精神。党史工作是清苦的工作，从征集资料、查阅档案到编写文稿，核对事实等都不能有丝毫的敷衍。书籍印出后，还要不辞辛苦地到各单位作宣传动员工作，发行书籍。有一次，党史办两名同志到一单位征订书籍时，该单位负责人竟说："现在毛主席著作都没有处用，看党史有什么用……"两位同志反复向该负责人说明学习党史的重要性，终于使他对党史有了新的认识，并订了100本书。有几个阶段，我们党史办没有双休日，有的同志为了工作放弃春节休息。正是靠这一股无私奉献精神，才使党史工作走出困境，取得显著的成绩。

（摘自《甘肃党史信息》第3期）

积极开展党史宣传教育
努力促进“两个文明”建设

——惠州市开展党史宣传教育的做法和体会

中共惠州市委党史研究室

自1998年10月江泽民总书记致中央党史研究室的亲笔信发表后，我们遵照江总书记“充分发挥党史资政育人的作用”的指示，结合惠州的实际，积极开展党史宣传教育活动。特别是在江总书记“三个代表”重要思想发表后，我们及时组织全市党史工作者，认真学习、贯彻、落实江总书记和胡锦涛、曾庆红等中央领导同志关于党史工作的指示，在做好党史征研工作的同时，把党史宣教工作当成党史部门义不容辞的职责，紧紧围绕“三个代表”重要思想的学习和宣传，采取多种形式，在全市范围内开展扎实有效的党史宣教活动，取得了一定的成效。

一、做法

(一)建立党史教育基地，使党史宣传教育有固定的场所。我们先后在惠东高潭(含中洞)、惠东南湖公园博物馆、百丘田、惠阳叶挺故居、叶挺纪念馆、东江革命烈士纪念碑和罗浮山东江纵队司令部旧址等地建立了6个不同类型的党史教育基地，组织了三万多人次参与的党史教育活动。此外，我们在总结惠州市第七中学开展党史教育经验的基础上，又在各级各类学校中选择12所学校建立中共党史教育实验基地。在学校建立党史教育实验基地的同时，我们还在镇隆驻军(工兵团)、解放军第173医院、九惠药业有限公司、博罗农村建立了一些党史宣传教育联系点，使党员干部和青少年学生学习党的历史有固定的场所。

(二)积极发行党史书刊，使党史教育有丰富的内容。三年来，我们发行了《中国共产党简史》、《中国共产党广东地方史》、《中国共产党东江地方史》、《中共广东地方史(青少年读本)》等各种党史书刊近4万册，保证每个党支部和有阅读能力的党员以及学校都有一套较为系统的党史书籍，为开展党史宣教活动提供丰富的内容。

(三)建设一支党史宣传教育辅导员队伍，把党史宣教工作任务落实到人。三年来，我们组织了一支由老战士、老干部、党史工作者和教育工作者组成的一百多人的党史宣教辅导员队伍，组织他们给党员干部和青少年学生上辅导课、作专题报告，不少辅导员讲得很好，很受欢迎。

(四)采取多种形式开展生动活泼的党史宣教活动。据不完全统计，三年来，共组织党史报告会28场(次),参加报告会的党员干部和青少年学生达5万多人次。召开研讨会和纪念会8次,还举办党史知识竞赛、党史图片展览、参观革命纪念地等活动,编发党史宣教刊物22期,发行1万多册。

(五)结合党的重大活动,每年组织一次党史教育系列活动。例如:2000年3月至9月,以学习贯彻落实“三个代表”重要思想为主要内容,开展一次调研活动,撰写一批体会文章,召开一次“三个代表”重要思想学习报告会,一次研讨会,编撰出版一本《“三个代表”思想在惠州》的文集。2001年1月至7月,围绕纪念建党80周年,举办一期研讨班,请中央党史研究室领导和中国人民大学、省委党史研究室6名专家教授,为市直机关科级以上干部作专题报告,举办一次有省内外党史工作者参加的“学习‘三个代表’与新世纪中共党史研究走向”研讨会,编撰出版一期纪念专刊,举办一次全市中小学生参加的党史知识竞赛,组织一次纪念中国共产党建立80周年图片展览,推出一批党史科研成果。2002年1月至7月,为了贯彻落实江泽民总书记“5·31”讲话和广东省第九次党代会精神,迎接党的十六大召开,我们又开展一系列党史宣教活动:(1)开展“万书送万众”活动,在政府网上推介各级党史部门出版的优秀党史书籍,方便党史干部和青少年学生订阅和学习。同时,购买《中国共产党简史》、《中国共产党广东地方史》、《中国共产党广东地方史(青少年读本)》、《中国共产党东江地方史》等各种书籍共一万多册,赠送党政领导干部和青少年学生,为党史宣传教育提供优秀的教材。(2)在青少年学生中开展一次学习党史的征文活动,组织读书演讲,并将优秀文章结集出版。(3)召开了三次党史宣传教育经验交流会(座谈会),不断提高党史宣传教育工作的水平,保证了这项活动的健康发展。

二、效果

党史宣传教育活动的开展,为党史研究成果的转化作出了有益的探索,较好地发挥了党史资政育人的作用,为本地区两个文明建设作出了党史部门应有的贡献,具体表现在:

(一)为党政领导提供了资政的历史经验,从而提高他们的执政水平。在开展党史宣传教育活动中,我们十分注意适时地向本地党政领导提供资政的党史经验。《中国共产党广东地方史》出版的时候,正值我市直属机关开展“三讲”活动。我们及时地向党群系统党委提出建议,把学习中共广东地方史纳入学习内容,得到了肯定和采纳,并专门在全系统副处以上干部中作了动员。各单位及时购买了广东地方史,并认真组织学习。从而充实了“讲学习”的内容,促进“三讲”活动的开展。江泽民总书记“三个代表”重要思想发表后,我们及时组织了全市性的研讨会,并编辑出版《“三个代表”在惠州》的文集,无偿地发给市直各单位,促进了“三个代表”的学习和实践,促进了农村学教活动的开展。《中国共产党简史》出版后,我们在市委组织部、宣传部、办公室的有力支持下,积极组织发行工作,市、县(市、区)、镇各级理论学习中心组把《简史》列为必读书目。博罗县委、县政府领导班子成员,把学习《简史》与学习贯彻“三个代表”有机结合起来,进一步加强了班子团结,改变了领导作风,纷纷组队深入基层调查研究,为群众办实事做好事,得到群众赞扬。

(二)帮助青少年学生正确认识和了解中国共产党,引导他们树立坚定的共产主义信念。广大青少年学生,生在改革开放的春风里,走在小康生活的道路上,对中国共产党的历史,对共产党人和革命者用生命和鲜血推翻三座大山建立新中国的历史,很不了解。他们中相当一部分人目睹报刊上披露的一些腐败分子的现象,对共产党有不正确的看法,加上西方资本主义思想的影响,对共产主义信念产生动摇。通过广泛深入的党史宣传教育活动,有效地帮助他们增进对党和党的历史的了解,增强他们对党和党的事业的感情,引导他们坚信不疑地树立共产主义信念,坚定不移地跟着共产党走,努力把自己培养成为一代"四有"新人。仅以市第七中学为例,三年来,申请入党的师生共有260多人,被批准入党的有16人。每年申请入团的有400多人,每年吸收入团的达300多人。

(三)宣传了老区的光荣历史,促进了老区的建设。在开展党史宣传教育中,我们十分注意挖掘、开发、运用老区的党史资源,并通过报刊、电视积极宣传老区的光荣历史,有效地促进老区的建设。一是增进了各机关企事业单位对老区的了解,增强了他们对老区人民的感情。例如,通过宣传惠东高潭革命斗争史,使许多单位加强了对高潭中洞的关心和支持,公路部门投资数百万元,无偿为高潭至中洞修建了公路,电讯部门投资近两百万元,为高潭中洞提供电讯网络,电力部门投资近三百万元,解决中洞用电之需,惠东县直机关党员、干部,也纷纷慷慨解囊,捐款建设中洞,有效地促进了高潭中洞的经济建设。二是增强了老区人民自身奋发图强、脱贫致富的意识和信心。平山镇百丘田村是一个较落后贫穷的小山村。在党史宣传教育中,他们重温本村过去光荣的革命斗争史,深深认识到,父辈们在过去极其艰难困苦的环境中,尚能为中国革命作出杰出贡献,今天有党的正确领导和富民政策,应该继承父辈遗志,发扬光荣传统,努力建好家园。全村三十多户一条心,有钱出钱,有力出力,一方面自筹资金建立惠阳农运领导人朱观喜的塑像和修复农会旧址,以此教育村民及后代,一方面自筹资金修公路、架电线、办果园,齐心协力搞好经济建设,呈现一派生机勃勃的喜人景象。

(四)通过党史宣传教育,在一定程度上起到凝聚人心、稳定社会的作用。在开展党史宣传教育中,我们注意做到用党的历史教育人、启迪人、警示人,使广大人民群众能够团结在党委的周围,为党的事业共同奋斗。我们还注意发挥老同志的作用,许多老同志在中国革命和建设中作出了很大贡献,而且对我们的党和党的事业有着深厚的感情,总希望党的事业后继有人。我们经常向他们请教,并将编撰的党史书刊送给他们。他们看到自己过去的奋斗历程,为党史书刊所记载、所肯定,深深感到安慰和鼓舞,觉得现任的领导并没有忘记他们。尽管他们已退下岗位,仍然热情支持现在在职的党政领导干好工作。有的出谋献策,有的助人为乐,有的积极关心下一代培养教育。在职的党政领导,看到老同志那么热心,更加感到要努力工作,不辜负老同志的期望。例如平山镇委、镇政府,就主动聘请党史部门的同志给全镇干部讲党的历史和平山革命斗争史,激发大家热爱家乡,建设家乡的热情。最近,在新老党员培训上,给每个党员发了一套由我室赠送的党史书籍,并组织他们认真学习,引导党员牢记党的历史,继承革命传统,密切联系群众,为群众排忧解难做好事,该镇出现了一个人心团结、治安良好、经济好转、社会稳定的景象。

三、体会

（一）坚持以“三个代表”重要思想为根本指针，党史宣传教育工作就有了正确的方向。江总书记“三个代表”重要思想是党的80年光辉历史的总结，是全党工作的指南，理所当然也是党史宣传教育工作的指南。我们自觉地把党史宣传教育置于“三个代表”重要思想的指导之下，把“三个代表”重要思想作为党史宣传教育的主要内容。实践证明，只要党史宣传教育坚持了正确的方向，突出了时代的主题，就能在社会上产生良好的效应，就必然受到各级党委的重视，得到社会各方面的支持。

（二）市委和各级党委的领导的高度重视，是做好党史宣传教育工作的根本保证。三年多来，市委先后在三次常委会中专题研究党史工作，下发四份文件布置党史工作。市委、市政府领导先后有48人次参加党史宣传教育的各项活动。市委主要领导和分管领导多次参加党史宣教活动，为党史教育基地和党史教育实验基地的建立挂牌，出席党史书籍发行仪式，主持党史宣传教育报告会。对党史宣传教育的指导思想、方针和任务经常提出明确的要求，并多次在党史宣传教育活动中讲课、作报告。《中国共产党简史》出版后，市委办公室、市委宣传部、组织部先后发文，要求有阅读能力的党员干部都要订阅这本书，并把《简史》列入各级中心组理论学习的书目。为了更好地发挥党史资政育人的作用，市委、市政府把修建革命纪念场、馆、修复革命历史遗址，列入惠州市文明城市建设规划的重要内容。目前，土地革命时期中国工农革命军第二师、中共东江特委驻地——高潭中洞革命遗址修复工程已基本完工，投资近千万元；修复叶挺故居，投资二百万元；东江纵队史迹展览馆也正在筹建，投资八百万元。今年，市委、市政府还批准立项建设颇具规模的东江革命主题公园，筹建工作正在进行，预计投资需八千万元。这些项目建成后，惠州市将形成一个相当规模的党史教育基地和爱国主义教育基地网络，将为党史宣传教育创造十分优越的条件。由于市委和各级党组织对党史宣传教育工作的高度重视，号召力和影响力将得到极大的加强。

（三）突出重点对象，使党史宣教活动增强了针对性。我们始终围绕资政育人的战略性任务，把党员干部和青少年学生作为党史宣传教育的重点对象。在对党员干部的教育中，坚持做到每个党支部有一套党史书籍，包括《中国共产党简史》、《中国共产党广东地方史》、《中国共产党东江地方史》几本书；各级党委中心组理论学习中有党史内容；每个科以上干部每年听一至两次党史宣传教育课；每个新党员入党时到党史教育基地进行宣誓；各乡镇单位有党史教育联系人。目前，全市有阅读能力的党员干部，多数都阅读了《中国共产党简史》等党史书籍。我们还采取各种方式在13所大中小学校建立党史教育基地，在青少年学生中进行较为系统的、生动活泼的党史教育。重视了这两个方面的群体教育，党史宣教活动就能为完成资政育人的根本任务作出贡献。

（四）增强与时俱进的意识，科学认识党史工作的价值，才能自觉把党史宣传教育工作做得更有成效。新世纪的党史工作，应当与时俱进，才能有所作为。在宣传教育工作的实践中，我们不断学习中央领导对党史工作的指示和全国、全省党史工作会议精神，并把学习与实践结合起来，强化新世纪党史宣传教育工作的正确思想意识，从而端正党史宣传教育工作的指导思想，在做好这项工作中保持旺盛的斗志。

我们主要强化了以下几种意识：一是在分析国际国内形势发展中，强化忧国忧民、胸怀大局的政治意识。从国际敌对势力加紧对我国实行“西化”、“分化”的现状中，从“法轮功”组织成员卖国害民的罪行中，从社会存在的一些不安定因素中，从一些党员干部腐化变质的现实中，我们认识到党史宣传教育的重大意义和迫切性。看到了党史宣传教育是我们抵制腐朽思想侵蚀，在意识形态领域中巩固党的执政地位的迫切需要，是我们与敌对势力争夺年青一代的迫切需要，是防止党员干部腐化变质、违法犯罪的迫切需要，是凝聚人心、动员和团结全体党员干部和广大人民群众继往开来、推进本地区新的发展的迫切需要，是保证“三个代表”重要思想的贯彻落实的迫切需要。有了这样的认识，我们就觉得党史的宣教工作任务的无上光荣，也看到了党史部门在党的工作中的地位和作用。二是增强促进党史成果转化，服务社会发展的意识。我们认识到，党史征研成果不经过宣传教育工作，就不能转化，也就达不到资政育人的目的。宣传教育是党史工作成果实现其社会价值和社会效应的中心环节，缺少这一环，党史工作就没有完全实现社会价值。这也是我们重视宣教工作的思想基础。三是在分析党史宣传教育与党史部门自身建设的关系中，使我们增强了有为才有位的艰苦创业意识。根据党的中心工作的变化和形势发展，与时俱进，不断拓宽思路，围绕中心工作来进行。抓了党史宣传教育，就使党史工作在为贯彻党的基本路线服务，为加强和改进党的建设服务，为培养“四有”新人服务上，比较充分的发挥了自身的作用。党史工作部门也就逐渐从所谓“冷”门变为热门，从“无足轻重”变成举足轻重，从自我重视变为受社会所重视，从而变得有为有位了。有了正确的思想意识，党史宣教活动就能在党史工作中有位置、有计划、有动力、有成效。

（五）不断拓宽视界，壮大队伍，走向社会，使党史宣传教育工作真正发挥资政育人的作用。惠州市委党史研究室只有10名工作人员，搞党史宣传教育，靠自身的力量是远远不够的。在宣传教育的实践中，我们注重组织和动员各种力量，为宣教工作服务。一是组织了一支300多人的党史联络员队伍，赋予他们宣传教育中发行书刊，传达上级指示，当宣讲员的职责，使他们充分发挥作用；二是邀请16名老同志，作为党史教育基地的义务教员，请他们讲传统，讲历史，密切他们与青少年学生的联系，达到普及革命传统的目的；三是聘请专家学者、党校、大学教授，不定期地为我们讲课、作报告；四是组织一些企业领导、员工和革命老区结对子，相互教育，相互支持。这样就为党史宣传教育找到了骨干力量，密切了企业与老区的关系，密切了专家学者和党员干部的关系。

健全机构、稳定队伍、经费到位

——贵州省毕节地区做好党史工作的主要体会

中共毕节地委党史研究室

贵州省毕节地区各级党委、政府自1981年全面开展中共党史征编研究工作以来，始终高度重视党史工作，使全区党史工作取得可喜成果，其主要体会之一是健全机构、稳定队伍、经费到位。

一、健全机构

1981年，毕节地区根据中央有关文件精神，地委及8个县(市)委均分别成立了党史征集编纂委员会，为同级党委开展党史工作的具体组织机构，党委、政府各一位领导同志任正、副主任，具体分管党史工作，党委、人大、政府、政协的领导班子成员及离退休的主要领导同志为顾问，组织、人事、宣传等25个部门的主要负责同志为成员。

征编委下设办公室，为同级党委负责党史工作的具体承办机构，地区为正处级、县(市)为正科级建制，配备专职正、副主任(地委党史办为一正二副、县〈市〉一正一副)和工作人员(地委15名，县〈市〉各5至8名)。

1992年，根据中央有关文件精神，撤销地、县(市)征委会和党史办，分别成立地、县(市)委党史工作领导小组及党史研究室，顾问与征委会相同，组长由同级党委一把手担任，一名副书记、副县(市)长任副组长，成员单位由25个增加为38个，党史研究室作为同级党委负责党史征编研的工作部门单列保留，而且领导班子成员还有所增加，地委党史研究室及多数县(市)由一正一副增为一正二副。

2001年的机构改革中，地、县(市)委党史工作部门分别按地委正处、县(市)委正科级机构的建制予以保留，列为同级党委直属单位，而且在地委党史研究室增加了科室领导职数，在县(市)委党史研究室增设了科(股)、室及相应的领导职数。其中，地委党史研究室内设二科一室(办公室、征研科、科研管理教育科)，县(市)委党史研究室内设业务科、办公室或综合科。

二、稳定队伍

毕节地区党史工作部门的人员编制，坚持20多年内均稳定在60人左右，在历次机构改革中，党史工作部门的人员编制有增无减，并做到人员随缺随补。

1995年前，人员管理实行“两条腿走路”管理体制，即行政和工勤人员实行国家公务员管理，业务人员实行事业管理，可以评聘任专业技术职务。1995年机构改革后，有四个县(市)仍然实行“两条腿走路”的管理体制，地委党史研究室及四个县则建制实行公务员管理体制，不再评聘任专业技术职务，对原有的专业技术职务，保留任职资格，不与工资挂钩。2001年机构改革后，人员编制仍然保持原来的数额，全部实行公务员管理体制，地、县(市)领导班子成员和非领导职数均得到进一步加强。

三、经费到位

毕节地区党史工作部门的经费，包括人头经费和专项经费两大类。人头经费均与其他同级同类党政部门同一标准列入地方财政年度计划内，分月核算，按进度列支；专项经费是指党史刊物和党史资料丛书印刷出版费、办公设备购置费、课题调研费等，这类经费则根据实际需要，由党史部门向地、县(市)委专题申报，分管领导签署意见后由财政部门划拨，大多数情况下均能到位。

经费到位的同时，地、县(市)党委、政府高度重视党史工作，毕节地区党史工作“七五”至“十五”规划，均经同级党委审定，以党委正式文件印发实施，地、县(市)党委办公会议每年至少听取两次党史工作情况汇报。

四、成果可喜

20年来，毕节地区共出版发行党史大事记或专题研究丛书89辑、约1780万字，其中地委党史研究室出版发行24辑，约720万字；为1992年前的中征委办公室及1992年后的中共中央党史研究室提供有关重大党史考证资料15件，约100万字；在地(司、厅)级以上报、刊、专著发表党史论文1500多篇，其中国家级刊物采用近50篇、省级刊物采用200多篇。这些征集研究成果中有3项获国家级社科研究三等奖，有104项分别获省级社科研究或党史优秀成果一、二、三等奖或特别奖、优秀奖，有214项分别获地级社科研究或党史研究优秀成果一、二、三等奖或特别奖、优秀奖。

党史研究论文资料目录索引

总 论

“十一届三中全会以来中共党史研究的新进展”学术研讨会综述，白云涛，中共党史研究(京)(4)

“三个代表”思想与中共党史研究，陈坚良，衡阳师范学院学报(1)

“三个代表”重要思想的产生和发展，王世谊，当代中国史研究(京)(6)

“三农”问题与党的私人资本政策关系的历史追溯，庞松，中共党史研究(京)(4)

“决定中国之命运”的一次中央全会，郝彭证，党史文汇(太原)(5)

《八十年来中共党史研究》评介，李良明，党史天地(武汉)(10)

《中共党史研究》征求意见座谈会笔谈，石仲泉、郭德宏、何理，中共党史研究(京)(3)

《中国共产党历史》第一卷是一部精品之作，萧裕声，中共党史研究(京)(6)

《联共(布)党史简明教程》的功过是非：赵云献、苗佳瑛访谈，李庆英，北京日报(8.26)

2001年北京现代史研究综述，陈静，韩勤英，北京党史(2)

2002年华东七省市党史学会学术研讨会观点综述，徐南，党史研究与教学(福州)(5)

2002年华东七省市党史学会学术研讨观点综述，徐南、吕效华，党史纵览(合肥)(12)

80年来中国共产党的农民问题理论述评，邓庆伟，重庆邮电学院学报(2)

一大、七大、十五大：中国共产党三次确立指导思想之比较，张兆文，汉中师范学院学报(1)

一本颇具影响力的著作：评《北京社会主义革命与建设史》，吴家林，北京党史(1)

一部史论结合的党史精品：读《中国共产党简史》，孙道同，上海党史与党建(7)

一部评介中共党史的力作：读《八十年来中共党史研究》，张注洪，北京党史(3)

一部评介中共党史研究的力作：读《八十年来中共党史研究》，徐方平，上海党史与党建(5)

一部信史是一部党建理论的好教材，李君如，中共党史研究(京)(6)

一部党史工作者的必读之作：《八十年来中共党史研究》评介，肖牲，湖北大学学报(武汉)(1)

二〇〇一年中共党史研究综述，刘晶芳、陈述，中共党史研究(京)(3)

人民民主专政发展史上的重要阶段，郝彭证，中共山西省委党校学报(太原)(3)

人民军队后勤思想发展回顾，黄永义、徐平，军事历史(京)(3)

人民解放军军兵种发展变革扫描，陈辉，党史博览(郑州)(12)

人民解放军编制军衔的几次调整，徐平，党史博览(郑州)(3)

八十年来中国共产党对传统文化的理论与实践，徐永新、赵传海，江南社会学院学报（苏州）（增刊）

八十年党的建设的历史写照：中国共产党党章比较研究，杜学中，党建研究（武汉）（2）

十一届三中全会以来中共党史学理论和方法研究的进展，郭德宏，党史研究与教学（福州）（2）

十一届三中全会以来中共党史研究的新进展，唐培吉，党的文献（京）（4）

三次历史性巨变推动了中国现代化的历史进程，孟英，理论导刊（西安）（2）

三次思想解放与三次所有制理论的创新，胡尊东，菏泽师专学报（1）

乡土心路，研精钩深：评《中国共产党与中国农民》，王亚范，东北师大学报（长春）（3）

工人阶级执政党代表先进文化的前进方向：20世纪社会主义历史的印证，俞良早，荆州师范学院学报（1）

不断深化对中国共产党执政规律的认识（上），刘魁栋，中共石家庄市委党校学报（1）

不断深化对中国共产党执政规律的认识（下），刘魁栋，中共石家庄市委党校学报（2）

与时俱进，开拓创新，扎扎实实做好新世纪初的党史工作，巩玉闽，漳州党史通讯（3）

与时俱进的党史新著，孙英，人民日报（京）（11.23）

与时俱进的党史新著，孙英，中共党史研究（京）（6）

中共十一届三中全会以来中共党史研究的新进展学术研讨会在福州召开，中共福建省委党校党史教研部供稿，党史研究与教学（福州）（2）

中共十六大与党史研究的任务，薛庆超，百年潮（京）（12）

中共历史上的几次重大转折，黄其昌，湖南文史（长沙）（5）

中共历史与现实若干问题新见，刘晶芳、陈述，北京日报（9.28）

中共对外政策和新中国外交史研究的起步与发展，章百家，当代中国史研究（京）（5）

中共党史史学史研究的一部新著，于文善，中国图书评论（沈阳）（4）

中共党史学科的矛盾与创新，张华，福建党史月刊（福州）（8）

中共党史版本学基本理论问题初探，周一平，党史研究与教学（福州）（1）

中共党史的资政育人功能和作用，牟志祥，理论学习·山东干部函授大学学报（济南）（1）

中共党史研究述评的佳作：评介《八十年来中共党史研究》，张注洪，江汉论坛（武汉）（8）

中共党建史上的整风运动及其主要经验教训，汪志强，黄冈师范学院学报（1）

中共第一代领导集体形成的组织基础及历史启示，谭幼萍，毛泽东思想研究（成都）（6）

中华苏维埃共和国与中华人民共和国开国政权体制的比较，杨青，中共党史研究（京）（1）

中苏风云二十年见证录(上),李凤林,纵横(京)(8)

中苏风云二十年见证录(下),李凤林,纵横(京)(9)

中国人民站起来了:从钱币收藏看中国革命和建设的发展历史,罗天云,文史杂志(成都)(2)

中国工业化与中国共产党,朱佳木,当代中国史研究(京)(6)

中国共产党与中国农村的发展道路,秦兴洪,理论与现代化(津)(2)

中国共产党与公民道德建设,吴珏,湘潮(长沙)(2)

中国共产党历次全国代表大会和重要会议介绍,求是(京)(22)

中国共产党历次全国代表大会简介,刘海燕,四川党史(成都)(6)

中国共产党反贫困思想与实践,王大超,社会科学战线(长春)(4)

中国共产党反腐八十年述略,郑复龙,福建党史月刊(福州)(12)

中国共产党对农业基础地位认识的深化,王环、张术环,毛泽东思想研究(成都)(6)

中国共产党对私人资本主义认识的历史考察,王毅武,延安大学学报(1)

中国共产党民族政策的历史发展,段云学,云南民族学院学报(昆明)(3)

中国共产党在广西的光辉革命实践及特点,庾新顺,桂海论丛(南宁)(5)

中国共产党在实现两次历史飞跃中的农民问题,吴敏先、姜淑兰,社会科学战线(长春)(4)

中国共产党成为中国现代化事业领导核心的历史必然性,刘诚,高校理论战线(京)(2)

中国共产党执政的合法性及城市群众的判断,布青沪、刘冬,宁夏党校学报(银川)(3)

中国共产党执政的基本经验,秋石,求是(京)(9)

中国共产党坚持两个纲领相统一的历史与现实,曾成贵,湖北社会科学(武汉)(2)

中国共产党的创建与中国先进生产力的发展要求,张静如、石国亮,中国特色社会主义研究(京)(3)

中国共产党的信仰历程,原花香,南都学坛(南阳)(3)

中国共产党的根本经验在三大历史阶段中的宏观演绎,范金良、王凤源,理论探讨(哈尔滨)(4)

中国共产党是中国人民的中流砥柱:兼论中国共产党历史的基本经验,宋期光,河池师专学报(1)

中国现代经济史研究的新进展,之恺,当代中国史研究(京)(2)

中国宪政百年历程(下),陆德生、纪荣荣,江淮文史(合肥)(1)

中美关系正常化中的台湾问题,陈从阳,广西梧州师范高等专科学校学报(贺州)(3)

为了理想——党的历次重要会议回眸(二),陈晋、赵新茹,党史天地(武汉)(6)

为了理想——党的历次重要会议回眸(三),陈晋、赵新茹,党史天地(武汉)(7)

为了理想——党的历次重要会议回眸(四),陈晋、赵新茹,党史天地(武汉)(8)

为了理想——党的历次重要会议回眸(五),陈晋、赵新茹,党史天地(武汉)(9)

云烟散尽见真知:读《中国共产党历史》第一卷,孙承斌、黄金权、邹声文,文汇报(沪)(10.3)

从"三个代表"的思想看中国旧民主主义革命的失败,单金平,内蒙古师范大学学报(呼和浩特)(1)

从"集体保障"到"社会保障"——中国农村社会保障1949—2000,方青,当代中国史研究(京)(1)

从"解放台湾"到"和平统一":原中共中央对台工作机构主任杨斯德谈中央对台方针政策的发展,李立,两岸关系(京)(6)

从"解放台湾"到"和平统一"方针的演进,何仲山,百年潮(京)(10)

从一大到十六大:中国共产党历次全国代表大会简介〈下〉,党史纵览(合肥)(12)

从历史经验看党的阶级基础和群众基础,刘勇,中国青年政治学院学报(京)(4)

从全国代表大会召开的时间间隔看党的成长发展,赵泽宽,南京政治学院学报(6)

内外全力,促成统一:关于国共合作的历史思考,张宏轩、王刚,中共山西省委党校学报(太原)(2)

区党史研究室2001年工作总结和2002年工作安排,覃文成,广西党史(南宁)(1)

历史对借鉴问题的启示:兼论中国革命和建设与苏联模式,凌弓,阴山学刊(包头)(4)

反映中国共产党领导的新民主主义革命历史的力作,张注洪,中共党史研究(京)(6)

反腐败,八十余载不言休:我党反腐败历史回眸与展望,刘立新,民主与法制(京)(7)

开门办党史搞好专题典型资料征编工作,中共绵阳市委党史研究室,四川党史(成都)(3)

毛泽东时代有价值的历史遗产,吴忠良,科学社会主义(京)(2)

认真实践"三个代表"重要思想,努力开创党史工作新局面,秦玉琴,四川党史(成都)(1)

认清形势,把握大局,努力做好新世纪初的党史工作,林玉涵,福建党史月刊(福州)(5)

以中共党史研究推动国史研究,朱佳木,中共党史研究(京)(6)

以德治党呼唤延安精神,樊德忠、王应国,军事经济学院学报(武汉)(1)

加入WTO后党史研究工作的使命与思考,娄历、赵懿春,世纪桥(哈尔滨)(3)

史料运用与中共党史学研究创新,沈传亮,北京党史(2)

四川省近年党史研究述评,卢耸岗,理论学习导刊(10)

对"社会主义阶段究竟有多长"探索和结论,高化民,北京党史(1)

对否定我国近现代革命史错误思潮的评析,光明日报(京)(1.8)

对建党八十年来党的知识分子政策变化的历史回顾与思考,潘利红、王兴泉,探索(重庆)(5)

对新民主主义向社会主义转变分歧的再思考,戚淑斌,北京党史(2)

对新民主主义社会思想的再认识,吴珏,贵州社会科学(贵阳)(3)

正确认识社会主义改造与社会主义改革的关系,朱小玲,思想理论教育导刊(京)(7)

正确对待本国资本主义:中国共产党80年的历史与思考,孟迎辉,社会主义研究(武汉)(2)

民主党派历史性转变的原因探析,宋连胜,长白学刊(长春)(3)

用"三个代表"思想指导《中国共产党历史》第一卷编修:石仲泉同志答本刊记者问,姚鸿、陈原,百年潮(京)(10)

由"武力解放台湾"到"和平解放台湾"方针转变的国际国内因素,王国永,天中学刊(驻马店)(4)

由新民主主义向社会主义转变及其历史启示,王利,钦州师范高等专科学校学报(3)

充分发挥党史资政育人作用,努力使研究成果服务党的中心工作,张旭,世纪桥(哈尔滨)(4)

光辉的历程,辉煌的成就:纪念中国人民解放军建军75周年,邓礼峰,军事历史研究(沪)(2)

光辉的历程:从"一大"到"十五大",广西党史(南宁)(3)

关于中共党史研究方法的回顾和展望,陈光耀,四川党史(成都)(2)

关于共产国际与中共的关系史研究的进展问题,杨奎松,福建论坛(福州)(3)

关于纲领问题的历史考察,沈宝祥,中国党政干部论坛(京)(4)

关于党内个人崇拜若干问题的再思考,张明军,理论文萃(沪)(1)

关于党史研究与时俱进的思考,孙英,人民日报(京)(4.27)

关于党史资料运用的设想与思考,贝光生,北京党史(1)

再论社会主义初级阶段与新民主主义社会的联系和区别,项东,皖西学院学报(六安)(5)

同途殊归:中苏改革之路比较:从中苏改革之路看中共与前苏联对社会主义改革道路的探索,张广才,理论探讨(哈尔滨)(6)

在四川省党史工作汇报会上的讲话,孙英,四川党史(成都)(4)

在全市党史工作会议上的讲话,郑栋梁,漳州党史通讯(3)

在党史研究中"五重五轻"现象不容忽视,吕从坤、张耀清,上海党史与党建(8)

地方党史资料分类管理初探,钟子莲,四川党史(成都)(2)

延安整风与1957年整风之比较,原丽红,新疆师范大学学报(乌鲁木齐)(4)

导致中苏关系恶化的一个重要因素:毛泽东等中国领导人对苏联模式的怀疑和批评,

张宏毅,中国党政干部论坛(京)(7)

当代党史研究的理论指南:三论“三个代表”的时代价值,段建海,西安联合大学学报(3)

当前与建国初期党风建设特点之比较,龚萱,江西社会科学(南昌)(7)

成功的修订,张静如,中共党史研究(京)(6)

自由翱翔的硕果:读龚育之的两本新著,仲泉,中共党史研究(京)(3)

论“三个代表”重要思想的形成,黄宏、郭凤海,当代中国史研究(京)(6)

论中国共产党三代领导人的城市布局思想,苗建军,毛泽东思想研究(成都)(3)

论中国共产党对社会主义建设规律认识的深化,汪青松,当代中国史研究(京)(5)

论建国以来党对农民的社会主义教育,王连生,南都学坛(南阳)(1)

论建国后党对知识分子的阶级定性分析,刘小云,桂海论丛(南宁)(4)

论党史期刊选题策划的市场意识,宋伦,河南大学学报(开封)(5)

论党在建国前后社会主义原始资本积累的思想,严国海,上海财经大学学报(4)

论党的三代领导核心对社会主义初级阶段理论的探索,班克庆,社科与经济信息(南宁)(10)

论党的思想政治工作“生命线”理论的科学发展,郝先中,皖西学院学报(六安)(2)

论资产阶级革命派的崛起与中国革命,高燕宁、刘玉彦,求索(长沙)(3)

论第一代中央领导集体对社会主义建设道路的探索,姜蕙、吴其全,盐城师范学院学报(1)

论新民主主义理论与社会主义初级阶段理论的关系,汪松明,湖北社会科学(武汉)(11)

两次历史性飞跃的基本条件及其历史经验,王彪,丽水师范专科学校学报(1)

你用手枪对待历史,历史回应你的是大炮:访俄归来对国史研究的思考点滴,张启华,当代思潮(京)(4)

庐山会议与三中全会对比随想,徐庆全,炎黄春秋(京)(7)

应注重对我党历史上两次大发展的研究,吴其良,广西党史(南宁)(1)

我党史历史上的隐语代号,刘学雄,湖北方志(1)

我党对现代化认识的几次重大转变,曾丽雅,北京日报(10.28)

步向辉煌:从党的一大到十五大,党的生活(贵阳)(11)

评《中共党史史学史》,于文善,史学史研究(京)(2)

评《中共满族省委史研究》,郭德宏,中共党史研究(京)(4)

近20年三线建设若干问题研究综述,董颖,世纪桥(哈尔滨)(2)

近十年来英、法、德、澳、加等国中共党史研究探析,梁怡、巫云仙,中共党史研究(京)(6)

近代中国知识分子的爱国主义心理路程，渠长根，青海师专学报(西宁)(3)

近期美国“中共党史研究”杂谈三则，李向前，中共党史研究(京)(5)

进一步深化党史研究工作，李君如，光明日报(京)(7.2)

具有理论特色和独特方法的中共党史研究，朱志敏，北京师范大学学报(5)

和平解放西藏与“一国两制”的政策，刘国武，南华大学学报(衡阳)(1)

国史研究的现状与前景，朱佳木，教学与研究(京)(1)

国民党反腐败为何越反越腐败，赖某深，长沙电力学院学报(2)

国民党政权溃败的政治学分析，张涛，经济管理文摘(京)(15)

国际共产主义运动的影响是中国多党合作制度形成的重要条件，张树桐，重庆社会主义学院学报(3)

国情、道路、现代化，郑德荣、孔德生，东北师大学报(长春)(1)

实事求是，尊重历史的地方党史著作，郭德宏，中国图书评论(京)(5)

实事求是、与时俱进的党史第一卷，彭明，中共党史研究(京)(6)

实事求是：中国革命和建设道路理论的基点，陈万松，四川师范大学学报(成都)(3)

建国以来我党对社会主义认识的深化，虞文清，湖州师范学院学报(1)

建国后党在知识分子工作方面的失误溯源，钱耕耘，理论导刊(西安)(7)

治国先治水：党的三代领导人对水利战略地位的认识，康沛竹，中共党史研究(京)(1)

浅谈中国共产党的几个重大历史贡献，马静，中共山西省委党校学报(太原)(2)

知识分子阶级属性认定的艰难历程，余广人、冀一兵，炎黄春秋(京)(1)

试论中共党史学的边缘化趋势，工冠中，史志研究(太原)(4)

试论早期中国共产党人的军事思想，冉红斌，军事历史研究(沪)(1)

试析中国近现代史上的两次“统一”，王立民，雁北师范学院学报(大同)(4)

贯彻“三个代表”重要思想，推动党史文化大发展，韦秀康，上海党史与党建(8)

转变作风、扎实工作，努力开创新世纪党史工作的新局面：在省委党史研究室2001年工作总结及2002年工作部署会议上的讲话，赵培兴，世纪桥(哈尔滨)(1)

俄罗斯各档案馆所藏中国问题史料，晓光，百年潮(京)(8)

总结党的历史经验的典范：学习江泽民总书记关于党史研究的重要论述，薛庆超，领导科学(郑州)(21)

按照“三个代表”要求开展国史研究，当代中国研究所理论学习中心组，当代中国史研究(京)(5)

浓缩八十春秋，展现画卷：《中国共产党简史》读后，唐石元，中共党史研究(京)(1)

研究以江泽民同志为核心的党中央的业绩和贡献是当前党史研究工作的重要任务，李君如，湘潮(长沙)(3)

研究党史要解放思想，章百家，北京党史(6)

重视发挥中共党史资政育人的作用,王立新,发展论坛(济南)(10)

党代会:十五次与第一次,李忠杰,南风窗(广州)(4)

党史大事记与方志大事记编写之比较,王占元、孙继东、范育松,世纪桥(哈尔滨)(3)

党史工作只有创新才能发展,魏训洲,北京党史(6)

党史工作者应该走出书斋宣传党史,苏光德,四川党史(成都)(3)

党史工作要为党的工作大局服务,冯小敏,北京党史(6)

党史专家评说《中共满洲省委史研究》,光明日报(京)(4.9)

党史札记(之四十五)首创和坚持之间:读薄老党史新著〈下〉,龚育之,学习时报(京)(4.29)

党史纪实文章写作手法漫谈,刘明钢,江汉大学学报(武汉)(6)

党史论文的选题与写作,谢荫明,北京党史(3)

党史报刊应重视党史理论研究:从《党史理论纵横谈》谈起,周一平,北京党史(1)

党史学科建设的一件大事:喜读《邓小平理论与中共党史学》,金钊,邓小平理论研究(西安)(2)

党史学要重视从民族文化的视野研究邓小平理论,李方祥,党史研究与教学(福州)(5)

党史宣传中存在的主要问题与对策,张世飞,北京党史(3)

党史研究也要与时俱进,王育忠,福建党史月刊(福州)(10)

党史研究工作要为迎接十六大作出应有的贡献,李君如,党史研究与教学(福州)(2)

党史研究工作要为迎接十六大作出应有的贡献:中共中央党校副校长李君如研究员访谈录,薛东,福建日报(福州)(4.22)

党史研究应注意的几个方面,李永枝、马惊涛,世纪桥(哈尔滨)(2)

党的三代领导人对巩固执政党地位的思考,郑庆荣,福建党史月刊(福州)(8)

党的三代领导人的科技战略思想,高峻,当代中国史研究(京)(3)

党的三代领导核心关心人民空军建设纪事,王少英,光明日报(京)(9.17)

党的历史上几次整顿作风的回顾,刘仕雄,四川党史(成都)(2)

党的民主集中制的形成与发展回眸,汪平慕,党史纵览(合肥)(4)

党领导的新中国农业改革,郭绪印,上海党史与党建(4)

真实性、规律性、时代感:读王庭科《走自己的路——中共党史论集》,王安平、操世元,高校理论战线(京)(2)

读《中国共产党历史》第一卷有感,龚育之,中共党史研究(京)(6)

读薄老党史新著,龚育之,中共党史研究(京)(3)

谈党的“八大悬案”,胡绳,中共党史研究(京)(6)

探索党史期刊与时俱进之路,董玉锁,党史文汇(太原)(9)

深化党史研究,迎接十六大召开:访中共中央党校副校长李君如,水石,社会科学报(沪)(6.20)

理论联系实际:党史教学的重要原则,王国忠,佳木斯大学社会科学学报(4)

略论中国共产党对中国早期现代化的贡献,陆建伟,湖州师范学院学报(2)

盛世修史,资政育人:《中国共产党历史》第一卷编修纪实,时进,人民日报(京)(10.17)

维护我国海疆领土主权的扛鼎之作:评《日本国窃土源流/钓鱼列屿主权辨》,吕坚,历史档案(京)(3)

新中国成立后的两次西部大开发,刘鹏,长白学刊(长春)(2)

新中国现代化奋斗目标的提出与实施,唐洲雁,理论与现代化(津)(6)

新中国党的农村土地政策述论,彭俊平、王文滋,理论导刊(西安)(11)

新本《中国共产党历史》的重大突破:访中央党史研究室副主任石仲泉,李庆英,社会科学报(沪)(11.14)

新民主主义社会与社会主义初级阶段之异同,刘毅强,桂海论丛(南宁)(4)

新民主主义社会与社会主义初级阶段的关系,韦湘燕,东南亚纵横(南宁)(11)

新民主主义革命与中国现代化,刁世存,当代世界与社会主义(京)(5)

新版《中国共产党历史》的重大突破,付建平整理,北京日报(10.28)

简论中共成都历史,岳建功,四川党史(成都)(6)

简评《中共党史史学史》,于文善,上海党史与党建(5)

简析我国社会主义改造与社会主义改革的关联,胡建国,贵州师范大学学报(贵阳)(4)

赣南党史考察,仲泉、新生、杨青,中共党史研究(京)(5)

新民主主义革命时期

“新疆共产主义者同盟”的战斗历程，赵明，中共党史资料（京）(83)

20世纪30年代自由主义者对中国共产党的批评与指责——以《独立评论》为例，张太原，史学月刊（开封）(5)

20世纪40年代中国共产党的外事工作：陈浩、凌青、张颖、刘文仲访谈录，李星、万颖红，党的文献（京）(3)

义和冰窖与党的地下情报站，王之鸿，北京党史(3)

山西革命老区的“三大贡献”，杨小池，文史月刊（太原）(1)

不应忽视民主革命时期中共党史研究，金冲及，中共党史研究（京）(6)

中共四川地方组织在新民主主义革命时期的奋斗，卢耸岗，毛泽东思想研究（成都）(6)

中共民主革命时期的三次战略转变及历史启示，王康、章清，广西社会科学（南宁）(6)

中共在民主革命时期的民族区域自治理论与实践，王红霞，北方民族(3)

中国共产党对民主革命中的资本主义问题的认识：从“关于社会主义的讨论”到新民主主义理论的形成，王玉云，燕山大学学报（秦皇岛）(3)

中国共产党在民主革命时期的侦察保卫工作（上），刘跃进，江苏公安专科学校学报(4)

中国共产党建立的宛平县政权沿革，石建山，北京党史(6)

中国国民党丧失执政党地位的历史教训（下），王关兴，上海党史与党建(2)

中国革命独创性道路的开辟：农村包围城市、武装夺取政权，周战超，党建（京）(9)

中国新民主主义革命胜利的基本经验和伟大意义：《中国共产党历史》第一卷结束语，中共党史研究（京）(5)

从中国民主革命道路的区别看中国解放的必由之路，刘文兵、岳顺之，胜利油田党校学报（东营）(5)

从国共合作看祖国统一，黄小霞，固原师专学报(2)

历史与情怀：南海市溶洲村革命斗争历史及建国51年后补划为革命老区记，黄建新，广东党史（广州）(1)

长期混淆的几个重要概念——农村割据、军事大本营和农村革命根据地关系之我见，张秀华，史学集刊（长春）(3)

民主革命时期入党标准的演变及思考，黄志高，党史纵览（合肥）(11)

民主革命时期中共对最低纲领与最高纲领关系的探索，许磊，安徽师范大学学报（合肥）(4)

民主革命时期中国共产党在东北大学的基层组织及其活动，胡洁、马红岩，东北大学学报(沈阳)(2)

关于中国民主革命新道路的若干思考，赵春荣，探求(广州)(1)

早期中国共产党的三民主义观，耿向东、刘达丽，辽宁师范大学学报(大连)(6)

论我党在民主革命时期对中国资本主义经济的政策思想，沙健孙，马克思主义研究(京)(4)

论新民主主义人权观，郭晓平，中共党史研究(京)(3)

我军战史上的三次“空城计”，高士振，福建党史月刊(福州)(2)

始终保持党与人民群众的血肉联系：上海地下党代表人民群众利益的实践及其启示，谢黎萍，上海党史与党建(11)

试论西南地方实力派在民主革命中的地位和作用，包红君，辽宁师范大学学报(大连)(3)

试论新民主主义文化观在现代化中国文化发展中的地位，高寿平，皖西学院学报(六安)(1)

试析新主主义革命时期党对中农的“左”倾错误，程少明，江西社会科学(南昌)(4)

战斗在敌人心脏的西安军事情报组，雷云峰，世纪风采(南京)(3)

新民主主义文化纲领的再认识，刘辉、黄兴涛，党的文献(京)(3)

新民主主义革命开端研究概述及思考，黄爱军，党史研究与教学(福州)(2)

新民主主义革命时期中国共产党对回族的政策，周传斌，中共济南市委学校市行政学院社会主义学院学报(4)

新民主主义革命时期中国共产党对封建主义的认识和批判，徐卫东、江凤兰，南昌高专学报(1)

新民主主义革命时期中国共产党的民族文化教育政策，彭谦，广西民族研究(南宁)(2)

新民主主义理论教学和研究中的若干问题，刘晶芳，中共中央党校学报(京)(1)

新经济政策与新民主主义社会论比较研究，高寿平，安徽教育学院学报(合肥)(4)

党的创立时期

“共产主义小组”存在与否的考辩，沈建中，上海党史与党建(2)

1923年中共中央局迁粤始末，曾庆榴，广东党史(广州)(1)

一大后中央领导机构考实，王健英，上海党史与党建(10)

大革命前中共对其他党派政策的嬗变，郭渊，党史纵横(沈阳)(7)

中共一大前后党纲出现激进偏差的原因分析，王涛，社会科学家(桂林)(1)

中国共产党的创建与中国先进生产力的发展要求，张静如、石国亮，中国特色社会主义研究(京)(3)

中国共产党统一战线工作的开端，毛磊，党史研究与教学(福州)(4)

中国现代化文化选择的重大转折——论五四新文化运动的文化特色，刘景泉，中共党史研究(京)(2)

日本的米骚动与中国的五四运动，(日)野泽丰，党史研究与教学(福州)(3)

对于中共“一大”纲领性质的认定，管怀伦，南京社会科学(4)

关于中国共产党成立及各地早期组织的考证，曾长秋，湘潭师范学院学报(3)

再谈中国共产党诞生的时间，李三星，党的文献(京)(1)

列宁关于“加入共产国际的条件”与中国共产党名称的确定，张伟良，北京大学学报(1)

论留法勤工俭学运动与中共建立和发展的关系，张秋实，湖北行政学院学报(武汉)(4)

“五四”新文化运动与中国共产党建立，王克群，青海师专学报(西宁)(1)

“五四时期”中国接受马克思主义的心理认同基础，彭平一、汪建华，湘潭师范学院学报(1)

“公众论坛”与“自己的园地”:《新青年》杂志“通信”栏，李宪瑜，中国现代文学研究丛刊(京)(3)

“民主的联合战线”，统一战线的伟大开端:写在中共“二大”召开80周年前夕，范前锋，陕西社会主义学院学报(西安)(3)

“问题与主义”论战中的马克思主义中国化，彭继红、何为，湘潭师范学院学报(1)

“校”与“刊”相结合的北京大学透视:对五四新文化运动萌生根基的再认识，陈方竞，中国现代文学研究丛刊(京)(2)

《共产党宣言》在中国的早期介绍与传播，张红兰，党史天地(武汉)(10)

《新文化运动陈列》的策划与思考(上)，马英民，中国文物报(京)(7.26)

《新青年》对外国文学的译介，傅朝，锦州师范学院学报(2)

一部别开生面的中共创建史著：评《风云际会——中国共产党创始录》，朱成甲，中共党史研究（京）（4）

二十世纪初中国国情与中国共产党的产生，王世谊，河海大学学报（南京）（3）

中共对五四性质的讨论，叶美霞、田子渝，学海（南京）（5）

中共最早的农村党支部八斗湾支部、陈策楼支部的贡献，程少明，黄冈师范学院学报（5）

中国历史上的第一次工人运动高潮，郑翠兰，包头职大学报（1）

中国共产党早期反帝目标探析，李育民，湖南师范大学社会科学学报（长沙）（1）

中国共产党的成立与马克思主义在河南的早期传播，张俊国，洛阳师范学院学报（1）

中国早期共产主义者对党建思想的探索，汪洪斌，常德师范学院学报（2）

五四与中国现代化，南珊、舒虹，学问（长春）（5）

五四两代人在台湾，章清，社会科学报（5.16）

五四时期"职教救国"思想新评，曲广华，黑龙江社会科学（哈尔滨）（2）

五四时期先进知识分子的女子人格观，陈文联，衡阳师范学院学报（3）

五四时期自然科学家的科学宣传：以《科学》月刊为中心，邱若宏、陈曦，安庆师范学院学报（4）

五四时期国民党人与马克思主义传播，沈传亮，历史教学（津）（8）

五四时期的文化变革与中国先进文化，齐卫平，安徽师范大学学报（芜湖）（2）

五四时期的北大学生刊物比较，杨早，中国现代史研究丛刊（京）（1）

五四时期的百家争鸣，冯建辉，炎黄春秋（京）（6）

五四时期知识分子对妇女解放道路的探索，黄运丽，洛阳师范学院学报（4）

五四运动时期的思想发展和报刊图书出版，许力以，编辑之友（太原）（1）

五四新文化运动与中国人的现代化，黄学多，湖南财经高等专科学校学报（长沙）（2）

从"导师"与"学生"的关系看五四新文化运动的思想谱系，张宝明，河南师范大学学报（新乡）（1）

从《星期评论》看五四时期中国先进知识分子现代化榜样的变迁，黎建军、李立娥，江西社会科学（南昌）（3）

历史的脚步与背影——五四访华启蒙运动的文化思考，龙潜，贵州社会科学（贵阳）（3）

文化的根本在政治——新文化运动方向选择的反省，马勇，社会科学报（沪）（5.16）

斗争激烈的莫斯科中山大学，王中人、卢文华，文史精华（石家庄）（3）

北大新文化传播与五四新文化运动，孙玉萍，晋阳学刊（太原）（1）

正确认识"五四"运动反帝反封建的彻底性，聂玉宽，保定师范专科学校学报（3）

关于五四运动"打倒孔家店"小议，龚书铎，群言（京）（4）

吉安地区建党几个问题的探讨，刘受初，井冈山师范学院学报(吉安)(1)

早期中国共产党与“非基督教运动”，田海林、赵秀丽，中共党史研究(京)(4)

自由主义与马克思主义:《独立评论》对中国共产党的态度，张太原，历史研究(京)(4)

论五四时期的文化守成主义，王先俊，阜阳师范学院学报(4)

论科学主义思潮对马克思主义传播的影响，李向勇，探索(重庆)(2)

狂飙突进，众声喧哗:漫话五四时期的几种期刊，张杰，文物天地(京)(5)

国共携手著华章:党的三大与统一战线，张方胜，统一战线(武汉)(3)

国际因素对中国共产党创立的影响，刘士田、韩立英，当代世界社会主义问题(济南)(1)

建国前中国共产党人关于五四运动评论述评，梁磊，党史研究与教学(福州)(3)

建党初期中共对吴佩孚的统战工作，张海亮，西北师大学报(兰州)(2)

浅谈共产国际对中国共产党创立的历史作用，费聿平，吉林广播电视大学学报(长春)(4)

试论中共早期(1921—1927)女共产党员的价值观，朱红梅，湖北社会科学(武汉)(2)

试论中共沧州地方党组织的建立及其特点，童广俊，沧州师范专科学校学报(1)

试论五四运动与安徽妇女解放运动的关系，陈信琼，安徽史学(合肥)(2)

试析五四前后的贵州社会变革思潮，林建曾，贵州文史丛刊(贵阳)(1)

南陈北李与我党早期党风，沈建中，北京日报(11.18)

星星之火可燎原:党的四大与统一战线，董亿，统一战线(武汉)(4)

神州大地露曙光:党的一大与统一战线，若醒，统一战线(武汉)(1)

美国因素与五四运动的发生，董振平，福建省社会主义学院学报(福州)(1)

党的二大——第一次从国情出发制定伟大的革命纲领，任武雄，上海党史与党建(7)

党的最高纲领与最低纲领的关系:纪念中共二大召开80周年理论研讨会综述，陆米强、徐云根，上海党史与党建(7)

商务印书馆成为“五四”新文化运动中心的历史评议，谢谊、宁敏峰，上海大学学报(2)

探索前进尽风流:党的六大与统一战线，孟君，统一战线(武汉)(6)

雪压青松松更挺:党的五大与统一战线，李东明，统一战线(武汉)(5)

黄鹤知何去:中共五大纪实，唐正芒，党史博览(郑州)(6)

联合阵线奠基础:党的二大与统一战线，邓汉光，统一战线(武汉)(2)

新文化运动和五四运动的颠覆风暴，朱大可，社会科学报(沪)(5.16)

衙前农民运动研究的几个问题，丁晓强，中共党史研究(京)(1)

大革命时期

“容共”还是“分共”?:1925年国民党因“容共”而分裂之缘起与经过,杨奎松,近代史研究(京)(4)

《政治周报》与第一次国共合作,董振平,江西社会科学(南昌)(6)

1924年广东商团与广东革命政府关系之嬗变,张洪武,四川师范大学学报(成都)(1)

上海工人三次武装起义失败原因探析,张桂华、张秀荣,聊城大学学报(6)

上海工人武装起义新考:纪念上海工人武装起义胜利75周年,金立人,上海党史与党建(3)

大革命失败与罗易泄密事件,艾波,文史精华(石家庄)(3)

大革命失败原因再分析,杨乃良,孝感学院学报(1)

大革命后期的湖北运动述论,廖廷实,黔东南民族师专学报(凯里)(2)

大革命时期共产国际对中共与国民党左派关系的影响,郁晓航,历史教学(津)(2)

大革命时期共产国际限制中共军事力量发展原因析,张留见,历史教学(津)(7)

大革命时期湖南农民运动再思考,范忠程,湖南师范大学社会科学学报(长沙)(5)

大屠杀之夜的《报告》,史洛,档案与史学(沪)(2)

广东人民对北伐战争的贡献,吴新奇,湘潭师范学院学报(1)

中共“四大”会址的发现与确认,虹区、益初,上海党史与党建(12)

中共中央军事部到底是何时成立的,黄华,中共党史研究(京)(1)

从英国伦敦档案局保存的三篇报道看汉口“一三”事件真相,李良明,党史研究与教学(福州)(3)

斗争激烈的莫斯科中山大学(待续),王中人、卢文华,文史精华(石家庄)(3)

北伐战争期间我党思想政治工作的历史经验,邬学军、卢丽刚,南昌职业技术师范学院学报(2)

左右江农民运动的比较研究,颜安光,学术论坛(南宁)(3)

再论国共“党内合作”的维持与破裂,吴九占,西南师范大学学报(重庆)(6)

共产国际与大革命失败的历史责任,刘琦,求索(长沙)(1)

共产国际与第一次国共合作,茅家琦,江南大学学报(无锡)(1)

关于1926年上海举行五卅周年纪念活动几点史实的辨正,马福龙,上海党史与党建(9)

农民运动讲习所与北伐战争,薛毅,江汉论坛(武汉)(4)

在革命风暴中诞生的中央特科,穆欣,党史文汇(太原)(2)

收回汉口英租界原因之再认识,李良明,中共党史研究(京)(4)

论1924年中苏关系的建立，骆晓会，株洲师范高等专科学校学报(3)

论共产国际对中国革命的影响，王昌沛，菏泽师专学报(1)

论共产国际促进首次国共合作的实力思想和苏联利益中心思想，黄万求，中共南宁市委党校学报(2)

论国共"党内合作"的思想基础，白应华，孝感学院学报(1)

国共两党在哈尔滨的第一次合作，孙桂娟、孙静华，世纪桥(哈尔滨)(3)

国共精诚合作的典范：论黄埔建军及其历史作用，赵耀宏、郝琦，延安大学学报(4)

浅议党内合作形式，吴鸿丽，泉州师范学院学报(3)

浅论第一次国共合作中中共和莫斯科关系的主客错位，陈任远，康定民族师范高等专科学校学报(1)

促成第一次国共合作的矛盾因素新论，陈任远，湛江师范学院学报(4)

科学地分析大革命时期的党史问题，唐宝林，党史研究与教学(福州)(2)

美国对广州革命政府态度转变之浅析，毛丽，牡丹江师范学院学报(2)

党史研究新进展第一次大革命研究的新进展(上)，唐宝林，学习时报(京)(7.22)

略论国民革命中的红枪会运动，倪侃，宁夏社会科学(银川)(4)

第一次国共合作的形成原因新探，路爱林，长白学刊(长春)(3)

第一次国共合作破裂原因新探，昌文彬，孝感学院学报(4)

第一次国共合作破裂原因新探，郭圣福，华中师范大学学报(武汉)(3)

维经斯基论中国大革命失败的原因及其教训，姜建中，黑龙江农垦师专学报(哈尔滨)(3)

简论大革命时期湖南妇女运动的贡献，刘小云，玉林师范学院学报(1)

黔军在护国、护法和北伐战争中的历史作用，周远慧，贵阳师范高等专科学校学报(1)

土地革命战争时期

"一·二八"七十周年祭，冯英子，随笔(广州)(3)

"对时局的主张"与"好人政府"主张，吴家林，北京党史(3)

"朱毛红军"的发展沿革及战斗历程，黎连荣，军事历史(京)(4)

"党内合作"形式再思考，张玉玲，石油大学学报(东营)(2)

《大公报》与西安事变，王鹏，文史精华(石家庄)(5)

1932年1月3日，锦州人民永远不能忘记的日子：70年前锦州被日军占领纪实，于国

田、刘啸海、赵永超，党史纵横（沈阳）(5)

20世纪30年代初一位日本学者对侵华思潮的批判——读室伏高信《满蒙论》，翁有为，抗日战争研究（京）(2)

20世纪二、三十年代福建乡村建设运动的社会背景探析，李在全，党史研究与教学（福州）(3)

一场惨绝人寰的"左"倾屠戮：红军时期闽西"社会民主党"冤案，王勇、邢孝伟，党史纵横（沈阳）(4)

九一八事变时期日本的对华新政策，臧运祜，中国社会科学院研究生院学报（京）(2)

二十世纪三十年代"新启蒙"思潮研究，黄一兵，中共党史研究（京）(2)

人民军队建军史上的重要里程碑：重温《古田会议决议》，丁公量，大江南北（沪）(8)

十余年来遵义会议研究述评，徐波，河海大学学报（南京）(4)

下寺湾会议与中共奠基陕北，冯昆，东北师大学报（长春）(2)

土地革命战争时期共产国际"左"倾错误理论发端新探，杨鹏程，西南交通大学学报（成都）(1)

广州起义新探，黄国华、梁志明，社会科学研究（成都）(5)

中央苏区反腐倡廉的成功经验与深刻启迪，谢建社，江西师范大学学报（南昌）(4)

中央苏区的基层民主选举，王淑凤、胡永利，山东社会科学（济南）(3)

中央党团组织代称在顺直使用情况初考，杨广富，档案天地（石家庄）（增刊）

中共的统战工作对西安事变的促动作用，刘国平，益阳师专学报(5)

中共第三次"左"倾错误领导集体的形成与共产国际的关系，吴映萍，江西社会科学（南昌）(7)

中华苏维埃共和国与"三个代表"的伟大尝试，余伯流，赣南师范学院学报（赣州）(1)

中华苏维埃共和国妇女人权的发展与20世纪的社会进步，谢庐明，赣南师范学院学报（赣州）(4)

中华苏维埃共和国的选举运动，袁红，北京党史(6)

中华苏维埃共和国是中国革命一定阶段的必然产物，曹春荣，赣南师范学院学报（吉安）(2)

中国共产党创建人民军队的历史基础，冉红斌、李秀春，南京政治学院学报(4)

中国共产党治国安邦的伟大尝试：记中华苏维埃共和国的诞生，罗惠兰，求实（南昌）(1)

中国革命前进的伟大基地，石仲泉，中共党史研究（京）(1)

五次繁昌保卫战，张金锭、张雷，福建党史月刊（福州）(8)

井冈山时期我党思想政治工作的历史经验与启示，卢丽刚、刘军，江西社会科学（南昌）(10)

从“满蒙领有论”到“大东亚共荣圈”——对日本殖民扩张主义的再认识，冯玮，抗日战争研究（京）(2)

从分歧到一致：中共高层领导解决西安事变意见透视，刘艳华，内蒙古民族大学学报（通辽）(1)

从红军长征过广西到“两广事变”，钱文军，南方周末（广州）(10.10)

从新本《中国共产党历史》看红军西路军历史真相，陈铁健，北京日报(12.2)

从瑞金到延安：中国苏维埃运动中心转移的曲折历程，雷云峰、李耀萍，毛泽东思想研究（成都）(1)

六十多年前“藏本失踪案”内幕大曝光，肖舟，文史春秋（南宁）(6)

历史功罪向谁论——《西京兵变与前共产党人》读后，陈铁健，抗日战争研究（京）(1)

日本“满洲移民”诸问题探讨，关伟、关捷，抗日战争研究（京）(2)

日军预谋发动九一八战争与中共满洲省委对其侵略阴谋的揭露，刘贵田，党史研究与教学（福州）(1)

牛田行营反“围剿”的历史经过，罗时来，福建党史月刊（福州）(4)

长征使中国共产党由幼稚走向成熟，杨海杰，承德民族师专学报(1)

长征路上的体育活动，李安葆，福建党史月刊（福州）(2)

东征凯歌：中央红军东路军攻占漳州，凡工，福建党史月刊（福州）(4)

东满地区“民生团事件”始末，郭渊、王静，世纪桥（哈尔滨）(2)

以中国最广大人民的根本利益为出发点：党领导九一八抗战历史教训的启示，阎振民、李斌，党史纵横（沈阳）(7)

卢沟桥事变前的日本海军与对华开战决策的形成，陆伟，党史研究与教学（福州）(3)

发生在新疆的“七七政变”，孟东，纵横（京）(8)

右江革命根据地的文化建设特色，简春华、韦国友，广西右江民族师专学报（百色）(4)

四川第一个苏维埃政权，罗霞，中共成都市委党校学报(5)

宁都会议若干问题释疑，郑德荣、李洪河，党的文献（京）(4)

对《朱毛部工农革命军第四军成立时参谋长是朱云卿》一文的质疑，王诚宏、王冬梅，世纪桥（哈尔滨）(1)

对土地革命战争史研究中几个热点问题的看法，徐占权，军事历史（京）(4)

对红一方面军长征史中“调滇军入黔”等几个问题的考证，卓人政，党的文献（京）(4)

关于一份七七事变前夕日军阴谋侵占华北的机密文件的考证，臧运祜，抗日战争研究（京）(3)

关于一封电报的考证，齐得平，党的文献（京）(3)

关于九一八事变后王明路线几个问题的探讨，王维礼，长白学刊（长春）(1)

关于红军长征中一则史实的通信，张爱萍、喻权域、阳治国，党的文献（京）(1)

关于福建事变之再思考，何池，福建党史月刊（福州）(12)

再论中共和平解决西安事变方针的确立，徐旭阳、高志平，湖北师范学院学报（黄石）(1)

再析中华苏维埃共和国成立的历史必然性，朱钦胜，赣南师范学院学报（赣州）(4)

创建人民政权的伟大实践，时习之，福建党史月刊（福州）(3)

在莫斯科旁听“六大”和学习，李文宜，纵横（京）(4)

地理环境与红军长征，马佩英，首都师范大学学报（京）(5)

红四方面军撤出鄂豫皖根据地原因新论，王德新，理论学刊（济南）(1)

红军入川时期的万源苏维埃和万源人民，邓金德，四川党史（成都）(5)

红军长征过陇东的历史功绩，李仲立、李云广，固原师专学报(1)

红军长征时期在西北的伊斯兰教政策，高占福，中国宗教（京）(1)

红军西路军烈士首级照片考，李敏杰、李宜辰，炎黄春秋（京）(2)

红军精神永放光芒，魏正福，福建党史月刊（福州）(5)

西北红军发展的历史经验及历史地位，朱根生，军事历史（京）(1)

西安事变后国共两党和谈及其复杂斗争，王玉峰，世纪桥（哈尔滨）(2)

西安事变研究中的几个有争议的重要问题，毕万闻，社会科学战线（长春）(6)

论“四·一二”政变后共产国际对中国革命政策未能实现转变的原因，李良明，华中师范大学学报（武汉）(5)

论《井冈山土地法》的内容及其历史意义，马于强，井冈山师范学院学报（吉安）(1)

论土地革命时期中共与第三党关系的演变，周若清、杨永贵，宜宾学院学报(2)

论土地革命时期根据地的人权建设，袁金辉，北京党史(2)

论中央苏区革命标语宣传的特点与作用，刘善玖、黄保华，井冈山师范学院学报(4)

论中共第一个红色政权：黄安县农民政府的成立，汪季石，江汉论坛（武汉）(11)

论中华苏维埃共和国检察机构的设置及其职能，谢庐明，赣南师范学院学报（赣州）(1)

论中国共产党人对 1930 年代中国政治发展的推动，肖立辉，党史研究与教学（福州）(1)

论中国共产党在长征期间的民族政策，陈松友，广东省社会主义学院学报（广州）(4)

论中国苏维埃选举制度的特点，谢一彪、朱腾云，赣南师范学院学报（赣州）(1)

论长征的准备工作，孙堂厚，军事历史研究（沪）(4)

论江西苏区的反“左”斗争及贡献，王员、郭秋光，江西社会科学（南昌）(1)

论坚持南方三年游击战争的主观原因，彭升，湖南广播电视大学学报（长沙）(3)

论苏区社会变革的特点与意义，何友良，中共党史研究（京）(1)

论苏区监察制度的历史作用，刘信波，赣南师范学院学报（赣州）(2)

论第二次国内革命战争时期第三党政治方针的演变,刘晓文,世纪桥(哈尔滨)(3)

庐山曾被中央红军称为"天堂",董耀君、杨满康,四川党史(成都)(2)

苏家埠、永慧寺与苏家埠战役,聂皖辉,党史纵览(合肥)(6)

评《中央苏区史》,陈伙成,党史研究与教学(福州)(4)

国民党中央特别委员会述评,史全生,历史档案(京)(3)

国家政治保卫局:中央苏区的特种部队,剑音,福建党史月刊(福州)(3)

孤军北上做先锋:刘华清谈红二十五军长征,张明金、姜为民,党史博览(郑州)(1)

实现党的广泛性和先进性的有机统一:学习瓦窑堡会议关于党组织扩大问题的体会,王宇雄、张益民,山西高等学校社会科学学报(太原)(5)

拉好岩顶八英雄:红七军在天峨县的一次激烈战斗,韦福田,文史春秋(南宁)(8)

浅议红军早期的思想政治教育,孙梦云,江西社会科学(南昌)(9)

浅论"杨常事件",邵桂花、刘颖,中共沈阳市委党校学报(2)

浅析中国工农红军抗日先遣队失败的原因,王建军、刘建平,咸阳师范学院学报(3)

浅析东北军抗日意识的形成,高飞,吉林日报(长春)(5.26)

英国、国联与"九一八"事变:兼评《李顿调查报告》,王宇博,历史档案(京)(2)

试论"黎平会议"的历史地位和作用,薛雪、吴起堂,贵州广播电视大学学报(贵阳)(4)

试论一苏大会制定宪法大纲,黄允升,党的文献(京)(3)

试析中央革命根据地的财政收入政策,杨菁,党史研究与教学(福州)(4)

试述中国共产党统一战线政策在长征中的作用,魏晓文,求实(南昌)(6)

陕甘宁边区禁毒运动中民众的作用,钱自强,党史天地(武汉)(5)

前苏联对待西安事变问题论析,赵全,西南民族学院学报(成都)(10)

南昌起义军南下广东的进军方向应该肯定吗? 金怡顺,党的文献(京)(6)

贺龙红军西征湘鄂边与其北走伏牛山,张玉桥,河洛史志(3)

重审"不抵抗主义",冯筱才,社会科学报(沪)(8.22)

重现炽热神奇的红土地历史画卷:《中央苏区史》评介,肖甡,中共党史研究(京)(2)

闽中游击区的创建及被史书遗漏的历史原因,蔡天新,中共党史研究(京)(2)

闽西土地改革运动述评,苏俊才,当代中国史研究(京)(1)

革命根据地农业多种经济成分及党的政策,康小莉,毛泽东思想研究(成都)(2)

党员、党组织与乡村社会:广东的中共地下党(1927—1932年),王奇生,近代史研究(京)(5)

谁是红四军首任参谋长,傅柒生,福建党史月刊(福州)(2)

高潭区苏维埃政府成立时间探索,卢权,广东社会科学(广州)(3)

第二次国内革命战争时期的中国哲学和社会科学的发展历程,邢国昌,绥化师专学报(2)

鄂豫皖苏区政治保卫局述评,路海江,中共党史研究(京)(4)

黄麻起义领导机构考,汪季石,黄冈师范学院学报(1)

皖浙赣红军出山改编的经过,刘晓农,党史纵览(合肥)(7)

新疆历史上的短命分裂政权——“东突厥斯坦伊斯兰共和国”的覆灭,厉声,中国边疆史地研究(京)(2)

满铁与“九一八”真相,宋金玲,文史月刊(太原)(6)

简论选举运动在土地革命战争中的重大作用,管仕福,衡阳师范学院学报(4)

简析福建事变中我党统战工作的教训,程动田,邯郸师专学报(2)

漳州战役的历史启示,巩玉闽,福建党史月刊(福州)(4)

遵义会议前后的三个“三人团”,仇宝山,党史博览(郑州)(1)

抗日战争时期

“七七”事变与中国民主党派,夏咸军、胡光,军事历史研究(沪)(3)

“七七事变”与江西抗战局面的形成,邹耕生,江西社会科学(南昌)(11)

“日本会议”与《最新日本史》,王智新,抗日战争研究(京)(2)

“花冈事件”诉讼案和解始末,刘宝辰、张如意,文史精华(石家庄)(9)

“残留”山西日军的最后挣扎与灭亡,赵康强,党史文汇(太原)(1)

“党在‘七大’成熟了”的说法确切吗?蒋贤斌,北京日报(1.28)

“浩歌声里请长缨”:桂林抗战音乐运动述论,冯明洋,中国音乐学(京)(2)

《十五年战争研究史论》读后,周启乾,抗日战争研究(京)(2)

《中国抗日战争史》出版发行座谈会,梁泉,民国研究(南宁)(6)

《中国抗日战争正面战场作战记》值得一读,王人广,炎黄春秋(京)(7)

《苏日中立条约》签订的国际背影及其对中苏关系的影响,李嘉谷,世界历史(京)(4)

1939年中间党派的宪政提案述评,兰芳,历史教学(津)(7)

1942—1943年国民政府的新疆战略述评,欧阳云梓,中州学刊(郑州)(3)

1945年华北抗战区受降仪式目击记,赵勇田,北京党史(5)

20世纪40年代中国共产党的外事工作:陈浩、凌青、张颖、刘文仲访谈录,李星、万颖红,党的文献(京)(3)

一出由长沙出发的新“西游”:记抗战时期清华、北大、南开三校西迁旅行团,唐正芒,湘潮(长沙)(3)

一部向世界揭露二战日军细菌战罪行的新著:《细菌战大屠杀》评介,陈致远,常德师范学院学报(1)

七七事变与英国的远东对日政策转变,傅敏,民国档案(南京)(3)

八一三淞沪抗战第三阶段后期日军作战方针浅析,裴匡一,党史研究与教学(福州)(2)

八年抗战中的中央大学,刘敬坤,炎黄春秋(京)(5)

八路军总部由南茹村战略南移日期考:拟对《朱德年谱》相关条目的订正与补充,吴殿尧,党的文献(京)(5)

八路军香港办事处与广东抗战,吴彬,党史天地(武汉)(4)

上海郊区的抗日武装斗争及其历史经验,顾学周,探索与争鸣(沪)(8)

也谈抗日战争领导权问题,刘宝军,世纪桥(哈尔滨)(1)

大屠杀血光掠过“掩体”:南京江南水泥厂难民营“秘闻”,季颖,新民晚报(沪)(12.13)

不堪回首的历史与不能忘记的历史:《对和平与人道的肆虐——1937 至 1945 年日军侵粤述略》简评,陈金龙,广东党史(广州)(1)

中共中央与东北抗战,阳曦,松辽学刊(四平)(1)

中共中央南方局的统一战线工作及其历史性贡献,周勇、胡大牛,中共中央党校学报(京)(1)

中共党组织与东北抗日义勇军,王艳阳,世纪桥(哈尔滨)(1)

中华民族意识与抗日战争胜利的历史思考,徐根义,山东科技大学学报(泰安)(3)

中印日玛线、印藏驮运线与英国的干涉活动,张永攀,西藏民族学院学报(咸阳)(1)

中条山地区人民对抗日战争的重大贡献,杨圣清,抗日战争研究(京)(4)

中国共产党对建造四川基地的贡献,刘昌福,四川党史(成都)(5)

中国共产党用国际舆论处理皖南事变的策略及影响,孙健,上饶师范学院学报(4)

中国共产党在广东南路抗战中的贡献,李甫媛,社科与经济信息(南宁)(2)

中国共产党在延安时期的外交活动,李东朗,人文杂志(西安)(1)

中国共产党在牺盟会创建时期的统战策略及其作用,朱红勤,北京科技大学学报(3)

中国共产党抗日战争的军事战略,罗焕章,军事历史(京)(3)

中国局部抗战的成因及其伟大意义,曲正,宁夏社会科学(银川)(3)

中国抗战对世界反法西斯战争的贡献,韦国友,钦州师范高等专科学校学报(3)

中国放弃日本战争赔偿要求始末,王先勇,党史文汇(太原)(7)

中国战区日俘日侨的收容、管理与遣送,吴庆生,江西社会科学(南昌)(4)

中国党史上最早的整党运动:洗党,贺秀红,中共党史资料(京)(83)

中美合作所的本来面目,何蜀,炎黄春秋(京)(10)

中美联手夜袭乌丘屿,佚名,纵横(京)(5)

为什么开延安文艺座谈会，于敏，大众电影(京)(10)

井冈山"洗党"与延安整风之比较，陈胜华，江西师范大学学报(南昌)(2)

从《新历史教科书》到《最新日本史》，郭素美、王希亮，抗日战争研究(京)(2)

从日蒋和谈看日本的诱降政策，陈志杰，民国档案(南京)(2)

从国民参政会的成立看抗战初期国民政府的政治态度：兼谈国民参政会的局限性，沈和江，河北师范大学学报(石家庄)(4)

从屈辱妥协到独立自主：《中苏友好同盟条约》与《中苏友好同盟互助条约》比较研究，李志学，学习与探索(哈尔滨)(3)

从战略防御看中国抗日战争的历史地位，廉慧斌，辽宁大学学报(沈阳)(1)

历史岂能歪曲，责任不容忘却：评《泣血吴淞口》，陈婷，军事历史研究(沪)(1)

反对主观主义，弘扬马克思主义学风：纪念延安整风运动六十周年，万迪宏，江西社会科学(南昌)(增刊)

忆六十年前的延安文艺座谈会，于学伟，大众电影(京)(10)

忆敌后淮海区的财贸工作，陈铁铮，世纪风采(南京)(10)

日本"满蒙开拓青少年义勇军"移民政策的确立和实施，王友兴，黑龙江教育学院学报(哈尔滨)(2)

日本士兵在中国国民党统治战场的反战活动，焦占祥，洛阳师范学院学报(4)

日本占领海南岛时期的日军军事机构及兵力沿革研究，张兴吉、隋丽娟，海南师范学院学报(海口)(1)

日本关东军的滋生与覆灭(上)，王强、高有奎，文史月刊(太原)(7)

日本关东军的滋生与覆灭(中)，王强、高有奎，文史月刊(太原)(8)

日本关东军的滋生与覆灭(下)，王强、高有奎，文史月刊(太原)(9)

日本陆军与"蒙疆联合委员会"，祁建民，抗日战争研究(京)(2)

日本侵华时期在华南的毒化活动，曹大臣，民国档案(南京)(1)

日本侵华罪证的新发现：伪满洲国建国神庙遗址的发掘，王文锋，民国档案(南京)(3)

日本侵华模式初探——以"华北事件"为中心，张生、卢文华，民国档案(南京)(2)

日本侵略者在厦门的暴行，吴丽琼，福建党史月刊(福州)(8)

日本帝国主义对内蒙古地区的经济侵略，马寒梅，阴山学刊(包头)(3)

日本统治朝鲜半岛时期向中国东北移民的研究，王胜今，东北亚论坛(长春)(3)

日伪控制东北教育之目标剖析，杨家余，民国研究(南宁)(6)

日军"南进"攻略的破灭，朱安平，文史精华(石家庄)(4)

日军"慰安妇"当了八路军，芦焰，党史文汇(太原)(3)

日军在山西的毒气战，高晓燕，文史月刊(太原)(5)

日军侵占万泉纪实，屈殿奎，文史月刊(太原)(6)

日据大连时期的奴化教育实质，李萍，辽宁师范大学学报(大连)(4)

见证历史真相的档案《德国外交官所见的南京事件》，杨彪，档案与史学(沪)(3)

世人关注的日军慰安妇问题，林晓光，百年潮(京)(5)

东北抗联根植人民，孙成德，兰台世界(沈阳)(4)

东北沦陷时期的爱国抗日文学活动，刘强敏，北方文物(哈尔滨)(3)

东北朝鲜族十四年抗日斗争述论，蒋立文，长白学刊(长春)(1)

东江纵队在抗日战争时期的斗争策略与历史贡献，温朝霞，探求(广州)(5)

东京，战争赔偿风波，董岩春，文史月刊(太原)(8)

出席旧金山联合国制宪会议的中国代表团组成情况述略，洪小夏，武汉大学学报(3)

卢沟桥事变后中日高层决策，郭汝槐、黄玉章，炎黄春秋(京)(7)

台儿庄战役的国际影响与国内地位问题，高鸣，民国研究(南宁)(6)

史实与评说：中美合作所功罪之争，(美)沈愚，民国档案(南京)(3)

外国人眼中的延安日本战俘学校，王光荣，党史博览(郑州)(4)

正面战场作战研究的新成果：评《中国抗日战争正面战场作战记》，罗焕章，抗日战争研究(京)(2)

用生命的极限高举抗日爱国旗帜：弘扬东北抗联精神，张洪兴、张玉忠，世纪桥(哈尔滨)(4)

伪满时期日本对中国东北能源的掠夺，刘英杰，社会科学辑刊(沈阳)(5)

全面、系统研究上海抗日战争史的力作：评唐培吉、朱敏彦主编的《上海抗日战争史丛书》，孙道同，同济大学学报(沪)(2)

共产国际、苏联与东北抗日斗争关系初探，陈桂香，山东大学学报(济南)(1)

关于"特殊工人"的若干问题，解学诗，抗日战争研究(京)(2)

关于中国抗日战争的阶段划分问题，戴国辉，高校社科信息(5)

关于太河惨案研究的若干问题，杨明清，理论学刊(济南)(3)

关于抗日战争研究中的几个学术和热点问题，岳思平，军事历史(京)(5)

关于侵华日军细菌战史料的几个问题，朱清如，常德师范学院学报(6)

再论"百人斩"，程兆奇，江苏社会科学(南京)(6)

冲出樊笼，奔赴抗日战场：赤石暴动详情，文树，福建党史月刊(福州)(6)

华北甲第一八五五细菌战部队之研究，谢忠厚，抗日战争研究(京)(1)

华北抗日斗争史上的重要一笔——太南撤军，焦书文，党史文汇(太原)(5)

华侨与抗日战争，夏明星、苏振兰，党史天地(武汉)(7)

回忆上海流亡青年内地服务团，余耘，江淮文史(合肥)(3)

在世界反法西斯战争中做出巨大贡献，中国受到国际史学界重视，人民日报(京)(8.15)

在两次淞沪抗战中日本人民的反侵华斗争，卞杏英，上海党史与党建(8)

在宿松湖区的新四军第七师挺进团，陶晓泉，党史纵览(合肥)(3)

地方实力派对抗日民族统一战线形成的促进作用，吴红颖，四川大学学报(成都)(6)

壮志救国：东北大地上的中国少年铁血军，丁国勋，党史纵横(沈阳)(6)

延安"抢救运动"的前前后后，思婧，党史天地(武汉)(5)

延安文艺座谈会与延安整风：纪念《在延安文艺座谈会上的讲话》发表60周年，靳绍彤、黎辛，南京艺术学院学报(音乐与表演版)(2)

延安文艺座谈会的前前后后，萧剑南，福建党史月刊(福州)(6)

延安文艺座谈会的前前后后，黎辛，纵横(京)(5)

延安抗大俄文队：中国两所大学的发源地，曹慕尧，党史纵横(沈阳)(7)

延安时期中国共产党对美国政策的演变及启示，赵红，延安大学学报(4)

延安时期陕甘宁边区廉政建设的经验，张文琳，甘肃政法学院学报(兰州)(1)

延安时期思想政治工作的基本经验，张贤华、韩裕澜，安庆师范学院学报(1)

延安时期廉洁政治的历史启示，刘迎春，西安学院学报(2)

延安精神与解放思想，唐纯良、胡海波，理论探讨(哈尔滨)(2)

延安整风与"三讲"教育的历史背景比较，罗韬、赵燕玲，韶关学院学报(5)

延安整风的求是过程，唐振南、周仁秀，毛泽东思想研究(成都)(6)

收押改造日本战犯纪实，纪敏，文史精华(石家庄)(3)

有关话剧《野玫瑰》：抗战中的一桩公案，张颖，百年潮(京)(9)

有关南京大屠杀的英国外交档案的史料价值，王卫星，档案与建设(南京)(3)

江西"三元里"：抗日群众怒歼古贺联队，池凤臣、王凤山，党史纵横(沈阳)(9)

江西省抗日战争损失述略，陈荣华，江西社会科学(南昌)(11)

论《新华日报》的抗日宣传，唐正芒，湘潭大学社会科学学报(5)

论山西抗日民族统一战线的历史经验，马小芳，山西农业大学学报(2)

论中国共产党与国统区妇女界抗日救亡统一战线，杨慧、许丽萍，佳木斯大学社会科学学报(5)

论中国共产党在抗日战争中的政治领导作用，张丽，牡丹江师范学院学报(2)

论中国共产党抗日根据地民主政治的特色，谢双明，株洲师范高等专科学校学报(1)

论日本帝国主义蚕食华北的原因及特点，渠长根，常熟高专学报(5)

论东南亚华侨援助新四军的历史成因及其贡献，郑复龙，华侨华人历史研究(京)(3)

论华中抗日根据地的开辟，刘家国，军事历史研究(沪)(3)

论西南联大的文艺社团及其刊物，张玲霞，新文学史料(京)(2)

论抗日战争时期人民军队的整风运动，侯文强，军事历史研究(沪)(2)

论抗日战争时期华北根据地农民的政治参与，张鸿石，河北学刊(石家庄)(2)

论抗日战争时期的减租减息,陈洪玲,史学集刊(长春)(3)

论抗战文化的基本特征,文天行,中山大学学报(广州)(1)

论抗战时期中华民族凝聚力的形成,孙海涛,辽宁大学学报(沈阳)(5)

论抗战时期中国政府的"苦撑待变"战略,孙玉玲,天中学刊(驻马店)(4)

论抗战时期日本的对华经济战,齐春风,历史档案(京)(3)

论抗战时期民主宪政运动兴起和发展的背景与条件,朱世海,中央社会主义学院学报(京)(3)

论抗战时期民主党派对国民党政权的认识及演变,陈益元,思茅师范高等专科学校学报(1)

论海南沦陷时期的日本占领政策,张兴吉,日本学论坛(长春)(2)

阳城谈判闯虎穴:抗战时期统战工作回忆片段,邢真,党史纵横(沈阳)(8)

初探抗战时期陕甘宁边区移难民的源流,张志红,殷都学刊(安阳)(1)

我国民主政治建设史上的又一座丰碑:析抗日根据地政权建设的着力点,吴静波、朱超南,党史纵览(合肥)(6)

我亲历的仁安羌大捷,王楚英,百年潮(京)(9)

抗日民族统一战线中的中国青年党,董一冰,世纪桥(哈尔滨)(1)

抗日民族统一战线经验述论,尹世明,山西师大学报(临汾)(1)

抗日民族统一战线政策在陇东根据地的成功实践,赵艳林,甘肃理论学刊(兰州)(3)

抗日战争与中华民族精神的现代化,朱兆华,社会科学辑刊(沈阳)(4)

抗日战争中后期中国共产党与中间党派的互动关系,付强,辽宁商务职业学院学报(4)

抗日战争对中国民主政治的影响——以战后"联合政府"的弃取为例,温锐、戴利朝,抗日战争研究(京)(1)

抗日战争后期美国对华政策与国共关系,曹江秋,宁夏社会科学(银川)(2)

抗日战争时期人民军队建设的历史经验,何理,军事历史(京)(3)

抗日战争时期中国工农业损失述略,陈小琼,民国研究(南宁)(6)

抗日战争时期中国共产党对日作战方针及演变,李洪影、刘宝军,辽宁师专学报(铁岭)(3)

抗日战争时期中国西南反封锁作战的作战及启示,张连松,军事历史研究(沪)(4)

抗日战争时期中美之间的合作与斗争,石荣慧,河池师专学报(宜州)(1)

抗日战争时期日本在台湾的公债政策研究,戴建兵,史学月刊(开封)(3)

抗日战争时期关于三民主义论点的再认识,谢双明,学术论坛(南宁)(3)

抗日战争时期在根据地创办的日本工农学校,肖冬,党的文献(京)(6)

抗日战争时期我国发展农村经济的路径管窥,陈启文,云梦学刊(岳阳)(3)

抗日战争时期苏联对华政策的评析,陆亚玲,扬州教育学院学报(1)

抗日战争时期的中共陕西省委,华州,当代陕西(2)

抗日战争时期陕甘宁边区军事斗争述评,王晋林,军事历史(京)(6)

抗日战争期间陕甘宁边区拥军工作的述评,黄华文、王一丁,军事历史(京)(1)

抗日根据地干部在职教育的经验和启示,姜福润,河北大学成人教育学院学报(保定)(1)

抗日根据地农业立法中"三农"战略的历史考察,张海荣,河北师范大学学报(石家庄)(1)

抗日根据地宗教政策试析,魏晓彤,前沿(呼和浩特)(8)

抗日烽火中的皖江革命根据地教育,陈家骥,安徽教育学院学报(合肥)(1)

抗战至抗战胜利初期陕甘宁边区的选举法及其实施,张文琳,甘肃理论学刊(兰州)(2)

抗战初期中国共产党对冀中联庄会工作述论,郑立柱,保定师范专科学校学报(1)

抗战初期全国各界捐资救国概述,金功辉,民国档案(南京)(3)

抗战初期我党在山西的高层统战工作,郭占升、苏小平,纵横(京)(6)

抗战时期中共中央争取美援工作述评,赵建利、任学勇、周前胜,军事历史(京)(3)

抗战时期中共民间外交述评,朱蓉蓉,社会科学战线(长春)(6)

抗战时期中共学习运动缘起论,高心湛,许昌师专学报(3)

抗战时期中共党建工作的历史思考,高鸣,苏州大学学报(4)

抗战时期中国共产党民主建政的历史考察,陈先初,抗日战争研究(京)(1)

抗战时期中美间的五次借款,潘国琪,易继苍,福建省社会主义学院学报(1)

抗战时期内迁进步知识分子对其历史使命认识刍论,张红,广西社会科学(南宁)(3)

抗战时期日军暴行的文化分析,郑忠、高萍萍,徐州师范大学学报(3)

抗战时期汉奸形成原因探析,付启元,民国档案(南京)(4)

抗战时期在延安召开的日本士兵代表大会,王光荣,党史文苑(南昌)(1)

抗战时期我党大量吸收知识分子的原因探析,高鸣,理论学刊(济南)(3)

抗战时期沦陷区的电影检查,汪朝光,抗日战争研究(京)(1)

抗战时期国民政府的壮丁征兵制度探析:以河西走廊为中心的考察,石建国,军事历史研究(沪)(2)

抗战时期国共两党西部开发比较研究,李秉奎、冯小丽,长白学刊(长春)(6)

抗战时期国统区文艺界纪念鲁迅的活动,徐瑞岳、陈洁,新文学史料(京)(2)

抗战时期陕甘宁边区保障人权的思想与实践,刘文娟,广西民族学院学报(南宁)(3)

抗战时期陕甘宁边区保障人权的特点和经验,刘文娟,湖北大学学报(武汉)(2)

抗战时期陕甘宁边区保障人权原因初探,刘文娟,松辽学刊(四平)(3)

抗战时期党对山东土匪、会道门的争取与斗争，梁家贵，中共党史研究(京)(2)

抗战时期党的外事工作片断，周溢潢，党史天地(武汉)(4)

抗战时期党的知识分子政策特点，闫文虎，政工导刊(西安)(3)

抗战胜利前后美国对华政策中的苏联因素，张文政，四川师范学院学报(南充)(3)

抗战期间中国偿还苏联援华财物再议，王荣林，山西高等学校社会科学学报(太原)(3)

杨靖宇率领的抗联一路军选择濛江地区开展抗日活动成因及历史作用，康耀辉，通化师范学院学报(6)

沉潜磨洗六十年：凭吊中国抗战首都重庆，王康，书屋(长沙)(6)

沦陷区文学研究应当支持历史的原则：谈沦陷区文学评价中的史实准确与政治正确问题，张泉，抗日战争研究(京)(1)

沦陷时期北平的农村经济，陈静，北京党史(4)

苏联国家利益对中国抗日民族统一战线的影响，彭贵珍，洛阳师范学院学报(6)

评《中国抗日战争史》(1931—1945)，经盛鸿，抗日战争研究(京)(3)

财政部驻港人员有关南京大屠杀等问题的情报，中国第二历史档案馆，民国档案(南京)(2)

近十年来延安整风运动研究综述，王琴，北京党史(3)

近十年来抗日战争时期国民政府对外关系研究述评，陈谦平，抗日战争研究(京)(2)

近年来国共党内合作形式研究评述，张玉玲，山东科技大学学报(青岛)(3)

参加“七大”：我难以忘怀的一段经历，王恩惠，纵横(京)(4)

国民政府秘密组织赴日揭露南京大屠杀真相述评，郭必强，南京社会科学(12)

国民党五届五中全会至皖南事变国共关系之我见，刘育钢，党史研究与教学(福州)(6)

国民党军队对百团大战的配合述评，王荣林，晋东南师范专科学校学报(长治)(1)

国民党走向皖南事变之经过，杨奎松，抗日战争研究(京)(4)

国民党政府对日政策与第二次国共合作的实现，拓宏伟、任学岭，广西社会科学(南宁)(4)

国共抗日游击战争之比较，郭代习，许昌师专学报(3)

孤注一掷，以打求和：日寇改动豫湘桂战役并入侵黔南的目的，胡祖竹，黔南民族师范学院学报(都匀)(1)

宝贵的启示：纪念延安整风六十周年，马莹伯，当代思潮(京)(2)

宝塔山下的盛会：中共七大纪实，王新生，党史博览(郑州)(7)

建立巩固的东北根据地：抗战胜利后中共中央对东北的战略方针及其形成过程，王永君、王旭，吉林日报(长春)(5.26)

浅论日本对中国东北的“青少年”移民问题，卢海燕，辽宁教育学院学报(沈阳)(5)

浅论两次整风运动中我党在知识分子问题上的失误，韩曦、熊小红，井冈山师范学院学报(吉安)(2)

浅析中共七大延期召开的原因，邸春玲、毕春丽，黑龙江农垦师专学报(阿城)(3)

浅析兰州民众团体抗日活动的历史局限性，王美蓉，河西学院学报(张掖)(4)

浅析伪满的“协和义勇奉公队”，高晓燕，北方文物(哈尔滨)(3)

浅析抗战时期“三三制”政权，朱理峰，松辽学刊(四平)(3)

罗荣桓平冤狱：山东微山湖西“肃托”事件始末，艾波，党史纵横(沈阳)(2)

英国外交档案中有关侵华日军南京大屠杀史料一组，杨夏鸣、王卫星译，民国档案(南京)(1)

试论中国抗日战争的国际影响，张世均，重庆教育学院学报(5)

试论日本“持久战”与建立傀儡政权结合方针的形成，于耀州、邢丽雅，松辽学刊(四平)(3)

试论抗日战争时期的减租减息政策，王秀绒，商洛师范专科学校学报(4)

试论抗战时期中国共产党的科技思想，蔡瑛，党史研究与教学(福州)(5)

试论抗战时期的中苏空军联合作战，姜振飞，固原师专学报(宁夏)(1)

试论抗战期间中间势力的崛起与发展，何继勋，郑州大学学报(3)

试论冀南抗日根据地的建立及历史地位，郭秀芬，邯郸师专学报(4)

试析中日战争时期日本的侵略理论，史桂芳，抗日战争研究(京)(1)

试述晋西北抗日根据地乡村权力结构的变动(1937—1945)，渠桂萍、王先明，社会科学研究(成都)(1)

试谈延安整风运动与“三个代表”：纪念延安整风运动六十周年，叶美霞，南京理工大学学报(5)

贯穿于东北抗联第一路军发展史中的三条主线(中)，王仁清，通化师范学院学报(1)

贯穿于东北抗联第一路军发展史中的三条主线(下)，王仁清，通化师范学院学报(6)

侵华日军驻北平及华北各地细菌部队研究概论，徐勇，抗日战争研究(京)(1)

侵华日军南京“荣”字1644细菌战部队大揭秘，胡介堂，世纪风采(南昌)(5)

侵华日军南京1644细菌部队与731部队之关系，张连红，民国档案(南京)(4)

侵华日军浙赣细菌战中的炭疽攻击，徐浩一，中共党史研究(京)(2)

南京大屠杀中的日军屠杀令研究，程兆奇，历史研究(京)(6)

南京大屠杀之前南京市民的社会心理，张连红，抗日战争研究(京)(4)

南京大屠杀札记(之一)，程兆奇，史林(沪)(3)

南京大屠杀的直接诱因和罪魁祸首，孙瑞华，昭乌达蒙族师专学报(赤峰)(2)

南京大屠杀是东京审判的编造么？程兆奇，近代史研究(京)(6)

南京谈判与第二次国共合作的终结,邓野,历史研究(京)(2)
威震苏中的工农抗日游击队,徐继东、陈鹏,世纪风采(南京)(7)
战后初期中共利用香港的策略运作,袁小伦,近代史研究(京)(6)
战时日本对上海的经济掠夺,李峻,民国研究(南宁)(6)
战时日本在南京的毒化活动,曹大臣,民国研究(南宁)(6)
战略性牵制:中国抗战援助莫斯科,倪乐雄,社会科学报(沪)(8.22)
炸黄河铁桥扒花园口大堤真相,周军,党史纵览(合肥)(2)
贸易调整委员会的成立及其活动,郑会欣,民国研究(南宁)(6)
党领导的东北抗战与日伪"集团部落"的推行,周圣亮,中共党史研究(京)(1)
敌后抗日根据地的民众肃奸教育形式初探,何德廷、辜宗秀,咸宁师专学报(2)
桂林抗战文化与社会主义先进文化的意义和作用,姚蓝、邓群,广西党史(南宁)(2)
档案解密:日军侵华产物"大八辻",石子政,档案与史学(沪)(1)
读《上海抗日战争史丛书》,翟作君,上海党史与党建(4)
谁是战争的祸首:评日本扶桑社《新历史教科书》中对中日战争的描述,荣维本,民国档案(南京)(3)
铁力抗日斗争遗址考察纪实,邹本栋、曹阳、李云桥,世纪桥(哈尔滨)(3)
高邮战役全歼日军亲历记,吴文斗,世纪风采(南京)(3)
高举旗帜向前进:党的七大与统一战线,若醒、鲁丹成,统一战线(武汉)(7)
常德细菌战石公桥镇疫情的两个问题考证,柳毅,常德师范学院学报(1)
弹性的符号——抗战时期中共言说中的孙中山与三民主义,蔡乐苏、曾静,清华大学学报(京)(1)
略论中共满洲省委对东北抗日义勇军的影响和声援,王恩宝,世纪桥(哈尔滨)(3)
略论中国共产党的抗战文化理论体系,唐正芒,湖湘论坛(长沙)(5)
第二次中日战争期间日本侵华战略的总体走向,张志辉,娄底师专学报(3)
著抗战高校内迁史,促西部文化教育发展:评侯德础《抗日战争时期中国高校内迁史略》,张金岭,文史杂志(成都)(4)
喜读抗日战争史通俗读本——《中国抗日战争史丛书》,李良志,北京党史(2)
湘西会战胜利原因及其影响略论,田湘波,株洲师范高等专科学校学报(4)
皖南事变研究的力作:简评《皖南一九四一》,刘灿华,安徽大学学报(合肥)(3)
新中国第一部大型抗日战争史通俗读本:评《中国抗日战争史丛书》,李良志,首都师范大学学报(京)(1)
新四军九旅抗战在邳睢铜,王克,世纪风采(南京)(1)
新四军与延安总部之间的交通联系,徐君华,大江南北(沪)(7)
新四军华中根据地的卷烟业,徐亚玲,世纪风采(南京)(4)

新民主主义政治的成功实践:抗日根据地的民主政治建设,刘政,吉林人大(长春)(7)

滇西抗战的历史地位及其当代意义:纪念滇西抗战暨中国远征军入缅对日作战60周年,王文成,云南社会科学(昆明)(6)

福建省委保持"战略支点"的三次策略调整述论,郑复龙,中共党史研究(京)(5)

简论延安时期的历史地位,雷甲平,榆林高等专科学校学报(1)

简论抗日根据地开明士绅的教育贡献,李庆刚,许昌师专学报(1)

简评《中国抗日战争正面战场作战记》,任言,文史杂志(成都)(3)

漫漫十年,巍巍丰碑:《中国抗日战争史(1931—1945)》读后,徐梁伯,民国研究(南宁)(6)

鲜为人知的上海秘密国际反战大会,刘小清,党史博览(郑州)(4)

全国解放战争时期

"一边倒"——中美关系的历史反思,姜中才、魏子扬,辽宁师范大学学报(大连)(4)

"和平民主新阶段"研究,刘统,党的文献(京)(4)

"重庆号"巡洋舰起义始末,陆其国,湖南档案(长沙)(9)

"紫石英"号事件与中英高层间的较量,何立波、宋凤英,党史纵览(合肥)(2)

"紫石英"号事件的前前后后,婧薇,党史天地(武汉)(8)

《中苏友好同盟条约》与战后中苏关系,李群,西伯利亚研究(哈尔滨)(2)

《共同纲领》——新中国的政治基石,阚珂,中共中央党校学报(京)(2)

《狱中意见》的思考,郭记中,理论导刊(西安)(7)

1945—1949年美国驻军青岛政策的考察,刘雅军,河北师范大学学报(石家庄)(4)

1949,策反胡宗南纪实,朱文楚,传记文学(京)(5)

1949年春国民党政府的府院之争,秦立海,百年潮(京)(8)

40年代中国各民主党派为什么大都跟着中国共产党走,李传玺,安徽统一战线(合肥)(8)

一九四五年至一九四九年的美苏国共关系,牛军,历史研究(京)(2)

一次特殊的任务:1945年中共最大的电台运抵沈阳,晓农,党史纵横(沈阳)(3)

一部研究淮海战役的力作,彭富强,湘潭大学社会科学学报(4)

九千壮士血染金门岛,赵光、吴玉林,文史月刊(太原)(5)

二十年重庆谈判研究述评,秦立海,北京党史(6)

人民是胜利之本:读《淮海战役研究》有感,符祥,湖南社会科学(长沙)(4)

十一届三中全会以来解放战争时期党史研究述评,肖牲,党史研究与教学(福州)(4)

广西城市接管过程中的党组织建设,黄品良,广西党史(南宁)(2)

中国关贸总协定创始缔约国地位之考论,刘相平,史学月刊(开封)(1)

中原突围中的皮旅,祝辉,党史纵览(合肥)(8)

中原突围后鄂东战略坚持及其重要作用,刘清,黄冈师范学院学报(1)

中原突围的历史回顾:写在电视剧《中原突围》播映之际,夏夔,党史天地(武汉)(7)

中原突围是毛泽东的伟大战略决策,夏夔,军事历史(京)(4)

为争取和平解放太原的一段经历,许子华,文史月刊(太原)(10)

为共和国的工业化道路奠基:论西柏坡时期党对国家工业化的初步探索,刘秀萍,党的文献(京)(3)

五十年前解放军"死亡之海"大进军秘闻,云帆,文史春秋(南宁)(7)

从更深层次反思金门之战,戴尔济,福建党史月刊(福州)(5)

历史转折年代的生动画卷:读金冲及新著《转折年代:中国的 1947 年》,鲁振祥,党的文献(京)(6)

忆阳泉市的首次扩军,马勇,文史月刊(太原)(7)

支援陈赓大军渡河南征记,郭子健,文史月刊(太原)(1)

东北解放战争初期提出保卫大城市如同"保卫马德里"的口号由来,唐洪森,世纪桥(哈尔滨)(3)

四野解放南中国的最后一战:渡海攻琼战役纪实,文锋,军事史林(12)

宁波四明山起义和捉蒋流产浅析,涂祖庚,咸宁师专学报(5)

对金门战斗"三不打"的质疑与考证:兼论回忆录的史料价值及其考辨,洪小夏,近代史研究(京)(3)

对解放战争史研究中几个热点问题的看法,华国富,军事历史(京)(6)

平津战役伟大胜利的启示,平津战役纪念馆,军事历史(京)(4)

平津战役缘何先打天津城,万兴宪、赵杰波、墙师琼,党史博览(郑州)(5)

打通跃进路:刘邓大军鏖战羊山,刘富轩、杨华,党史博览(郑州)(5)

节节胜利三月天,蓝桂英,福建党史月刊(福州)(3)

辽沈战役历史经验述论,辽沈战役纪念馆,军事历史(京)(4)

光辉的业绩,艰苦的历程:刘邓大军挺进大别山 55 周年祭,李百齐,中州学刊(郑州)(4)

关于中原突围的几个问题,夏夔,解放军报(京)(7.22)

关于私营工厂工人代表座谈会和资本家座谈会的报告,彭真,北京党史(5)

关于解放战争时期起讫问题的探讨,张皓,党的文献(京)(5)

冲破封锁，奔向光明：记宿县一批青年学生从敌占区去解放区的经过，丁甦、曹伴群、尹明山，党史纵览（合肥）(5)

决战中原第一役，文锋，党史文苑（南昌）(3)

决战辽沈：历史的转折点，温雪勇，福建党史月刊（福州）(10)

血泪“二二八事件”，褚静涛，南方周末（广州）(2.28)

西南作战中国民党军队起义述论，郭永学、赵娟娟，长白学刊（长春）(4)

西柏坡时期供给制向企业制转变的探索和启示，刘秀萍，毛泽东思想研究（成都）(6)

论《中国土地法大纲》的历史地位，郑志廷、焦亚葳，河北大学学报（保定）(2)

论中国共产党在解放战争时期的土地改革运动，李雪强、段恩雄，江西省团校学报（南昌）(4)

论解放战争时期国民党内部斗争对其政权崩溃的影响，黄敏，江西社会科学（南昌）(6)

论解放战争时期统一战线的历史演变，李东海，青海师专学报（西宁）(2)

宏伟的战争巨幅的画卷：简评《淮海战役研究》，张艳，湘潮（长沙）(5)

抗日战争后美国对华政策的变化及其失败原因，岳苏明，长沙电力学院学报(3)

抗战胜利后中国共产党先机挺进和控制东北的斗争，彭新云，军事历史（京）(4)

抗战胜利后国民党收复区善后救济工作述评，张志永，历史教学问题（沪）(3)

抗战胜利后国民党政风腐败及有关问题，邵先崇，史学月刊（开封）(5)

抗战胜利后国民党政府对日索赔始末，杨盛云，湖南文史（长沙）(2)

抗战胜利后党在牡丹江的思想文化建设，马绍辉，世纪桥（哈尔滨）(3)

李、闻惨案真假凶手之谜，肖舟，湖南文史（长沙）(1)

没有硝烟的“大抉择”：论40年代后期中国知识分子的道路选择，张光芒，江西财经大学学报（南昌）(3)

牡丹江市民主政府建立完善及意义，马少辉、陈学良，世纪桥（哈尔滨）(4)

花津湖惨案始末，郭静洲，江淮文史（合肥）(1)

苏联出兵东北对我军建立东北根据地的积极影响，周慧杰，世纪桥（哈尔滨）(2)

国民党第一艘军舰起义纪实，宋祖兵，文史春秋（南宁）(8)

国家利益与抗战胜利前后苏联的“扶蒋非共”政策，易新涛，党史研究与教学（福州）(4)

奔向光明：国民党军二〇〇师起义纪实，张明金，福建党史月刊（福州）(3)

孟良崮战役对经济界人士的启示，青近军，经济导报（济南）(4)

孤魂难东归：在解放战争中毙命的侵华日军将领，杜木森，福建党史月刊（福州）(8)

建国前夕中共确定外交政策“一边倒”的由来，锡鹏，团结报（京）(8.29)

建国前夕苏联对华经济援助的部分俄国档案（一），党的文献（京）(1)

建国前后接管城市的政策，李良玉，江苏大学学报(镇江)(3)

忠义救国军及其最后的覆灭，毛德传，上海党史与党建(7)

浅析金门登陆战役中的重大战场情报失误，李尧，情报杂志(西安)(8)

金门战斗研究综述，洪小夏，党史研究与教学(福州)(2)

亲历民权门恶战，杨昭仁，炎黄春秋(京)(10)

战与和的变奏：重庆谈判至政协会议期间的中国时局演变，汪朝光，近代史研究(京)(1)

战后上海主要产业和工运概况(一)，档案与史学(沪)(3)

战后上海证券交易所述论，彭厚文，近代史研究(京)(3)

战后中共闽西南白区组织在台湾活动始末，林天乙，台湾研究集刊(厦门)(2)

战后台湾光复过程中的受降与军事接收问题述略，白纯，军事历史研究(沪)(2)

战略反攻阶段南阳境内战役纪述，王淑辉，中州今古(郑州)(6)

指引前进方向，鼓舞战斗力量：回忆新华社电讯指引桂滇边区的革命斗争，林敏，广西党史(南宁)(3)

柳北游击队与南下大军会师纪实，何崇真，广西党史(南宁)(3)

美军间谍飞机的侵华绝密行动，谭朝霞、徐冰川，湖南档案(长沙)(5)

美国与一波三折的苏联东北撤军，苑朋山、段希祥、刘京芬，临沂师范学院学报(1)

追忆战争年代的江淮公学，胡军、赵春鸣、杨明安，江淮文史(合肥)(3)

重庆谈判前夕的情报之战，沈沉，文史月刊(太原)(7)

晋冀鲁豫边区政府土地改革政策研究，张振朝、韩能跃，河北学刊(石家庄)(6)

真知源于实践：试析解放战争初期一项重要战略决策的形成，姚杰，中共党史研究(京)(1)

起义投诚，百万“国军”的归宿，高戈里，文史精华(石家庄)(4)

高树勋部起义后的风波，李金明，党史博览(郑州)(3)

接管国民党北平市警察局，刘涌，纵横(京)(7)

淮海战役历史经验述论，淮海战役纪念馆，军事历史(京)(4)

略论解放战争后期香港与解放区的通商贸易，林天乙，中国经济史研究(京)(2)

黄河东流去……：国共两党关于黄河花园口堵口复堤的斗争，周军、汪泾洋、潘莹斌，党史纵览(合肥)(3)

渡江战役历史经验论，龙方成、秦克丽，军事历史(京)(5)

新中国成立前中共没有调整对美政策的意图，宋晓芹，山西大学学报(太原)(1)

新式整军运动在西北野战军的缘起，孙建刚、程动田，邯郸职业技术学院学报(3)

新式整军运动在连队，郭志华，党史文汇(太原)(10)

解放罗甸纪实，陈盛先，文史天地(贵阳)(4)

解放前夕南京三千盗匪释放内幕，肖舟，文史春秋(南宁)(7)

解放战争中瓦解敌军知多少，李金明，党史博览(郑州)(4)

解放战争中抢占东北的“先锋官”，木华，湖南档案(长沙)(9)

解放战争军事史研究述评：中国近代军事史研究述评(续二)，刘斌斌，军事历史研究(沪)(4)

解放战争后期美蒋“脱身”与反“脱身”的斗争，张北根、劳力，北京科技大学学报(1)

解放战争应自挺进中原始：关于解放战争分期的一点思考，高鸣，党的文献(京)(3)

解放战争时期上海中学学生运动是第二战线的重要方面军，铁李仁，上海党史与党建(8)

解放战争时期土改左倾错误原因论析，龚喜春，黄冈师范学院学报(4)

解放战争时期国民党在东北失败原因补论，洪小夏，华中科技大学学报(武汉)(3)

解放战争时期国民党将领率部起义的历史作用不宜夸大：评“第三条战线”说，刘喜发，中共南京市委学校党校南京市行政学院学报(1)

解放战争时期的第二条战线论析，王首民，社会科学战线(长春)(3)

解放战争时期陕西党组织的发展与作用，华州，当代陕西(西安)(2)

解放战争的第一枪，湖北省新四军研究会鄂豫边区革命史编辑部，经济导报(济南)(7.1)

解放战争战略考，姚杰，军事历史(京)(4)

解放海南岛战役的奇迹，建林，文史春秋(南宁)(10)

黎明前策反张恩伯，肖舟，党史文汇(太原)(1)

黔军起义部队，刘铁轮，文史天地(贵阳)(9)

社会主义革命和建设时期

“纸片炸弹”撼敌胆，黄耀昆，纵横（京）(7)

三线建设调整改造的历史考察，李彩华，当代中国史研究（京）(3)

中苏关系中的台湾问题(1949—1959)，高新涛，广西社会科学（南宁）(1)

中苏两党大论战始末，项东民，文史精华（石家庄）(11)

从夏衍致周扬信看上海的文艺整风运动，徐庆全，纵横（京）(10)

北平和平解放和谈记，王红云，纵横（京）(1)

对大寨发展道路的思考，刘旭东，山西青年管理干部学院学报（太原）(1)

对在华苏联专家问题的历史考察：作用和影响：根据中俄双方的档案文献和口述史料，沈志华，中共党史研究（京）(2)

对在华苏联专家问题的历史考察：基本状况及政策变化，沈志华，当代中国史研究（京）(1)

对国史研究中争论较大的几个问题的思考，郭德宏，史学月刊（开封）(2)

关于建国以来中国对外开放的实践，张新华，历史教学（津）(4)

兴文县解放初期剿匪概述，陈国辅、戴林冲，四川党史（成都）(5)

论我国社会主义现代化建设的三大法宝，何海涛，社会主义研究（武汉）(5)

论建国以来党对农民的社会主义教育，王连生，南都学坛（南阳）(1)

论新中国历史上三次重大经济调整，宋环英，韶关学院学报(5)

改革开放前党的集体主义教育之思考，郝文清，阜阳师范学院学报(3)

没有硝烟的战争：新中国反贫困历史回顾，杨正辉，湘潮（长沙）(4)

社会主义革命与重庆文学发展，郝明工，涪陵师范学院学报（重庆）(2)

社论串起来的历史（上），范荣康，百年潮（京）(7)

社论串起来的历史（下），范荣康，百年潮（京）(8)

建国以来农村土地制度的历史变迁，陈海秋，常德师范学院学报(5)

建国以来党的农业现代化战略论略，王文滋，湖北行政学院学报（武汉）(4)

建国后土地与农民社会保障问题的历史演变，钱文艳，安徽史学（合肥）(3)

建国后中央军委人员构成的变化，徐平，党史博览（郑州）(9)

建国后至中共九大期间的“接班人”问题，刘志男，党史博览（郑州）(5)

试论20世纪六七十年代两次文化政策的调整，夏杏珍，当代中国史研究（京）(6)

试论二十世纪五六十年代中共党内错误难以纠正的原因，张明军，河南师范大学学报

(新乡)(1)

试论中国共产党与中国革命和建设中的资产阶级和资本主义问题,江业文,世纪桥(哈尔滨)(4)

试论新中国前30年妇女运动的失误与教训,孙月冬,淄博学院学报(1)

谈谈农业学大寨,湘潮(长沙)(2)

欲速则不达:"社改"后期偏差的主观认识根源探析,公方海、姜福全,党史纵横(沈阳)(9)

新中国反腐斗争的历史回顾,张志才,党史纵览(合肥)(9)

新中国屯垦戍边实录,许人俊,炎黄春秋(京)(7)

新中国文物保护工作50年,谢辰生,当代中国史研究(京)(3)

新中国成立以来城镇化发展的历史变迁,姜爱林,绍兴文理学院学报(3)

新中国技术观的演进及研究中的几个问题,姜振寰,自然科学史研究(哈尔滨)(2)

新中国侨汇工作的历史考察(1949—1966年),杨世红,当代中国史研究(京)(2)

新中国国防政策与军事战略的变迁,袁正领,世界知识(京)(3)

新中国的七次"革命":建国以来政府机构改革备忘录,王全有,党史纵横(沈阳)(10)

国民经济恢复和基本完成社会主义改造时期

"三反"运动中党密切联系群众的作风及"左"的偏差,张家芳,党史纵览(合肥)(6)

"志愿军"命名的幕后故事,莫显荣,文史天地(贵阳)(8)

"南京路上好八连"成名前后,张哲明,纵横(京)(9)

《中华人民共和国宪法》制订与修改、修正的历史考察,李正华,当代中国史研究(京)(5)

1955年"砍社风波"真相,高化民,炎黄春秋(京)(8)

1956年知识分子问题会议研究述评,吴小妮,世纪桥(哈尔滨)(2)

200名苏联飞行员血洒朝鲜战场,潘荣,党史天地(武汉)(2)

50年代中共决定向社会主义过渡的原因,闫晓荣、马晓玲,阴山学刊(包头)(1)

人民解放军进军西藏民族宗教工作初探,董钊晖,军事历史(京)(1)

三大改造与中国现代化,张旭东,社科与经济信息(商丘)(4)

上海:从废保甲到居民委员会的诞生,朱国明,档案与史学(沪)(2)

土地改革与中国的工业化,白云涛,北京党史(1)

土地改革与农民社会心理变迁，李立志，中共党史研究（京）(4)

土地改革的现代化透视，佘君，理论月刊（武汉）(11)

山西初级农业合作化的实践与经验，范玲巧，当代中国史研究（京）(1)

山西的抗美援朝运动及其历史作用，王雷平，史志研究（太原）(1)

广州"两陈事件"，吕璜，广东党史（广州）(1)

广西国民经济的恢复，黄莺，广西党史（南宁）(1)

广西解放后第一次整风运动，樊东方，广西党史（南宁）(4)

中央财政经济委员会成立始末，刘美玲、赵月琴，当代中国史研究（京）(5)

中华人民共和国建国前后内蒙古的民主建政，庆格勒图，内蒙古大学学报（呼和浩特）(4)

中国大陆剿匪的最后一仗，晓农，党史纵横（沈阳）(4)

中国共产党与波匈事件，卞慕东、马萍，五邑大学学报（江门）(1)

为了新生的政权：漳平剿匪纪实，黄文光，福建党史月刊（福州）(2)

从"五反"看公私经济的相互关系，李明，武汉科技学院学报(4)

从建国初期意识形态斗争看中国先进文化的前进方向，黎见春，党史文汇（太原）(5)

天罗地网：安徽歼灭美蒋空降特务纪实，乐兰子，党史纵览（合肥）(2)

文学研究所成立的背景，邢小群，文艺争鸣（长春）(4)

北京解放初期开展反对搂包把头的斗争，李豪，北京党史(6)

古丈肃匪亲历记，张世乙，文史月刊（太原）(4)

外交部初建阶段散忆，范国祥，纵横（京）(9)

对 1955 年"砍"20 万合作社的一管之见，高化民，党的文献（京）(1)

对中国农业社会主义改造历史意义的再评价，周含华、曾长秋，湖南师范大学社会科学学报（长沙）(3)

对中国社会主义改造历史作用的再认识，张欣，台州学院学报(4)

对农业合作化运动后期偏差成因的再认识，王丽华，中共云南省委党校学报（昆明）(4)

对我国新民主主义社会提前结束的思考，曾长秋、周含华，常德师范学院学报(2)

对抗美援朝战争研究中几个热点问题的看法，鲍明荣，军事历史（京）(3)

对新民主主义向社会主义转变分歧的再思考，戚淑斌，北京党史(2)

正确评价"一论""再论"的作用和影响，刘建武，湖南社会科学（长沙）(4)

生死关头：民主人士与土改运动，袁小伦，书屋（长沙）(8)

共和国拒绝腐败："三反"、"五反"决策内幕，程瑾、朱仁，党史博览（郑州）(3)

再论"一边倒"外交政策的历史成因，周建超，扬州大学学报(2)

再论过渡时期总路线提出的原因，傅世杰、梅丽红，同济大学学报（沪）(3)

农大风波与青岛会议，黄青禾，百年潮（京）(1)

创造经济奇迹的三年：玉林专区（容县专区）建国初期恢复国民经济回眸，阙伟光，广西党史（南宁）(1)

回首何堪说逝川：从反胡风到《星星》诗祸，石天河，新文学史料（京）(4)

回望50年前的一场争论：重新审视新民主主义向社会主义转变的分歧，戚淑斌，北京日报(4.22)

在东北参加土改的三年，袁宝华，中共党史资料（京）(83)

巩固新生人民政权的殊死较量：山西取缔反动会道门和镇反运动述评，王雷平，党史文汇（太原）(2)

老一代革命家在中华人民共和国开国过程中的历史贡献，金冲及，当代中国史研究（京）(5)

论"一五"时期优先发展重工业的战略，叶扬兵，社会科学研究（成都）(5)

论建国初期中国共产党的作风建设，张鸿石、周喜华，燕山大学学报（秦皇岛）(2)

论建国初期中国共产党的廉政建设，方焕新、陈文斌，社科与经济信息（南宁）(11)

论建国初期中国现代化模式及效应，肖际唐、杨正喜，华南理工大学学报（广州）(2)

论建国初期我国的精神文明建设，黎见春、张渐，许昌师专学报(4)

论建国初期的腐败频度，王传利，理论与改革（成都）(4)

困境中的制度抉择与创新：关于建国后中国农村经济组织制度变迁的初步研究，钱文艳，江西社会科学（南昌）(6)

彻底摧垮反动会道门的复辟活动，刘季英、工蕾，北京党史(4)

抗美援朝二十年大回顾，刘炳峰，文史春秋（南宁）(8)

抗美援朝时期的中苏朝，师哲，文史精华（石家庄）(1)

抗美援朝期间破获的一起美台伞特案，白杉、李旭冬，党史天地（武汉）(8)

苏中建国初期粮食政策之比较，张衍鲁、李慎令，聊城大学学报(3)

凯歌百代军威扬：纪念上甘岭战役胜利暨黄继光英勇献身50周年，黄锂、李刚，武汉文史资料(11)

建国初期"一边倒"外交政策的必然性与合理性，李妍，江西社会科学（南昌）(2)

建国初期一场卓有成效的思想改造运动：知识分子参加土地改革述评，吴小妮，锦州师范学院学报(2)

建国初期土地改革与中国现代化的发展，佘君，党史研究与教学（福州）(5)

建国初期工矿企业的民主改革，白云涛，党史天地（武汉）(12)

建国初期中国共产党的反腐败斗争及其历史经验，李敏昌，三峡大学学报（宜昌）(1)

建国初期中国共产党铲除邪教组织的实践与思考，蔡仕魁，沈阳教育学院学报(1)

建国初期中国知识分子转变原因初探，李东坡，商丘师范学院学报(1)

建国初期中英“半建交”关系的建立及历史背景，尹朝晖、张静，凉山大学学报（西昌）(2)

建国初期反封锁反禁运斗争述论，周四成，北京党史(1)

建国初期北京市的反腐败斗争，赵凡，北京党史(3)

建国初期全国高等学校院系调整述评，李琦，党的文献（京）(6)

建国初期共产党人的劳动就业观，李占才，同济大学学报（沪）(5)

建国初期共产党人的财政金融思想，李占才，陕西经贸学院学报（西安）(3)

建国初期农民协会兴起与隐退原因探析，张举，南都学坛（南阳师范学院）(4)

建国初期怀柔县的“三反”运动，徐志荣、穆福全，北京党史(3)

建国初期我党放弃新民主主义社会实践的原因，顾雷，山西高等学校社会科学学报（太原）（增刊）

建国初期社会的转型与党对意识形态的整合，黎见春、王军，三峡大学学报（宜昌）(1)

建国初期河北省救灾度荒工作述评，郭贵儒、陈冬生，河北师范大学学报（石家庄）(2)

建国初期的中国社会性质及其特征，马广荣，延安大学学报(1)

建国初期的先进文化建设及其现实意义，张旭东，衡阳师范学院学报(2)

建国初期的城市居民委员会研究，陈辉、谢世诚，当代中国史研究（京）(4)

建国初期湖北没收官僚资本的措施及成效，严雄飞，当代中国史研究（京）(6)

建国初期福建禁毒斗争的成功经验及其启示，林辉，福建党史月刊（福州）(12)

知识分子与建国初期的政治清明，张晨怡，辽宁大学学报（沈阳）(4)

知识分子思想改造运动说微，笑蜀，文史精华（石家庄）(8)

试论1949—1951年中国的印度政策与西藏的和平解放，王琛，当代中国史研究（京）(2)

试论湖北个体手工业社会主义改造的基本完成，易新涛，当代中国史研究（京）(6)

美国在侵朝战争中不敢将战争扩大到中国境内的历史原因，丁伟，军事历史（京）(3)

党在建国初期的农村政策评析，姚晓晖，燕山大学学报（秦皇岛）(1)

挫败美国细菌战，舒云，党史博览（郑州）(3)

高级社化后的“退社风波”及农村政策的调整，刘贵福，辽宁师范大学学报（大连）(1)

第一代领导集体与西藏的解放和发展，李军，社科纵横（兰州）（增刊）

朝鲜战场上中美士兵的首次肉搏战，王树增，湖南文史（长沙）(1)

越过三八线——政治军事考虑与抗美援朝战争目标的确定，牛军，中共党史研究（京）(1)

新上海首起假币案，邢建榕，湖南文史（长沙）(2)

新中国成立初期进行社会主义改造是不是背离了马克思主义？韩亚光，前沿（呼和浩特）(1)

新中国成立前后对资本主义国家"不承认"政策剖析,程珂,浙江师范大学学报(金华)(4)

新华社香港分社初期的情况及其作用:香港新华分社筹建者之一、党支部书记杨奇访谈录,路剑,广东党史(广州)(1)

简述建国初期河北镇反的清案工作,吕新民,档案天地(石家庄)(增刊)

粮食统购统销与户籍制度的联系,刘星航,北京党史(6)

解放初期眉山地区的工作回顾,中共眉山市委党史研究室,四川党史(成都)(3)

解放初期遂宁专区剿匪概述,周时全,四川党史(成都)(4)

开始全面建设社会主义时期

"七千人大会"——发扬党内民主的典范,张富良、殷安阳,广西社会科学(南宁)(5)

"三面红旗"各种提法的由来,孙学文,党史文汇(太原)(5)

"三面红旗"运动错误的思想根源,高放,粤海风(广州)(2)

"大跃进"中广西的三大高产"卫星",梁宝渭,广西党史(南宁)(2)

"大跃进"发动的原因再探析:个人、集体和国家在其中的互动分析,杨乃良,唐山师范学院学报(3)

"大跃进"时期主观主义在河南泛滥的历史教训,尹书博,党史研究与教学(福州)(1)

"大跃进"时期扫除文盲运动述论,李庆刚,南都学坛(南阳师范学院学报)(6)

"文革"发动的催化剂,甘辛,同舟共进(广州)(3)

"文革"前知青上山下乡的起因与作用,杨文才,广西社会科学(南宁)(5)

"社教"运动再析,金怡顺,当代中国史研究(京)(3)

"拔白旗、插红旗"运动的来龙去脉,王军,文史精华(石家庄)(7)

"信阳事件"及其教训:《信阳事件》序言,李锐,炎黄春秋(京)(4)

"插红旗、拔白旗"运动始末及评价,王军,党史研究与教学(福州)(5)

1959年庐山会议由纠"左"转向反右根源探析,郭文深,辽宁师专学报(5)

1961—1962年党调整知识分子政策的历史考析,杨乔萍,南华大学学报(衡阳)(3)

1962年广州会议的前前后后,廖心文,党的文献(京)(2)

1962年中印边境冲突的起因和终结,李达南,百年潮(京)(9)

20世纪60年代中国试办托拉斯的动因探析,田锡全,江西社会科学(南昌)(12)

20世纪60年代初期安徽推行"责任田"述评,殷宗茂,历史教学(津)

20世纪60年代前期的“大兴调查研究之风”与国民经济调整，王频，当代中国史研究(京)(6)

60年代初扬州人口迁徙安庆侧记，王成南，江淮文史(合肥)(2)

60年代美国对中苏冲突事件的观念演变及其对华政策，唐小松，当代中国史研究(京)(1)

一九五八年炮击金门探秘，王永钦，党史文苑(南昌)(4)

七千人大会始末，韩威，历史教学(津)(4)

人民公社分配制度的形成：以江苏为例，周彪，社会科学研究(成都)(6)

人民公社兴办原因再探，王礼生、郭天保，求索(长沙)(6)

人民公社备忘录，张乐天，华夏人文地理(昆明)(7)

三线建设原因再探，黄荣华，河南大学学报(开封)(2)

小说《刘志丹》被批判内情，子舒，党史纵横(沈阳)(4)

不朽的丰碑：学习雷锋活动纵深发展面面观，郦雯，党史纵横(沈阳)(3)

中共八大前后对经济体制改革的探索，康沛竹，北京大学学报(5)

中共八大是邓小平理论萌芽的起点，谭来兴、李红梅，社科与经济信息(南宁)(1)

中国击落美国无人侦察机始末，周小华，文史天地(贵阳)(2)

中国早期导弹征战纪实，高天翔，文史月刊(太原)(9)

中法建交中的美台因素，潘敬国、张颖，当代中国史研究(京)(3)

五六十年代中共和平统一尝试受阻的思想根源探析，庞虎，石油大学学报(东营)(5)

反右派斗争扩大化对社会主义事业的危害，宋荐戈，山西师大学报(临汾)(1)

反右派斗争新论，王德新，石油大学学报(东营)(3)

反右派运动与阶级斗争扩大化，赵社民，党史研究与教学(福州)(1)

毛泽东为雷锋题词之前的学雷锋活动，单辉，党史纵览(合肥)(3)

击落美制U－2飞机作战追记，岳振华，百年潮(京)(6)

四十多年前——“公共食堂”是这样消失的，孙闻浪，人民政协报(京)(4.5)

对“八大”历史功绩的再回顾，孙凤梅，郑州航空工业管理学院学报(1)

对农村公共食堂的历史考察，王永华，党史纵横(沈阳)(10)

对国民经济的艰苦调整，袁宝华，当代中国史研究(京)(1)

对斯大林体制的继承和发展：试析50年代中后期中国社会主义道路探索问题，张欣，台州学院学报(5)

全面探索中国社会主义建设道路的伟大起点：中共八大再析，金怡顺，世纪桥(哈尔滨)(2)

共和国决策者的自省：“七千人大会”纪事，古小丹，党史纵横(沈阳)(4)

关于反右派斗争扩大化的严重后果和教训，赵社民，洛阳师范学院学报(3)

再论赶超思想与“大跃进”运动的关系——兼与吴海红商榷，齐卫平、王军，党史研究与教学（福州）（6）

农村人民公社的兴起，罗平汉，文史精华（石家庄）（9）

同舟共济肝胆照：民主党派对中共“八大”的祝贺与支持，郝彭证，党史文汇（太原）（4）

在大放钢铁“卫星”的日子里，江涛，纵横（京）（7）

如果 1958 年有舆论监督……，冯东书，炎黄春秋（京）（3）

论“大跃进”“浮夸风”的表现形式和基本特点，高其荣，云梦学刊（岳阳）（2）

冷战期间台湾“联苏”的鼓噪与尝试，余科杰，台湾研究集刊（厦门）（1）

庐山会议从纠“左”转向反右的原因探析，于文湖、徐庆升、田红梅，临沂师范学院学报（1）

庐山会议纠“左”变成反右解读，李华，新余高专学报（1）

我亲历高要县三年困难时期，黄东文，炎黄春秋（京）（9）

苏联集体农庄与中国人民公社之比较，薛凤伟，聊城大学学报（3）

知识分子是何时戴上“资产阶级”帽子的，罗平汉，历史教学（津）（3）

试办托拉斯始末，吕伟俊、昝中党，山东大学学报（济南）（4）

试论大公社所有制的变迁与特征，辛逸，史学月刊（开封）（3）

试论中共八大关于执政党问题的认识，齐卫平，华东师范大学学报（6）

金门炮战：美军为何袖手旁观？黄红旗、俞风流，军事史林（10）

总政治部创作室始末，黎白，新文学史料（京）（1）

炮击金门期间为何不收复金马二岛，单辉，福建党史月刊（福州）（5）

炮打“金门”出奇闻，金克，文史春秋（深圳）（2）

党内民主精神的弘扬：对七千人大会的再认识，肖剑忠，世纪桥（哈尔滨）（3）

继往开来谱新篇：党的八大与统一战线，邓汉光，统一战线（武汉）（8）

崇武海战纪实，王朝庭，世纪风采（南京）（1）

清官问题讨论的历史教训，耿一民，炎黄春秋（京）（2）

领袖个人因素对中苏关系恶化的影响，骆晓会，曲靖师范学院学报（2）

普通一兵走入亿万人心中：沈阳军区早期宣传学习雷锋情况回顾，董祖修，党史纵横（沈阳）（3）

确立建设大三线战略方针原因探析，李彩华、李冬梅，吉林省教育学院学报（长春）（1）

新中国规格最高的一个军事代表团，徐平，党史博览（郑州）（6）

简论 1957 年农村两条道路的大辩论，罗平汉，史学月刊（开封）（11）

横空出世的中国导弹部队，李伶、周飞，党史博览（郑州）（9）

蘑菇云腾空的幕后故事，何耀，福建党史月刊（福州）（2）

“文化大革命”时期

“九一三”事件后中国国防工业的初步整顿，刘志青，当代中国史研究（京）（5）

“三家村反党集团案”始末，魏敬民，党史纵览（合肥）（12）

“大跃进”时期经济体制变革的历史解读，朱耀斌，湖南社会科学（长沙）（3）

“文化大革命”时期的大寨，晓方，福建党史月刊（福州）（6）

“文革”中重庆的“一号专案”，何蜀，文史精华（石家庄）（4）

“改变世界的七天”：尼克松访华的前前后后，章含之，南方周末（广州）（7）

《解放军报》“3.11”接见的台前幕后，孙浩刚，纵横（京）（6）

1975年：邓小平理论的历史起点，贾乐芳、李在洪、步蕾英，莱阳农学院学报（1）

1975年《论总纲》的出台内幕，程中原，中华儿女（京）（1）

1975年全面整顿与中国改革，贾玉珍，长春工程学院学报（1）

1976年“南京事件”始末，吴雪晴，百年潮（京）（8）

十一届三中全会以来“文化大革命”研究的新进展，王海光，党史研究与教学（福州）（6）

三中全会前后的拨乱反正是中国走向昌明政治的必然选择，王卫香，理论与改革（成都）（6）

三老四帅与二月抗争，吴庆彤，纵横（京）（11）

小麦贸易为中加建交铺路：汉密尔顿与中加小麦贸易，李节传，百年潮（京）（5）

广州军区参加援越抗美斗争史略，李佑军，军事历史（京）（5）

中日邦交正常化与台湾问题，李瑗，当代中国史研究（京）（3）

中日邦交正常化的前前后后，张碧清，百年潮（京）（10）

中国作家与“五七干校”，陈虹，书屋（长沙）（3）

中美关系正常化进程中的苏联因素（1969—1979），王仲春，党的文献（京）（4）

中美缓和与援越抗美：中国外交战略调整中的越南因素，李丹慧，党的文献（京）（3）

中德建交的台前幕后，王殊，纵横（京）（12）

从“文革”期间社会的结构及功能看“文革”的成因，李超海，益阳师专学报（2）

从国务院文化组到四届人大，吴德，当代中国史研究（京）（1）

历史转折前后的国务院政研室（上篇），于光远，党史天地（武汉）（1）

历史转折前后的国务院政研室（下篇），于光远，党史天地（武汉）（4）

文革与叙事：关于文革研究的对话，蔡翔、费振钟、王尧，当代作家评论（沈阳）（4）

全国“第一张大字报”出笼真相，何洛、孟金，中共党史资料（京）（83）

关于“文革”中国务院业务组的若干情况，程振声，党的文献（京）（3）

再论“文化大革命”起因,金春明,上海行政学院学报(1)

农村普及样板戏纪实,张年如,文史月刊(太原)(7)

向“四人帮”余党夺权:苏振华接管上海,丑运洲,百年潮(京)(5)

回忆《往事十七首》风波,施培毅,江淮文史(合肥)(2)

回忆中央文革记者站,李近川,百年潮(京)(5)

百万“红卫兵在井冈山”,万建强,党史纵览(合肥)(6)

论“文化大革命”的潜在历史影响,吴鹏森,安徽师范大学学报(芜湖)(4)

论十一届三中全会的历史意义,王平,济宁师范专科学校学报(5)

评《水浒》运动内幕:从毛泽东与芦荻论《水浒》谈起,魏敬民,党史纵横(沈阳)(2)

刻骨铭心的历史记录:十年“文革”中的十次抗争,陈家付,党史纵横(沈阳)(5)

河北省“五·七”干校始末,崔金亮、李洪荣,档案天地(石家庄)(增刊)

浅析发动“文革”的深层根源,王永章,新疆石油教育学院学报(乌鲁木齐)(3)

试论“文革”爆发的思想文化基础,张明军,党史研究与教学(福州)(5)

试论“文革”爆发的思想文化基础,张明军、尹书博,华东师大学报(6)

试论基辛格首次访华的国际影响,王国范,许昌师专学报(4)

哈尔套“社会主义大集”始末,郭化先、齐文学,百年潮(京)(3)

政治文化对“文化大革命”的支撑与推延作用及其有限性,李月军,天水行政学院学报(2)

珍惜党领导人民探索社会主义前进道路的历史:论更加公正客观地看待党在“文化大革命”十年中的失误,张荣生,当代中国史研究(京)(5)

美国对中国“文化大革命”的反应,唐小松,当代中国史研究(京)(4)

美国对中国“文化大革命”的早期研究(1966—1968),王朝晖,东北师大学报(长春)(6)

徐州整顿:一九七五年整顿的突破口(待续),程中原,世纪风采(南京)(4)

徐州整顿:一九七五年整顿的突破口,程中原,世纪风采(南京)(5)

特赦国民党战犯始末,王永钦,党史博览(郑州)(11)

耿飙、黄镇“反党集团”始末,尹家民,党史博览(郑州)(8)

谁都无权淡化“文革”及其教训:介绍老学者季羡林、老作家马识途的两篇文章,炎黄春秋(京)(6)

理性地认识和思考20世纪六七十年代的“全国大备战”,徐奎,当代中国史研究(京)(5)

理性的迷失:红卫兵的行为和心态,阚和庆,党史博览(郑州)(6)

援越抗美太原保卫战大捷,王存明,文史精华(石家庄)(8)

援越抗美纪略,罗履端,芜湖师专学报(1)

援越抗美述略,邓礼峰,当代中国史研究(京)(1)

葛洲坝工程的决策与兴建,傅长德,纵横(京)(8)

越战时,我在南越丛林中(上),郭谨良,百年潮(京)(4)

越战时,我在南越丛林中(下),郭谨良,百年潮(京)(5)

改革开放新时期

“一国两制”下人民内部矛盾的新变化，李超，党政干部论坛（武汉）(1)

“文化台独”的由来及演变，汤家玉，文史杂志（成都）(2)

“文革”结束后国民经济的恢复工作：访袁宝华同志，本刊特约记者，百年潮（京）(8)

“汪辜会谈”的成因及其对中美关系的影响，费虹寰，当代中国史研究（京）(1)

“南方谈话”与理论创新，温乐群，中国特色社会主义研究（京）(1)

“救亡压倒启蒙”？——对八十年代一种“元叙事”的解构分析，李杨，书屋（长沙）(5)

《红旗》停刊与《求是》创刊，苏星，百年潮（京）(8)

《教育战线的一场大论战》发表的前前后后：推翻“四人帮”的“两个估计”亲历记，吉伟青，党的文献（京）(1)

1979：我赴新疆兵团处理上海青年回城问题，刘济民，纵横（京）(6)

20 世纪 80 年代中国农村的社会习俗变迁，侯松涛，当代中国史研究（京）(3)

一个时代的人道主义悲剧：对新时期反思文学的再反思，吴志宏，肇庆学院学报(1)

二十世纪八十年代的百万大裁军，刘志青、王建强，党史博览（郑州）(8)

十三年：奋斗历程和基本经验，龚育之，人民日报（京）(11.28)

十三届四中全会以来中国共产党执政兴国的基本经验，叶斌，新东方（海口）(6)

小岗农业“大包干”起源探析，吉晓华，中国农史（南京）(2)

中共十三届四中全会以来大事记，中共中央文献研究室，人民日报（京）(11.6)

中共十五大与邓小平精神遗产的理论化序幕，杨家志，中南财经政法大学学报（武汉）(2)

中国与阿尔巴尼亚是如何决裂的，郭毓华，粮油市场报（郑州）(3.27)

中国渐进式改革的路径选择和制度变迁评析，张湛彬，中共党史研究（京）(4)

从南方谈话到十四大、十五大、“七一”讲话，龚育之，中共党史研究（京）(2)

开放初期的福建反走私，王则，福建党史月刊（福州）(2)

开放前夕的一次重要出访，杨波，百年潮（京）(2)

忆“文化大革命”后首次换届选举，罗省，北京党史(2)

忆建立中马执政党关系的“破冰之旅”，蒋光化，纵横（京）(4)

计划经济与市场经济大论争，柳红，党史文苑（南昌）(2)

邓小平南方谈话十年研究综述，汤运红，南京政治学院学报(2)

四川南溪试水土地经营权变革，傅静，21 世纪经济报道（广州）(8.5)

对新世纪上海中共党史学研究的设想与展望，赵刚印，上海党史与党建(3)

正确处理新时期人民内部矛盾的几点思考，刘洪志，前沿(呼和浩特)(2)

关于新时期党史的研究概况，汤应武，党史研究与教学(福州)(5)

当代马克思主义的经典文献:论邓小平“南方谈话”对马克思主义的坚持和发展，广东省社会科学联合会课题组，当代中国史研究(京)(2)

西方对邓小平南方谈话的反响，赵雷，中共党史研究(京)(2)

论十三年来中国共产党最宝贵的财富，宋海庆、徐贵相，求索(长沙)(6)

论马克思主义与中国实际相结合的第三次历史性飞跃，宋哲声、欧阳雨辰，求实(南昌)(4)

论我国改革开放以来的四次思想大解放，巴志鹏，中州学刊(郑州)(2)

论社会主义的一个成功:中国按计划实现第二个翻番的时代意义，徐方炎，上饶师范学院学报(4)

论说十三年:访孙英同志，朱地，百年潮(京)(11)

论新时期人民内部矛盾的成因与对策，陈斌、刘云兰，井冈山师范学院学报(吉安)(1)

我参与审讯“四人帮”的一点回忆，姚伦，百年潮(京)(4)

我亲历经济理论上的一段拨乱反正，吴江，炎黄春秋(京)(5)

改革开放以来中国的文化发展，程美东，学术论坛(南宁)(4)

改革开放以来我国民族区域自治制度的发展和实践，李养第、韩英，当代中国史研究(京)(4)

改革发展十三年及其基本经验，陈雪薇，特区理论与实践(深圳)(11)

改革初期的工业学大庆活动:访袁宝华同志〈续〉，本刊特约记者，百年潮(京)(8)

取得重大历史性成就的十三年，林兆木，人民日报(京)(11.28)

废止“兴无灭资”口号的一个佐证，郑文林，百年潮(京)(1)

波澜壮阔的十三年，李君如，天津日报(12.9)

南方谈话与九十年代的改革和发展，孙大力，中共党史研究(京)(2)

南方谈话与理论创新:纪念邓小平南方谈话发表10周年，温乐群，长春市委党校学报(2)

南方谈话对邓小平理论体系形成的重大意义，广东邓小平理论研究中心课题组，特区理论与实践(深圳)(2)

南方谈话和生产力问题，邢贲思，中共党史研究(京)(2)

南方谈话研究综述，肖照青、孟幸，上海党史与党建(2)

党建十三年:中共中央党校党建部主任卢先福教授访谈录，刘延棠，瞭望(京)(39)

党的十三届四中全会以来国防和军队建设的成就与经验，萧裕声，军事历史(京)(5)

谁最早提出“建国以来历史决议”要回顾建国以前党的历史？韩亚光，党史文汇(太

原)(3)

教育战线拨乱反正头一炮:推翻“两个估计”纪实,吉伟青,百年潮(京)(8)

第三代中央领导集体对治党问题的新探索,宋海庆,广西社会科学(南宁)(1)

第三代中央领导集体的八大业绩:从党的十三届四中全会到党的十六大,任大立,党政干部论坛(武汉)(10)

第三代领导集体对毛泽东、邓小平反腐倡廉思想的继承和发展,戴晓娟,毛泽东思想研究(成都)(3)

揭密20年前“华北大演习”,陈传刚,纵横(京)(2)

新时期人民内部矛盾的特点和处理原则,韩新国,党建论坛(银川)(9)

新时期中国共产党宗教政策恢复拓展的历史条件,郭文亮、陈金龙,当代中国史研究(京)(3)

新时期中国经济学学科建设,楚风,光明日报(京)(9.10)

新时期共产党执政方式与时俱进,马惠瀛,社会科学报(沪)(7.18)

新时期军队建设指导思想上的重大创新与开拓,江英,军事历史(京)(5)

新时期农业和农村经济结构的战略性调整,丁力,当代中国史研究(京)(4)

新时期安徽的三次思想解放(上),聂皖辉,党史纵览(合肥)(11)

新时期党的思想路线的发展创新底蕴,武国友,中共党史研究(京)(3)

新时期党的基本纲领的重大创新,曹钢,陕西省行政学院陕西省经济管理干部学院学报(西安)(1)

跨世纪的辉煌(待续):“十五大”以来安徽党史大事记,党史纵览(合肥)(7)

跨世纪的辉煌:十五大以来安徽党史大事记,党史纵览(合肥)(11)

人物及人物研究

综合或综合比较类

“应是毛公好学生”邓子恢与毛泽东的交往，符维健，福建党史月刊(福州)(9)

“我最信任的朋友和同志”：记宋庆龄与爱泼斯坦，日农，人物(京)(6)

人民解放军的177位开国中将，徐平，纵横(京)(8)

十一届三中全会以来中共领袖人物研究的开展，鲁振祥，党的文献(京)(4)

马克思主义中国化两次飞跃传承关系比较：对薄一波同志“始于毛，成于邓”观点的历史解析，孙海涛，辽宁教育学院学报(沈阳)(5)

中共党史人物早期思想研究中存在的几个问题，李良明，上海党史与党建(7)

中共特殊党员异国战斗纪实，李伟，文史春秋(南宁)(3)

中国人民解放军高级将领传记编审的一般规律，康月田，军事历史(京)(6)

为各族人民服务的共产主义战士，江平、黄铸，人民日报(京)(9.17)

从毛泽东的“矛盾动力论”到邓小平的“改革动力论”，倪保志，毛泽东思想研究(成都)(2)

从启蒙到革命：来自道德理想的引渡——“五四”时期陈独秀、李大钊、毛泽东激进思想的逻辑构成，张宝明，江苏社会科学(南京)(4)

从超英赶美到三步走：毛泽东与邓小平发展战略的启示，马宏，毛泽东思想研究(成都)(1)

开国将军纪实笔记，吴东峰，世界军事(4)

毛泽东、邓小平、江泽民发展观比较：时代的转换与中国社会的发展，孔冬，北京理工大学学报(1)

毛泽东、邓小平历史动力论之比较，李政敏，理论导刊(西安)(5)

毛泽东、邓小平民主集中制思想的时代特色与现实启示，魏磊，探索(重庆)(2)

毛泽东、邓小平关于我国根本政治制度思想的比较研究，郭荣华，江西社会科学(南昌)(6)

毛泽东、邓小平时代观探析，杨守明，毛泽东思想研究(成都)(3)

毛泽东、邓小平建国后党的领导思想比较，张录平，延边党校学报(延吉)(3)

毛泽东、邓小平的独立主权观，廖兴森，广西教育学院学报(南宁)(1)

毛泽东、邓小平知识分子理论比较研究，史晓东，中共山西省委党校学报(太原)(3)

毛泽东、邓小平若干经济理论思想比较，张秀梅，河南社会科学(郑州)(4)

毛泽东、邓小平党际关系思想之比较，肖宗志，南华大学学报(衡阳)(2)

毛泽东、邓小平探索社会主义发展规律的相继关系，宋月晖、乐玉惠，湖北财经高等专科学校学报(武汉)(3)

毛泽东、邓小平廉政思想比较，潘晶芳，连云港师范高等专科学校学报(2)

毛泽东、邓小平解决台湾问题构思之比较，金龙河、金桂兰，东北师大学报(长春)(5)

毛泽东、邓小平精神文明建设观比较研究，龚志伟、储峰，河北学刊(石家庄)(2)

毛泽东、刘少奇新民主主义社会观比较研究，吴玉才，北京工业大学学报(3)

毛泽东、周恩来意欲访美的前因后果，赵志峰，党史文汇(太原)(3)

毛泽东、斯大林会见目击记，(俄)费德林著，马贵凡译，纵横(京)(7)

毛泽东“一边倒”和邓小平不结盟思想研究，陶季邑，毛泽东思想研究(成都)(3)

毛泽东与“核工程”司令陈士榘，刘炳峰，文史春秋(南宁)(3)

毛泽东与“巅峰战将”张国华，刘炳峰，军事史林(10)

毛泽东与一位“将军大使”(耿飚)，赵建军，湘潮(长沙)(6)

毛泽东与王明，林小波，党史天地(武汉)(6)

毛泽东与邓小平民主思想之研究，杨汉国，毛泽东思想研究(成都)(3)

毛泽东与邓小平关于发展生产力理论的比较研究，杨巧玲，中共山西省委党校学报(太原)(1)

毛泽东与邓小平现代化思想比较，乔翔，解放军外国语学院学报(洛阳)(1)

毛泽东与邓小平的青年观比较，成立芳、范贤超，宁夏党校学报(银川)(1)

毛泽东与邓小平科技价值观之比较，欧阳仕文，广西社会科学(南宁)(3)

毛泽东与陈独秀对农民问题认识之思考，张怀民、石义清，学海(南京)(1)

毛泽东与周恩来政治风格之比较，胡长明，长沙电力学院学报(4)

毛泽东与胡适的交往，李文乾，福建党史月刊(福州)(5)

毛泽东与傅连暲不平常的交情，黎勤，百年潮(京)(3)

毛泽东与赫鲁晓夫的交锋，李同成，湖南文史(长沙)(3)

毛泽东与薛笃弼，殷之俊，联合时报(沪)(6.14)

毛泽东为什么保下了王芸生，王鹏，书屋(长沙)(5)

毛泽东邓小平中央与地方关系思想比较研究，魏红英，信阳师范学院学报(4)

毛泽东邓小平江泽民“赶超”思想之比较，王军，学术论坛(南宁)(1)

毛泽东邓小平江泽民与“三步走”发展战略，肖祥敏，湖南社会科学(长沙)(3)

毛泽东邓小平利用外资思想的比较初探，卿定文，财经理论与实践(长沙)(2)

毛泽东邓小平时代观比较研究，杨守明，佳木斯大学社会科学学报(1)

毛泽东邓小平法制思想之异同，刘传刚，辽宁教育学院学报(沈阳)(5)

毛泽东邓小平的若干农业战略思想，金丽馥、石宏伟、马跃鹏，毛泽东思想研究(成都)(2)

毛泽东邓小平调动群众积极性方法论比较，时树菁，南都学坛(南阳师范学院)(4)

毛泽东关于援助中原部队突围致习仲勋书信九封，党的文献(京)(4)

毛泽东到邓小平：中国农村改革发展的思路转变探析，李正文，探索(重庆)(2)

毛泽东和邓小平的经济伦理思想之比较研究，申艳明，社科与经济信息(南宁)(1)

毛泽东和他的卫士陈长江，张仁祥，世纪风采(南京)(3)

毛泽东致习仲勋九封书信述实，贾巨川，党的文献(京)(4)

毛泽东黄炎培“空洞对”随想，钟沛璋，炎黄春秋(京)(3)

王卓然与张学良将军，王福时，百年潮(京)(5)

王震与陶峙岳：知音两将星，刘根勤，名人传记(郑州)(1)

邓小平与毛泽东反腐败观比较，韩方生，广西青年干部管理学院学报(南宁)(1)

邓小平与张学良的神交，窦应泰，党史文汇(太原)(8)

邓小平统战理论与毛泽东统战理论之比较，李丽、李敏，青年工作论坛(山东青年管理干部学院学报)(济南)(5)

长征后留守苏区的红军将领，江磊，世纪风采(南京)(4)

长征路上的毛泽东与林彪，于化民，党史博览(郑州)(4)

以“与时俱进”的精神写好党史人物，徐焰，北京党史(4)

台静农与陈独秀，夏明钊，江淮文史(合肥)(3)

叶剑英与荣毅仁，黄子云，党史纵览(合肥)(7)

叶挺与郭沫若生死不渝的革命友谊，徐君华，大江南北(沪)(11)

对几位元帅“曾被拒绝入党”之“费解”的费解：与舒云先生商榷，贾立臣，大庆高等专科学校学报(1)

对毛泽东、朱德探索中国社会主义经济建设的历史考察，江泰然，南昌大学学报(3)

关于邓小平国情理论与毛泽东国情理论的比较研究，李俊，海南广播电视大学学报(海口)(1)

关于编撰党史人物传记的几点思考，陈志凌，人民日报(京)(3.23)

关于鲁迅与陈赓有无二次会见的我见，黄炜，鲁迅研究月刊(京)(3)

刘伯承与邓小平——战场上的最佳拍档，谭一青，党史博览(郑州)(2)

吕正操与张学良义笃情深，凌君，文史精华(石家庄)(10)

孙中山、毛泽东、邓小平现代化模式比较，任大立，湖北行政学院学报(武汉)(2)

孙中山对叶剑英革命道路的影响,魏明枢,世纪桥(哈尔滨)(1)

安危与共,风雨同舟:关向应与续范亭的革命友谊,穆欣,党史文汇(太原)(9)

师生情谊:胡适与吴晗,朱洪,江淮文史(合肥)(1)

有关晋绥历史人物几个问题的澄清,牛荫西,文史月刊(太原)(6)

朱德"中国式的社会主义"和邓小平"南巡谈话"之比较,江泰然,江西行政学院学报(南昌)(1)

朱德与孙炳文,倪良端,福建党史月刊(福州)(10)

江青复仇与扬帆蒙冤,尹骐,炎黄春秋(京)(1)

论大革命时期维经斯基、张国焘的"左"倾思想,闫知航、张凤莲,鞍山师范学院学报(2)

论毛泽东、邓小平反腐败思想之异同,蒋艳丽,河北师范大学学报(石家庄)(2)

论毛泽东、邓小平对中国传统文化精华的继承,杨梅,毛泽东思想研究(成都)(1)

论毛泽东、邓小平的创新精神,熊晓燕、薛梅、王栓茂,渝州大学学报(重庆)(2)

我所了解的粟裕与陈毅,鞠开,军事史林(11)

批极左,还是批极右?(待续):周恩来与毛泽东在"文革"中的重大分歧〈上〉,王永钦,党史纵横(沈阳)(5)

批极左,还是批极右?:周恩来与毛泽东在"文革"中的重大分歧〈下〉,王永钦,党史纵横(沈阳)(6)

李先念与郑位三的革命情谊,河未清,党史天地(武汉)(9)

评陈毅与项英在三年游击战争初期的战略转变之争,林天乙,福建党史月刊(福州)(9)

陈伯钧毛泽东的将帅情,左玉河,炎黄春秋(京)(11)

陈独秀与张国焘,张家康,文史月刊(太原)(5)

陈独秀与胡适,张家康,党史纵览(合肥)(5)

参加中共一大的两位外国人,安然、宋凤英,文史精华(石家庄)(9)

周佛海与汪精卫的恩恩怨怨,闻少华,炎黄春秋(京)(8)

周恩来、邓小平与张霖之的平反昭雪,俞虎,纵横(京)(7)

周恩来、邓小平在汾阳,张天晴,文史月刊(太原)(6)

周恩来与卫立煌将军的真挚情谊,于长治,文史春秋(南宁)(6)

周恩来与张学良的初次会谈,孙韶林,党史文汇(太原)(11)

周恩来与傅作义,崔增印,文史月刊(太原)(9)

周恩来宋庆龄交往半世纪,杨明伟,炎黄春秋(京)(12)

周恩来和张学良的交谊(上),夏野枫,团结报(京)(7.27)

周恩来和张学良的交谊(下),夏野枫,团结报(京)(7.30)

季米特洛夫与王明，刘明钢，福建党史月刊(福州)(5)

建国初期走上政坛的杰出女性(系列之一)，乌尼日，广西党史(南宁)(3)

建国初期走上政坛的杰出女性(系列之二)，乌尼日，广西党史(南宁)(4)

林彪为彭德怀"洗冤"真相，王勇、孔磊，文史春秋(深圳)(2)

茉莉清香扑面来：《茉莉花》采编者何仿眼中的毛泽东、周恩来，吴跃农，党史博览(郑州)(9)

试论毛泽东邓小平社会主义思想的互补性，杨梅，探索(重庆)(3)

试论毛泽东思想萌芽和形成时期的瞿秋白与毛泽东，张建荣、徐爱玉，绍兴文理学院学报(4)

试论刘少奇、毛泽东与"实事求是"：读刘少奇《关于过去白区工作给中央的一封信》有感，杨菲蓉，党史研究与教学(福州)(1)

试论鲁迅与胡适的战友关系，杨树国，泰安师专学报(1)

试谈刘少奇、邓小平反腐败思想的共同点，韩卫平，牡丹江师范学院学报(3)

前辈科学家的政治追求和夙愿：读《中共党史人物传》，戴知贤，上海党史与党建(8)

南宁会议前后毛泽东与周恩来分歧的缘及影响，王青山，广西社会科学(南宁)(4)

受统帅教诲成一方干将：原海军中将方正平与毛泽东交往纪事，杜玉臻，当代海军(11)

胡绳周扬现象背后，李一蠡，炎黄春秋(京)(7)

胡耀邦与王稼祥的患难之交，姬少华，名人传记(郑州)(1)

追忆父亲蔡廷锴与世伯蒋光鼐，蔡绍芝，文史精华(石家庄)(4)

重识鲁迅与陈独秀的同途殊归，张宝明，许昌师专学报(3)

徐向前与阎锡山的三次交锋，李璟，党史天地(武汉)(6)

素描与自传(待续)：一个外国人眼中的红色中国要人(系列之二)，(美)尼姆·韦尔斯著，张士义译，党史纵览(合肥)(2)

素描与自传(系列之五)：一个外国人眼中的红色中国要人，(美)尼姆·韦尔斯著，张香存译，党史纵览(合肥)(7)

梁漱溟和毛泽东的恩怨情结，谭特立，文史月刊(太原)(8)

淞沪抗战中的宋庆龄与何香凝，钱自强，党史天地(武汉)(1)

深切缅怀伟大的无产阶级革命家彭真、关向应同志，孙英，中共党史研究(京)(6)

略论1935—1943年间毛泽东与季米特洛夫之间的关系，柳敏和、岳振华，石家庄师范专科学校学报(1)

略论第一部传记体中国共产党史：读《中共党史人物传》丛书，郑洪泉，重庆师院学报(4)

章士钊与陈独秀，张家康，人物(京)(5)

章士钊与陈独秀的合作与斗争,邹小站,炎黄春秋(京)(5)

第一个提出打倒蒋介石的人,吴琼,党史文苑(南昌)(4)

第一代领导人与先进生产力发展要求,宁志一,四川党史(成都)(4)

第一代领导集体成熟的重要标志:四论“毛周体制”兼答施志成先生,汪浩,淮阴师范学院学报(淮安)(4)

隐蔽在“国军”决策中枢的红色特工,罗军生,党史文苑(南昌)(4)

领袖情深:李质忠与毛泽东交往的几个片断,苏俊才,福建党史月刊(福州)(9)

黄克诚与毛泽东,曹晋杰,党史纵览(合肥)(9)

黄炎培与毛泽东,黄方毅,百年潮(京)(4)

彭真与毛泽东:写于纪念彭真百年诞辰之际,王家进,山西老年(10)

彭真与第一任公安部长罗瑞卿:罗瑞卿的政治秘书、原中国法学会会长王仲方访谈录,李海文、王燕玲,党史文汇(太原)(9)

斯诺四次采访周恩来,罗元生、欧阳湘平,名人传记(郑州)(4)

曾希圣与女水利专家钱正英,江鲲池,江淮文史(合肥)(1)

最早当选为中共中央委员的四川人,邓寿明,四川党史(成都)(4)

湘籍革命家群体与中国共产党的创建,雷国珍、刘松茂,湘潭大学社会科学学报(1)

程子华与毛泽东(中篇),程秀龙,党史文汇(太原)(8)

蒋介石谋杀李宗仁内幕,张宗高,世纪风采(南京)(7)

蒋光慈与鲁迅笔战始末,吴腾凰、徐航,江淮文史(合肥)(2)

鲁迅和严复,林红、姚春树,福建农林大学学报(福州)(3)

新四军历史上的叶、项不和,何立波、何丽娜,文史精华(石家庄)(2)

解放军女兵中的“第一”,肖占中,党史博览(郑州)(4)

解读张学良与周恩来的往来密信,毕万闻,纵横(京)(8)

廖承志与潘汉年,何炎平、马福龙,上海党史与党建(1)

蔡元培与陈独秀,张家康,党史文汇(太原)(6)

蔡和森、高君宇在第一次国共合作中的历史贡献,戴炳中,华中农业大学学报(4)

谭震林与毛泽东,李元健,福建党史月刊(福州)(7)

瞿秋白与鲍罗廷(下),丁言模,常州师专学报(1)

毛　泽　东

毛泽东:马列主义与中国实际相结合的开拓者,许良廷,安庆师范学院学报(1)

毛泽东"农村包围城市"思想形成的再认识,范龙堂,南都学坛(南阳)(2)

毛泽东人民民主专政理论新探,邱守娟,南京政治学院学报(2)

毛泽东人民群众观探析,张秀丽,延安大学学报(2)

毛泽东三见哥穆尔卡,仲潮浩,中共党史资料(京)(83)

毛泽东与"新三反"运动,王瑞芳,党史博览(郑州)(7)

毛泽东与《不怕鬼的故事》,睆砦,党史纵横(沈阳)(7)

毛泽东与《解放日报》副刊,黎辛,新文学史料(京)(3)

毛泽东与八大路线的改变,陆韵,长春师范学院学报(1)

毛泽东与中国民族区域自治制度,陈延斌,民族论坛(长沙)(1)

毛泽东与历史典籍的不解之缘:中国传统文化的伟大力量,潘德利,党史纵横(沈阳)(2)

毛泽东与少年中国学会,吴小龙,炎黄春秋(京)(7)

毛泽东与少年中国学会,吴小龙,随笔(广州)(1)

毛泽东与文化的社会主义转变,陈晋,中共党史研究(京)(2)

毛泽东与世界反法西斯统一战线,钟小敏,四川师范大学学报(成都)(1)

毛泽东与先进文化论纲(上),陈晋,党的文献(京)(1)

毛泽东与先进文化论纲(中),陈晋,党的文献(京)(2)

毛泽东与先进文化论纲(下),陈晋,党的文献(京)(3)

毛泽东与延安文艺界的深厚友谊,成国银,上海党史与党建(6)

毛泽东与延安时期的党报党刊,王光荣,湘潮(长沙)(3)

毛泽东与抗大,夏明星、苏振兰,党史天地(武汉)(5)

毛泽东与图书馆,杨淑玲,毛泽东思想研究(成都)(6)

毛泽东与图书馆的情缘,罗建新,学问(长春)(5)

毛泽东与南水北调,李治法,风范(南昌)(6)

毛泽东与闽西革命根据地的开辟,王胜远,济宁师范专科学校学报(5)

毛泽东与烟,李光荣,湘潮(长沙)(6)

毛泽东为何确立"党指挥枪"的原则,晓农,中华儿女(京)(8)

毛泽东反对迷信的思想,史春林,大连海事大学学报(2)

毛泽东反封建思想论纲,叶剑锋,武汉理工大学学报(2)

毛泽东开辟马克思主义中国化道路的若干历史经验,黄健,宁德师专学报(2)

毛泽东文艺思想与西方马克思主义文艺理论比较论,高玉,孝感学院学报(2)

毛泽东世界革命中心论与超英赶美战略的形成,聂长久,长春师范学院学报(1)

毛泽东对工业化与农业合作化关系的认识,江红英、黄美珠,四川党史(成都)(3)

毛泽东对外开放思想初探,夏建文,社科与经济信息(南宁)(4)

毛泽东对社会主义建设道路的探索,廖岳生,福建教育学院学报(福州)(7)

毛泽东对斯大林模式的否定之否定,虞文清,绥化师专学报(3)

毛泽东对新民主主义的创见与失误,汪澍白,炎黄春秋(京)(6)

毛泽东未领导实现对“卡夫丁峡谷”的跨越吗?汪青松,安庆师范学院学报(2)

毛泽东民族观研究,赵建利,中国农业大学学报(京)(1)

毛泽东争取东北军联共抗日,高晓华,毛泽东思想研究(成都)(3)

毛泽东伦理观的基本架构,蔡佑民,毛泽东思想研究(成都)(2)

毛泽东关于妇女解放思想,康琼,毛泽东思想研究(成都)(3)

毛泽东关注的“小匈牙利事件”,蔡天新,百年潮(京)(3)

毛泽东农民教育思想及其时代意义,陈国泳、李琦,党的文献(京)(3)

毛泽东决策金门炮战,万千,福建党史月刊(福州)(3)

毛泽东同志力主扩大《参考消息》发行面的回顾与思考,苏虹,新闻大学(沪)(春)

毛泽东同志晚年失误原因的若干分析,刘希平,中共浙江省委党校学报(杭州)(1)

毛泽东名号的由来及寓意考辨,魏茂恒,历史教学(津)(3)

毛泽东在60年代社教运动中的思路转变研究,王艳元,历史教学(津)(8)

毛泽东在日常饮食上的个性魅力,蓝桂英,福建党史月刊(福州)(1)

毛泽东在延安文艺座谈会上,冯芝桂,湘潮(长沙)(5)

毛泽东在解放战争中后期抓反对无纪律无政府状态概述,张积毅,党的文献(京)(2)

毛泽东早期治军思想研究,龚运长,军事历史(京)(3)

毛泽东何时接受马克思主义之我见,马烈,江苏教育学院学报(南京)(5)

毛泽东妙语解析民族政策,李光荣,世纪行(武汉)(8)

毛泽东社会主义观的迷误及其对社会主要矛盾判断的影响,杨建伟,岭南学刊(广州)(3)

毛泽东社会主义经济建设思想若干问题研究,梁柱,思想理论教育导刊(京)(3)

毛泽东私人资本主义经济思想的历史嬗变,卢文华,探索(重庆)(1)

毛泽东建国后的国民性改造思想与实践研究述评,肖南龙,求索(长沙)(2)

毛泽东的人民本位文艺观,黄曼君,长江日报(武汉)(5.23)

毛泽东的六种建国方略,武力,聊城大学学报(1)

毛泽东的用人艺术,吴九占,党建与人才(呼和浩特)(7)

毛泽东的休闲生活,蓝桂英,福建党史月刊(福州)(6)

毛泽东的科学预见观,赵华兴,福建党史月刊(福州)(4)

毛泽东的读书生活,蓝桂英,福建党史月刊(福州)(2)

毛泽东限期肃清广西股匪的原因,樊东方,广西党史(南宁)(1)

毛泽东青年时代的革命编辑活动,葛宝华,河北理工学院学报(唐山)(3)

毛泽东怎样写军事新闻,蓝鸿文,军事记者(京)(2)

毛泽东政治美学思想初探,付佑全,毛泽东思想研究(成都)(1)

毛泽东是中国特色社会主义理论的首创者,潘利红、杨翟,求实(南昌)(6)

毛泽东是否作过关于周作人的批示,倪墨炎,长城(石家庄)(1)

毛泽东祖根在河南原阳,毛国杰,北京日报(12.30)

毛泽东晚年"培养接班人"的理论与实践,李付安,史学月刊(开封)(4)

毛泽东晚年失误"动因"诸说商榷,王安东、王均甫,青岛海洋大学学报(3)

毛泽东晚年的重要决策,薛庆超,领导科学(郑州)(5)

毛泽东笔下的八个农民家庭今昔,胡玉春、赖福英,党史博览(郑州)(4)

毛泽东读史论史写史,孙泽学,世纪桥(哈尔滨)(4)

毛泽东读苏联《政治经济学教科书》的有关回忆,胡绳,中共党史研究(京)(5)

毛泽东探求中国社会主义现代化道路的经验教训,郭根山,河南师范大学学报(新乡)(3)

毛泽东第一次当主席,周重礼、周立军、孙福才,湖南档案(长沙)(3)

毛泽东领袖地位确立时间新论,陈松友,西南师范大学学报(重庆)(2)

毛泽东就业思想初探,师春苗、张帆,毛泽东思想研究(成都)(1)

"八大"之后毛泽东在阶级斗争问题上认识转变的原因分析,赵蕾,山东大学学报(济南)(1)

"三反"运动:毛泽东反腐败思想的伟大实践,王兴宗,天水行政学院学报(3)

"大跃进"前后毛泽东分配思想述论,王明生,南京大学学报(4)

"五四"新文化运动对青年毛泽东的影响,余捧英,湘潭大学社会科学学报(1)

"约法三章"没有历史根据,阎长贵,湘潮(长沙)(3)

"教条主义必须休息":抗战初期毛泽东反对王明教条主义的斗争,胡安全,探索与争鸣(沪)(7)

1921—1927年毛泽东的民主思想与实践试探,谢敏华,江西师范大学学报(南昌)(2)

1959:毛主席三次来济南,郑松,联合日报(济南)(7.12)

50年代毛泽东对中国现代化道路的探索,曾维伦,重庆邮电学院学报(2)

二十世纪50年代末60年代初毛泽东对美态度强硬的原因初探,邓丽霞,湖南行政学院学报(长沙)(2)

十一届三中全会以来有关毛泽东和毛泽东思想研究的发展阶段及其特征,唐洲雁,党

史研究与教学(福州)(3)

大气·才气·锐气:毛泽东政论“文气”探析,谢石,益阳师专学报(4)

大革命时期毛泽东关于农民问题的理论与实践,廖良初,湖南社会科学(长沙)(5)

马克思主义中国化的一个范例:毛泽东对中国买办阶级和民族资产阶级的科学分析,金怡顺,芜湖师专学报(1)

不要损害毛泽东诗名清誉:《张冠道中》及《喜闻捷报》探微,彭明道,粤海风(广州)(4)

与毛泽东在一起的岁月(未完待续),师哲、师秋朗,人物(京)(3)

中央苏区时期毛泽东的领导地位与共产国际,邹巧灵,云梦学刊(岳阳)(4)

中共二大的建党原则对毛泽东建党思想形成的意义,葛海萍,上海党史与党建(2)

中苏论战与毛泽东关于社会主义社会阶级斗争理论形成浅析,颜永琦,党史研究与教学(福州)(3)

从毛泽东与《工业七十条》的关系看其企业管理思想,余信红,探求(广州)(1)

从对“八大”路线的修改看毛泽东对阶级斗争的几点认识,邵宪海,黑龙江农垦师专学报(阿城)(3)

从对俞平伯《红楼梦研究》的批判看毛泽东同志对知识分子的心态,俞国,扬州教育学院学报(1)

从抗日文化到延安文化:对毛泽东和实践新民主主义文化梳理和分析,陈晋,文艺理论与批评(京)(1)

从通道到遵义:毛泽东领导地位的确立,于长治,党史纵览(合肥)(9)

开辟“农村包围城市”的全面革命道路:毛泽东与近现代中国社会变迁概论之五,渝崇马、彭征,党史文汇(太原)(6)

文化选择:青年毛泽东世界观转变的深层动因,纪光欣,毛泽东思想研究(成都)(3)

毛主席缘何为平和“天利植牧场”题词,肖林,漳州党史通讯(3)

外国政要、学者及媒体论毛泽东和毛泽东思想(续一),仝华等,思想理论教育导刊(京)(1)

外国政要、学者及媒体论毛泽东和毛泽东思想(续完),仝华等,思想理论教育导刊(京)(2)

对《〈毛泽东自传〉发掘整理出版始末》一文的质疑,奚景鹏,中共党史研究(京)(6)

对毛泽东晚年关于知识分子的几个问题的辨正,林源,南京大学学报(4)

对毛泽东探索社会主义文化的梳理与分析,陈晋,长春市委党校学报(1)

对建国前后毛泽东与苏结盟思想的探析,唐日梅,理论界(沈阳)(3)

正确评价毛泽东的共同富裕思想,杨吉兴,佳木斯大学社会科学学报(3)

让高峡出平湖:毛泽东与三峡工程,梅雪,党史纵览(合肥)(4)

关于毛泽东“超英赶美”思想演变阶段的历史考察,齐卫平、王军,史学月刊(开封)(2)

关系国家和人民命运的思考:读毛泽东《七律·有所思》,刘勋华,西北第二民族学院学报(银川)(4)

回忆毛泽东读苏联《政治经济学教科书》,胡绳,北京日报(10.21)

百年诞辰纪念后的早年毛泽东研究论文述评(1994—2002),张永理,毛泽东思想研究(成都)(6)

论毛泽东"德治思想",朱修国,毛泽东与邓小平理论研究(沪)(1)

论毛泽东发动"文化大革命"动机的形成:兼评中苏论战的消极影响,虞文清,中共中央党校学报(4)

论毛泽东对"五四"的解读,董德福,党史研究与教学(福州)(1)

论毛泽东对"文化大革命"的评价,彭厚文,江南大学学报(无锡)(1)

论毛泽东对传统伦理道德思想的继承与发扬,张雪峰,湖南财经高等专科学校学报(长沙)(3)

论毛泽东关于西藏工作的基本思想,王小彬,湖北行政学院学报(武汉)(创刊号)

论毛泽东军事思想在建立东北根据地中的作用,荆蕙兰、张秀芝,辽宁师范大学学报(大连)(1)

论毛泽东的"重农"思想,刘珊,娄底师专学报(1)

论毛泽东的人民观,曾国俊、罗双凤,江西社会科学(南昌)(10)

论毛泽东的文化理想,周民,陕西师范大学学报(西安)(6)

论毛泽东的学习观,王曼,山西高等学校社会科学学报(太原)(10)

论毛泽东战略威慑思想,鹿海啸,西安政治学院学报(3)

论毛泽东晚年政治行为的哲学根源:兼论哲学本体论与认识论研究不能失衡,朱宝信,吉首大学学报(2)

西方毛泽东研究综述,王炜,集宁师专学报(1)

论抗日战争时期毛泽东文化观的特点,瞿鹤鸣,求索(长沙)(3)

论抗战时期毛泽东争取中间力量的思想,张瑞娟,中州学刊(郑州)(5)

设计改造中国的科学蓝图:毛泽东与近、现代中国社会变迁概论之二,渝承列,党史文汇(太原)(3)

抗战时期毛泽东对中共党史学科理论的探讨,洪认清,淮北煤师院学报(3)

时代造就了开天辟地的历史巨人:毛泽东与中国近、现代社会变迁〈引言〉,渝崇马,党史文汇(太原)(1)

运笔千秋:回忆毛泽东为学习雷锋题词经过,林克,党史纵横(沈阳)(3)

近几年来国内毛泽东研究概述,朱险峰,北京党史(1)

近代西方思潮对青年毛泽东价值观念的影响,谭继东,宝鸡文理学院学报(2)

国内毛泽东诗词研究综述,郭思敏,学术研究(广州)(5)

建国后毛泽东关于肃清封建主义残余的理论与实践，牟德刚，广西社会科学（南宁）（2）

建国初期毛泽东新民主主义社会理论为何突变，汤兆云，益阳师专学报（2）

建国前毛泽东对中国私人资本主义的认识，欧阳小平，井冈山师范学院学报（吉安）（2）

建国前后谦虚谨慎的毛泽东，余广人、于保红，炎黄春秋（京）（5）

拓展和深化毛泽东文艺思想研究的十个问题，陈晋，文艺报（京）（5.14）

结束中国受人欺负的屈辱时代：毛泽东与近现代中国社会变迁概论之七（上篇），渝崇马，党史文汇（太原）（9）

构建保证中国安全的国际格局：毛泽东与近现代中国社会变迁概论之七（下篇），渝崇马，党史文汇（太原）（10）

析毛泽东加速改造资本主义工商业的认识原因，周利生，江西社会科学（南昌）（5）

浅议毛泽东的权力观，黄东宏，岭南学刊（广州）（1）

试论毛泽东与第一次国共合作，陈卫华，江南大学学报（无锡）（4）

试论毛泽东对马克思主义利益观的贡献，李卫民，中共成都市委党校学报（2）

试论毛泽东对外开放思想的演变，吴科达，江苏教育学院学报（南京）（1）

试论毛泽东早期素质养成与素质教育，唐淮，毛泽东思想研究（成都）（1）

试论毛泽东的农业发展思想，闵帅，萍乡高等专科学校学报（2）

试论毛泽东的科学发展动力观，刘四平、朱良，长沙电力学院学报（1）

试论青年毛泽东的生死观与幸福观，崔湘伟，湖南社会科学（长沙）（2）

试析毛泽东社会主义目标模式的乌托邦情结，郑黔玉，贵州大学学报（贵阳）（4）

试析毛泽东的社会主义观与“文化大革命”的发生，魏宪朝，聊城大学学报（1）

试析毛泽东知识结构的特点对毛泽东晚年失误的影响，黎见春，探索（重庆）（5）

试析抗战时期毛泽东的外交战略思想，侯德泉，理论学刊（济南）（1）

试析非理性因素对毛泽东认识知识分子的影响，汪秀枝，河南商业高等专科学校学报（郑州）（4）

青年毛泽东与青年运动，双传学，中国青运史辑刊（长春）（4）

青年毛泽东地方自治思想，曾慧华，西南民族学院学报（成都）（11）

青年毛泽东的人格特征，刘伟，毛泽东思想研究（成都）（6）

青年毛泽东的新闻编辑活动述评，丁三伏、杨智勇，江西社会科学（南昌）（增刊）

青年毛泽东的精神文化决定论思想，刘洪秋，长沙电力学院学报（1）

青年毛泽东政治思想的特点，张西山，西北师大学报（兰州）（4）

统一战线视野下毛泽东抗战时期外交战略思想的一个重要特征，吴克明、侯德泉、刘长庚，湘潭工学院学报（2）

面向民众:毛泽东早期政治思想的特征,朱俊瑞、吴秋华,福建省社会主义学院学报(福州)(1)

海外毛泽东研究概述,曹景文,贵州文史丛刊(贵阳)(1)

调动“两大革命”的社会合力:毛泽东与中国近现代社会变迁概论之三,渝承列,党史文汇(太原)(4)

解决谁领导谁的根本问题:毛泽东与近现代中国社会变迁概论之四,渝承列,党史文汇(太原)(5)

深刻的教诲,难忘的记忆:访毛泽东《对晋绥日报编辑人员的谈话》的记录者纪希晨,王晋源,党史文汇(太原)(9)

略论毛泽东批判反冒进的政治因素,陈洪勋,党史研究与教学(福州)(2)

略论毛泽东的国际政治思想,娜芹,前沿(呼和浩特)(4)

第二次国内革命战争时期毛泽东的兵运思想,徐文秀,江西社会科学(南昌)(3)

新民主主义革命时期毛泽东民族工商业思想的历史考察,潘永强,福建论坛(福州)(6)

解放初期毛泽东关于私人资本主义经济的思想,王强,经济论坛(石家庄)(20)

解放战争时期毛泽东对美外交的策略,卿定文,广西社会科学(南宁)(2)

韶山毛氏祖根在河南原阳,毛国杰,党的文献(京)(6)

周　恩　来

周恩来“三个建设”的思想与实践,王频,淮阴师范学院学报(淮安)(1)

周恩来人才思想与新中国的崛起,沈建乐,中共成都市委党校学报(3)

周恩来力荐聂荣臻,施春生,红岩春秋(重庆)(5)

周恩来与“反对经验主义”,王永钦,党史天地(武汉)(1)

周恩来与“两弹一星”,刘武生,湘潮(长沙)(5)

周恩来与“样板戏”的戏外戏(下),顾保孜,党史博览(郑州)(9)

周恩来与人民海军的初建计划,晓松,百年潮(京)(4)

周恩来与中印关系,李达南,党史天地(武汉)(2)

周恩来与中国共产主义青年团旅欧之部,张海亮,甘肃高师学报(兰州)(1)

周恩来与文物保护事业,曾自,团结报(京)(1.29)

周恩来与北京人民艺术剧院,南山,纵横(京)(6)

周恩来与抗美援朝,李惠康,楚雄师范学院学报(1)

周恩来与党的作风建设,曾一石,漳州党史通讯(3)

周恩来与朝鲜革命志士,崔龙水,百年潮(京)(3)

周恩来从“城市中心”到“乡村中心”思想转变历程述论,黄少群,中共党史研究(京)(1)

周恩来化解“朱毛分歧”,黄少群,百年潮(京)(7)

周恩来化解江苏省委问题,黄少群,百年潮(京)(11)

周恩来反对中法秘密大借款实录,施春生,党史文汇(太原)(10)

周恩来反对官僚主义思想探析,潘敬国、张颖,漳州党史通讯(3)

周恩来文物保护思想与西部大开发,曾自,党的文献(京)(1)

周恩来文物保护思想与实践,王戈,中国文物报(京)(1.25)

周恩来对毛泽东开创的中国革命新道路的贡献,聂治本,辽宁工学院学报(锦州)(1)

周恩来对巩固党的执政基础的理论贡献,王家云,淮阴师范学院学报(淮安)(6)

周恩来对陕西文物、戏曲和音乐艺术发展的贡献,陈答才,陕西师范大学继续教育学报(西安)(2)

周恩来对保密工作的特殊贡献,曾昭铎,福建党史月刊(福州)(1)

周恩来议会斗争的一次伟大实践,刘济生,内蒙古民族大学学报(通辽)(1)

周恩来关心第二胶片厂的建厂选址,冯大林,党史博览(郑州)(12)

周恩来关怀新中国戏剧事业,刘春秀,世纪风采(南京)(11)

周恩来军事思想与实践浅探,许永逊,中共伊犁州委党校学报(伊宁)(2)

周恩来在日内瓦会议的转折关头,钱江,大地(京)(1)

周恩来在浙江的故事,三月风,福建党史月刊(福州)(4)

周恩来早期的社会主义思想,杨正喜、肖际唐,淮阴师范学院学报(淮安)(5)

周恩来论增强党的阶级基础和扩大党的群众基础,陆建洪,苏州大学学报(3)

周恩来社会经济协调发展思想探索,王英、汪浩,淮阴师范学院学报(淮安)(1)

周恩来建立抗日民族统一战线的战略思想,孙韶林,中共云南省委党校学报(昆明)(4)

周恩来知识分子情结论要,周述杰,邵阳学院学报(3)

周恩来经济工作辩证法,陈立旭,淮阴师范学院学报(淮安)(2)

周恩来临终为抚顺释俘写下:处理台湾问题嘱托(未完待续),纪敏,兰台世界(沈阳)(9)

周恩来临终对台湾问题的批示,纪敏,炎黄春秋(京)(6)

周恩来亲笔写的一封证明信,嵇钧生,党史博览(郑州)(11)

周恩来勇于自我批评的原因探析,陈方、柯雪白,漳州党史通讯(3)

周恩来科学主体思想略探,刘霁堂,党史研究与教学(福州)(2)

周恩来说:领导干部要过好“五关”,曾长秋,党史纵览(合肥)(12)

周恩来率八路军驻太原办事处撤离记事,晓音,文史月刊(太原)(11)

周恩来黄埔军校政治教育工作的历史启示,宋桂林,学术交流(哈尔滨)(5)

周恩来喜欢戏剧又爱提意见,张颖,百年潮(京)(4)

周恩来勤政廉政领导作风的教益与启示,吕志,探求(广州)(2)

《周恩来自述》书里书外:访中央文献研究室研究员力平教授,梁梁,党史博览(郑州)(6)

外事秘书马列眼中的周恩来,李明信、王哲,党史天地(武汉)(6)

三场风波,五载艰辛:周恩来在筹备召开四届全国人大斗争中,陈东林,党史文汇(太原)(2)

与毛泽东比较周恩来经济思想的几个特点,曹应旺,皖西学院学报(六安)(3)

从四个“五年计划”看周恩来辩证统一思想,杨成敏,淮阴师范学院学报(淮安)(4)

历史关头举荐毛泽东:周恩来在遵义会议前后,王永钦,党史纵横(沈阳)(1)

他是音乐舞蹈史诗《东方红》的总导演(周恩来),王建柱,老人天地(京)(3)

民族文化精神的光大与升华:论周恩来与中国文化传统,李翔海,高校理论战线(京)(2)

论周恩来关于执政党建设的思想,陈龙娟,毛泽东思想研究(成都)(2)

论周恩来的风格和领导艺术,刘焱,楚雄师范学院学报(1)

呕心沥血,才智卓著:周恩来关心新四军的组建和发展,周鸿根,军事历史研究(沪)(4)

周总理和他的秘书们,白杉,文史月刊(太原)(12)

周总理亲自开辟让世界了解新中国的媒体渠道,刘奋之,外交学院学报(京)(4)

总理办公室撤销始末,南哲,炎黄春秋(京)(11)

准确、凝练、具体:周总理给雷锋题词的往事,吕梁,党史纵横(沈阳)(3)

随周总理出访历险记,时念堂,文史春秋(南宁)(4)

寓思想教育于审美之中:周恩来思想政治工作的启示,晋爱荣,洛阳工学院学报(2)

斯诺四次采访周恩来,罗元生、欧阳湘平,名人传记(郑州)(4)

高瞻远瞩,功在当代:周恩来发展中国西部交通的思想与实践,陈扬勇,当代中国史研究(京)(2)

论道家文化对周恩来的影响,胡长明,益阳师专学报(1)

抗争与策略:对周恩来一九六七年一封信的探析,陈扬勇,中共党史研究(京)(1)

抗战期间周恩来对中间党派统战工作理论和实践,胡大牛,重庆大学学报(5)

试析60年代初周恩来与党的民主作风建设,朱蓉蓉、胡正勃,中共宁波市委党校学报(1)

难忘周总理的嘱托,李金德,中共党史资料(京)(83)

新发现的周恩来早期文稿两篇,翔宇,党的文献(京)(1)

牢牢把握抗战的主动权:七七事变后周恩来与国统区党的建设,吕芝斌,党史纵横(沈阳)(9)

顾全大局,相忍为党:周恩来面对延安整风中的过火批判,刘明钢,党史纵横(沈阳)(8)

刘 少 奇

刘少奇《论共产党员的修养》一文产生的前前后后,刘平雪,党史天地(武汉)(11)

刘少奇与"发展华中"战略的实现,蒋艳丽,南华大学学报(衡阳)(2)

刘少奇与土地改革,赵群虎,沧桑(太原)(2)

刘少奇与中国共产党历史上的第一次理论飞跃,宋镜明,武汉大学学报(2)

刘少奇与新中国成立前后的国防工作,刘波,纵横(京)(3)

刘少奇对"大跃进"运动的反思,杜本礼,河南师范大学学报(新乡)(6)

刘少奇对人民内部矛盾问题的探索及其价值,魏文元,三峡大学学报(宜昌)(1)

刘少奇对教育结构改革的探索,刘圣陶,湘潭大学社会科学学报(3)

刘少奇关于抗日游击战争的理论和实践,张志辉、谭献民,西南交通大学学报(成都)(4)

刘少奇同志在满洲,孙洪江,党史文汇(太原)(10)

刘少奇在七千人大会上谈到的几件事,张素华,百年潮(京)(5)

刘少奇在山东,潘兆仲,当代社会(济南)(10)

刘少奇两种教育制度思想发展的内在逻辑:以天津半工半读教育发展为参照,李庆刚,天津大学学报(1)

刘少奇的十大功绩,黄峥,中共党史研究(京)(6)

刘少奇的劳动制度改革思想及现实意义,徐文秀,湖北社会科学(武汉)(2)

刘少奇试办托拉斯思想,李永春,武汉理工大学学报(1)

刘少奇怎样离开满洲省委书记岗位:读《刘少奇给中央的信——关于中央对满洲省委工作批评的答辩》和《中共满洲省委会会议记录》,刘贵田,党的文献(京)(5)

刘少奇重振新四军军威,郝发亭、刘葵华,文史精华(石家庄)(11)

刘少奇领导思想的历史贡献,陈丽华,辽宁大学学报(沈阳)(3)

刘少奇最后一次出国专机历险记，时念堂，文史春秋(南宁)(10)

刘少奇缘何成为中共第一代领导集体成员，朝夕，党史纵横(沈阳)(1)

刘少奇廉政建设思想初探，舒艾湘，党建研究(武汉)(3)

中苏农业合作化道路之比较：兼论刘少奇的农业合作化理论，龚鹏、涂雪峰，石油大学学报(东营)(2)

中国传统教育与刘少奇"两种教育制度和两种劳动制度"思想的形成，李立娥，江西社会科学(南昌)(6)

回忆刘少奇同志建国前后的一些经济建设思想，薄一波，中共党史研究(京)(3)

开辟苏北发展华中：刘少奇担任中共中央中原局书记以后，段星，世纪风采(南京)(7)

论刘少奇对社会主义经济体制改革的探索，聂留军，平顶山师专学报(增刊)

论刘少奇对新中国外交的贡献，蒋艳丽、肖宗志，湖南社会科学(长沙)(2)

论刘少奇的和平经济竞争战略，熊启珍，经济评论(武汉)(5)

论刘少奇的经济思想，席文启，长春市委党校学报(1)

抗战初期刘少奇对游击战的理论贡献，钱守云，毛泽东思想研究(成都)(2)

学习刘少奇党性修养理论，做新时期合格党员，邸士荣，廊坊师范学院学报(1)

紧紧地同人民在一起：刘少奇关于中国共产党与人民群众关系的理论和实践，王双梅，党的文献(京)(3)

略论刘少奇关于发展生产力的思想，娄晶、何进，长白学刊(长春)(2)

简述刘少奇为我国国际交往事业的发展作出的杰出贡献，张勤、朱超南，党史研究与教学(福州)(1)

邓 小 平

邓小平"中国式的现代化"理论初探，吴汉钧，党政论坛(沪)(3)

邓小平"风险论"新探，龙小平，中共太原市委党校学报(3)

邓小平"两个大局"思想的实践和发展：深圳与西部大开发，乌兰察布，特区经济(深圳)(4)

邓小平 1961 年调查研究的几个特点，赵宝云、刘明亮，黑龙江社会科学(哈尔滨)(4)

邓小平人的发展思想：理想与现实的互动，赵小华，济宁师范专科学校学报(1)

邓小平人格风范探析，赵勇，青年工作论坛(山东省青年管理干部学院学报)(济南)(1)

邓小平人格精神的巴蜀文化传统探魅,李方祥,重庆社会主义学院学报(2)

邓小平干部学习观探析,居继清、吴光辉,唐都学刊(西安)(1)

邓小平与1975年的军队整顿,邓礼峰,党史天地(武汉)(2)

邓小平与1975年徐州铁路整顿,吴雪晴,百年潮(京)(6)

邓小平与中日关系正常化,刘金田,党史博览(郑州)(10)

邓小平与中苏关系正常化,苏振兰、夏明星,党史天地(武汉)(11)

邓小平与中国的1992,巩玉闽,福建党史月刊(福州)(5)

邓小平与中美关系正常化,陈永祥,广州大学学报(1)

邓小平与井冈山精神,梅宏,老友(1)

邓小平与亚运会,元恒,福建党史月刊(福州)(8)

邓小平与社会主义时期中共党史研究,卢国琪,湖北行政学院学报(武汉)(2)

邓小平与卓琳,晓莹,老年知音(10)

邓小平与实用主义:对海外邓小平研究提出的一个挑战性问题的分析,成龙,攀登(西宁)(4)

邓小平与思想路线创新,张义生,群众(南京)(7)

邓小平与冤假错案的平反,李君,聊城大学学报(4)

邓小平与萨缪尔森的市场经济理论比较研究,杨梅、马奎,西北第二民族学院学报(银川)(2)

邓小平与新时期中国对外开放的起步,曹普,党史纵横(沈阳)(7)

邓小平与新时期的思想解放,谢春涛,山东师范大学学报(济南)(1)

邓小平从这里北上,秦维宪,红岩春秋(重庆)(3)

邓小平从这里北上京城,秦维宪,党史文汇(太原)(6)

邓小平公正思想初论,吴忠民,理论前沿(京)(17)

邓小平分配理论的实践与发展,郝春和,新视野(京)(2)

邓小平区域发展思想研究,保建云,毛泽东思想研究(成都)(3)

邓小平区域发展理论的社会学理解,杨敏,新视野(京)(4)

邓小平区域经济思想探析,于世刚,宁夏党校学报(银川)(1)

邓小平反"和平演变"思想初探,袁强,西南民族学院学报(成都)(3)

邓小平反封建主义的方法论原则,陈光耀,许昌师专学报(1)

邓小平风险理论对中国"入世"的指导意义,秦泗美、陶明泉,青年工作论坛(山东省青年管理干部学院学报)(济南)(2)

邓小平主权思想的理论体系与中国主权战略,胡雁,河南社会科学(郑州)(4)

邓小平主持1975年整顿的历史机缘,程中原,纵横(京)(2)

邓小平发展观对世界发展理论的贡献,林桂红,学术论坛(南宁)(4)

邓小平发展思想中的辩证否定观探析，刘建新，毛泽东思想研究（成都）(2)

邓小平发展战略思想的特点，李振宇，辽宁工学院学报（锦州）(1)

邓小平处理人民内部矛盾的新方略论析，李朝阳、王晓晖，黑河学刊(3)

邓小平对“两制关系”的认识和处理，蔡娟，河南师范大学学报（新乡）(3)

邓小平对“富”的道德辩护及其对思想解放的意义，廖小平、高峰，毛泽东思想研究（成都）(6)

邓小平对人的自由而全面发展的论述，彭立学，学术交流（哈尔滨）(3)

邓小平对马克思主义关于人的解放理论的新贡献，辛世俊，中共郑州市委党校学报(1)

邓小平对马克思主义社会发展动力论的新贡献，向德平，探索（重庆）(1)

邓小平对马克思主义经济政治观的丰富和发展，黄红发、胡社华，理论观察（齐齐哈尔）(1)

邓小平对毛泽东功利思想的继承和发展，王荣德，上海党史与党建(5)

邓小平对毛泽东统一战线理论的发展，行连平、吴晓宏，中共太原市委党校学报(1)

邓小平对外开放思想依据微探，王海英，齐齐哈尔大学学报(1)

邓小平对外开放思想的历史性思考，张彦，牡丹江大学学报(1)

邓小平对外开放思想的形成及其特征，祝爱武，江西社会科学（南昌）(5)

邓小平对民主集中制建设的新贡献，钟祥胜，党建与人才（呼和浩特）(2)

邓小平对列宁经济制度渐变思想的继承和发展，宋小敏，中南民族大学学报（武汉）(2)

邓小平对社会主义发展动力理论的继承和发展，柳亮，襄樊学院学报(3)

邓小平对社会主义初级阶段人的发展问题的历史把握，方建国、肖勇，中共福建省委党校学报（福州）(2)

邓小平对现代化理论的超越，杨正喜，毛泽东思想研究（成都）(3)

邓小平对待资本主义政治文明成果的科学态度，郑曙村，中共云南省委党校学报（昆明）(4)

邓小平对增加农民收入的探索，孙迪亮，理论研究（呼和浩特）(3)

邓小平民主监督思想的特征，吴日明、刘立灿，求实（南昌）(3)

邓小平民族发展论，罗树杰，广西右江民族师专学报（百色）(2)

邓小平生前四次回延安，冯芝桂，四川党史（成都）(1)

邓小平价值观核心新探，王文明，云梦学刊（岳阳）(1)

邓小平价值观特点新探：兼论邓小平对马克思主义价值观的丰富与发展，王文明，常德师范学院学报(3)

邓小平伦理思想研究综述，马文彬，道德与文明（津）(3)

邓小平先富共富理论与我国当前先富群体问题,阎志民、刘捷,新视野(京)(2)

邓小平共同富裕理论的鲜明特征,刘勇,毛泽东思想研究(成都)(3)

邓小平关于下岗培训的论述:一个被忽略了的重要思想,黎之焕,广西大学学报(南宁)(4)

邓小平关于反对形式主义的思想,韩庆祥、江涛,前线(京)(6)

邓小平关于农业发展的思想,张英剑,广西社会科学(南宁)(2)

邓小平关于西部大开发战略的论述,肖文学、史芳树,徐州教育学院学报(2)

邓小平关于我国农业发展的若干理论探析,金丽馥、石宏伟、乔瑾,江苏大学学报(镇江)(1)

邓小平关于社会主义精神文明建设的思想,龚咏梅,苏州大学学报(1)

邓小平关于社会稳定论述的基本内容与途径,陈丽、刘洪辉,黑龙江教育学院学报(哈尔滨)(1)

邓小平关于党的建设的创造性观点,俞悦,山西高等学校社会科学学报(太原)(2)

邓小平关于理想在塑造人格中的地位与作用思想探析,张昌文,探索(重庆)(4)

邓小平关于提高劳动者素质思想之研究,张天德、赵新民、侯怀民,邓小平理论研究(西安)(2)

邓小平关于稳定思想的主要内容,程过富,思想理论教育导刊(京)(2)

邓小平军事哲学思想的特征和精髓,卢冀宁,南京政治学院学报(2)

邓小平农村剩余劳动力转移的思想及其现实意义,李华,长春市委党校学报(2)

邓小平刑法思想述论,戴建庭,毛泽东思想研究(成都)(4)

邓小平创立社会主义市场经济理论的思维逻辑,许玉乾,国家高级教育行政学院学报(京)(2)

邓小平创造性思维方式研究综述,韩同友,北京党史(5)

邓小平创新思想中的几个问题,余德华,浙江社会科学(杭州)(1)

邓小平创新思想研究,庞元正、董振华,新视野(京)(4)

邓小平同志在商丘,贾红艳,中州今古(郑州)(6)

邓小平同志语言艺术风格浅论,陈文高,邓小平理论研究(西安)(2)

邓小平在正确评价毛泽东问题上的思索与智慧,钟康模,岭南学刊(广州)(3)

邓小平在矛盾分析和改革方法论上的新贡献,荣开明,孝感学院学报(4)

邓小平在西藏和平解放过程中的地位和作用,张皓,当代中国史研究(京)(2)

邓小平行政改革思想略论,杨俊凯,钦州师范高等专科学校学报(2)

邓小平改革开放风险观的哲学分析,徐久刚,中共太原市委党校学报(2)

邓小平时空政策思想研究,卢根源,唯实(南京)(4)

邓小平社会主义民主建设思想探析,王寿林、张美萍,郑州大学学报(2)

邓小平社会主义观的双向维度及其现实意义,张森年,扬州大学学报(1)
邓小平社会主义改革思想的科学体系,赖琼琚,韶关学院学报(2)
邓小平社会发展战略的基本框架及特征,赵智奎,中共云南省委党校学报(昆明)(1)
邓小平社会发展理论的体系,向德平,毛泽东思想研究(成都)(4)
邓小平评毛泽东和毛泽东思想,林学启、林学达,昌吉学院学报(1)
邓小平评价历史的方法论原则,李义凡、张远新,史学月刊(开封)(2)
邓小平进行理论创新的特点分析,石国亮,中共云南省委党校学报(昆明)(3)
邓小平依法治国思想研究,王云飞,辽宁师范大学学报(大连)(1)
邓小平参加"九月会议"始末,袁德金,党史博览(郑州)(12)
邓小平和中美关系正常化,贾斯文,福建党史月刊(福州)(7)
邓小平和平统一祖国的战略构想,朱阳明,和平与发展(京)(1)
邓小平国际道德思想探析,夏红莉,安徽大学学报(合肥)(2)
邓小平治安思想初探,刘建昌,广西社会科学(南宁)(4)
邓小平治国方法论小议,孙立樵,中共中央党校学报(京)(3)
邓小平的干部年轻化思想及其成功实践,肖爱民,湖湘论坛(长沙)(3)
邓小平的中国国际地位论及其现实意义,黄红发,求实(南昌)(7)
邓小平的外交家风采,傅志义,文史月刊(太原)(5)
邓小平的全球化思维方式初探,方玮,理论视野(京)(2)
邓小平的全球化思想与广东对外开放的实践,曾牧野、游霭琼,南方经济(广州)(6)
邓小平的权力监督制约理论,侯舒和,潍坊学院学报(3)
邓小平的权力监督制约理论探析,侯舒和,毛泽东邓小平理论研究(沪)(2)
邓小平的求实与反思精神,余广人,炎黄春秋(京)(4)
邓小平的社会公平思想与我国的西部大开发,胡万钟、周文俊,学术论坛(南宁)(1)
邓小平的社会主义优势论,杨丽娟,延边党校学报(延吉)(3)
邓小平的制度文明理论及其重大价值,方世南,苏州大学学报(3)
邓小平的法治思想与依法治国战略,张秀梅,学习论坛(郑州)(6)
邓小平的现代化思想,熊吕茂,衡阳师范学院学报(1)
邓小平的现代化理论与厦门的现代化实践,李友华,特区经济(深圳)(2)
邓小平的独特精神和作风,杨序石,怀化师专学报(1)
邓小平的科学引证思想与引证实践研究,叶成林,中共中央党校学报(京)(3)
邓小平的稳定观,洪江,前沿(呼和浩特)(2)
邓小平的稳定理论与西部大开发战略,向红,重庆邮电学院学报(1)
邓小平青年思想政治教育观探析,柯冬云,青年工作论坛(山东省青年管理干部学院学报)(济南)(4)

邓小平非均衡发展战略初探,李锋,中共福建省委党校学报(福州)(4)

邓小平南方谈话与福建改革开放,吴明刚,福建党史月刊(福州)(6)

邓小平南方谈话实录,张爱茹,党史纵横(沈阳)(1)

邓小平南方谈话的历史地位,石仲泉,中国特色社会主义研究(京)(1)

邓小平南巡与南方谈话:访当年亲历南巡的陈开枝同志,卢获,百年潮(京)(3)

邓小平思想政治工作理论的特征探析,叶山土,浙江师范大学学报(金华)(3)

邓小平思想政治教育方法浅析,陈新、诸葛福民,青年工作论坛山东省青年管理干部学院学报(济南)(2)

邓小平战略设计思想研究,赵承宗,常熟高专学报(3)

邓小平政治体制改革思想略论,常守柱,攀枝花大学学报(2)

邓小平科学评价毛泽东的历史启示,李久林,首都经济贸易大学学报(京)(4)

邓小平党内监督思想的制度性思考,李曼,党建研究(武汉)(4)

邓小平党风廉政建设思想述论,温龙,哈尔滨市委党校学报(3)

邓小平党建理论的创新,李向勇,学术探索(昆明)(2)

邓小平旅游经济思想与中国旅游业的发展,王玉成,河北大学学报(保定)(1)

邓小平晚年对发展生产力认识的视角转换及深化过程,毕宪顺,发展论坛(济南)(5)

邓小平晚年的一个重大命题和重要论断,刘欣,内蒙古大学学报(呼和浩特)(6)

邓小平莫斯科智斗赫鲁晓夫,李越然,湖南文史(长沙)(4)

邓小平教育思想的战略性特征浅析,潘照新,辽宁大学学报(沈阳)(2)

邓小平理论中的知识经济思想,丁中涛、李桂艳,农业经济(沈阳)(5)

邓小平理论的一个重要思想:要弄清什么是资本主义,李新华,党建研究(武汉)(4)

邓小平维护稳定思想探讨,宋海庆,中共郑州市委党校学报(1)

邓小平著作出版情况综述,李晓航,中共党史资料(京)(83)

邓小平领导百色起义开创了我党兵运工作的新局面,邓群,广西党史(南宁)(3)

邓小平领导理论的精华——两个独创性的时代命题,戴维新,成都行政学院学报(3)

邓小平富民强国思想探析,董皖,皖西学院学报(六安)(2)

邓小平愈老弥坚的马克思主义者风范,赵宝云、刘明亮,军队政工理论研究(沪)(2)

邓小平新社会主义观走向成熟的重要标志:纪念邓小平“南方谈话”发表十周年,梁涌,绍兴文理学院学报(3)

邓小平解决民族问题的方法论研究,虎有泽、冯丽,黑龙江民族丛刊(哈尔滨)(2)

邓小平德治思想初探,刘洪志,军队政工理论研究(沪)(2)

邓小平德育思想的新思路,王丙辰,长春工程学院学报(1)

邓小平辩证法实践艺术是马克思主义理论库中的瑰宝,马里安,求实(南昌)(3)

“文革”后期邓小平与台湾问题,王中人,福建党史月刊(福州)(6)

“文革”后期邓小平与台湾问题研究，王中人，党史纵横（沈阳）（4）

“可超越”的和“不可超越”的：邓小平外交思想的理性之光，张家栋、冯莉，邓小平理论研究（西安）（2）

“南方谈话”以来国内邓小平理论研究述评，张曙，当代中国史研究（京）（2）

“统分结合”与“自由人联合体”：论邓小平社会主义民主思想的根本性与科学性，姜中才，党政干部学刊（沈阳）（4）

人民本位思想：邓小平价值观的一根红线，宁小银，湘潭大学社会科学学报（1）

人民利益观：邓小平人权思想的具体体现，于庆峰、岳长凌，佳木斯大学社会科学学报（3）

十年来邓小平中共党史研究思想讨论综述，于文善，高校社科信息（5）

从广安到广西：略论邓小平同志在四川、广西的革命实践活动，阳国亮，广西党史（南宁）（1）

从对剥削的错误认识和教条式理解中解放出来：重温邓小平关于社会主义本质的论述并论消灭剥削，孔陆泉，唯实（南京）（7）

从战略与策略的角度剖析邓小平关于社会主义本质的论断，唐雄山、罗胜华，毛泽东思想研究（成都）（2）

反对腐败，建设廉政：邓小平反腐倡廉的总体战略思想，王业勤，毛泽东思想研究（成都）（2）

马克思主义道德学说的当代形态：试论邓小平的道德观，张晓东，江南社会学院学报（苏州）（1）

中国式现代化理论的旗帜：邓小平现代化思想，陈静，黑龙江社会科学（哈尔滨）（1）

世界发展理论的缺失与邓小平的超越，杨正喜，北京工业大学学报（1）

以德治国：邓小平治国思想的又一重大发展，张建国，中共福建省委党校学报（福州）（6）

发展生产力是邓小平经济思想的核心，秦小霞，天中学刊（驻马店）（3）

外国政要、学者及媒体论邓小平和邓小平理论（未完待续），马启民，思想理论教育导刊（京）（4）

外国政要、学者及媒体论邓小平和邓小平理论（续），马启民，思想理论教育导刊（京）（5）

永葆党和国家长治久安的根本指导思想：邓小平法治思想述论，张贺福，皖西学院学报（六安）（3）

关于邓小平的共同富裕理论，宋善文、邓从先，东南亚纵横（南宁）（2）

关于邓小平战略思维的几个基本问题，屠春友，理论前沿（京）（5）

回忆邓小平一九九二年视察珠海，梁广大，中共党史研究（京）（3）

当代中国社会发展的十大转型：兼论邓小平的发展观，白刚、张荣艳，雁北师范学院学报(大同)(1)

论邓小平"一国两制"构想的科学现实性，王泽林，零陵师范高等专科学校学报(永州)(2)

论邓小平"一国两制"构想的理论创新，蔡娟，毛泽东思想研究(成都)(3)

论邓小平"一国两制"思想中的辩证法，毛惠彬，同济大学学报(沪)(3)

论邓小平"文化大革命"之"功"说，陈亚萍，南京师大学报(2)

论邓小平"两个大局"构想及其现实意义，何鹏举，财经理论与实践(长沙)(3)

论邓小平"科学技术是第一生产力"思想的时代特征，田跃安，昌吉学院学报(2)

论邓小平与右江革命根据地党的建设，梁明辉，广西右江民族师专学报(百色)(1)

论邓小平世界市场思想的基础，李建民，中国特色社会主义研究(京)(2)

论邓小平主体性理论，莫放春，广西社会科学(南宁)(2)

论邓小平发展理论的体系特色，谢华，天府新论(成都)(2)

论邓小平对"共同富裕"思想的发展，刘勇、黄宝玲，理论界(沈阳)(4)

论邓小平对中共党史研究的重要贡献，维子、阎平云，晋阳学刊(太原)(3)

论邓小平对毛泽东人大制度思想的新发展，桂银才、王知宇，武警学院学报(廊坊)(2)

论邓小平对毛泽东生产力思想的扬弃，乔发进，广西社会科学(南宁)(2)

论邓小平对毛泽东统一战线思想的继承与发展，冉兴国，社会主义研究(武汉)(2)

论邓小平对社会主义建设规律认识的深化，蒙慧，中共云南省委党校学报(昆明)(3)

论邓小平对社会收入分配理论的重大贡献，和志蓉，包头职大学报(1)

论邓小平对提高国民素质的理论贡献，高汝伟，洛阳师范学院学报(3)

论邓小平全面治理腐败的思想，王耕南、华建宝、姜群，毛泽东思想研究(成都)(1)

论邓小平共同富裕思想及其实践发展，段维龙、张建华、齐旭红，广播电视大学学报(呼和浩特)(3)

论邓小平关于人的主体性思想，许小主，邓小平理论研究(西安)(2)

论邓小平关于社会主义市场经济理论的创新，许新三，毛泽东邓小平理论研究(沪)(2)

论邓小平关于稳定的思想，严励，毛泽东邓小平理论研究(沪)(2)

论邓小平农村改革"两个飞跃"的战略部署，杨超群、孙由德，肇庆学院学报(3)

论邓小平利用资本主义建设社会主义的政策思想，刘雪明，中央社会主义学院学报(京)(1)

论邓小平社会主义市场经济理论，罗归国，特区经济(深圳)(3)

论邓小平构建生产力标准的思维基础，张扣林，毛泽东思想研究(成都)(1)

论邓小平现代化理论的提出及其历史背景，周典，泰安师专学报(2)

论邓小平的“政治交代”与第三代中央领导集体的实践，许耀明，郴州师范高等青年学校学报(2)

论邓小平的“韬光养晦”外交战略，陶季邑，常德师范学院学报(5)

论邓小平的人民民主专政思想，孙云龙，中共天津市委党校学报(2)

论邓小平的人生价值理论，胡晶，毛泽东思想研究(成都)(4)

论邓小平的人权理论，魏晓彤，学习论坛(郑州)(4)

论邓小平的干部道德建设思想，太学英，四川师范大学学报(成都)(3)

论邓小平的马克思主义观，项久雨，学习与实践(武汉)(5)

论邓小平的中国农村工业化战略构想，刘凤义，毛泽东思想研究(成都)(4)

论邓小平的公正思想，秦位强，湖南商学院学报(长沙)(4)

论邓小平的历史地位，商志晓，马克思主义研究(京)(4)

论邓小平的反腐败方针与策略，刘洪辉，黑龙江教育学院学报(哈尔滨)(2)

论邓小平的反腐败理论，李宇虹，云梦学刊(岳阳)(4)

论邓小平的代价观，冯东飞，延安大学学报(1)

论邓小平的发展观，白刚、张荣艳，学习论坛(郑州)(3)

论邓小平的发展思想，任衍峰，发展论坛(济南)(7)

论邓小平的可持续发展思想，朱建文，毛泽东思想研究(成都)(1)

论邓小平的民主法治思想，王心娟，淄博学院学报(1)

论邓小平的生产力理论，杜玉琼、荣文学，四川师范大学学报(成都)(3)

论邓小平的矛盾观，李知明、马传松，重庆大学学报(5)

论邓小平的创造价值观，闵小芳、赵润琦，青海师范大学学报(西宁)(1)

论邓小平的创新精神，吴海燕，南昌航空工业学院学报(1)

论邓小平的创新精神，肖艳，湘潭大学社会科学学报(2)

论邓小平的创新精神，梁淑英，山东行政学院·山东省经济管理干部学院学报(济南)(3)

论邓小平的同一性思维，李青，理论观察(齐齐哈尔)(2)

论邓小平的当代马克思主义实践观，贺金瑞，毛泽东思想研究(成都)(2)

论邓小平的社会主义本质论，孙洪义，西南交通大学学报(成都)(1)

论邓小平的制度反腐败思想，杨汉国，中共成都市委党校学报(3)

论邓小平的制度防腐廉政思想，贺培育，湖南社会科学(长沙)(2)

论邓小平的国民素质观，刘少华、丛世红，社科与经济信息(南宁)(10)

论邓小平的国权观，刘建强，湘潭大学社会科学学报(4)

论邓小平的学风观，徐建康，武警指挥学院学报(津)(4)

论邓小平的实事求是辩证否定观，唐秀华，甘肃理论学刊(兰州)(1)

论邓小平的思维特性,李惠钦,河西学院学报(张掖)(1)

论邓小平的政治勇气,刘玉珍,衡水师专学报(1)

论邓小平的语言风格,江中兴、胡平,中共沈阳市委党校学报(2)

论邓小平的党风建设观,张志胜、王兆宇,南华大学学报(衡阳)(1)

论邓小平的效率与公平思想,罗成富,牡丹江师范学院学报(3)

论邓小平的稳定观,江洪明,河池师专学报(宜州)(1)

论邓小平的稳定思想,赵江华、赵廷彦,辽宁教育学院学报(沈阳)(1)

论邓小平的德育思想,苏俊海,世纪桥(哈尔滨)(2)

论邓小平的德育思想,樊秀萍,芜湖师专学报(1)

论邓小平知行观的实践特点,孙华玉,长春工程学院学报(1)

论邓小平经济质量思想,陈锐、容慷,首都经济贸易大学学报(京)(4)

论邓小平思维中的时间意识,郑小平、唐钰成,泰安师专学报(1)

论邓小平战略策划思想的基本特征,赵承宗,上海市政法管理干部学院学报(1)

论邓小平政治体制改革的价值观,代立梅,天水师范学院学报(1)

论邓小平政治稳定思想的原则特色,魏延秋,南京政治学院学报(3)

论邓小平独特的矛盾思维,侯远长,河南大学学报(开封)(3)

论邓小平理论风格的人民性,马中智,渭南师范学院学报(1)

论邓小平新时期统一战线思想的核心和方法论原则,戴平,重庆社会主义学院学报(2)

论邓小平新时期海外统一战线思想,李俊,前沿(呼和浩特)(3)

论邓小平德育思想的理论创新,王建,军队政工理论研究(沪)(1)

坚冰是怎样打破的?:邓小平与体制改革,高原,党史纵横(沈阳)(2)

近五年来关于邓小平对外开放思想研究综述,纪萱华,北京党史(4)

学习邓小平关于非洲社会主义问题的论述,韩晓燕、许长路,西亚非洲(京)(3)

浅论邓小平的政治决策和领导谋略,刘惠、罗大明,毛泽东思想研究(成都)(3)

浅析邓小平"社会主义中国不可战胜"的思想,吴满意,毛泽东思想研究(成都)(2)

浅析邓小平反腐败战略思想,孙芹丽,临沂师范学院学报(1)

浅谈邓小平对马克思主义哲学的继承和发展,竹效民、韩文平,理论导刊(西安)(5)

浅谈邓小平对社会主义理论的创新,范国星,理论探索(太原)(3)

浅谈邓小平法制思想,周慧,理论前沿(京)(17)

终身难忘的教诲:忆 1992 年陪同邓小平视察深圳,李灏,党的文献(京)(2)

试分析邓小平五、六十年代的几次谈话:兼论邓小平理论的孕育,杨品优,江西社会科学(南昌)(增刊)

试论邓小平"试验"范畴的方法论意义:邓小平对马克思主义方法论的新发展,张培

炎,桂海论丛(南宁)(2)

试论邓小平人民主体思想,庄敏,岭南学刊(广州)(1)

试论邓小平中国式现代化理论的创新性,阚和庆,中共济南市委党校学报(1)

试论邓小平区域经济持续发展的思想,崔文奎,山西大学学报(太原)(1)

试论邓小平对中苏论战的科学总结,许良廷,当代世界与社会主义(京)(1)

试论邓小平对毛泽东思想政治工作理论的继承和发展,李继兵,广西大学学报(南宁)(2)

试论邓小平对毛泽东效率公平思想的继承和超越,张凤霞,山东经济(济南)(4)

试论邓小平对我国政治体制改革的历史贡献,赵春荣,中共云南省委党校学报(昆明)(3)

试论邓小平正确对待资本主义思想形成的基础,潘卫东,山东省青年管理干部学院学报(济南)(3)

试论邓小平关于从制度上遏制腐败,吴昌荣,彭敏,萍乡高等专科学校学报(2)

试论邓小平关于知识分子问题的思想,涂晓群、罗燕萍,江西广播电视大学学报(南昌)(2)

试论邓小平关于政治稳定的思想,李玲波,楚雄师范学院学报(1)

试论邓小平创新的方法论特征,李朝阳、王璇,桂海论丛(南宁)(2)

试论邓小平社会主义人权保障思想,涂小雨,华北水利水电学院学报(郑州)(2)

试论邓小平国防工业对外开放思想,刘群,邓小平理论学习与研究(京)(2)

试论邓小平的价值主体和价值评价思想,曹健华,理论视野(京)(2)

试论邓小平的权威思想,刘金冶、周书焕,中共郑州市委党校学报(2)

试论邓小平的道德建设理论,刘亚东,行政与法(吉林省行政学院学报)(长春)(1)

试论邓小平党建理论的特点,姚中国,江西社会科学(南昌)(1)

试论邓小平旅游业对外开放的战略思想,李久昌,洛阳工学院学报(1)

试论邓小平旅游经济思想的形成及其特点,李久昌,洛阳大学学报(1)

试析邓小平的公正观,杨玉凤,龙岩师专学报(1)

试析邓小平的文化安全战略思想,陈华,毛泽东思想研究(成都)(6)

试析邓小平重新探索社会主义本质问题的原因,朱全德,湖州师范学院学报(1)

科学对待和创造性地发展马克思主义的光辉典范——邓小平,姜德福、孙道同,上海党史与党建(1)

重温邓小平的反腐败思想,刘慧、韩丹,理论界(沈阳)(4)

谈邓小平制度创新思想,林识音、谭希培,青海师专学报(西宁)(3)

情注海峡两岸,心系祖国统一:访美期间邓小平与台湾问题,王中人,党史纵览(合肥)(1)

略论邓小平利用外资的光辉思想:纪念邓小平南方谈话发表十周年,陈益民,金融理论与实践(郑州)(4)

略论邓小平的机遇观,肖生福,广东行政学院学报(广州)(1)

略论邓小平政治制度化思想,铁错,邓小平理论研究(西安)(2)

略论邓小平政治制度创新思想的内涵及其意义,卢正涛,理论与实践(贵阳)(4)

第二次飞跃:邓小平的历史性贡献,筱君,党史纵横(沈阳)(2)

喝水不忘挖井人:邓小平1984年视察厦门经济特区纪实,曾昭铎,福建史志(6)

剿匪征粮话当年:兼忆邓小平的工作作风,董谋先,四川党史(成都)(3)

简析邓小平人的全面发展观,吴清和,黑龙江教育学院学报(哈尔滨)(6)

江　泽　民

江泽民反腐思想述要,汪志强,桂海论丛(南宁)(1)

江泽民对马克思主义时代观的创新,胡建刚,军队政工理论研究(沪)(2)

江泽民对马克思主义建党学说的贡献,李克正,西北民族学院学报(兰州)(1)

江泽民对马克思主义党的阶级基础和群众基础理论的新贡献,董连翔,中共中央党校学报(京)(3)

江泽民对马克思主义理论的发展与创新:访国家行政学院副院长唐铁汉,谭荣邦,理论前沿(京)(9)

江泽民对邓小平社会主义观的深化与发展,居继清,理论探索(太原)(2)

江泽民对邓小平国际战略思想的丰富发展,唐书麟,江西社会科学(南昌)(8)

江泽民对知识分子问题的理论创新,杨业利、卓爱平,前进(太原)(6)

江泽民对党的群众路线和群众工作的理论创新,陈文国,探索(重庆)(4)

江泽民关于人的全面发展理论概述,龙汉武,武汉交通管理干部学院学报(1)

江泽民关于爱国主义思想述论,张秋实,党政干部论坛(武汉)(4)

江泽民创新思想体系的构建,李文爽,学术交流(哈尔滨)(1)

江泽民同志对人的全面发展思想的新探索,顾其银、郭榛树,中共宁波市委党校学报(3)

江泽民同志对党风建设理论的新发展,庄建斌,湖湘论坛(长沙)(2)

江泽民治国思想初探,姜鹏武,国防大学学报(京)(5)

江泽民的社会发展理论,李纪才,国家行政学院学报(京)(5)

江泽民信息网络观初探,赵朝阳,社会主义论坛(昆明)(5)

江泽民思维方式的形成和特色,涂大杭,江西社会科学(南昌)(3)

江泽民党建思想的基本特征,许明发,娄底师专学报(3)

江泽民新社会阶层理论及其实践价值,朱春玉、马锐锋,郑州大学学报(3)

论江泽民"七一"重要讲话与马克思主义与时俱进的理论品格,李文成、黄大勇,重庆商学院学报(2)

论江泽民"三个代表"重要思想提出的理论和现实依据,廖良初,当代中国史研究(京)(1)

论江泽民从功能上建党的主要思想,赖宏,党建研究(武汉)(3)

论江泽民反腐倡廉的思想,罗任权,中州学刊(郑州)(1)

论江泽民对中国现代化理论的新贡献,任大立、肖玉明,党建研究(武汉)(5)

论江泽民对毛泽东、邓小平执政思想的丰富与发展,吴宣友、顾峰,理论导报(南昌)(3.14)

论江泽民对邓小平农业思想的完善与发展,于法友,烟台师范学院学报(2)

论江泽民对邓小平知识分子思想的继承和发展,李本亮,南方冶金学院学报(赣州)(3)

论江泽民关于人的全面发展思想,林雄辉、邓坤金,探求(广州)(增刊)

论江泽民关于中国政党制度的思想,吕小波,南昌航空工业学院学报(1)

论江泽民决策思想,王鲁军,社会主义论坛(昆明)(5)

论江泽民执政党建设思想,韦绍福,桂海论丛(南宁)(3)

论江泽民建设有中国特色社会主义民主政治的思想,罗任权,上饶师范学院学报(1)

论江泽民法德合治反腐败模式的建构,彭帅、黄龙,行政与法(长春)(7)

论江泽民的反腐败思想,滕刚,国防大学学报(京)(3)

论江泽民的民族观,刘纪年、刘珊,民族论坛(长沙)(1)

论江泽民的国家创新体系思想,陈家志,广西青年干部学院学报(南宁)(4)

论江泽民的治党战略思想,潘晶芳,连云港师范高等专科学校学报(2)

论江泽民保持社会思想稳定理论,肖浩,武警学院学报(廊坊)(2)

试论江泽民对马克思主义人学理论的发展及其方法论特征,冯洁,党建研究(武汉)(4)

试论江泽民的创新思想,吴珏,黄冈师范学院学报(2)

试论江泽民科技强军思想的主要内容,薛泽洲,中国党政干部论坛(京)(1)

试论江泽民德育思想的理论创新,符惠明,江南大学学报(无锡)(3)

试析江泽民对毛泽东、邓小平祖国统一思想的继承与发展,王丽萍、牛永祥,雁北师范学院学报(大同)(1)

对生产力认识的新突破:江泽民关于“代表先进生产力发展要求”论述的哲学意蕴,何关银,学术研究(广州)(1)

立足现实,高于现实——江泽民创新思想研究,赵建群,当代中国史研究(京)(2)

新阐述与新高度:江泽民对邓小平理论的丰富和发展,沙金吾,党史纵横(沈阳)(2)

开拓人的全面发展的广阔道路:论江泽民对马克思主义的一个重大发展,周安伯,南京政治学院学报(4)

（以下按姓氏笔画为序）

三　　画

（万里 习仲勋 于光远 马石江 马寿华 马寅初 马歇尔 马林）

万里整顿铁路与违心检讨，张广友，炎黄春秋（京）(3)
习仲勋主正南粤，卢荻，百年潮（京）(9)
习仲勋命运中几次转折，田方，炎黄春秋（京）(8)
怀念实事求是坚持真理的仲勋同志，周而复，炎黄春秋（京）(8)
于光远与中共党史研究，韩钢，党史研究与教学（福州）(2)
"文化大革命"中的马石江，曾宪新，百年潮（京）(9)
马寿华传略，刘思祥，江淮文史（合肥）(4)
马寅初：决不向不以理服人的批判者投降，张锡金，炎黄春秋（京）(2)
马寅初与《新人口论》被批判的前后，子舒，党史纵览（合肥）(7)
马歇尔八上庐山，郭代习，党史文汇（太原）(3)
论马林使华的双重使命，崔巍，学海（南京）(1)
拨开历史的雾霭：为马林逝世60周年而作，李玉贞，团结报（京）(4.18)

四　　画

（毛泽民　毛岸英　王实味　王尚荣　王　明　王树声
王造时　王稼祥　王近山　王若水　王　震　王淑明
王世杰　邓子恢　邓演达　邓　华　邓　拓　邓中夏
丹巴道尔吉　孔祥熙　方先觉　方志敏　巴　金）

毛泽民烈士遇害前后的故事，田迎五，名人传记（郑州）(12)
毛岸英牺牲的前前后后，刘庆荣，文史精华（石家庄）(5)

王实味问题第一次公开平反记略,曾宪新,百年潮(京)(12)

王尚荣在解放战争的征战历程,顾永中,党史天地(武汉)(9)

王明与东北抗日斗争,苑宏光、许立勋,长春师范学院学报(1)

王明为什么要写《学习毛泽东》,梁磊,党史纵横(沈阳)(2)

走下权力巅峰后的王明,何立波、牛海蓉,中华儿女(京)(8)

米夫扶植王明上台的前前后后,安然、荣燕,文史精华(石家庄)(11)

延安整风运动中的王明,文庠,党史纵览(合肥)(4)

王树声大将的三次"大突围",史延胜、姜志峰,人物(京)(9)

王树声对创建豫西抗日根据地的贡献,高秀用,军事历史(京)(1)

王造时:民主法制建设的探索者,赵寿龙,百年潮(京)(12)

王稼祥:中俄两国人民的友好使者,徐则浩,安徽史学(合肥)(4)

王稼祥军事思想论述,熊剑峰、许凤林,安徽教育学院学报(合肥)(5)

一部厚重、严谨、朴实的史学著作:评《王稼祥年谱》,汪谦干,安徽史学(合肥)(3)

读《王稼祥年谱》,王彦民,安徽史学(合肥)(2)

读《王稼祥年谱》,王彦民、吴丹禾,理论视野(京)(3)

王稼祥的政治建军思想述论,许凤林,安徽大学学报(合肥)(3)

论王稼祥对毛泽东军事思想的贡献,许凤林、胡门祥,江西社会科学(南昌)(8)

朝鲜战场以外的虎将王近山,万伯翱,中华儿女(京)(6)

我所认识的王若水,余焕春,炎黄春秋(京)(9)

王震早年在长沙的日子里,唐伯藩、刘芳,湘潮(长沙)(5)

王震将军在红星农场,梅飚,百年潮(京)(9)

王震离开新疆的前前后后,刘向晖,湘潮(长沙)(6)

王震途经方山交通线轶事,步爱成,文史月刊(太原)(10)

1928年王震在武汉的一次苦旅,唐伯藩、刘芳,党史天地(武汉)(8)

30年代的左联宣传部长王淑明,金其安,江淮文史(合肥)(4)

头等战犯、大法学家王世杰,傅国涌,炎黄春秋(京)(6)

邓子恢"中间不动两头平"土地分配原则述评,苏俊才,党史研究与教学(福州)(6)

邓子恢在解放战争时期,李新市,福建党史月刊(福州)(3)

邓子恢至死不忘包产到户,许人俊,百年潮(京)(2)

中国共产党的"党外亲密战友":民主革命家邓演达生平事略,吴淑贤,党史纵横(沈阳)(5)

浅析邓演达的文化观,刘旺华,惠州学院学报(4)

探析邓演达对外开放观的核心内涵,李琪珍,广州市公安管理干部学院学报(1)

继承与超越:邓演达农民问题理论研究,暨爱民,吉首大学学报(3)

邓华与海南岛登陆战役,何立波,文史精华(石家庄)(3)

邓华将军荣获的朝鲜一级国旗勋章,欧金林,湘潮(长沙)(6)

邓拓建国后的诗词创作,张均,福州师专学报(3)

论邓中夏关于第一次国共合作的战略指导思想,李正治、张凤莲,锦州师范学院学报(2)

略论邓中夏的中国革命分两步走的思想,张懿君,阜阳师范学院学报(4)

丹巴道尔吉政权对内蒙古革命的援助,(日)二木博史著,乌力吉套格套译,蒙古学信息(呼和浩特)(1)

孔祥熙等有关1942年五亿美元借款函电三件,中国第二档案馆,民国档案(南京)(2)

方先觉传略,刘思祥,江淮文史(合肥)(1)

方志敏关于中国革命道路问题的理论贡献,王子华,聊城大学学报(3)

方志敏在武汉,周重礼、孙福才、周立军,粮油市场报(郑州)(7.9)

方志敏建军的思想对闽北革命根据地的贡献,张雷、张金锭,福建党史月刊(福州)(4)

方志敏的最后知音——胡逸民,张林,炎黄春秋(京)(2)

略论方志敏的"清贫"与"富有",张志荣,延安大学学报(3)

我心目中的李伯伯:巴金,王圣贻,人物(京)(11)

五　画

(叶剑英　叶　飞　叶　挺　冯玉祥　包厚昌　史　良
史迪威　左　权　甘泗淇　卢伯明　田家英)

叶剑英与中国传统军事文化,金立昕,中国军事科学(京)(1)

叶剑英与体育,袁小伦、王垒,叶剑英研究(广州)(4)

叶剑英元帅二三事,李欣,福建党史月刊(福州)(10)

叶剑英和南社诗人,袁小伦,党史纵览(合肥)(3)

叶剑英研究二十年,薛海玲,叶剑英研究(广州)(4)

叶剑英精神文明建设思想初探,汤家玉,安徽教育学院学报(合肥)(2)

元帅奋斗岂止在战场:记叶剑英对粤西橡胶事业发展的贡献,符铭,叶剑英研究(广州)(4)

忆叶剑英在中央后委二三事,成正荣,叶剑英研究(广州)(4)

无限风光在险峰(待续):叶剑英与粉碎"四人帮"内幕,范硕,世纪风采(南京)(4)

论叶剑英的诚信品质,伍晓军,叶剑英研究(广州)(4)

学习叶剑英的政治品格,郭明,叶剑英研究(广州)(4)

叶飞将军与新四军研究,鲁冰,大江南北(沪)(6)

叶挺将军在狱中,周然毅、刘石林,文史春秋(深圳)(2)

冯玉祥将军在美国的反蒋斗争,夏明星、苏振兰,党史天地(武汉)(4)

包厚昌战斗在沙洲桥头堡,徐祖白,世纪风采(南京)(3)

史良在民族解放的伟大斗争中,赵纪军、杜秀娟,百年潮(京)(2)

史迪威在中国的早期经历,(美)约翰·伊斯特布鲁克、黄开蒙,百年潮(京)(4)

左权将军殉难前后,高荣贵,党史文汇(太原)(7)

左权战略战术思想探析:纪念左权牺牲 60 周年,魏延秋,军事历史研究(沪)(3)

左权被诬为"托派"始末,江歌,党史博览(郑州)(3)

甘泗淇与李贞:新中国第一对夫妻将军,梁贤之,文史春秋(南宁)(3)

"七大"代表卢伯明同志走过的革命道路,朱宗尧,大江南北(沪)(7)

一九六一年田家英浙江农村调研,尹福瑛,百年潮(京)(12)

六　画

(孙中山　孙　科　孙　重　孙殿英　孙立人　孙维世
刘伯承　刘亚楼　刘澜涛　刘清扬　刘　震　刘建国
刘　鼎　刘大年　刘　英　刘子久　朱　德　朱蕴山
朱成学　许世友　许光达　许　诺　任弼时　任铁铎
江　青　伍修权　关向应　阳翰笙　扬　帆　华　岗
吉鸿昌　汤景延)

孙中山与鲍罗廷的关系及其对国民革命的影响,曾成贵,湖北大学学报(武汉)(4)

孙中山在革命实践中对奋斗目标的调整,孙卫东、杨明梅、刘徽,山东行政学院山东省经济管理干部学院学报(济南)(2)

孙中山的"社会革命"方案不是"社会主义革命"的方案:与陶季邑先生商榷,姬友文,西安教育学院学报(2)

孙中山的社会主义思想,张英红,中国国情国力(京)(4)

浅论孙中山的社会主义,李永伦,思想战线(昆明)(3)

孙逸仙博士代表团访苏评析,孙宪文,历史教学问题(沪)(1)

从鼓吹民主到鼓吹战争——20世纪40年代孙科政治态度的演变,邹巧灵、张学继,南华大学学报(衡阳)(1)

孙重:渣滓洞大屠杀脱险记,刘邦琨,文史月刊(太原)(7)

孙殿英与共产党人的交往,赵晋,人物周报(2)

东方隆美尔:中国远征军中的孙立人将军,何立波、何丽娜,人物(京)(8)

陪孙维世访印,朱榕,百年潮(京)(7)

秘书眼中的刘伯承:访刘伯承的秘书章安翔老人,余春水、余育珍,党史纵览(合肥)(9)

刘亚楼上将与空政文工团,耿耿,党史博览(郑州)(10)

刘澜涛晚年的人情味,吴江,炎黄春秋(京)(9)

局部抗战时期的刘清扬,李仲明,北京党史(5)

抗美援朝空战中的刘震将军,林云帆、马宏骄、梁占方,世纪行(武汉)(8)

善打硬仗的刘震上将,芗蓉,湖北方志(武汉)(5)

思念刘建国将军,刘峰宜,老人天地(京)(11)

拯民族危亡,为和平使者:刘鼎在西安事变前后,倪良端,党史纵横(沈阳)(12)

竖起中华民族的脊梁:从刘大年的《美国侵华史》说起,黄仁国,湘潭工学院学报(2)

送刘英大姐西行,何方,炎黄春秋(京)(10)

整风运动中刘子久的反省和建议,刘以顺,党史纵览(合肥)(7)

朱德与华北抗日游击战争战略支点的部署及实施,庹平,党的文献(京)(3)

朱德元帅最后的军礼,尹家民,党史博览(郑州)(4)

朱德关于农民共同富裕的思想及现实意义,刘勇、黄宝玲,中国矿业大学学报(徐州)(2)

朱德的两次统战工作,刘良,名人传记(郑州)(11)

朱德路经垣曲同卫立煌晤谈,高中民、周集锋,文史月刊(太原)(9)

庐山会议后的朱德,朱敏,湖南文史(长沙)(1)

云南陆军讲武堂与朱德,谢本书,文史杂志(成都)(4)

八十三年说“五四”:看洪流中的朱蕴山,郝在今,中华儿女(京)(5)

记五二〇学生运动领袖朱成学,丁群,文史精华(石家庄)(5)

朱成学与五二〇学生运动,丁群,世纪风采(南京)(8)

“九一三”事件前后的许世友,李文卿,党史博览(郑州)(9)

“文化大革命”中的许世友将军(未完待续),李文卿,党史纵横(沈阳)(11)

许世友比武重德,李云龙,文史天地(贵阳)(2)

何福圣与虎将许世友比武，李云龙，文史月刊(太原)(4)

申请降衔的将军：许光达其人其事，韩志明，军事史林(京)(10)

真理标准讨论的先声：许诺在“文革”中关于真理无产阶级性论题的探讨，余三定，东方文化(广州)(3)

“任弼时研究述评”学术讨论会综述，吕小蓟，中共党史研究(京)(4)

任弼时与中华苏维埃第一次全国代表大会的召开，廖良初，信阳师范学院学报(5)

任弼时与中国共青团，晓舟，中华儿女(京)(5)

任弼时对毛泽东在全党领导地位确立的重大贡献，廖良初，教学与研究(京)(5)

任弼时对党建理论的卓越贡献，夏远生，上海党史与党建(9)

任弼时在延安整风运动中的历史作用，廖良初，云梦学刊(岳阳)(3)

建国以来任弼时研究综述，蔡庆新，党的文献(京)(4)

总结经验，加强协调，进一步推动任弼时研究，杨胜群，党的文献(京)(4)

任铁锋历尽磨难志不移，朱理明，福建党史月刊(福州)(4)

“京剧革命”是怎样出笼的：江青与“革命样板戏”，子舒，党史纵横(沈阳)(1)

一九五九年的江青匿名信案，东方明，党史博览(郑州)(8)

历经风雨，赤诚相待：伍修权与统一战线，吴跃农，党史纵横(沈阳)(8)

解放战争中伍修权三进沈阳，尹虹，党史纵横(沈阳)(10)

关向应：“中国共产党最好的领导者之一”，宋文官、邹玉杰，党史文汇(太原)(9)

关向应的文艺情结，穆欣，纵横(京)(9)

忆关向应将军，穆欣，炎黄春秋(京)(9)

先驱品格昭日月：纪念关向应同志诞辰100周年，单文俊，党史纵横(沈阳)(9)

忠心耿耿，百折不挠：纪念关向应同志诞辰一百周年，军事科学院，人民日报(京)(9.17)

字里行间的光辉：读关向应笔记，达连，党史纵横(沈阳)(9)

长辈、领导、师长和学习榜样：纪念阳翰笙百年诞辰，欧阳山尊，文艺报(京)(12.5)

回忆阳翰笙同志：纪念阳翰笙同志诞辰100周年，罗扬，曲艺(京)(11)

第二次国共合作中的阳翰笙，徐志福，文史杂志(成都)(5)

我的父亲阳翰笙，欧阳小华，炎黄春秋(京)(11)

怀念翰老：纪念阳翰笙同志百年诞辰，赵寻，中国戏剧(京)(11)

功罪何妨絮絮论：扬帆反革命案的前前后后，魏敬民，党史纵横(沈阳)(11)

华岗的卓越贡献与悲惨遭遇，赵淮青，炎黄春秋(京)(7)

吉鸿昌将军被刺真相，周利成，湖南档案(长沙)(11)

孤军血战青浦：记汤景延英勇壮烈的最后岁月，周显才，大江南北(沪)(5)

七　画

（陈独秀　陈　云　陈再道　陈　光　陈　赓　陈昌浩
陈望道　陈　毅　陈锡联　陈为人　陈少敏　陈立夫
陈　诚　陈　垣　陈寅恪　陈璧君　陈养山　陈嘉庚
陈清源　李大钊　李　达　李　德　李广田　李聚奎
李维汉　李先念　李蓼源　李之龙　李公朴　李友邦
李立三　李庆林　李济深　李富春　李葆华　李士英
李烈钧　李　白　李才莲　阿　英　杨成武　杨尚奎
杨靖宇　杨献珍　杨尚昆　杨匏安　杨立三　杨虎城
杨　度　杨　贵　佐尔格　何思源　吴冷西　吴　晗
吴绍周　吴稚晖　吴焕先　宋庆龄　宋美龄　宋子文
宋任穷　宋时轮　汪泽楷　汪精卫　何孟雄　邹韬奋
佟麟阁　杜　平　杜月笙　肖劲光　苏振华　苏　静
陆定一　张闻天　张学良　张作霖　张爱萍　张蕴钰
张琴秋　张太生　张云逸　张太雷　张东荪　张甲洲
张国焘　张治中　张静如　张永兴　邵力子　谷景生
邱金发）

陈独秀“二次革命”论问题之辨析，阿明布和，内蒙古师范大学学报（呼和浩特）(4)
陈独秀“二次革命论”演变的三个阶段，祝彦，党史研究与教学（福州）(6)
陈独秀“汉奸”之说的来龙去脉，江波，党史博览（郑州）(4)
陈独秀人生悲剧原因初探，邵宪梅，黑龙江农垦师专学报（哈尔滨）(1)
陈独秀与“第一次大让步”，孙延波，烟台师范学院学报(4)
陈独秀与《国民日日报》，张敬让，安庆师范学院学报(1)
陈独秀与中国共产党的创建，张家康，福建党史月刊（福州）(9)
陈独秀与中国托派，张家康，人物（京）(2)
陈独秀与中国早期的革命运动，黄道余，福建党史月刊（福州）(12)
陈独秀与亚东图书馆，张家康，世纪风采（南京）(7)
陈独秀与共产国际（1920—1927），唐宝林，湖北行政学院学报（武汉）（创刊号）
陈独秀与吴虞反孔排儒思想比较，宾长初，广西师范大学学报（桂林）(1)
陈独秀与基督教本色化的可能性，王正论，读书（京）(5)

陈独秀与新民主主义革命理论,范彩屏,安徽教育学院学报(合肥)(2)

陈独秀五四文学革命论内涵剖析,王桂林,文艺理论研究(沪)(1)

陈独秀历史评价刍议:陈独秀逝世60周年,南京全国学术研讨会发言摘要,叶尚志,人才开发(沪)(6)

陈独秀对戴季陶主义的批判,岳艳,思茅师范高等专科学校学报(2)

陈独秀民主思想论析,洪小夏,武汉理工大学学报(3)

陈独秀同共产国际代表在建党实践中的分歧,温炳禄、牛君、吕通义,党史文汇(太原)(4)

陈独秀在中东路事件宣传上与中共中央的分歧,朱皓,安庆师范学院学报(3)

陈独秀在石墙院的最后日子,倪良端,党史天地(武汉)(6)

陈独秀在党的创立时期和大革命时期的功过回眸,周念忠,探索(重庆)(4)

陈独秀早期、前期思想演变研究之现状及我见,田湘波,韶关学院学报(2)

陈独秀早期民主思想,陈家刚,淮南师范学院学报(1)

陈独秀早期的军事观,史滇生,南京社会科学(6)

陈独秀早期新闻实践与中共建党,胡清国,江西社会科学(南昌)(5)

陈独秀何时转变为马克思主义者,田湘波,湖湘论坛(长沙)(2)

陈独秀抗战初期在武汉的一段经历,孟东,党史天地(武汉)(5)

陈独秀社会主义经济思想探析,高明、王世安,太原教育学院学报(2)

陈独秀连任中共五届最高领导透视,肖甡,百年潮(京)(2)

陈独秀和"问题与主义"之争,董德福、史云波,安徽史学(合肥)(4)

陈独秀国民革命思想初探,杨荣华,安徽史学(合肥)(1)

陈独秀国家社会主义经济思想成因探微,胡惠芳,池州师专学报(1)

陈独秀的《小学识字教本》,叶尚志,炎黄春秋(京)(7)

陈独秀的民主三部曲,王福湘,衡阳师范学院学报(1)

陈独秀的第五次被捕及其《金粉泪》,徐云根,党史纵览(合肥)(6)

陈独秀的最后十年,丁弘,同舟共进(广州)(7)

陈独秀临终实录,孙子,湖南档案(长沙)(5)

陈独秀研究的历史与现状,沈寂,学术界(合肥)(4)

陈独秀科学思想评析,张洪波,江淮论坛(合肥)(2)

陈独秀陨落石墙院,倪良端,四川党史(成都)(3)

大革命准备时期陈独秀的国民革命思想,黄爱军,安庆师范学院学报(3)

五卅运动中的陈独秀,成国银,党史纵览(合肥)(6)

五四时期陈独秀科学思想述论,邓文金,聊城大学学报(1)

五四运动后陈独秀的历史观的转变:兼谈陈独秀何时转向马克思主义,徐国利、刘卫,

淮北煤师院学报(5)

对陈独秀中止国共“党内合作”主张的再认识,吴九占,安庆师范学院学报(5)

论世纪之交陈独秀的思想来源与文化选择,闫小波,社会科学研究(成都)(4)

关于陈独秀研究的两个问题,叶尚志,安庆师范学院学报(1)

新文化运动时期陈独秀国民性改造思想探析,郑永军,许昌师专学报(3)

再谈陈独秀与大革命失败,索秋平,洛阳大学学报(1)

论陈独秀五四时期的总司令地位:兼评“两总司令”说,陆文培,党史纵览(合肥)(5)

论陈独秀自全晚节,索秋平,洛阳师范学院学报(3)

论建党时期的陈独秀,汪小蕾,湖南广播电视大学学报(长沙)(1)

应该宣传和学习“独秀精神”,王福湘,肇庆学院学报(3)

从高调到低调:陈独秀前后民主观的再审视,张宝明,内蒙古师范大学学报(呼和浩特)(4)

把监狱当作研究室的陈独秀,黄伟,纵横(京)(6)

走向最后的觉醒:抗日战争时期的陈独秀,陈铁健,史学月刊(开封)(4)

走近陈独秀:访陈独秀研究专家任建树先生,施宣圆,社会科学报(沪)(5.23)

试论“陈独秀时代”,孙其明,党史纵览(合肥)(1)

简述陈独秀教育思想的转变,刘明石,黑龙江农垦师专学报(哈尔滨)(1)

学术界正确评价陈独秀的艰难历程,唐宝林,纵横(京)(9)

试论陈独秀对毛泽东早期建党思想与活动的影响,张丰清,毛泽东思想研究(成都)(6)

留在沪宁线上的鼾声:谨以此文纪念陈独秀辞世60周年,王彬彬,钟山(南京)(3)

略论陈独秀文化创新的特点,沈素珍,阜阳师范学院学报(5)

陈云“文革”中“隐居”江西的故事,唐席平,大江南北(沪)(11)

陈云与1956年反冒进,蒋永青,上海党史与党建(7)

陈云对解放战争时期接管城市工作的贡献,潘丽萍,通化师范学院学报(1)

陈云的党性观,杨东广,领导之友(石家庄)(1)

陈云探索中国社会主义建设道路的方法论原则,罗九平,江西社会科学(南昌)(4)

《陈云年谱》披露“西路军”问题历史真相,林蕴晖,百年潮(京)(4)

伟大的战略决策:陈云坚持南满根据地斗争的战略思想探微,朱志清、吴仁明,遵义师范学院学报(2)

“七二〇”事件前后的陈再道上将,梅雪,党史博览(郑州)(8)

陈再道将军羊山活捉宋瑞珂,屈德骞,党史天地(武汉)(8)

再道之勇,芗蓉,湖北方志(武汉)(2)

“我军有数的军事人才之一”陈光,苏提兰、夏可南,志苑(合肥)(5)

1950年陈赓在越南,张广华,百年潮(京)(1)

陈赓三抗林彪军令,郑军、刘建忠,文史春秋(南宁)(1)

陈赓四到南昌,鄢秉林,福建党史月刊(福州)(10)

陈昌浩回延安,王腊成、陈光旭,纵横(京)(6)

陈昌浩的功过是非,鄢烈山,炎黄春秋(京)(12)

千秋功过话昌浩:陈昌浩原勤务兵李培基将军言谈记,魏亚平,党史博览(郑州)(5)

山村传圣火:陈望道和《共产党宣言》第一个中文全译本的诞生,肖舟,党史文汇(太原)(4)

陈毅与厦门,黄顺通,福建党史月刊(福州)(5)

陈毅与韩国钧的交往,张桂华,江西社会科学(南昌)(6)

陈毅与新四军卫生工作,程冠臣,世纪风采(南京)(3)

陈毅四次临危受命,蓝松金,福建党史月刊(福州)(3)

陈毅关于知识分子的两篇讲话,党的文献(京)(2)

陈毅在三年游击战争中,刘勉玉、徐冬蓉,党史研究与教学(福州)(2)

陈毅在日内瓦和雅加达会议期间,宗道一,大地(京)(1)

陈毅在苏北统战工作纪事(之六):捉放韩德勤,陈兴,党史文汇(太原)(1)

陈毅在瑶岗,蒋同明,江淮文史(合肥)(4)

陈毅和南方三年游击战争,刘勉玉、徐冬蓉,江西社会科学(南昌)(1)

陈毅雅加达力挽狂澜,宗道一,党史博览(郑州)(12)

党人浩气,诗国雄风:陈毅元帅诗词论略,屈演文,武汉大学学报(5)

从黄桥战役看陈毅统战思想的策略和独创性,朱世英,徐州教育学院学报(3)

论陈毅统战艺术在"发展华中"进程中的运用,郑复龙,福建党史月刊(福州)(5)

两度与陈毅元帅握手的国民党县长,耿艳鹏,党史天地(武汉)(6)

元帅外交家,刘正英、卓爱平,党史纵览(合肥)(7)

元帅诗人在一九六一年,冯锡刚,党史博览(郑州)(7)

品德高尚,风范永存:纪念陈毅同志逝世三十周年,罗永平,广西大学学报(南宁)(4)

文化大革命中陈毅的两大冤案,刘建美,党史纵览(合肥)(12)

护送陈毅进藏,柯云,文史月刊(太原)(11)

五次蒙受奇冤的陈毅,刘建美,文史精华(石家庄)(7)

稳定市场,稳定人心:陈毅稳定上海市场的卓绝贡献,姚会元,上海师范大学学报(4)

略论陈毅在三年游击战中的统战艺术,庄春贤,军事历史研究(沪)(4)

我与陈锡联,卢耀武,中州今古(郑州)(4)

陈为人舍身保卫中央文库,李文乾,党史天地(武汉)(7)

陈少敏在党的八届十二中全会上,李树柯,世纪风采(南京)(10)

陈少敏在鄂豫边区的杰出贡献，彭剑青、倪平汶，大江南北（沪）（7）

社会主义建设时期的陈少敏，邵井蛙、张则孙、缪祥焘等，大江南北（沪）（6）

陈立夫与第二次国共合作，潘国琪、方乃锋，贵州社会科学（贵阳）（6）

陈诚《半周来战况概述》—组（四）（全文完），中国第二历史档案馆，民国档案（南京）（1）

陈垣抗战时期的著述与思想，王骅书，扬州教育学院学报（2）

陈寅恪研究二题，程巢父，东方文化（广州）（2）

试析陈璧君对汪精卫投敌的影响，廖廷建，黔东南民族师专学报（凯里）（2）

隐蔽战线的"福将"陈养山，穆欣，党史文汇（太原）（8）

嘉庚精神的特点探析，林德时，前沿（呼和浩特）（5）

缅怀陈清源政委，龙廷驹、黄中枢、龙耀荣，老年知音（南宁）（11）

李大钊与中国法制现代化，史艺军，中共党史研究（京）（2）

李大钊对农民问题的探索，张富良，理论导刊（西安）（8）

李大钊民主革命统一战线思想探微，陈元九，松辽学刊（四平）（6）

早期新文化运动中的李大钊与外国学术思想，吴汉全，社会科学研究（成都）（2）

论李大钊的主权观，陈贵华，华中农业大学学报（武汉）（1）

李达的最后岁月，王炯华，湘潮（长沙）（6）

李达研究的回顾与前瞻，曾桂林，淮阴师范学院学报（淮安）（1）

"一大"代表李达，鸣镝、阳晴，党史纵览（合肥）（9）

生死安足论，千里光明行：李达脱党之后的革命行踪，王中人、侯松涛，党史纵横（沈阳）（2）

湖湘文化对李达的影响，谢双明，湘潭大学社会科学学报（1）

试论李达早期思想转变的原因，廖雅琴，广西社会科学（南宁）（4）

两次入党的中共一大党员（李达），江虹，广西党史（南宁）（2）

李德进入中央苏区前后，晓农，党史天地（武汉）（7）

遵义会议后的共产国际军事顾问李德，鱼恩平、雷敏霞，人物（京）（8）

红军洋顾问李德在长征之初（续上期），王智涛遗著，王亚慧整理，中华儿女（京）（6）

"李广田在清华"史料补正，秦林芳，新文学史料（京）（1）

"将圣"李聚奎，肖思科，党史博览（郑州）（7）

马日事变前后李维汉评价新析，莫志斌、余柏青，求索（长沙）（3）

略论李维汉民族理论的特点，马晓丽，齐鲁学刊（曲阜）（4）

李先念与粉碎"四人帮"，程振声，中共党史研究（京）（1）

李先念险走关中路，屈德骞，党史天地（武汉）（2）

中原突围中的李先念，宋祖兵、薛忠友，党史纵览（合肥）（11）

我所认识的李蓼源先生，张全盛，文史月刊（太原）(4)

李之龙与“中山舰事件”之谜，潘泽庆，纵横（京）(3)

李公朴两访延安，孙彩霞，炎黄春秋（京）(5)

李公朴的胡须在飘动，李乔，文史天地（贵阳）(5)

李友邦和台湾抗日义勇队，钟兆云，百年潮（京）(6)

李立三与“自我批评”，匡和平，人物（京）(7)

李庆林告“御状”，蔡天新，纵横（京）(7)

李济深何时出任国民革命军第四军军长，吴元康，史学月刊（开封）(6)

李富春“文革”初期保护团中央，周宝兴，百年潮（京）(2)

李葆华主政安徽前后，宋霖，江淮文史（合肥）(4)

忠勇卫党，风骨千秋：怀念逝世一周年的李士英同志，刘复之，世纪风采（南京）(10)

浅析李烈钧“御外患、修内政”的救亡主张，黄晓弘，上饶师范学院学报(2)

革命烈士李白家书，档案与史学（沪）(2)

埋没半个多世纪的苏区“红莲”：苏区少共中央分局书记李才莲纪实，陈留弟、黄健民，名人传记（郑州）(4)

“文革”中的阿英，吴家荣，江淮文史（合肥）(1)

“好战分子”扬威黄土岭：杨成武率部击毙日军阿部中将纪实，董保存，人物（京）(7)

读人与读心：读杨佩瑾《杨尚奎传》，刘密，江西社会科学（南昌）(2)

“杨靖宇精神”论析（中），郭渊，通化师范学院学报(3)

“杨靖宇精神”论析（下），郭渊，通化师范学院学报(6)

杨靖宇创新思维观探析，郭渊，世纪桥（史学）(4)

悲壮恢弘的最后岁月：杨靖宇将军牺牲前的战斗历程，刘善业，党史纵横（沈阳）(2)

杨靖宇的人格精神与中国传统文化，郭渊、王静，通化师范学院学报(1)

杨献珍的自责与反思，萧岛泉，百年潮（京）(9)

英勇的反“左”斗士：杨献珍事略，刘明钢，党史纵横（沈阳）(2)

忠诚的愚蠢，愚蠢的忠诚：杨献珍的忏悔，萧岛泉，郧阳师范高等专科学校学报（丹江口）(5)

为真理而斗争的杨献珍，刘明纲，文史精华（石家庄）(9)

回忆旅莫岁月（续），杨尚昆，党史天地（武汉）(2)

杨尚昆在中央后方委员会，刘明钢，文史月刊（太原）(11)

五四前后的杨匏安，李坚，炎黄春秋（京）(5)

关于杨匏安《马克斯主义》的考证，曾庆榴，广东社会科学（广州）(1)

杨立三巧妙开展后勤工作二三事，马思鸣，党史纵览（合肥）(3)

我军后勤工作的奠基者——杨立三，马宏骄，党史天地（武汉）(3)

杨虎城是西安事变的主角，杨天石，北京日报(12.16)

从帝制祸首到中共党员：杨度晚年思想转变原因浅析，李增辉，中学历史教学参考(西安)(9)

老一辈党和国家领导人心系林县：杨贵回忆录数则，中州今古(郑州)(2)

“红色间谍”佐尔格在中国，周文琪，百年潮(京)(7)

一个爱国者的抉择：为和平解放而奔波的国民党北平市长何思源，刘秋阳，党史天地(武汉)(9)

一位忠诚的共产主义战士：怀念尊敬的老领导吴冷西同志，张海涛，当代思潮(京)(5)

从“反右先锋”到“文革罪人”：吴晗建国后的命运变奏曲，刘艳华，世纪桥(哈尔滨)(4)

从山旮旯走出来的苗族将军(吴绍周)，游浩波，文史天地(贵阳)(1)

五四时期吴稚晖所提倡的科学思想，彭国运，学术研究(广州)(5)

吴焕先在鄂豫皖，祝辉，名人传记(郑州)(4)

宋庆龄与中国民权保障同盟，尹正萍，统一论坛(京)(6)

宋庆龄与中国民权保障同盟，尹正萍，党史纵览(合肥)(6)

宋庆龄与宋子文的政治离合，张赛群、汤兆云，文史精华(石家庄)(12)

宋庆龄在日本的几则史料，晓光，百年潮(京)(4)

宋庆龄在抗战时期的国民外交活动述评，朱蓉蓉，贵阳市委党校学报(1)

一部研究宋庆龄与陕西革命史的力作：评《宋庆龄与陕西》，秦吉惠，陕西日报(西安)(12.15)

从宋庆龄《自述》看其与孙中山结识、结婚的经过，沈飞德，档案与史学(沪)(2)

随宋庆龄走过最后三十年，李云，炎黄春秋(京)(3)

建国50年来宋庆龄研究综述，韩新路，中华女子学院学报(京)(1)

本是同根生，道路不一样：记宋庆龄与宋美龄，张容生，文史春秋(南宁)(4)

宋美龄和《开罗宣言》，唯先，名人传记(郑州)(2)

国民党的“空军之母”：亦褒亦贬宋美龄，佟静，人物(京)(5)

宋子文为何辞去外交部长，万异，纵横(京)(7)

简述宋子文广州理财的举措与思想，杨涛，殷都学刊(安阳)(2)

宋任穷落难乞讨记，郭晨文，人物(京)(5)

宋时轮与“排炮不动”的华野十纵，郑军，文史春秋(南宁)(8)

宋时轮对编写《中国人民解放军战史》的指导，宋任远，军事历史(京)(3)

不该遗忘的人——汪泽楷，晓农，湘潮(长沙)(1)

汪精卫叛国投敌原因综述，余乐庆，昭通高等专科学校学报(4)

中共早期党内斗争中的何孟雄，王有海，文史精华(石家庄)(12)

何孟雄与“左”倾路线的抗争，王有海，党史天地(武汉)(12)

论邹韬奋的民众救亡实践与思想,陈益先、谭黎明,株洲师范高等专科学校学报(1)

尊重历史事实,克服主观臆断:关于邹韬奋“九一八转变论”的反思,郝丹立,西南交通大学学报(成都)(3)

佟麟阁:抗日名将殉国第一人,熊先煜,炎黄春秋(京)(12)

抗美援朝时期的杜平将军,王辅一、李永春,党史天地(武汉)(5)

杜月笙和上海工运,顾健娣、林齐模,安庆师范学院学报(1)

肖劲光担任海军司令员前后,罗元生,党史博览(郑州)(12)

苏振华在粉碎“四人帮”的前前后后(上),丑运洲,湘潮(长沙)(4)

苏振华在粉碎“四人帮”的前前后后(下),丑运洲,湘潮(长沙)(5)

苏静同志传略,陈立人,漳州党史通讯(3)

陆定一在秦城监狱,赵光,文史月刊(太原)(6)

陆定一的一件“悲苦的喜事”,熊明谦、唐义慧、唐小禾,纵横(京)(4)

张闻天:中共倡导优秀传统文化第一人,曾彦修,炎黄春秋(京)(4)

张闻天1962年扬州之行,胡世和、奚兆坚,世纪风采(南京)(8)

张闻天与民族的民主的科学的大众的新文化,翟红芬,山东社会科学(济南)(2)

张闻天在庐山会议上对“大跃进”模式的反思,马冀,南都学坛(南阳)(2)

张闻天逆境调研上书,夏明星、苏振兰,文史精华(石家庄)(10)

张闻天遵义会议前反“左”思想初探,谭献民、赵子林,湖南师范大学社会科学学报(长沙)(6)

在党中央“负总责”时的张闻天,仁钦英,人物(京)(7)

“开明君主”张闻天,文树,福建党史月刊(福州)(12)

论张闻天对利用资本主义的开创性认识,李国芳,河北师范大学学报(石家庄)(1)

重温张闻天关于青年干部道德修养的思想,于维敏,中国青年政治学院学报(京)(5)

试论张闻天的权力观,鄂焕成,中共成都市委党校学报(1)

浅析张闻天的反腐倡廉思想与实践,夏维奇,信阳师范学院学报(5)

张学良145盘口述历史资料的诞生,窦应泰,纵横(京)(8)

张学良及其西安事变回忆录(上):我读张学良档案之一,杨天石,百年潮(京)(9)

张学良及其西安事变回忆录(下):我读张学良档案之一,杨天石,百年潮(京)(10)

张学良会晤毛泽东问题的初步考察:西安事变纵横考之五,刘东社,陕西教育学院学报(西安)(1)

张学良是“逼蒋”还是“反蒋”? 也谈张学良“联共”之谜,张艳,学术界(合肥)(5)

张学良说:杨虎城是西安事变主角:美国所藏档案新发现,杨天石,炎黄春秋(京)(11)

张学良送蒋回宁刍议,王贺顺,华北水利水电学院学报(郑州)(3)

张学良秘密救护毛岸英,刘朝,湖南档案(长沙)(7)

"西安事变"后对张学良的军法审判,吴雪晴,党史纵横(沈阳)(1)

《我听叶剑英谈西安事变中的张学良》辨误,陈铁健,北京日报(8.26)

从对明史的研究看张学良西安事变后的心态,吕健,辽宁师范大学学报(大连)(4)

从张学良的个性看他与西安事变,程利、王晓丹,曲靖师范学院学报(4)

从诗、联看张学良的内心世界,袁第锐,学问(长春)(5)

对张学良送蒋回宁的几点认识,殷宗茂,皖西学院学报(六安)(2)

柏杨眼中的张学良,赵杰,纵横(京)(8)

西安事变张学良于12月25日释放蒋介石的原因,张天社,西安联合大学学报(1)

听之而已,信则未必:《听叶剑英谈西安事变中的张学良》读后,陈铁健,百年潮(京)(8)

试论张学良与第二次国共合作,蔡迎浩,沈阳教育学院学报(2)

幽居游离日,爱国情愈炽:读张学良未刊日记,杨天石,百年潮(京)(12)

张作霖遭炸前的一封密信,赵云鹏,民国档案(南京)(3)

三军勇战一江山岛:记一江山岛战役中的张爱萍将军,吴义龙,文史春秋(南宁)(9)

张爱萍上将与美军飞行员,白艾,党史博览(郑州)(4)

张爱萍与我军首次陆海空联合作战,何立波、何丽娜,文史精华(石家庄)(6)

中国第一任核司令张蕴钰,刘建铭,文史天地(贵阳)(1)

红军女将领张琴秋的感情故事,何立波、牛海蓉,名人传记(郑州)(12)

驰骋在皖东北的抗日骁将——张太生,宋伦,党史纵览(合肥)(9)

张云逸大将和桂中支队,韦纯束、李毓麟,广西党史(南宁)(4)

张太雷对毛泽东青年运动思想的理论贡献,刘志刚,泰安师专学报(5)

张东荪与北平和谈,韩勤英,百年潮(京)(6)

张甲洲和巴彦游击队:纪念张甲洲牺牲65周年、巴彦游击队成立70周年,任众、梁宗仁,世纪桥(哈尔滨)(2)

张国焘放弃另立中央原由探析,李加才旦,青海民族学院学报(西宁)(3)

张治中与争取和平解放台湾,檀江林,百年潮(京)(8)

张静如中共党史学理论和方法问题的观点述评,于文善,四川党史(成都)(2)

沦陷区的惊雷:记张永兴和他领导的地下军事情报站,王德利,党史纵横(沈阳)(1)

倡导计划生育的邵力子,吴跃安,党史天地(武汉)(5)

望河怀宛洛,沙场秋点兵:谷景生在二野九纵战斗工作生活片断,刘增钰,党史博览(郑州)(4)

参加强渡乌江的英雄邱金发,郑学秋,福建党史月刊(福州)(3)

八 画

(罗荣桓 罗瑞卿 罗舜初 罗广斌 罗贵波 罗隆基
罗尔纲 罗亦农 罗叔章 罗 明 罗炳辉 罗盛教
周 扬 周作人 周保中 周伯萍 周 彪 周士第
周西成 周荣鑫 周而复 周素园 周希汉 郑维山
郑位三 林 彪 林一山 郁达夫 冼星海 范石生
茅 盾 金仲华 金 策)

罗荣桓:我军政治工作的楷模,王芹木、曲澜,大江南北(沪)(11)

罗荣桓元帅指挥的一场特殊的战斗,黄瑶,党史天地(武汉)(12)

罗荣桓和他的家人:写在罗荣桓诞辰100周年之际,崔向华,文汇报(沪)(11.10)

罗帅足音留故土,革命老区换新颜,衡东县委,湘潮(长沙)(6)

罗帅活在山东人民心中:为纪念罗荣桓同志诞辰一百周年而作,中共山东省委党史研究室、大众日报编辑部,大众日报(济南)(11.24)

"国有疑难可问谁"(罗荣桓),李维民,北京日报(11.25)

"翻边战术"浅析:纪念罗荣桓元帅诞辰100周年,黄瑶,军事历史(京)(6)

一封家书与一段难忘的岁月:兼议父亲罗荣桓在学"毛选"问题上与林彪的分歧和斗争,罗东进,军事历史(京)(6)

不忘罗帅:访杨永松将军,王晓建,湘潮(长沙)(6)

为生命线增辉的帅星:纪念罗荣桓元帅诞辰一百周年,王芹木、曲澜,政工学刊(大连)(11)

抗日战争中的罗荣桓:访原《罗荣桓传》编写组副组长黄瑶,郭岭松,纵横(京)(11)

浅谈罗荣桓做政治思想工作的几个特点,盘桂生,桂林师范高等专科学校学报(3)

党和军队政治工作者的光辉典范:纪念罗荣桓元帅诞生100周年,解放军总政治部,求是(京)(23)

难忘的教诲,不朽的精神:父亲教我学"毛著"(罗荣桓),罗东进,湘潮(长沙)(6)

耿耿中心昭日月,巍巍丰碑矗人间:纪念罗荣桓同志诞辰一百周年,郭伯雄、曹刚川,解放军报(京)(11.29)

高举旗帜的典范,政治工作的巨匠:纪念罗荣桓同志诞辰100周年,总政治部,解放军报(京)(11.26)

管窥罗荣桓元帅的武德观,李新市,文史月刊(太原)(7)

靠言传身教实现政治工作的保证作用:纪念罗荣桓元帅一百年诞辰,裘克人,南京政

治学院学报(6)

毛主席点将罗瑞卿任公安部队司令,王殿臣,文史天地(贵阳)(3)

罗瑞卿:从黄埔生到抗大副校长,倪良端,黄埔(京)(6)

中将"参谋"罗舜初,董保存,党史博览(郑州)(7)

《红岩》作者罗广斌的"文革"悲剧,何蜀,新文学史料(京)(3)

记"毛主席的老兵"罗贵波,刘增儒,纵横(京)(9)

我和罗贵波相濡以沫大半生,李涵珍,百年潮(京)(3)

关于罗隆基,谷林,万象(沈阳)(4)

重狷介,不苟且:记胡适的秘书罗尔纲,黄越,秘书之友(兰州)(3)

罗尔纲先生与湘军研究,张一文,军事历史研究(沪)(2)

罗亦农在中共党史上的独特贡献,曹建英、周纪青,湘潮(长沙)(3)

罗亦农的非凡革命人生,夏远生,党史文汇(太原)(7)

罗亦农被捕牺牲前后,穆欣,党史文汇(太原)(5)

李维汉等回忆罗亦农,百年潮(京)(6)

英勇的战士,党员之楷模(罗亦农),孙英,中共党史研究(京)(4)

罗叔章——中国现代妇女运动的先驱,张全民,名人传记(郑州)(6)

罗明与"罗明路线",何立波,百年潮(京)(11)

罗炳辉与六合抗日斗争,霍德明,世纪风采(南京)(8)

罗盛教被发现的背后"新闻",赵光,党史天地(武汉)(4)

中国革命文化运动的先驱周扬,刘谷东,湖南文史(长沙)(3)

文人巨奸周作人案审讯记,程堂发,文史精华(石家庄)(7)

抗日民族英雄周保中,彭施鲁,云南日报(昆明)(3.19)

民族英雄周保中将军:纪念周保中将军诞辰100周年,薛琳,贵州民族研究(贵阳)(1)

"文革"中,我在非洲的外交生涯(未完待续),周伯萍,中华儿女(京)(5)

纪念父亲周彪:祭奠一个时代,周华玲,炎黄春秋(京)(6)

周士第与甄家庄战斗,牛兴田,文史月刊(太原)(11)

周西成战死黄果树,杨文金,文史天地(贵阳)(3)

周荣鑫与1975年教育整顿始末(待续),夏杏珍,世纪风采(南京)(1)

教育部长周荣鑫的最后岁月,傅颐,百年潮(京)(2)

往事回首录,周而复,新文学史料(京)(2)

评周素园——从一个民主主义者转变为共产主义者,周远慧,贵州教育学院学报(贵阳)(3)

毙俘敌将能手周希汉中将,芗蓉,湖北方志(武汉)(6)

忆屡建奇功的郑维山将军,于若平,军事历史(京)(2)

战将胆识:郑维山在金城前线,董保存、洛白,人物(京)(5)

功勋卓著,光耀千秋:深切缅怀郑位三同志,中共红安县委、红安县人民政府,党史天地(武汉)(9)

郑位三在陕南的革命斗争,丁国钰,大江南北(沪)(10)

英魂永存荆楚间:纪念郑位三同志百年诞辰,鄂豫边区革命史编辑部,党史天地(武汉)(11)

关于林彪研究的几个问题,彭红英、余世诚,北京科技大学学报(1)

新中国水利事业一代功臣——林一山,瘐晋、白杉,党史天地(武汉)(6)

创造社时期郁达夫的编辑思想,胡正强,编辑之友(太原)(1)

冼星海的一封特殊家书,王家淼、孙怀敏,文物天地(京)(4)

范石生对南昌起义军的支持援助,郭军宁,党史文汇(太原)(10)

茅盾与上海大学,程杏培,上海党史与党建(11)

金仲华:新中国对外传播事业的开拓者,平凡,党史博览(郑州)(7)

金策在东北抗日斗争中,任希贵、贾文和,世纪桥(哈尔滨)(2)

九　画

(胡耀邦　胡乔木　胡　绳　胡　适　胡　风　胡汉民
胡厥文　胡文虎　胡秋原　恽逸群　恽代英　赵一曼
赵世炎　赵尚志　赵树理　柏伟烈　俞秀松　贺　龙
贺炳炎　项　英)

胡耀邦与第四次文代会,肖剑南,福建党史月刊(福州)(2)

胡耀邦对两场文艺风波的关注,徐庆全,百年潮(京)(4)

胡耀邦在"抗大",钱江,党史博览(郑州)(3)

胡耀邦在中央党校二三事,陈文斌,百年潮(京)(1)

"吾爱吾师,吾尤爱真理":胡耀邦关于毛主席晚年的一席谈,严如平,炎黄春秋(京)(4)

他在风华正茂时:延安时期胡耀邦革命事迹片断,张禹,党史纵横(沈阳)(8)

回忆胡耀邦同志三次到河南视察,杨静琦、姚仲杰,中州今古(郑州)(6)

胡乔木与中国共产党的两个《历史决议》,程中原,党的文献(京)(3)

胡乔木关于两个历史决议的书信三封(1945 年 4 月—1980 年 11 月),党的文献(京)(3)

胡乔木在十一届三中全会以后的理论探讨和文件起草工作:《胡乔木书信集》简介(节选),朱元石,当代中国史研究(京)(3)

胡乔木的知识分子情结,朱元石,世纪风采(南京)(8)

“党内第一枝笔”、百科全书式学者的真实写照:《胡乔木书信集》评介,李良志,中共党史研究(京)(5)

早年胡乔木,茆贵鸣,百年潮(京)(7)

不知疲倦的歌者:胡乔木诗词论,程中原,文艺理论与批评(京)(5)

《胡乔木书信集》简介,朱元石,当代思潮(京)(4)

从《胡乔木书信集》看一位政治家、理论家、学者的真实人生轨迹,李良志,北京党史(5)

献疑和献曝:读《胡乔木书信集》(一),龚育之,百年潮(京)(10)

献疑和献曝:读《胡乔木书信集》(二),龚育之,百年潮(京)(11)

献疑和献曝:读《胡乔木书信集》(三),龚育之,百年潮(京)(12)

胡绳与近代史研究所:胡绳同志逝世一周年的怀念,张海鹏,近代史研究(京)(1)

胡绳史论二题——读书笔记,徐宗勉,历史研究(京)(3)

胡绳同志教我们怎样读书做学问,逄先知,党的文献(京)(2)

胡绳晚年对新民主主义与过渡时期总路线的思考拾零,林蕴晖,历史研究(京)(3)

胡绳晚年谈私营企业主能否入党问题,郑惠,炎黄春秋(京)(8)

壮志未酬的一生:怀念胡绳同志,任继愈,百年潮(京)(1)

与时俱进:胡绳学术晚年的新辉煌,石仲泉,襄樊学院学报(1)

试论胡绳的社会主义与资本主义关系思想,刘练军,理论导刊(西安)(5)

中国现代思想史上的胡适,旷新年,读书(京)(9)

新文化运动干将胡适轶事,张家康、许寒华,文史春秋(南宁)(6)

五十年后回顾胡风“三十万言书”,何满子,文学自由谈(津)(3)

胡汉民论南京国民政府对日外交析,赵英兰,东北亚论坛(长春)(1)

略论胡厥文与中国共产党的关系,王子韩,广播电视大学学报(呼和浩特)(3)

简述胡文虎与抗日战争,孙思源,抗日战争研究(京)(1)

大陆去台作家沉浮录(三):从“自由人”到民族主义战士的胡秋原,古远清,东方文化(广州)(3)

“用生命呐喊的人”:记晚年恽逸群,笑平、小清,名人传记(郑州)(12)

恽代英的“互助”思想初探:由民主主义转向马克思主义,王思义,党史纵横(沈阳)(2)

论恽代英社会主义理想的确立,王鹏程,湖北行政学院学报(武汉)(2)

巾帼英雄美名传:赵一曼生平事略,赵珊,党史纵横(沈阳)(9)

赵世炎与旅欧党团组织的建立,鲜于浩、田雪梅,四川大学学报(成都)(4)

赵世炎在留法勤工俭学期间对中国革命的贡献,刘伟、谢永川,毛泽东思想研究(成都)(6)

赵尚志在通河,王志民,世纪桥(哈尔滨)(4)

坚定信念不动摇:赵尚志党内两次蒙冤真相,秦奎一,党史纵横(沈阳)(5)

赵树理在检讨的日子里,陈徒手,炎黄春秋(京)(10)

俄共党员柏烈伟在中共建党时的一些活动,肖甡,北京党史(1)

俞秀松与中国共产党的创建,罗征敬,中共党史资料(京)(83)

贺龙与国民党起义将领,邓寿明,党史博览(郑州)(8)

贺龙为解放西藏请教藏学专家,邓寿明,四川党史(成都)(2)

贺龙在五峰山的传说,覃先明,湖北方志(2)

贺龙率大军北上左云,刘选伍,文史月刊(太原)(4)

独臂将军贺炳炎,艻蓉,湖北方志(武汉)(1)

项英在新四军工作期间的功过研究综述,邓正兵,安徽大学学报(合肥)(4)

叛徒刘厚总杀害项英前后,晓农,文史精华(石家庄)(10)

十　画

(聂荣臻　聂凤智　徐向前　徐海东　徐特立　徐　策
徐佳标　徐梦秋　唐荣枚　唐群英　唐生智　陶　铸
陶　勇　陶孟和　晏阴初　秦基伟　耿　飙　袁牧之
高长虹　高　岗　高敬亭　高树勋　郭沫若　郭　亮
郭影秋)

聂荣臻元帅与"两弹一星",傅志义,文史月刊(太原)(4)

聂荣臻在抗战岁月,王凤青,联合日报(济南)(3.15)

天上人间写豪情:记陆空两栖将军聂凤智,应跃鱼、胡松植,名人传记(郑州)(11)

炮火中两见徐向前司令员,刘坚,文史月刊(太原)(3)

徐向前与"瓦匠连",王有光、郑志忠,文史月刊(太原)(5)

徐向前初到大别山,马德俊,名人传记(郑州)(2)

徐海东在“肃反”中，欧阳吉平、刘万斌，党史纵横(沈阳)(4)
大将徐海东的传奇人生，王楠，武汉文史资料(12)
徐特立与延安自然科学院，王光荣，湘潮(长沙)(4)
牺牲在长征路上的著名红军将领——徐策，朱中华，党史天地(武汉)(8)
新四军舍身堵枪眼的战斗英雄：徐佳标烈士，蔡浩、朱之行、王健，东南烽火(杭州)(增2)
叛徒徐梦秋曾是“红色历史学家”，刘亦实、王炳毅，党史文汇(太原)(3)
“延安夜莺”唐荣枚，刘楚元，人民音乐(京)(5)
二十年来的唐群英研究，王世安，贵州文史丛刊(贵阳)(3)
试析大革命时期唐生智势力崛起的基本原因，肖宗志、文建龙，湘潭工学院学报(1)
陶铸在辽吉境内的四次遇险，窦应泰，党史博览(郑州)(10)
陶铸倡导“生产责任制”始末，丁励松，炎黄春秋(京)(8)
血性陶勇在政治风暴袭来之际(未完待续)，尹家民，中华儿女(京)(5)
五四时期陶孟和的政治观和教育观，张静如、史艺军，北京党史(3)
晏阳初与定县平民教育实验区，王宪政，光明日报(京)(3.23)
秦基伟回归援西军，卢振国，丝绸之路(兰州)(8)
耿飙三闹“情绪”，肖宗志，党史博览(郑州)(4)
袁牧之与新闻纪录电影(上)，程季华，电影艺术(京)(3)
袁牧之与新闻纪录电影(下)，程季华，电影艺术(京)(4)
高长虹与“狂飙社”，赵润生，文史月刊(太原)(5)
高岗：从政治巅峰坠落尘埃(下)，晓农、冯都，党史文苑(南昌)(2)
高敬亭将军与“岳西谈判”，聂皖辉，党史纵览(合肥)(9)
高树勋邯郸战场起义，谈志兴，党史文汇(太原)(5)
与时俱进，创造中华民族的先进文化：纪念郭沫若诞生110周年，李铁映，求是(京)(23)
论郭沫若早期世界观发展的三个阶段，刘笃成、欧阳庆，郭沫若学刊(乐山)(1)
郭沫若与《救亡日报》，刘小清，福建党史月刊(福州)(2)
郭沫若和安娜的最后几次见面，桑逢康，郭沫若学刊(乐山)(1)
郭沫若说“焚书”，冯锡刚，黑龙江法制报(哈尔滨)(5.14)
郭沫若晚年的遗憾，笑蜀，夕阳红(长春)(11)
苏俄无产阶级革命文化与郭沫若的思想“转换”，刘悦坦、魏建，长白学刊(长春)(2)
现代通才，文史大家：郭沫若生平事略，建强，党史纵横(沈阳)(4)
郭亮：英雄侠胆的工人运动领袖，王晓利，党史文汇(太原)(5)
郭影秋临终口述：“文革”亲历记，郭影秋，炎黄春秋(京)(11)

十 一 画

（章汉夫　章士钊　章文晋　梁启超　梁漱溟　梁兴初
崔松林　阎红彦　维经斯基　康　生　萧　克
黄克诚　黄显声　黄日葵　黄永胜　黄　镇　黄炎培
黄　道　黄发桂）

一代外交家章汉夫，李达南，百年潮（京）（6）

章士钊四次上书毛主席，吴跃农，文史春秋（南宁）（5）

章士钊思想演变的轨迹，袁伟时，炎黄春秋（京）（3）

肝胆相照一诤友：章士钊四次上书毛泽东，吴跃农，福建党史月刊（福州）（5）

肝胆相照一诤友——章士钊解放后四次上书毛泽东，吴跃农，党史天地（武汉）（2）

章文晋与中美建交，张颖，纵横（京）（3）

八十年前的中学国文教育之争：关于新发现的梁启超文稿，陈平原，中华读书报（京）（8.7）

对梁漱溟乡村合作运动的反思，邱志强，中国社会经济史研究（厦门）（2）

评梁漱溟改造中国乡村社会的理论与实践，史炳军，人文杂志（西安）（4）

梁漱溟与“五四”新文化运动，熊吕茂，长沙电力学院学报（2）

铁血铸就“万岁军”：四野中将梁兴初，晓青，文史春秋（南宁）（4）

十二月事变中的崔松林，王奎、田爱昶，党史文汇（太原）（3）

刚直不阿的阎红彦，盛方仁，纵横（京）（11）

试评维经斯基对中共“四大”的贡献，姜建中，佳木斯大学社会科学学报（6）

维经斯基与五卅运动，周利生，北京党史（2）

康生一生中的三次政治投机，何方，文史精华（石家庄）（10）

康生与延安“抢救运动”的起因，刘明纲，文史精华（石家庄）（6）

康生与延安抢救运动，李东朗，百年潮（京）（5）

萧克临危受命：四次城市保卫战，陈靖，炎黄春秋（京）（10）

黄克诚与“向南防御，向北发展”的方针，刘喜发，南京社会科学（12）

黄克诚与《关于建国以来党的若干历史问题的决议》：纪念革命老前辈黄克诚同志百年诞辰，林建公，党史文汇（太原）（10）

黄克诚与盐城解放，白纯，世纪风采（南京）（10）

黄克诚对人民解放军政治工作的重大贡献，阎稚新，军事历史（京）（5）

黄克诚苏北反“左”二三事，窦学鹏，文史春秋（南宁）（12）

黄克诚将军的爱民情怀，曹月华，大江南北（沪）(9)

黄克诚面示我们历史地书写林彪，李维民，炎黄春秋（京）(8)

建国后的黄克诚，柏曼卿、毕庶政、刘峻，纵横（京）(10)

临终前拒绝治疗的大将黄克诚，罗元生，党史博览（郑州）(7)

革命的党校应培养全心全意为人民服务的干部：纪念湖南革大和湖南党校首任校长黄克诚同志诞生100周年，毛况生，湖湘论坛（长沙）(5)

继承遗志，续写新篇：纪念黄克诚大将诞辰100周年，阎丰、陈国令，军事历史（京）(5)

鞠躬尽瘁，赤胆忠心：纪念黄克诚大将百年诞辰，北京新四军研究会三师暨苏北分会，北京《黄克诚文集》编辑组，大江南北（沪）(9)

大将风度，百姓情怀：忆黄克诚将军二三事，曾路中，湘潮（长沙）(5)

文韬武略大将军，卫国卫民赤子心：纪念黄克诚同志诞辰100周年，中国人民解放军总后勤部，求是（京）(19)

永远的楷模：苏焕清将军谈黄克诚，吴楚墨，湘潮（长沙）(5)

共产党人的楷模：深切缅怀黄克诚大将，《黄克诚军事文选》编辑组，军事历史（京）(5)

顽强地与病魔作斗争：忆黄克诚在病房的最后岁月，沈友竹、吴卫平，湘潮(5)

张学良的生死之交黄显声将军，黄丽敏，文史精华（石家庄）(6)

黄日葵应是北京共产主义小组的成员，吴忠才，广西党史（南宁）(1)

黄永胜沉浮录，邓建龙，党史博览（郑州）(8)

和黄镇同志并肩战斗的日子，刘昭，文史月刊（太原）(9)

黄炎培：抗战末期延安行，金建明，党史纵览（合肥）(6)

黄道在闽北的革命斗争，吴其乐，福建党史月刊（福州）(4)

红军时期省苏维埃政府女部长黄发桂，陈留弟、黄健民，名人传记（郑州）(3)

十 二 画

（彭德怀　彭　真　彭述之　彭　林　程子华　程世才
傅作义　傅崇碧　博　古　粟　裕　斯大林　斯　诺
鲁　迅　蒋介石　蒋经国　蒋光慈　蒋先云　董必武
谢振华　曾锡圭　曾　三　曾　志　曾克林）

彭德怀的厄运是如何注定的：重读《庐山会议实录》感言，汪澍白，炎黄春秋（京）(10)

"和消灭敌人的战斗任务一样重要":彭德怀与统一战线,伍声龙,统一战线(福州)(6)

1961年随彭德怀回乡作调查,金石,百年潮(京)(7)

西北风云豪气壮:彭德怀与统一战线,吴跃农,党史天地(武汉)(7)

彭老总在太原前线,吴象,炎黄春秋(京)(11)

彭德怀与西安事变,吴跃农,世纪风采(南京)(9)

彭德怀与西安事变的发端,吴跃农,中华儿女(京)(10)

彭德怀与高饶事件,钱伯城,东方文化(广州)(2)

彭德怀在生命的最后时刻,曾祥健,党史纵横(沈阳)(7)

彭德怀在解放战争第二年,冯芝桂,党史文汇(太原)(11)

彭真为全国人民代表大会的建设作出卓越贡献,彭冲,中共党史研究(京)(4)

彭真同志与北大社教:我的所见所闻,龚育之,百年潮(京)(7)

彭真一个重要的思想方法"要八面树敌",王汉斌,北京日报(10.14)

彭真与《二月提纲》,李淑荣,当代中国史研究(京)(4)

彭真与1960年国际共运的两次重要会议,阎明复,百年潮(京)(4)

彭真与北京工业,中共北京市委工业工委、北京市经委研究室,北京党史(5)

彭真市长对昆曲事业的亲切关怀,丛北桓、侯少奎、周万江,北京党史(5)

彭真在怀柔搞农村调查,方善利、白玉山,北京党史(5)

彭真纵谈特区改革开放,冯都、孙良溦,党史文苑(南昌)(3)

彭真的追求与奋斗(九),静德,党史文汇(太原)(10)

彭真的追求与奋斗(十一),静德,党史文汇(太原)(12)

彭真的追求与奋斗,静德,党史文汇(太原)(3)

彭真勉力为我国民主法制奠定基石——访原全国人大法制工作委员会秘书长岳祥,李海文、王燕玲,当代中国史研究(京)(3)

彭真谈思想方法与工作方法,王汉斌,百年潮(京)(10)

一生献给人民献给党的彭真同志:赵凡同志谈彭真,陈静、韩勤英,北京党史(5)

从民主主义者到马克思主义者:彭真早期革命实践与思想的形成,梁志祥,前进(太原)(11)

正确区分和处理两类不同性质矛盾的典范,俞雷,中共党史研究(京)(4)

永垂青史,光照千秋:纪念彭真同志诞辰一百周年,田成平,史志研究(太原)(4)

永恒的记忆:写在彭真同志诞辰一百周年的日子里,赵雨亭,史志研究(太原)(4)

光辉典范照后人:写在敬爱的彭真爷爷诞辰100周年之际,傅遵师,前进(太原)(11)

纪念首都社会主义革命和建设的奠基人,刘琪,北京党史(6)

论彭真的立法思想,曾长秋、彭帅,零陵师范高等专科学校学报(永州)(2)

坚定地走历史自己的路:聆听彭真同志讲述山西党史的感受,李立功,史志研究(太

原)(4)

坚持实事求是,走群众路线:纪念彭真同志百年诞辰,马句,北京地方志(4)

坚持党的工人阶级先锋队性质,站在革命和建设的最前线:纪念彭真同志百年诞辰,郎冠英,北京党史(4)

弟弟眼中的彭真和张洁清:杜文敏访谈录,李海文,党史文汇(太原)(10)

走近彭真,赵晋,百年潮(京)(11)

学习彭真同志的革命精神,彭佩云,北京党史(6)

彪炳千秋的历史丰碑:纪念彭真同志诞辰一百周年,山西省史志研究院,史志研究(太原)(4)

深切缅怀彭真同志,杜德印,北京党史(6)

缅怀彭真同志对我国人民代表大会制度建设的伟大建树,山西省人民代表大会常务委员会,史志研究(太原)(4)

中共"四大"的第二号人物——彭述之,陈杨桂,名人传记(郑州)(2)

战斗在浙西浙东的彭林,丁星,大江南北(沪)(12)

程子华:躺在担架上长征的军长,卢振国,党史博览(郑州)(8)

西路军失败后的程世才将军,许汉琴、陈光旭,党史天地(武汉)(10)

抗日初期傅作义与共产党合作见闻,弓吾舫,文史月刊(太原)(2)

"文革"中的傅崇碧将军,易俭如,山东老年(10)

博古对党的新闻事业的贡献,韩广富,长春师范学院学报(1)

"中共中央的小伙子":博古年轻曲折的人生轨迹,冯都党史纵横(沈阳)(1)

粟裕蒙冤的前前后后,胡兆才,党史文汇(太原)(11)

一代战将,一代英才:纪念粟裕诞辰95周年,张志坚,东南烽火(杭州)(增2)

丰功伟业垂青史,鞠躬尽瘁显丹心:纪念粟裕诞辰95周年,张志坚,东南烽火(杭州)(增2)

边战边总结粟裕制胜诀:纪念粟裕大将九五诞辰,张效琳,大江南北(沪)(8)

再认识开国元勋粟裕:写在粟裕诞辰95周年之际,朱楹,东南烽火(杭州)(增2)

纪念粟裕,学习粟裕,蓝瑛,东南烽火(杭州)(增2)

论粟裕在黄桥决战中的军事谋略和指挥艺术,胡明华,军事历史研究(沪)(1)

略论粟裕的胆与识:纪念粟裕大将诞辰95周年,温镜湖,军事历史(京)(3)

粟裕在浙南三年游击战争中的重要贡献,郑嘉顺,东南烽火(杭州)(增2)

粟裕挥师围歼国民党军整编六十九师纪实,郑军,文史春秋(南宁)(5)

粟裕高尚品德永驻人间,郑明、周富洪,东南烽火(杭州)(增2)

粟裕率先实现由游击战到运动战的战略转变,肖洛,东周烽火(增2)

共和国第一大将的蒙冤与平反(粟裕),单杰华,党史纵览(合肥)(3)

斯大林与中国(上):评《苏联和斯大林与中国之命运》,(俄)古利克,国外社会科学文摘(沪)(1)

斯诺的新中国之行,詹世忠,福建党史月刊(福州)(1)

鲁迅假若活在1957年,钟沛璋,炎黄春秋(京)(5)

口号的论争,方向的选择:试论鲁迅与中华民族先进文化的前进方向,刘立丰、薛治国,萍乡高等专科学校学报(1)

对"鲁迅如果活着会如何"的理解,谢泳,文史精华(石家庄)(6)

"鲁迅活着会怎样"?:罗稷南1957年在上海和毛泽东"秘密对话"质疑,陈晋,百年潮(京)(9)

从鲁迅文化遗产的独特价值看鲁迅研究的深化发展问题:在纪念鲁迅诞辰120周年学术讨论会上的发言,朱晓进,鲁迅研究月刊(京)(3)

对目前鲁迅研究中若干问题的思考,郑心伶,绍兴文理学院学报(3)

鲁迅的版权观念与实践,李明山,史学月刊(开封)(11)

鲁迅活着会怎样?:罗稷南一九五七年在上海和毛泽东"秘密对话"质疑(摘要),大江南北(沪)(12)

蒋介石与云南实力派关系的历史演变,朱莉涛,徐州师范大学学报(1)

蒋介石与战时外交制度,陈雁,民国档案(南京)(1)

蒋介石从"三二〇"到"四一二"的心路历程,杨奎松,史学月刊(开封)(6)

蒋介石从"三二〇"到"四一二"的心路历程(续),杨奎松,史学月刊(开封)(7)

蒋介石收服盛世才始末,李嘉谷,百年潮(京)(2)

蒋介石早年性格特征及形象重塑,胡震亚,民国档案(南京)(4)

蒋介石何以造反台湾为归宿地? 俞风流,文史天地(贵阳)(4)

蒋介石逼迫龙云离滇始末,李晴霞,纵横(京)(6)

"毋忘在莒"梦的破灭:蒋介石三上金门的前前后后,王永钦,福建党史月刊(福州)(8)

1934年蒋介石北方之行,赵荣达,文史月刊(太原)(7)

有关蒋介石注意西北开发及改进党政等事项的公函,中国第二历史档案馆,民国档案(南京)(3)

论1932—1935年间蒋介石个人权力的扩张,董国强,江苏社会科学(南京)(3)

抗战胜利后蒋介石对日采取"以德报怨"政策评析,刘艳华、何力群,长春师范学院学报(1)

临潼扣捉蒋介石内幕,刘朝,湖南档案(长沙)(5)

略论蒋介石及其领导的国民政府抗战之原因,钱竹君,阜阳师范学院学报(2)

蒋经国"建设新赣南"思想简论,何友良,抗日战争研究(京)(2)

蒋经国何以做赣州专员,周英才,文史精华(石家庄)(4)

蒋光慈退党风波，吴腾凰、徐航，江淮文史（合肥）（3）
黄埔第一杰——蒋先云，潘泽庆，党史博览（郑州）（3）
忠实代表人民利益的楷模董必武，胡中秋，党史天地（武汉）（8）
董必武平等对待民主人士，吴跃农，炎黄春秋（京）（9）
谢振华在率部撤离朝鲜的日子里，欧阳青，党史博览（郑州）（9）
传奇将军曾锡圭，王炳毅，文史春秋（南宁）（8）
曾三同志领导华中抗战二三事，张衡，大江南北（沪）（2）
曾志在福建的战斗岁月，傅柒生，福建党史月刊（福州）（9）
抢占东北立殊功之曾克林司令，建林，文史春秋（南宁）（10）

十三画以上

（冀朝鼎　谭震林　谭平山　谭甫仁　黎　澍　蔡元培
蔡和森　蔡廷锴　蔡　园　詹才芳　蹇先任　廖承志
廖政国　雷　锋　薛永辉　熊厚发　赖少其　瞿秋白
鲍罗廷）

建国初期的冀朝鼎，（美）格雷·路易斯，史学月刊（开封）（1）
冀朝鼎：一位永远不能被遗忘的杰出共产党人，宗道一，党史博览（郑州）（3）
谭震林在苏南反“清乡”斗争中，丁星，世纪风采（南京）（5）
谭震林在华东局工作的三年，邹嘉南，世纪风采（南京）（5）
回忆解放战争时期的谭震林，张衡，世纪风采（南京）（4）
十年征战建殊勋：纪念谭震林诞辰100周年，周鸿根，军事历史研究（沪）（2）
“东路之魂”谭震林，张衡，世纪风采（南京）（4）
“谭老板”的脾气：记谭震林同志二三事，董保存，名人传记（郑州）（1）
谭震林一生最耀眼的一页：带头“大闹怀仁堂”，大江南北（沪）（3）
在纪念谭震林同志诞辰100周年座谈会上的讲话，胡锦涛，人民日报（京）（4.16）
百年诞辰忆谭震林，陈浩望，退休生活（哈尔滨）（11）
谭平山与“平民革命”理论主张的提出，陈瑜，临沂师范学院学报（1）
“文革”中谭甫仁将军血案始末，晓农，文史精华（石家庄）（2）
20世纪80年代的“新启蒙”与黎澍，王学典，文史哲（济南）（2）

蔡元培与中国共产党,张家康,党史天地(武汉)(4)

蔡和森对中国社会主义道路的理论探索,肖志伟,湘潭大学社会科学学报(2)

蔡和森与中共党史学的创立,曾长秋,集美大学学报(厦门)(3)

蔡和森对三民主义"三大政策"的宣传与批判,肖志伟,常德师范学院学报(5)

抗日名将蔡廷锴与记者,楚汉,文史春秋(南宁)(6)

名记者眼中的蔡廷锴将军,楚汉,党史文汇(太原)(6)

中外记者笔下的蔡廷锴将军,楚汉,人物(京)(11)

一个幸存者的回忆:访亲历皖南事变的老红军蔡园,周明发,上海档案(4)

黄麻起义前后的詹才芳,彭海华,党史天地(武汉)(4)

湘鄂西女红军的排头兵蹇先任,陈礼荣,文史精华(石家庄)(6)

廖承志与香港抗战报纸,杜俊华,文史杂志(成都)(1)

度尽劫波兄弟在相逢一笑泯恩仇:廖承志与台湾问题,于兴卫、王甬,党史纵横(沈阳)(7)

铁骨遗风范:廖政国将军逝世三十周年祭,束恂、项远、王昊,新民晚报(沪)(4.14)

感受雷锋鲜为人知的方面,蓝桂英,福建党史月刊(福州)(8)

威震太湖的传奇式英雄:记抗日战争和解放战争时期的薛永辉,王道伟,大江南北(沪)(12)

浴血西征路上:记红三十军副军长熊厚发,祝辉,名人传记(郑州)(12)

"铁军"中的赖少其,张伟国,党史纵览(合肥)(8)

赖参谋长巧设"空城计",张志杰,党史纵横(沈阳)(4)

瞿秋白关于民主集中制的论说与实践,王文强,常州师专学报(1)

瞿秋白关于资本主义国际化的思考,叶孟魁,常州师专学报(1)

瞿秋白的传播积渐红色旅程,秦春,宁夏社会科学(银川)(4)

瞿秋白的自我批评精神,张锡金,理论探讨(哈尔滨)(3)

瞿秋白的思路:促成国共合作,周利生,常州师专学报(1)

《多余的话》不多余,夏明星、吴宏伦,世纪桥(哈尔滨)(1)

大革命时期农民运动和瞿秋白,徐爱玉、张建荣,历史教学问题(沪)(3)

再说瞿秋白,夏明星、吴宏论,党史博览(郑州)(3)

论瞿秋白的早期文艺思想,程民,潮州师范学院学报(1)

论瞿秋白的早期思想,欧阳明、吴廷俊,云南社会科学(昆明)(1)

论瞿秋白的俄苏情绪,骆晓会,云南社会科学(昆明)(1)

简论瞿秋白对无产阶级革命文学运动的贡献,朱江天,洛阳师范学院学报(3)

鲍罗廷与国民党改组的筹备,陈文英,天中学刊(驻马店)(1)

经历非凡的职业革命家:鲍罗廷其人〈上〉,孙畅雪、高健,党史纵横(沈阳)(6)

编后记

本书综述《2002年的中共党史工作》由汪沇德、朱昌裕撰写。特载部分由卜伟华编写。专文部分、各省(区、市)党史机构和党史工作成果由姚佩莲编写。《2002年中共党史工作大事记》由卜伟华编写。《全国党史类刊物简介》由孙振清编写。全国和各省(区、市)中共党史学会机构由唐筱菊编写。中共党史人物研究会机构和成果由赵勇民编写。中央党史研究室机构由白静媛编写。中央党史研究室的成果由卜伟华、于国宁编写。工作经验交流部分由姚佩莲编写。《党史研究论文资料目录索引》由卜伟华编写。本书图片由冯国胜提供。卜伟华负责全书编写的组织工作和统改书稿。中共中央党史研究室副主任谷安林审阅了全部书稿。

由于水平所限,不周、不当之处在所难免。我们恳切希望能够得到广大党史工作者及有关专家学者的批评指正,以利于我们改进工作,将《中国共产党党史工作年鉴》办得更好。

《中国共产党党史工作年鉴》编辑部

2006年5月